Programación competitiva

Volumen I

Steven Halim – Felix Halim – Suhendry Effendy

Programación competitiva

Volumen I

Manual para concursantes del ICPC y la IOI

OJBooks

Valladolid

Programación competitiva (CP4) – Volumen I
Manual para concursantes del ICPC y la IOI

Primera edición en castellano

ISBN: 978-84-122380-1-3
Depósito legal: VA 482-2021

Traductor Miguel Revilla Rodríguez

© 2019–2021 by Miguel Revilla Rodríguez

Traducido de la edición original en inglés de:
Competitive Programming 4 – Book 1
Steven Halim, Felix Halim y Suhendry Effendy
Lulu Enterprises, Inc., 2020
ISBN: 978-1-71674-552-2
© 2013–2020 by Steven Halim, Felix Halim and Suhendry Effendy

Compuesto con X͟Ǝ̵LATEX

Índice general

Prólogos

Bill Poucher

Introducción

En 1970, la *A&M UPE Honor Society* de Texas, EEUU, albergó el primer concurso universitario de programación de la historia del ICPC. Las primeras finales se celebraron en 1977, en Atlanta, junto a la reunión invernal del congreso de ciencias de la computación de la ACM. El *International Collegiate Programming Contest* más reciente ha implicado la realización de concursos regionales en 643 sedes de 104 países, en las que han participado 59 000 concursantes junto a sus 5043 preparadores, llegados de más de 3400 universidades de todo el planeta. Los 135 mejores equipos se encontrarán en la final mundial del ICPC, que tendrá lugar en Moscú, con el MIPT como anfitrión, en junio de 2021.

A lo largo y ancho del mundo, hay más de 400 000 estudiantes que han pasado por el ICPC, y muchos de ellos han jugado papeles clave en la construcción de la comunidad digital global durante las últimas décadas. El ICPC es la raiz de la programación competitiva que llega, gracias a esa comunidad global, a personas de todas las culturas y a generaciones cada vez más jóvenes.

El Online Judge de la Universidad de Valladolid abrió las puertas a los concursos en línea y facilitó el acceso global a los problemas del ICPC, bajo la batuta del profesor Miguel Ángel Revilla. Tres de sus usuarios estelares son Steven Halim, Felix Halim y Suhendry Effendy, autores de *Programación competitiva* que, en esta edición, se presenta en dos volúmenes. En la final mundial del ICPC de Moscú, con el MIPT como anfitrión, recibirán un merecido homenaje por parte de la *ICPC Foundation*.

Programación competitiva

¿Qué es la programación competitiva y por qué deberías implicarte en ella? Primero, y más importante, es un deporte mental. Ayuda a desarrollar por completo las capacidades de razonamiento algorítmico y establece un puente fundamental entre la teoría y la práctica. La participación plena desarrolla intuición y competencia a la hora de solucionar problemas. Nos prepara para el *Renacimiento digital*, que dará forma al mundo en las próximas décadas. Para apreciar la imagen completa, es importante abrirse paso entre una maraña de terminología insustancial. Es un deporte de equipo.

¿Por dónde empezamos?

Empieza con los Volúmenes I y II de *Programación competitiva*. De hecho, será mejor empezar con el Volumen I :). Los autores son expertos en programación competitiva con una amplia experiencia, y han dedicado décadas de trabajo a ayudar en todas las facetas de este deporte.

En paralelo, implícate en una cultura que desarrolle hábitos de excelencia. Formas parte de la primera generación que nunca ha estado desconectada. Esa conexión alcanza su mejor versión cuando unimos nuestras fuerzas en pos de una causa común. Hazlo y prepárate para afrontar los desafíos que definirán a tu generación.

La vida te necesita. Hemos nacido para competir. Y competimos mejor cuando lo hacemos unidos, con buena fe, con buena voluntad y con buenas acciones. Cuando llegues a la universidad, ten en consideración al ICPC y al nuevo programa *ICPC University Commons*, que te ofrecerá un abanico de actividades para realizar fuera del aula. Encontrarás más detalles en `https://icpc.global`.

¿Por qué empezar?

¿Es importante que mejores tus habilidades de resolución de problemas? Sí. ¿Es importante que te prepares para un futuro integrado en una comunidad digital global? Sí. ¿Lo es seguir el consejo de T.S. Eliot de que, para un desarrollo completo, hay que llegar demasiado lejos? Sí. Hazlo en la programación competitiva, pero cuidado con aquellas ambiciones que son irreversibles.

¿Es útil la programación competitiva? Aristóteles afirmaba que no hay nada más útil que dedicarse a actividades mentales y reflexiones que se tienen como fin a sí mismas y marcan su propio ritmo. Permíteme recomendarte que dediques tu alma a construir un mundo más bello. En el inmenso ámbito de la vida, muchos actos de bondad pequeños logran hechos extraordinarios. Encuentra amigos que compartan tus intereses y cíñete a este ciclo:

> Repite toda tu vida: estudio, práctica, ensayo, ensayo general, actuación.

Sirve para los atletas.
Sirve para los músicos.
Sirve para toda clase de intérpretes.
Sirve para tí.

Con mis mejores deseos, Bill.

Dr. William "Bill" Poucher, Ph. D., ACM Fellow
Profesor de ciencias de la computación, Universidad de Baylor
Director ejecutivo, *International Collegiate Programming Contest*
Presidente, *ICPC Foundation*
13 de julio de 2020

Miguel Revilla Rodríguez

Hace casi 20 años (el 11 de noviembre de 2003, para ser exactos), mi padre, Miguel Ángel Revilla, recibió un correo electrónico con el siguiente mensaje:

> "Debo decirle, en pocas palabras, que con el *UVa Online Judge* ha nacido una nueva CIVILIZACIÓN y que, con los libros que escribe (se refería a *"Desafíos de programación"* [53], junto a Steven S. Skiena), inspira a los soldados para que sigan marchando. Le deseo una larga vida de servicio a la Humanidad, para que pueda crear programadores sobrehumanos."

Lo que, en palabras de mi padre, era "una exageración evidente", dio que pensar. Y no es ningún secreto que los pensamientos se convierten en sueños con cierta facilidad. Su sueño era crear una comunidad alrededor del proyecto que había iniciado, como parte de su labor docente en la Universidad de Valladolid, que reuniese a personas de todo el planeta que trabajasen por un mismo ideal. Tras un breve búsqueda, en aquella primitiva internet de los primeros años de nuestro siglo, afloró una extensa comunidad de usuarios y herramientas excepcionales, construidas alrededor de su página web *UVa Online Judge*.

El sitio *Methods to Solve*[1], creado por un joven estudiante de Indonesia, era uno de los más impresionantes. Allí se podía encontrar el resultado del duro trabajo de un auténtico genio de la algoritmia y la informática. Con ello, quedaba plantada la semilla de la idea de que los sueños se pueden convertir en realidad. Además, no solo las *hojas* de ese incipiente árbol encajaban perfectamente, sino que la raíz de ambos proyectos era exactamente la misma: servir a la Humanidad. Aquel joven estudiante, autor del correo electrónico y de la página web que hicieron soñar a mi padre, era Steven Halim. Después, descubriría que Steven no estaba solo en su ambición, pues su hermano menor, Felix, compartía su visión, sus intereses y sus capacidades extraordinarias.

Tras 15 años de fructífera colaboración y, lo que es más importante, de amistad con Steven y Felix, mi padre falleció en 2018. Su trabajo, y sus sueños, nos pertenecen ahora a nosotros, la siguiente generación. Este libro es la prueba viva de que el sueño se ha convertido en realidad.

"No se me ocurre un complemento mejor para el Online Judge", son palabras de mi padre. Ahora, con esta cuarta versión de *Programación competitiva* en mis manos, me atrevo a añadir que no podría concebir la mera existencia del *Online Judge* sin este libro. Ambos proyectos han crecido en paralelo y son, sin duda, complementos y compañeros perfectos. Al practicar y dominar la mayoría de los ejercicios de programación de este libro, el lector aprenderá a resolver cientos de tareas y encontrar un puesto entre los 500 mejores programadores del *Online Judge*. Tienes en tus manos más de 2000 (sí, ¡dos mil!) problemas del *Online Judge* cuidadosamente elegidos, clasificados y comentados.

Los autores, durante las dos últimas décadas, han crecido desde concursantes a preparadores y, finalmente, maestros en el arte de la programación competitiva. Conocen a la perfección cada cruce y cada recodo de ese largo camino, y son capaces de ponerse en la piel del joven concursante de la IOI, del recién llegado al ICPC o del experto entrenador, hablándole a cada uno en su propio idioma. Por esa razón, este libro es la lectura perfecta para todos ellos. Poco importa si te estás iniciando en la programación competitiva en tu IOI local, o si eres el preparador de un equipo para la próxima final mundial del ICPC, no tengas ninguna duda: ESTE es tu libro.

---

[1]Se puede visitar en `https://cpbook.net/methodstosolve`.

Me encantan las películas, adoro el cine clásico, y soy consciente de que estoy ante una obra maestra cuando, al terminar, estoy deseando volver a verla. En palabras de Steven y Felix, *"este libro no debe ser leído una única vez, sino que pretende ser consultado con frecuencia"*. Y tendrás esa misma sensación, no solo por la recomendación de los autores, sino porque lo leerás y releerás con atención pues, como ocurre con las grandes películas, descubrirás detalles nuevos y estimulantes cada vez que lo hagas. Siguiendo esa lógica, este libro es una obra maestra.

Tengo, además, el inmenso honor de ser el traductor al castellano de esta obra. La traducción requiere de un meticuloso proceso de transformar las palabras conservando el alma. Tienes que pensar como lo haría el autor, y tienes que entender perfectamente no solo las palabras escritas, sino la intención que hay detrás de ellas. Es un ejercicio de artesanía. Después de recorrer este texto cientos de veces, he disfrutado con cada concepto, con cada idea novedosa, no solo por lo que está escrito en él, sino por lo que pretende lograr. El ideal de formar a mejores programadores y, tras ello, el ideal de servir a la Humanidad. Este libro es, de hecho, una auténtica obra maestra.

Una vez que hayas leído este libro varias veces, descubrirás que eres un programador mucho mejor pero, aunque no lo creas, también descubrirás que eres una persona más feliz.

Miguel Revilla Rodríguez
Administrador del Online Judge
https://onlinejudge.org
Valladolid, 1 de julio de 2020

Fredrik Niemelä

Recibí mi primera copia física de este libro de manos de Steven, en la IOI 2012 en Italia. Como muchos otros científicos de la computación, hizo gala de un gran sentido del humor, y lo tituló "Programación competitiva: aumentar el límite inferior en los concursos de programación". Se trataba de la segunda edición y ya duplicaba en tamaño a la primera. Sembrado de consejos prácticos, era perfecto para los principiantes, a la vez que contenía material muy útil para los estudiosos más avanzados de los algoritmos.

La visión del libro que planteron Steven y Felix buscaba cómo enseñar a programar a cualquiera (como diría el Gustave de *Ratatouille*: *"Tout le monde peut programmer"*). Mi visión era similar pero, en vez de escribir un libro, desarrollé Kattis. *"Programación competitiva"* y Kattis comparten este principio motivacional: hacer que el aprendizaje de las ciencias de la computación y la programación sean accesibles a todo el mundo. En ese sentido, conforman dos piezas de un mismo rompecabezas.

Kattis es una herramienta en línea para la enseñanza de las ciencias de la computación y la programación, que depende de una biblioteca cuidadosamente conservada de tareas de programación. Logré convencer a Steven de que debería utilizar Kattis en alguna de sus actividades docentes. A lo largo de los años, ha pasado de utilizar Kattis, a impulsarnos a mejorarlo y, finalmente, a añadirle contenido de enorme calidad.

Gracias a la experiencia en la enseñanza de algoritmos y en el uso de sistemas similares anteriores a la existencia de Kattis, hemos aprendido que la calidad de los problemas, junto con su corrección absoluta, resultan fundamentales para obtener buenos resultados educativos. Esta idea ha marcado el eje de nuestros mayores esfuerzos en Kattis. Si alguna vez has tenido la sensación de que añadir nuevos problemas a Kattis supone un enorme esfuerzo, este es el motivo. Lo que hicimos entonces se ha convertido en el estándar actual, tanto el ICPC como la IOI utilizan métodos similares en sus finales.

En esta cuarta edición (con más del doble de contenido que la segunda), Steven y Felix, acompañados ahora por Suhendry, utilizan problemas de Kattis. Es un honor para nosotros. Por fin encontramos que las piezas del rompecabezas han encajado a la perfección, lo que me produce una inmensa alegría.

Espero que encuentres este libro informativo y útil, y que le dediques el tiempo que merece. No te defraudará.

Fredrik Niemelä
Fundador de Kattis
Director de sistemas del ICPC
Miembro fundador del comité técnico de la IOI
https://www.kattis.com
11 de julio de 2020

Brian Christopher Dean

He tenido el privilegio de formar parte del mundo de la programación competitiva desde hace más de tres décadas, durante las cuales he podido ver cómo su impacto en la informática moderna crecía de forma sustancial. Como director de la Olimpiada informática de EEUU y preparador de los equipos para el ICPC de mi universidad, he observado de primera mano cómo la programación competitiva se ha convertido en parte fundamental del talento informático global. Tanto las instituciones académicas como la industria, presumen de superestrellas del presente que fueron antiguas superestrellas de la programación competitiva.

Al tiempo que el mundo de la programación competitiva ha experimentado un crecimiento extraordinario en ámbito, profundidad y relevancia, este libro ha hecho lo propio, llegando ahora a su cuarta edición. Las anteriores versiones de este texto conformaban lo que, personalmente, considero el patrón oro tanto en la introducción como en la referencia exhaustiva de los conceptos algorítmicos más prevalentes en la programación competitiva. Este hecho también es cierto en el presente texto.

La programación competitiva puede ser un laberinto inabordable para el estudiante recién llegado, pues aprender a programar ya resulta un complejo reto en sí mismo. Y, a esa dificultad intrínseca, le añadimos una capa de algoritmos y estructuras de datos "estándar" y, después, otra capa de trucos y técnicas para la resolución de problemas. Este texto ayuda al estudiante que se inicia a navegar por esos desafíos de diferentes maneras, gracias a su meditada organización, la cantidad de ejercicios prácticos que plantea y la articulación de ideas en textos y códigos claros.

La programación competitiva también puede resultar un laberinto para el estudiante avanzado, debido a su rápida evolución, pues algunas técnicas pasan de ser marginales a marcar estándares en cuestión de pocos años, y uno debe demostrar no solo eficacia, sino auténtica maestría, en el manejo de un cuerpo formidable, y en expansión permanente, de conocimiento algorítmico. Gracias a su excelente variedad de algoritmos tratados y de sus exhaustivos listados de ≈ 3458 problemas categorizados, este texto le proporciona al estudiante avanzado años de práctica estructurada que le llevarán a una mejora sustancial de sus habilidades.

Creo que la presencia de este libro es obligada en la biblioteca de cualquiera que se tome en serio la informática y no solo en la de aquellos que se preparan para un concurso de programación. Las ideas surgidas de la programación competitiva pueden ayudar en el desarrollo de valiosas cualidades y de una visión (tanto teórica como práctica) absolutamente aplicable a un amplio abanico de problemas de computación modernos, de gran importancia en el mundo real. La solución de problemas mediante algoritmos es, al fin y al cabo, la auténtica alma de las ciencias de la computación.

El hecho de que este tipo de problemas se utilicen habitualmente en entrevistas de trabajo responde a una buena razón, ya que identifican que el futuro empleado cuenta con un conjunto de habilidades con muy diversas aplicaciones y que, además, se puede adaptar sin esfuerzo a los constantes cambios de la tecnología y los estándares. El estudio de los conceptos de este texto es un excelente camino para mejorar tus habilidades en la resolución de problemas y la programación, con independencia de si tu intención es utilizarlas en un concurso o en otros ámbitos de la informática.

He disfrutado enormemente con la lectura de los sucesivos borradores de esta obra actualizada, que los autores han compartido conmigo en las IOI más recientes, y debo felicitarles por el nivel de excelencia aplicado al ampliar el ámbito, la claridad y la profundidad de un texto que ya era extraordinario.

Brian Christopher Dean
Profesor y presidente
Departamento de ciencias de la computación – Escuela de informática
Clemson University, Clemson, SC, EEUU
Director de la Olimpiada informática de EEUU
5 de julio de 2020
http://www.usaco.org/

Comentarios a las ediciones anteriores

"Programación competitiva (CP3)" ha resultado una enorme contribución a mi comprensión de las estructuras de datos y los algoritmos. Steven y Felix han escrito un libro increíble, que trata en profundidad todos los aspectos de la programación competitiva, y han incluido una cantidad enorme de problemas prácticos para asegurarse de que cada tema tratado queda fijado en la memoria. Practicar con CP3 me ha ayudado a realizar entrevistas de trabajo perfectas en Google y nunca podré estar lo suficientemente agradecido a los autores.
— **Troy Purvis – Ingeniero de software en Google**

Steven y Felix son unos apasionados de la programación competitiva. Al mismo nivel, son también unos apasionados en ayudar a los estudiantes a convertirse en mejores programadores. CP3 es el resultado: una inmersión en las estructuras de datos, los algoritmos, los trucos y los secretos utilizados por programadores competitivos de todo el mundo. Aun así, cuando el libro empiece a coger polvo, la mayor enseñanza será, probablemente, la de la confianza: "sí, la materia es compleja, pero puedes hacerlo".
— **Dr. Daniel Zingaro – Profesor asociado en la University of Toronto Mississauga**

El libro "Programación competitiva" nos ha ayudado a preparar a muchas generaciones de participantes en el ICPC y la IOI en Bolivia. Es la mejor fuente de información para iniciarse y alcanzar un buen nivel como programador competitivo.
— **Jhonatan Castro – preparador de equipos de ICPC e IOI de Bolivia**
– Universidad Mayor de San Andrés, La Paz, Bolivia

La lectura de CP3 ha supuesto una contribución fundamental a mi crecimiento, no solo como programador competitivo, sino también como científico de la computación. Mi técnica de resolución de problemas ha mejorado practicando con los ejercicios del libro y mi pasión por el arte de resolver problemas, especialmente en concursos, se ha intensificado. En la actualidad, tutorizo a varios estudiantes, utilizando este libro como guía. Es un recurso de valor incalculable para cualquiera que quiera mejorar en su actividad resolviendo problemas.
— **Ryan Austin Fernandez – Profesor ayudante, De La Salle University, Manila, Filipinas**

Volví a descubrir el libro CP3 en 2017-2019, cuando regresé al Perú después de cursar un máster en Brasil. Disfruté, aprendí y resolví muchos de sus problemas, más que durante mi etapa anterior a la graduación, al preparar, al tiempo que seguía aprendiendo, a un pequeño grupo de estudiantes nuevos con interés en la programación competitiva. Me mantuvo en una constante competencia con ellos y, al final, han resuelto más problemas que yo.
— **Luciano Arnaldo Romero Calla – Estudiante de doctorado en la Universidad de Zurich**

CP1 me ayudó en la preparación durante las fases de preparación y selección de equipos para participar en la IOI. Cuando cursé formación sobre programación competitiva en la Universidad Nacional de Singapur, CP2 se utilizaba ampliamente para la práctica y el trabajo en casa. El excelente equilibrio entre los ejercicios de programación y los teóricos, para mejorar la comprensión, hacen de "Programación competitiva" un libro extraordinariamente apropiado como referencia en cursos, así como para el aprendizaje individual. Incluso al nivel más alto dentro de la programación competitiva, los expertos pueden aprender materias que no habían estudiado antes, gracias a la variedad de temas poco habituales que se encuentran al final del libro.
— **Jonathan Irvin Gunawan – Ingeniero de software en Google**

El Dr. Steven Halim ha sido uno de los mejores profesores que he tenido en la Universidad Nacional de Singapur. Sus intuitivas visualizaciones y la claridad de sus explicaciones de algoritmos altamente complejos nos facilitaron enormemente la comprensión de conceptos difíciles. Aunque nunca he llegado a implicarme totalmente en la programación competitiva, su libro y sus enseñanzas me resultaron vitales en entrevistas de trabajo y para convertirme en un mejor programador. Recomiendo con vehemencia esta nueva edición a cualquiera que desee causar una buena impresión en una entrevista de trabajo para ingeniería de software.
— **Patrick Cho – Científico de aprendizaje de máquinas en Tesla**

Fracasé estrepitosamente en la IOI de 2017, no llegando a obtener una medalla por un solo puesto. Entonces, a principios de 2018, Steven Halim me regaló una copia del borrador de CP4, lo que me llevó a obtener una medalla de oro.
— **Joey Yu – Estudiante, University of Waterloo, medallista de oro en la IOI de 2018**

Como autodidacta novato, "Programación competitiva" me ayudó a aprender la materia de forma divertida y desafiante. Como programador competitivo ávido y experimentado, el libro me ayudó a encontrar una enorme variedad y diversidad de problemas. Como preparador, el libro me ayudó a preparar con antelación para mis estudiantes los materiales y las estrategias tácticas o trucos necesarios para la competición. Habiendo conocido esos tres niveles de implicación diferentes, puedo decir sin miedo a equivocarme que "Programación competitiva" es absolutamente necesario para convertirse en un maestro en la materia.
— **Ammar Fathin Sabili – Estudiante de doctorado**
— **Universidad Nacional de Singapur**

Llevo tres años involucrado en la programación competitiva y, finalmente, me hice con este libro a principios de 2019. Adoro las estructuras de datos y los grafos (sobre todo, los árboles). CP3 supone un salto abismal de conocimiento, y lo digo en serio. Conocí al Dr. Felix cuando hacía prácticas en BINUS y también conocí al Dr. Steven durante una competición de la NOI de Singapur. El que ambos autores autografiasen este libro legendario, es uno de los recuerdos imborrables de mi vida. Aunque ahora ya esté lleno de marcas y manchas, sigue siendo uno de mis favoritos. Mil gracias por llevarme a este punto de mi vida.
— **Hocky Yudhiono – Estudiante en la Universidad de Indonesia**

Compré CP3 el 7 de abril de 2014, como regalo a mí mismo con motivo de mi cumpleaños, y han sido los 30 dólares mejor gastados en material educativo de mi vida. En los años posteriores, pude competir en las finales mundiales de la IOI y del ICPC. Creo que CP3 jugó un factor fundamental en encender la mecha del interés y en proporcionarme una base técnica sólida sobre todos los temas esenciales para la programación competitiva.
— Sidhant Bansal – Estudiante en la Universidad Nacional de Singapur

Siempre quise implicarme en la programación competitiva, pero no sabía ni cómo ni por dónde empezar. Conocí este libro mientras cursaba la asignatura complementaria de Steven (CS3233) en la Universidad Nacional de Singapur, como estudiante de intercambio, y lo encontré extremadamente útil para el aprendizaje de la programación competitiva. También incluye un conjunto de ejercicios de Kattis. Este libro proporciona un contenido estructurado para el estudio de la programación competitiva, y puede resultar muy útil para cualquiera, desde novatos hasta expertos. Al igual que CLRS lo es para los algoritmos, "Programación competitiva" es EL LIBRO para la programación competitiva.
— Jay Ching Lim – Estudiante en la University of Waterloo

Mis recuerdos de CP3 están asociados a leerlo en cualquier lugar: el autobús, mi habitación, la biblioteca, la sede de los concursos... No pasó mucho tiempo desde que me inicié en la programación competitiva, leyendo CP3, hasta que me clasifiqué para la final mundial del ICPC.
— Javier Eduardo Ojeda Jorge – Finalista mundial del ICPC
– Universidad Mayor de San Simón
– Ingeniero de software en dParadig, Chile

Prefacio

Este debe ser el libro de cabecera de todo programador competitivo. Dominar el contenido de la presente obra es una condición necesaria, aunque quizá no suficiente, para dar el salto desde ser un programador normal a convertirse en uno de los mejores del mundo.

El Volumen I de este libro se dirige a la siguiente audiencia:

1. Estudiantes de secundaria que compiten en la Olimpiada internacional de informática (IOI) [31], incluyendo sus fases locales, pues este Volumen I cubre la mayor parte del actual temario de la IOI [16].

2. Estudiantes universitarios que deseen utilizar este volumen como material adicional para cursos típicos de estructuras de datos y algoritmos.

3. Cualquiera interesado en prepararse para la sección habitual de estructuras de datos y algoritmos en las entrevistas de trabajo en empresas tecnológicas.

Los lectores a quienes se dirigen **ambos** volúmenes del libro incluyen a:

1. Estudiantes universitarios que compiten en las fases regionales del *International Collegiate Programming Contest* [57] y en la propia final mundial, pues el Volumen II cubre la mayoría de temas relacionados con las ciencias de la computación presentes en el ICPC.

2. Preparadores que buscan material de formación para sus estudiantes [21].

3. Cualquiera interesado en la resolución de problemas de programación. Existen muchos concursos a los que pueden acceder quienes ya quedan fuera del ámbito del ICPC, entre ellos *Google CodeJam, Facebook Hacker Cup, TopCoder Open,* concurso de *CodeForces, Internet Problem Solving Contest* (IPSC), etc.

Requisitos previos

Este libro *no* está escrito para programadores novatos, lo que nos permitirá extendernos en aspectos concretos de la programación competitiva, en vez de repetir conceptos básicos de programación, que ya están incluidos en otros libros de texto sobre ciencias de la computación. Su objetivo son lectores que tienen, al menos, conocimientos básicos en metodología de programación, están familiarizados con, como mínimo, uno de los lenguajes que trataremos (C/C++,

Java, Python y OCaml), aunque es preferible que conozcan varios de ellos, han cursado formación básica en estructuras de datos y algoritmos (estas materias se encuentran, normalmente, entre las que se imparten en el primer año de ingeniería informática en las universidades, o en los campus de entrenamiento para la IOI), y comprenden análisis algorítmicos sencillos (al menos, la notación *big–O*). En las siguientes secciones, identificaremos a los lectores potenciales de este texto.

A los (futuros) concursantes de la IOI

La IOI no es un concurso de velocidad y, *por ahora*, excluye los temas indicados en la tabla 1 (muchos de ellos tratados en el Volumen II). Puedes ignorar estos temas hasta que llegues a la universidad (cuando te unas a los equipos universitarios del ICPC). Sin embargo, conocer estas técnicas por adelantado podría resultar beneficioso, ya que algunas de las tareas de la IOI serán más sencillas con conocimientos adicionales. Por ello, si quieres recorrer el camino de la programación competitiva, te recomendamos que te hagas con un ejemplar de este libro lo antes posible (es decir, mientras estés en secundaria).

Sabemos que no se puede ganar una medalla de la IOI solo por conocer el contenido de la *versión actual* de este libro. Aunque confiamos en haber incluido (especialmente en este primer volumen) muchas de las materias del temario de la IOI [16] (con la esperanza de permitirte lograr una puntuación respetable), somos muy conscientes de que las tareas más recientes requieren capacidades de resolución de problemas excepcionales, así como una creatividad tremenda [20], virtudes que son imposibles de transmitir a través de un libro de texto. Esta obra puede proporcionar conocimientos, pero el trabajo duro te corresponde realizarlo a tí. Con la práctica llega la experiencia, y con la experiencia se adquiere la capacidad. Así que, sigue practicando.

Temas incluidos en el Volumen II
Matemáticas: *Big Integer*, inverso modular, teoría de probabilidad, teoría de juegos
Procesamiento de cadenas: árboles y *arrays* de sufijos, KMP, *hashing* de cadenas/Rabin–Karp
Geometría (computacional): varias rutinas de biblioteca específicas
Grafos: flujo de red, problemas de emparejamiento más difíciles, problemas NP-complejo/completo poco habituales
Más de la mitad de los temas pocos habituales

Tabla 1: Materias *todavía* no incluidas en el temario de la IOI [16]

A alumnos de cursos sobre *estructuras de datos y algoritmos*

El contenido de este libro ha sido extendido en esta edición, de forma que los *cuatro primeros* capítulos resulten más accesibles para estudiantes de informática de *primer año*. Los temas y ejercicios que hemos considerado de mayor dificultad y, por tanto, innecesariamente desalentadores para los principiantes, se han trasladado al Volumen II. De esta forma, los estudiantes que comienzan sus estudios de informática, no se sentirán intimidados cuando consulten este primer volumen.

El capítulo 1 incluye una colección de problemas de programación muy sencillos, que podrán resolver estudiantes de ciencias de la computación que estén cursando, o hayan finalizado, un curso básico de metodología de programación.

El capítulo 2 ha sido actualizado profundamente. Ahora hemos extendido las secciones sobre estructuras de datos lineales y no lineales con muchos ejercicios escritos, para que este libro se pueda utilizar también como base de un curso de *estructuras de datos*, sobre todo en los detalles relativos a la *implementación*.

Los cuatro paradigmas de resolución de problemas tratados en el capítulo 3, aparecerán frecuentemente en cursos de *algoritmia*. El texto de este capítulo ha sido ampliado y corregido, para ayudar a los estudiantes recién llegados a la informática.

Hay secciones del capítulo 4 que también pueden utilizarse como lectura adicional, o guía de *implementación*, para mejorar la *matemática discreta* [49, 11], o para un curso básico o intermedio de *algoritmia*. También hemos incluido puntos de vista relativamente nuevos, para tratar las técnicas de programación dinámica, como algoritmos en DAG. Temas que, por desgracia, siguen siendo materias poco comunes en muchos textos sobre ciencias de la computación.

A quienes se preparan para una entrevista de trabajo

Es ampliamente conocido que muchas entrevistas de trabajo en las principales empresas tecnológicas incluyen preguntas fundamentales sobre estructuras de datos, algoritmos o cuestiones de implementación. En este primer volumen se tratan muchos de estos asuntos. Te deseamos mucha suerte en tu entrevista.

En el otro lado de la entrevista, muchos entrevistadores leen también este libro para inspirar las preguntas que realizarán.

A los concursantes del ICPC

Sois los lectores más evidentes de esta obra. **Ambos** volúmenes os resultarán necesarios.

Sabemos que, probablemente, será difícil ganar una fase regional del ICPC utilizando solo el contenido de este libro. Aunque hemos incluido muchos materiales nuevos (con respecto a las ediciones anteriores), somos conscientes de que se requiere mucho más de lo que se ofrece aquí para lograr tal objetivo. Las notas de los capítulos contienen referencias adicionales, para aquellos lectores hambrientos de más conocimiento. Creemos, sin embargo, que tu equipo obtendrá resultados mucho mejores en futuros concursos, después de dominar este contenido. Esperamos que este libro sirva tanto de inspiración como de motivación para el viaje de 3 o 4 años, como concursante en el ICPC, durante tu etapa universitaria.

A los profesores y preparadores

Este libro se utiliza en el curso CS3233 – "Programación competitiva", impartido por Steven en la Escuela de Informática de la Universidad Nacional de Singapur. El CS3233 se desarrolla a lo largo de 13 semanas lectivas, utilizando el plan de estudios de la tabla 2. Los profesores, o preparadores, que utilicen el curso como referencia, tienen la libertad de modificar el plan de estudios para ajustarlo a las necesidades de sus alumnos. Al final de cada capítulo, se pueden encontrar pistas o soluciones breves de los ejercicios **no marcados con un asterisco** que aparecen en el libro. Algunos de los ejercicios escritos, **marcados con un asterisco**, son muy difíciles

Semana	Tema	En este libro
1	Introducción	Capítulo 1
2	Estructuras de datos y bibliotecas	Capítulos 2 y 9
3	Búsqueda completa	Capítulos 3, 8 y 9
4	Programación dinámica	Capítulos 3, 8 y 9
5	Periodo comodín	Capítulos 3, 4, 9 y otros
6	Concurso por equipos a mitad del semestre	Todo el volumen I
-	Vacaciones a mitad del semestre	-
7	Grafos 1 (flujo de red)	Capítulos 8 y 9
8	Grafos 2 (emparejamiento)	Capítulos 8 y 9
9	Problemas NP-complejo/completo	Capítulo 8
10	Matemáticas	Capítulos 5 y 9
11	Procesamiento de cadenas (*array* de sufijos)	Capítulo 6
12	Geometría (computacional) (bibliotecas)	Capítulos 7 y 9
13	Concurso por equipos final	Ambos volúmenes y más
-	No hay examen final	-

Tabla 2: Plan de estudios del curso CS3233 de Steven (nivel para fases regionales del ICPC)

y no tienen ni pistas ni soluciones. Se podrían utilizar como preguntas de examen o problemas para un concurso (obviamente, el profesor deberá resolverlos).

A todos los lectores

Dada su diversidad en cobertura y profundidad de tratamiento, este libro *no debe* ser leído una única vez, sino que pretende ser consultado con frecuencia. Hay una buena cantidad de ejercicios escritos (≈ 258) y de programación (≈ 3458), distribuidos entre casi todas las secciones. Puedes ignorar dichos ejercicios en una primera aproximación, si te resultan muy difíciles, o si requieren más técnicas y aprendizaje, y volver sobre ellos después de completar el resto de la lectura. Resolver esos ejercicios fortalecerá tu comprensión de los conceptos tratados, ya que, normalmente, implican aplicaciones interesantes y variantes de los temas descritos. Debes intentar resolverlos en algún momento, ya que hacerlo no será tiempo perdido.

Creemos que este libro es, y será, relevante para muchos estudiantes de secundaria y universitarios, incluso para quienes ya han finalizado sus estudios pero siguen resolviendo problemas por afición. Los concursos de programación, como el ICPC o la IOI, permanecerán en el tiempo, al menos durante muchos años. Los nuevos estudiantes deben intentar entender e internalizar los conocimientos básicos presentados, antes de buscar nuevos retos. Sin embargo, el término 'básicos' no debe llevar a confusión, como podrás comprobar después de leer la tabla de contenidos.

El propósito de este libro es claro: queremos mejorar las capacidades de programación y resolución de problemas de todos los lectores y, con ello, *subir el listón* de los concursos de programación, como el ICPC o la IOI. Con más concursantes dominando el contenido de esta obra, esperamos que el año 2010 (cuando se publicó la primera edición) marque un punto de inflexión, que resulte en una mejora acelerada de los estándares en los concursos de programación. Esperamos ayudar a concursantes a lograr mejores puntuaciones (≥ 70 – al menos $\approx 6 \times 10$ puntos resolviendo todas las subtareas 1 de las 6 tareas de la IOI) en futuras ediciones de la IOI, y a más equipos a resolver más (≥ 2 – al menos 1 problema más que el *problema regalado* que suele aparecer en cada concurso) problemas en los futuros ICPC. También deseamos ver a muchos preparadores del ICPC y de la IOI de todo el mundo adoptar este texto, por la ayuda que proporciona en el dominio de temas que los estudiantes no pueden ignorar en el contexto de concursos de programación. Si logramos que nuestra pretendida proliferación del conocimiento 'mínimo' requerido en la programación competitiva continúe en esta década, habremos alcanzado nuestro objetivo de elevar el nivel del conocimiento humano y nosotros, como autores de este libro, recibiremos la mayor satisfacción por ello.

Convenciones

En este libro se incluye mucho código fuente en C/C++, Java y Python y, también, algo de OCaml. Cuando aparezca, estará impreso en esta `tipografía monoespaciada`. Todo el código está indentado en escalones de 2 espacios, salvo el escrito en Python, donde son de 4 espacios.

En el código fuente de C/C++, hemos adoptado el uso frecuente de `typedef` y macros, características que se utilizan habitualmente por programadores competitivos *por su comodidad, brevedad y velocidad en la programación*. Sin embargo, no siempre es posible utilizar estas técnicas en Java, Python u OCaml, ya que no tienen características análogas. Estos son algunos ejemplos de nuestros atajos para C/C++:

```
1  typedef long long ll;              // los comentarios de tipos de datos comunes
2  typedef pair<int, int> ii;            // que aparecen mezclados con el código
3  typedef vector<int> vi;              // aparecen justificados a la derecha
4  typedef vector<ii> vii;
5  memset(memo, -1, sizeof memo);    // inicializar tabla de memoización de DP
6  vi memo(n, -1);                              // método alternativo
7  memset(arr, 0, sizeof arr);          // vaciado de un array de enteros
```

Los siguientes atajos aparecen frecuentemente en nuestros códigos de C/C++ y Java (no todos son aplicables a Python u OCaml):

```
1  // Atajos para constantes "comunes"
2  const int INF = 1e9;                       // 10^9 = 1B es < 2^31-1
3  const int LLINF = 4e18;                     // 4*10^18 es < 2^63-1
4  const double EPS = 1e-9;                    // un número muy pequeño
5  ++i;                                 // para simplificar: i = i+1;
6  ans = a ? b : c;                            // operador ternario
7  ans += val;                                 // de ans = ans+val;
8  index = (index+1) % n;              // a la derecha o vuelta a 0
9  index = (index+n-1) % n;           // a la izquierda o vuelta a n-1
10 int ans = (int)((double)d + 0.5);          // para rendondear
11 ans = min(ans, new_computation);          // atajo para mín/máx
12 // hay código que utiliza && (AND) y || (OR)
13 // hay código que utiliza vínculos estructurados de C++17 para pares/tuplas
14 // no utilizamos llaves en bucles o condicionales de una línea
15 // pasamos los argumentos por referencia (&) siempre que es posible
```

Categorización de problemas

A fecha de 19 de julio de 2020, entre Steven, Felix y Suhendry, han resuelto 2278 problemas del Online Judge (el $\approx$ 45,88% del total de problemas contenidos en la plataforma). Steven también ha resuelto 5742,7 puntos de Kattis ($\approx$ 1,4K problemas más y el $\approx$ 55,46% de todos los disponibles). En este libro hemos categorizado $\approx$ 3458 de esos problemas.

Los problemas se han asignado a las diferentes categorías, según una estrategia de *"balanceo de carga"*: si un problema se puede clasificar en más de una categoría, se presentará en aquella con un menor número de entradas. Por ello, el lector puede encontrar que algunos problemas aparecen reflejados en una categoría 'incorrecta', pues podrían no corresponderse, en apariencia, con la técnica utilizada para resolverlos. Lo que sí podemos garantizar es que, si un problema X aparece en una categoría Y, *hemos* podido resolverlo en esos términos.

También hemos limitado cada categoría a un máximo de 35 problemas, repartiéndolos en varias de ellas cuando ha sido necesario. En realidad, cada categoría contiene una media de $\approx$ 17 problemas. Por lo que tenemos más de $\approx$ 3458/17 $\approx$ 200 categorías a lo largo del libro.

Puedes utilizar esta categorización como medio de entrenamiento. Resolver, al menos, alguno de los problemas de cada categoría es un medio excelente para diversificar las habilidades de resolución de problemas. Para no resultar abrumadores al lector, hemos limitado el número de problemas resaltados con * (obligatorios) a un máximo de 4 UVa + 3 Kattis (o 3 UVa + 4 Kattis) = 7 por categoría, y dejamos el resto como adicionales (las pistas para resolver estos se pueden encontrar en la página web 'Methods to Solve' en `https://cpbook.net`). También podrás afirmar que, de algún modo, has 'dominado' el libro cuando hayas resuelto, al menos, **3 problemas por categoría** (lo que te llevará algún tiempo).

Si necesitas una pista para algún problema en concreto (que hayamos resuelto nosotros), puedes consultar el índice alfabético al final del libro, en vez de buscar en cada capítulo. Este índice contiene una lista de problemas de UVa/Kattis, ordenados por su número (puedes encontrarlos mediante búsqueda binaria), y las páginas en las que son comentados (así como las estructuras de datos y/o algoritmos necesarios). En esta edición, hemos permitido que las pistas ocupen más de una línea para darles un poco más de sentido. Evidentemente, *no* consultar las pistas inicialmente puede resultar un reto interesante.

Cambios para la presente edición (CP4)

Este libro se publicó por primera vez en 2010 (la primera edición, conocida como CP1), después se actualizó en 2011 (segunda edición/CP2) y se aumentó significativamente en 2013 (tercera edición/CP3[2]). Ha transcurrido un periodo de 7 años[3] entre la publicación de CP3 y este CP4. Destacamos los cambios más importantes de estos 7 años, que justifican la extensión del conocimiento sobre programación competitiva:

- Evidentemente, hemos corregido todas las erratas, errores gramaticales y de otro tipo comunicadas por los lectores de CP3 desde 2013. Lo cual no garantiza que esta edición sea perfecta al 100%, aunque esperamos que el número de erratas sea mínimo.

---

[2]Edición publicada en castellano en 2019 (N. del T.).
[3]Con 10 victorias en la fase regional asiática del ICPC entre las publicaciones de CP3 (2013) y CP4 (2020).

- Hemos actualizado mucho código de ejemplo a C++17, Java 11, Python 3 e, incluso, a OCaml. Esto implica que gran parte del código resulta ahora más sencillo, debido a la evolución de los lenguajes de programación (por ejemplo, con la declaración de vínculos estructurados de C++17), la mayor experiencia de los autores y varias aportaciones de nuestros lectores en los últimos años.

- Utilizamos un repositorio público (`https://github.com/stevenhalim/cpbook-code`), que contiene el mismo código de ejemplo que el incluido en el libro, a fecha de su publicación original (19 de julio de 2020). Obviamente, el contenido del repositorio de GitHub estará más actualizado que su versión impresa, a medida que pase el tiempo. Te pedimos que utilices el repositorio y hagas las aportaciones que consideres oportunas. También autorizamos el uso del código fuente que contiene para impartir cursos sobre programación o cualquier otro fin.

- Hemos incluido la plataforma Kattis (`https://open.kattis.com`) adicionalmente a la del UVa Online Judge, que veníamos utilizando, lo que ha aumentado el número de problemas tratados a $\approx$ 3458. Esto es *más del doble* que los utilizados en CP3 (1675). Hay que tener en cuenta que hay $\approx$ 150 problemas solapados entre UVa y Kattis, que solo aparecerán una vez (bajo el identificador en Kattis). Steven ocupa el puesto 9 (de $\approx$ 141132 usuarios) en Kattis y el 39 (de $\approx$ 365857) en el Online Judge, es decir, se sitúa en el percentil 99,9 en ambas plataformas.

- Ofrecemos en formato digital todos los consejos de los $\approx$ 3458 problemas que hemos resuelto, a través de la página `https://cpbook.net`, incluyendo extras que no aparecen en la versión impresa por razones de espacio. La versión en línea cuenta con la posibilidad de buscar/filtrar y siempre estará más actualizada que la versión en papel. A fecha de la publicación del libro, hemos resuelto los $\approx$ 750 problemas con menor puntuación de Kattis [1,1..3,5] y hemos incluido comentarios sobre ellos.

- Se han ajustado o eliminado algunas categorías de problemas ya obsoletas (como la suma de rangos unidimensional/bidimensional máxima). Se han añadido otras (como cálculo previo, todas las respuestas posibles, fracciones, NP-complejo/completo, etc.).

- Para evitarle al lector el inconveniente de la "aguja en el pajar" al elegir un problema, hemos seleccionado, *normalmente*, solo 4 UVa+3 Kattis (o 3 UVa+4 Kattis) resaltados en cada categoría. Esto contribuye a reducir la confusión y ayudará al nuevo programador competitivo a priorizar el estudio de los problemas de mayor calidad. También nos ha ahorrado unas cuantas páginas, que ahora podemos dedicar a la mejora del contenido del libro.

- Hemos escrito de nuevo prácticamente cada tema del libro, para mejorar su presentación. Hemos integrado nuestra herramienta de visualización[4] `https://visualgo.net`, siempre que nos ha sido posible. Es evidente que el contenido mostrado en VisuAlgo siempre estará más actualizado que el de la versión impresa. Todos estos añadidos aparentan ser *sutiles*, pero podrían tener su importancia a la hora de evitar veredictos TLE/WA en unos problemas cada vez más complejos [17]. Muchos de los problemas resaltados en CP3 que se pueden considerar, en 2020, como estándar, se han integrado en el texto de este CP4, por lo que la reducción del número de ejercicios escritos no debería sorprender.

---

[4]VisuAlgo está creado utilizando las técnicas de desarrollo web más modernas, como HTML5, SVG, canvas, CSS3, JavaScript (jQuery, biblioteca D3.js), PHP (entorno Laravel), MySQL, etc. Cuenta con un modo e-Aula con explicaciones básicas sobre estructuras de datos y algoritmos, así como un sistema de examen para verificar la comprensión elemental de las materias.

- Se ha reorganizado la distribución de las materias en relación a CP3, especialmente para facilitar la división del texto en dos volúmenes:

  - Volumen I (capítulos 1 a 4):

    1. Hemos seleccionado y organizado algunos de los problemas más sencillos de UVa y Kattis que, anteriormente, estaban repartidos en varios capítulos (sobre todo en los capítulos 5, 6 y 7), y los hemos convertido en un compendio de ejercicios, para aquellos que acaban de empezar a aprender metodología básica de programación, en el capítulo 1. Ahora resulta mucho más sencillo lograr los primeros veredictos AC en UVa y/o Kattis, para impulsar el viaje por el mundo de la programación competitiva.

    2. Hemos movido problemas básicos y *ad hoc* de procesamiento de cadenas desde el capítulo 6 al 1, destacando el uso de códigos breves de Python que los resuelven.

    3. Hemos movido los números romanos del capítulo 9 al 1, ya que, aunque es un tema poco habitual, se trata de un problema *ad hoc* sencillo.

    4. Hemos movido los temas de índice de inversión y ordenación en tiempo lineal desde el capítulo 9 a 'Problemas especiales de ordenación', en el capítulo 2.

    5. Hemos movido el emparejamiento de paréntesis y la conversión/calculadora posfija del capítulo 9 a la categoría 'Problemas especiales con pilas' del capítulo 2.

    6. Hemos movido el contenido básico de *Big Integer* del capítulo 5 al 2, ya que es, en esencia, una estructura de datos integrada en Python y Java (que sigue clasificada como 'nuestra propia biblioteca' para usuarios de C++). De esta forma, el lector encontrará algunos problemas de *Big Integer* en los primeros capítulos del Volumen I.

    7. Hemos movido el árbol de estadísticos de orden del capítulo 9 a una estructura de datos no lineal con su propia biblioteca `pbds` para C++, en el capítulo 2.

    8. Hemos intercambiado el orden de dos secciones: el árbol de Fenwick (su forma básica es más fácil de entender para los principiantes) y el árbol de segmentos (más versátil).

    9. Hemos movido los problemas de búsqueda completa relativos a las matemáticas (*ad hoc*) del capítulo 5 al 3.

    10. Hemos movido el problema de Josefo (*ad hoc*), que prácticamente se puede resolver con búsqueda completa, del capítulo 9 al 3.

  - Con esta reorganización del contenido, tenemos la satisfacción de declarar que el Volumen I cubre la práctica totalidad[5] del temario de la IOI [16] del año 2020.

  - Volumen II (capítulos 5 a 9):

    1. Hemos repartido las características específicas del `BigInteger` de Java a las secciones correspondientes, es decir, conversión de bases y simplificación de fracciones mediante el GCD a la sección de matemáticas *ad hoc*, comprobación probabilística de primalidad a la sección de teoría de números y la exponenciación modular a la sección de potencia de matrices.

    2. Hemos intercambiado el orden de dos secciones de capítulo 5: teoría de números (con la sección de aritmética modular extendida) y combinatoria (algunos de los problemas más difíciles de combinatoria ahora necesitan aritmética modular).

---

[5]El temario de la IOI es un documento en evolución, que cambia cada año.

3. Hemos reorganizado la categorización de muchos problemas de DP que hemos resuelto en el capítulo 8.

4. Hemos movido el emparejamiento de grafos del capítulo 9 al 8, después de la sección de flujo de red y antes de la nueva sobre problemas NP-complejos/completos.

5. Hemos añadido una nueva sección sobre problemas de decisión NP-completa y/o optimización NP-compleja en programación competitiva, recopilando ideas que se encontraban dispersas en CP3. Destacamos que, para ese tipo de problemas, recibiremos pequeñas instancias (para las que la búsqueda completa o la programación dinámica serán suficientes) o el caso especial del problema (donde es posible utilizar algoritmos polinómicos/rápidos, incluyendo soluciones con algoritmos voraces, flujo de red o emparejamiento de grafos).

- Cambios en el capítulo 1:

  1. Hemos incluido breves presentaciones de la IOI y del ICPC, los dos concursos de programación internacionales de mayor importancia, que utilizan el contenido de este libro (y más).

  2. Hemos añadido Python 3 como uno de los lenguajes de programación de referencia, especialmente en aquellos problemas más sencillos en los que el tiempo de ejecución no resulta crítico, en los que implican enteros grandes y los de procesamiento de cadenas. Si esto te permite ahorrar 5 minutos de programación en tu primera solución aceptada, y tu equipo termina por resolver 8 problemas, supondrá un ahorro de $8 \times 5 = 40$ minutos de penalización en total.

  3. Hemos añadido *algunas* implementaciones en OCaml (que todavía no se utiliza ni en la IOI ni en el ICPC).

  4. Utilizamos técnicas de programación competitivas correspondientes al año 2020.

- Cambios en el capítulo 2:

  1. A lo largo de este capítulo sobre estructuras de datos, hemos añadido una mayor integración con nuestra herramienta de visualización gratuita, VisuAlgo.

  2. Hemos añadido bibliotecas de Python y OCaml a las ya existentes STL de C++ y la API de Java.

  3. Hemos ampliado de forma significativa el tratamiento del montículo binario, la tabla de *hash* y el árbol de búsqueda binaria (equilibrado) en la sección de estructuras de datos no lineales, que son tratadas habitualmente en cursos de estructuras de datos y algoritmos.

  4. Insistimos en el uso de las tablas de *hash* más rápidas (como `unordered_map` de C++) en lugar de BST equilibrados (`map` de C++), en los casos en que no es necesaria la ordenación de las claves y estas son tipos de datos básicos como enteros o cadenas. También recomendamos utilizar tablas de direccionamiento directo (DAT), más sencillas, siempre que sea posible.

  5. Destacamos el uso del BST equilibrado como una cola de prioridad más potente (aunque algo más lenta) y como herramienta de ordenación (de árbol).

  6. Mencionamos mecanismos de tratamiento de árboles no etiquetados con $[0..V\text{-}1]$, y cómo almacenar algunos grafos especiales de forma más eficiente.

  7. Mejoramos la presentación de la estructura de datos UFDS.

8. Añadimos más características de la estructura de datos de árbol de Fenwick: árbol de Fenwick como (una variante de) estructura de datos de estadísticos de orden, y como variantes de las consultas de actualización de punto por rango y actualización de rango por rango.

9. Añadimos más características para la estructura de datos de árbol de segmentos: actualización de rangos con propagación perezosa, para mantener su rendimiento en $O(\log n)$.

- Cambios en el capítulo 3:

    1. Hemos añadido dos técnicas más de búsqueda completa: cálculo previo de todas las respuestas y verificación de todas las respuestas posibles (que no se pueden hallar mediante búsqueda binaria, o cuando el posible rango de respuestas es pequeño). También actualizamos la implementación de la máscara de bits iterativa, para utilice la técnica LSOne, siempre que sea posible. Hemos incluido más detalles sobre búsqueda completa, como compresión de datos para hacer que los problemas puedan utilizarla. También hemos probado Python en problemas de búsqueda completa. Aunque en la mayoría de los problemas de búsqueda completa más difíciles el resultado será TLE, hay formas de utilizarlo en casos más sencillos.

    2. Nos hemos inclinado por el uso de bucles for en la implementación de la búsqueda binaria de la respuesta (BSTA), en detrimento de while. También integramos en el capítulo la búsqueda ternaria.

    3. Ahora consideramos el problema de emparejamiento (bipartito) voraz como otro problema voraz clásico. Añadimos que algunos algoritmos voraces utilizan estructuras de datos de colas de prioridad, para ordenar dinámicamente los siguientes candidatos.

    4. Utilizamos la solución LIS ('ordenación paciente', en vez de DP) en $O(n \log k)$ como solución predeterminada para problemas LIS modernos. Utilizamos la técnica LSOne dentro de la solución DP-TSP en $O(2^{n-1} \times n^2)$, lo que permite resolver $n \leq [18..19]$ más rápido.

- Cambios en el capítulo 4:

    1. Hemos redibujado casi todas las figuras del capítulo, utilizando VisuAlgo.

    2. Ahora utilizamos el algoritmo de Kosaraju como predeterminado para hallar componentes fuertemente conexos (SCC), ya que resulta más sencillo que el algoritmo de Tarjan.

    3. Hemos extendido de forma significativa la sección sobre caminos más cortos, con muchas de sus variantes conocidas. Tratamos y comparamos ambas versiones de la implementación del algoritmo de Dijkstra. Hemos trasladado el SPFA desde el capítulo 9, nombrándolo como una *extensión* del algoritmo de Bellman–Ford, y denominándolo algoritmo de Bellman–Ford–Moore.

    4. Hemos ampliado de forma significativa la sección sobre grafos eulerianos y sustituido el algoritmo de Fleury con el más eficiente de Hierholzer.

    5. Añadimos notas sobre algunos grafos especiales más y sus propiedades

- Cambios en el capítulo 5:

    1. Ampliamos el tratamiento sobre los problemas matemáticos *ad hoc*. Identificamos un nuevo problema matemático *ad hoc* recurrente, la fracción.

2. Reconocemos el cambio de tendencia por el que el número de problemas puros de enteros grandes está siendo sustituido por problemas de aritmética modular. Por lo tanto, hemos ampliado significativamente el tratamiento de aritmética modular en la sección de teoría de números y la presentamos antes de que se utilice en otras secciones como, por ejemplo, el pequeño teorema de Fermat/inverso multiplicativo modular, que se utiliza para la implementación de los coeficientes binomiales y los números de Catalan, en la sección de combinatoria. La exponenciación modular ahora es la predeterminada en la sección de potencia de matrices.

3. Ampliamos la sección de combinatoria con más menciones a técnicas de conteo.

4. Ampliamos el tratamiento de problemas relativos a la probabilidad.

5. Mejoramos la explicación del algoritmo de búsqueda de ciclos de Floyd (tortuga–liebre), mediante la herramienta VisuAlgo.

6. Integramos en este capítulo la potencia de matrices, cuyo tratamiento ampliamos e incorporamos técnicas de aritmética modular en su sección.

- Cambios en el capítulo 6:

  1. Tratamos la DP de dígitos como un nuevo problema de procesamiento de cadenas.

  2. Fortalecemos nuestra explicación del *trie* general y de los *trie*/árbol/*array* de sufijos.

  3. Añadimos el *hashing* de cadenas como método alternativo de solución de problemas de procesamiento de cadenas, incluyendo el tratamiento del problema de coincidencia de cadenas desde este contexto.

  4. Integramos y ampliamos la sección sobre anagramas y palíndromos, ambos problemas de procesamiento de cadenas con diferentes variantes y dificultades.

- Cambios en el capítulo 7:

  1. Mejoramos las rutinas de biblioteca existentes, por ejemplo, el algoritmo de cadena monótona de Andrew (más breve de programar) es ahora el algoritmo predeterminado para la envolvente convexa, sustituyendo a la exploración de Graham (más largo y un poco más lento).

  2. Hemos rehecho la explicación de los algoritmos para polígonos, añadiendo capturas de VisuAlgo.

- Cambios en el capítulo 8:

  1. Hemos sustituido el algoritmo de Edmonds–Karp en $O(V \times E^2)$, algo más lento, por el de Dinic en $O(V^2 \times E)$. También hemos añadido algunas aplicaciones de flujo de red adicionales.

  2. Ampliamos el tratamiento sobre emparejamiento de grafos y variantes bipartita/no bipartita + ponderada/no ponderada. Realizamos de forma predeterminada un procesamiento previo voraz aleatorio para el algoritmo de aumento de camino.

  3. Añadimos algunas técnicas de descomposición de problemas y enumeramos muchos más problemas de este tipo, ordenados por su frecuencia de aparición.

- Cambios en el capítulo 9:

    1. Además de mejorar los temas ya existentes, añadimos un número de nuevas estructuras de datos, algoritmos y problemas de programación poco habituales, que no aparecen en los primeros ocho capítulos, ni estaban incluidos en la edición anterior. Son:

        a) Descomposición en raíces cuadradas.

        b) Descomposición pesada–ligera.

        c) Isomorfismo de árboles.

        d) Sucesión de De Bruijin.

        e) Transformada rápida de Fourier.

        f) Teorema del resto chino.

        g) Teorema de Lucas.

        h) Teoría de juegos con combinatoria.

        i) Rompecabezas de lanzamiento de huevos.

        j) Optimización de programación dinámica.

        k) Algoritmo empujar–reetiquetar.

        l) Algoritmo de Kuhn–Munkres.

        m) Algoritmo de emparejamiento de Edmonds.

        n) Problema constructivo.

        ñ) Problema interactivo.

        o) Programación lineal.

        p) Descenso por gradiente.

- En resumen, quien *únicamente* domine la edición anterior de este libro (que data de 2013), será vencido con facilidad en un concurso de programación por otro concursante que se haya formado *solo* con la presente edición (correspondiente a 2020).

Páginas web de apoyo

Este libro se acompaña de una página web oficial, en `https://cpbook.net`. La herramienta *Methods to Solve* se encuentra en la misma dirección.

También hemos publicado (casi) todo el código fuente tratado en este libro en nuestro repositorio público de GitHub `https://github.com/stevenhalim/cpbook-code`.

Muchas de las estructuras de datos y algoritmos tratados cuentan con visualizaciones interactivas en `https://visualgo.net`.

Todos los ejercicios de programación del Online Judge que aparecen en el libro se encuentran integrados en la herramienta `https://uhunt.onlinejudge.org/`.

Todos los ejercicios de programación de Kattis que aparecen en el libro son accesibles fácilmente utilizando la extensión de Google Chrome *Kattis Hint Giver* (creada por Lin Si Jie, alumno de Steven), que integra el contenido de *Methods to Solve* directamente en las páginas de problemas de Kattis.

Por un mejor futuro para la Humanidad,
STEVEN HALIM, FELIX HALIM y SUHENDRY EFFENDY
Singapur, 19 de julio de 2020

Perfil de los autores

Steven Halim, PhD[6]

stevenhalim@gmail.com

Steven Halim es profesor en la Escuela de Informática de la Universidad Nacional de Singapur, donde imparte varios cursos de programación, desde metodología básica hasta algoritmos y estructuras de datos intermedios y avanzados, programación web y el módulo 'Programación competitiva', en el que utiliza este libro. Es entrenador de los equipos del ICPC de la UNS y del equipo nacional de la IOI de Singapur. Ha competido en varias fases regionales del ICPC como estudiante (Singapur 2001, Aizu 2003, Shanghai 2004). Hasta la fecha, junto a otros entrenadores de la UNS, ha llevado a varios equipos del ICPC a ganar diez fases regionales (ver tabla 3), ha llegado a la final mundial del ICPC en once ocasiones (2009-2010, 2012-2020), habiendo logrado, como mejor resultado, el puesto 14 en Phuket en 2016 (ver tabla 4). Ha logrado también siete medallas de oro, diecinueve de plata y quince de bronce en la IOI (2009-2019). Además, ha sido director regional de la ICPC en Asia Singapur (2015 y 2018) y es subdirector y miembro del comité internacional de las IOI 2020 y 2021 en Singapur. Ha sido invitado a impartir talleres sobre el ICPC y la IOI en varios países, como el campus ICPC/IOI de Bolivia en 2014, el campus de IOI de Arabia Saudí en 2019 o el campus NOI de Camboya en 2020.

Está felizmente casado con Grace Suryani Tioso, con quien tiene dos hijas y un hijo: Jane Angelina Halim, Joshua Ben Halim y Jemimah Charissa Halim.

---

[6]Tesis doctoral: "An Integrated White+Black Box Approach for Designing and Tuning Stochastic Local Search Algorithms", 2009.

Regionales ICPC	Puesto	Años
Asia Yakarta	5	2013 (ThanQ), 2014 (ThanQ+), 2015 (RRwatameda), 2017 (DomiNUS), 2019 (Send Bobs to Alice)
Asia Manila	2	2017 (Pandamiao), 2019 (7 Halim)
Asia Nakhon Pathom	1	2018 (Pandamiao)
Asia Rangún	1	2018 (3body2)
Asia Kuala Lumpur	1	2019 (3body3)

Tabla 3: Victorias en ICPC regionales de la UNS en la década de 2010

Final mundial ICPC	Equipo	Clasificación	Año
Phuket, Tailandia	RRwatameda	14/128	2016
Ekaterimburgo, Rusia	ThanQ+	19/122	2014
Rapid City, EEUU	TeamTam	20/133	2017

Tabla 4: 3 mejores puestos de la UNS en las finales mundiales del ICPC en la década de 2010

Felix Halim, PhD[7]

felix.halim@gmail.com

Felix Halim es ingeniero de software senior en Google, donde ha trabajado sobre problemas de sistemas distribuidos, análisis de datos, indexación, herramientas internas y bases de datos. Es una apasionado del desarrollo web. Creó la herramienta uHunt para ayudar a los usuarios del Online Judge a determinar qué problemas debían resolver de acuerdo a su nivel. También ha desarrollado una página web de *crowdsourcing*, `https://kawalpemilu.org`, para permitir que los ciudadanos de Indonesia supervisasen de forma activa las elecciones generales de su país en 2014 y 2019.

Como concursante, participó en la IOI de 2002 en Corea (representando a Indonesia), el ICPC Manila de 2003-2005, Kaohsiung 2006 y la final mundial de Tokio en 2007 (representando a la Universidad de Bina Nusantara). También ha sido finalista en Google India Code Jam en 2005 y 2006. Como autor de problemas, ha escrito tareas para los ICPC de Yakarta en 2010, 2012 y 2013, Kuala Lumpur en 2014, y para varios concursos nacionales de Indonesia.

Está felizmente casado con Siska Gozali. La fotografía que acompaña a esta reseña corresponde a su luna de miel europea (tomada en Suiza), después de asistir a la final mundial del ICPC en Oporto en 2019. Se puede encontrar más información sobre Felix visitando su página web `https://felix-halim.net`.

---

[7]Tesis doctoral: "Solving Big Data Problems: from Sequences to Tables and Graphs", 2012.

Suhendry Effendy, PhD[8]

suhendry.effendy@gmail.com

Suhendry Effendy es investigador en la Escuela de Informática de la Universidad Nacional de Singapur. Se graduó en ciencias de la computación por la Universidad Bina Nusantara (BINUS), Yakarta, Indonesia. Posteriormente, se doctoró en ciencias de la computación por la Universidad Nacional de Singapur. Antes de completar su doctorado, fue profesor en la BINUS, especializándose en análisis de algoritmos y, además, fue preparador del equipo de programación competitiva de la misma universidad (apodado como "Jollybee").

Ha sido autor habitual de problemas para el ICPC Asia Yakarta desde sus comienzos en 2008. De 2010 a 2016 actuó como juez jefe en el ICPC Asia Yakarta, en colaboración con muchos otros autores de problemas. También ha escrito problemas para otros concursos, como el ICPC Asia Kuala Lumpur, el ICPC Asia Singapur y la *Olimpiade Sains Nasional bidang Komputer* (Olimpiada nacional informática de Indonesia), por mencionar algunos.

---

[8]Tesis doctoral: "Graph Properties and Algorithms in Social Networks: Privacy, Sybil Attacks, and the Computer Science Community", 2017.

Abreviaturas

A* : A asterisco
ACM : Assoc for Computing Machinery
AC : Aceptado
ADT : Tipo de datos abstracto
AL : Lista de adyacencia
AM : Matriz de adyacencia
APSP : Cam. más corto entre todos los pares
AVL : Adelson–Velskii Landis (BST)

BNF : Notación de Backus–Naur
BFS : Búsqueda en anchura
BI : *Big Integer*
BIT : Árbol indexado binario
bBST : Árbol búsqueda binaria equilibrado
BSTA : Búsqueda binaria de la respuesta

CC : Cambio de monedas
CCW : En contra de las agujas del reloj
CF : Frecuencia acumulada
CH : Envolvente convexa
CRT : Teorema del resto chino
CS : Ciencias de la computación
CW : A favor de las agujas del reloj

DAG : Grafo acíclico dirigido
DAT : Tabla de direccionamiento directo
D&C : Divide y vencerás
DFS : Búsqueda en profundidad
DLS : Búsqueda de profundidad limitada
DP : Programación dinámica
DS : Estructura de datos

ED : Distancia de edición
EL : Lista de aristas
E/S : Entrada/salida

FFT : Transformada rápida de Fourier
FIFO : Primero en entrar, primero en salir
FT : Árbol de Fenwick

GCD : Máximo común divisor

HLD : Descomposición pesada–ligera

ICPC : Intl. Collegiate Prog. Contest
IDS : Búsqueda de profundidad iterativa
IDA* : A* de profundidad iterativa
IOI : Olimpiada internacional informática
IPSC : Internet Problem Solving Contest

KISS : Hazlo breve y sencillo

LA : Live Archive [30]
LCA : Ancestro común mínimo

LCE : Extensión común más larga
LCM : Mínimo común múltiplo
LCP : Prefijo común más largo
LCS_1 : Subsecuencia común más larga
LCS_2 : Subcadena común más larga
LIFO : Último en entrar, primero en salir
LIS : Subsecuencia creciente más larga
LRS : Subcadena repetida más larga
LSB : Bit menos significativo

MCBM : Empar. bipart. de card. máxima
MCM_1 : Emparejamiento de card. máxima
MCM_2 : Multiplic. de cadenas de matrices
MCMF : Flujo máximo de coste mínimo
MIS : Conjunto independiente máximo
MLE : Límite de memoria superado
MPC : Cobertura de caminos mínima
MSB : Bit más significativo
MSSP : Cam. más corto de origen múltiple
MST : Árbol de expansión mínimo
MWIS : Conj. indep. ponderado máximo
MVC : Cobertura de vértices mínima
MWVC : Cob. de vértices de peso mínimo

NP : Polinómico no determinista

OJ : Online Judge

PE : Error de presentación

RB : Rojo–negro (BST)
RMQ : Cons. de mín. (o máx.) de rango
RSQ : Consulta de suma de rango
RTE : Error en tiempo de ejecución
RUPQ : Consulta punto act. rango
RURQ : Consulta rango act. rango

SSSP : Caminos más cortos de origen único
SA : *Array* de sufijos
SPOJ : Sphere Online Judge
ST : Árbol de sufijos
STL : Standard Template Library

TLE : Límite de tiempo superado

USACO : USA Computing Olympiad
UVa : Universidad de Valladolid [45]

WA : Respuesta incorrecta
WF : Final mundial

Índice de tablas

Índice de figuras

Capítulo 1

Introducción

¡Quiero competir en la final mundial del ICPC!
— **Un estudiante aplicado**

1.1 Programación competitiva

La premisa fundamental de la programación competitiva dice así: "enfrentarse a problemas de programación bien conocidos y resolverlos lo más rápidamente posible".

Analicemos los términos. Mencionar 'problemas de programación bien conocidos' implica que, en la programación competitiva, nos enfrentamos a problemas *ya resueltos* y *no* a problemas de investigación (en los que la solución todavía no se conoce). Hay quien ya los ha resuelto antes (como mínimo, el autor del problema). 'Resolverlos' significa que debemos[1] mejorar nuestros conocimientos informáticos hasta el nivel requerido, para ser capaces de producir un código que funcione y que encuentre la solución, al menos, en términos de obtener la *misma* salida en los casos de prueba secretos[2] del autor del problema, dentro del tiempo límite estipulado. La necesidad de resolver los problemas 'lo más rápidamente posible' es, precisamente, donde reside el elemento competitivo, ya que la velocidad es un objetivo muy natural en los humanos.

Hay que tener en cuenta que destacar en la programación competitiva es un medio, y *no* un fin en sí mismo. El auténtico objetivo es formar mejores programadores, que estén más preparados para producir mejor software y para enfrentarse, en un futuro, a retos de investigación más complejos. Este es uno de los objetivos de la Olimpiada internacional de informática (IOI) [31] y la visión de los fundadores del International Collegiate Programming Contest (ICPC) [57]. Con este libro, queremos hacer nuestra pequeña contribución a que las generaciones presentes y futuras sean más competitivas en la solución de los problemas de programación ya conocidos y que solemos encontrar en las ediciones más recientes tanto del ICPC como de la IOI.

---

[1]En algunos concursos de programación se compite en equipo, alentando así el trabajo en grupo ya que, en la vida real, los ingenieros de software no suelen trabajar solos.

[2]Al ocultar los casos de prueba finales en el planteamiento del problema, la programación competitiva alienta a quienes tratan de resolverlo a ejercitar su fortaleza mental, para tratar de encontrar todos los casos límite que sean capaces, y comprobar que sus programas los resuelven. Esta es una situación típica para los ingenieros de software, que deben probar sus programas en profundidad, hasta estar seguros de que cumplen con los requisitos establecidos por los clientes.

Problema número 10911 del UVa Online Judge [45] (Forming Quiz Teams)

Enunciado resumido del problema

Tenemos (x, y) como coordenadas de la casa de un estudiante en un plano bidimensional. Hay $2N$ estudiantes y queremos **emparejarlos** en N grupos. d_i será la distancia entre las casas de 2 estudiantes en el grupo i. Formar N grupos de forma que $cost = \sum_{i=1}^{N} d_i$ sea **mínimo**. Devolver el valor $cost$ mínimo. Restricciones: $1 \leq N \leq 8$ y $0 \leq x, y \leq 1000$.

Ejemplo de entrada (con explicación)

$N = 2$; las coordenadas de las $2N = 4$ casas son $\{1, 1\}$, $\{8, 6\}$, $\{6, 8\}$ y $\{1, 3\}$.

Ejemplo de salida (con explicación)

$cost = 4{,}83$.

¿Te ves capaz de resolver este problema? Y, si es así, ¿cuánto tiempo calculas que tardarás en tener el código funcionando? Piénsalo y trata de no seguir leyendo inmediatamente.

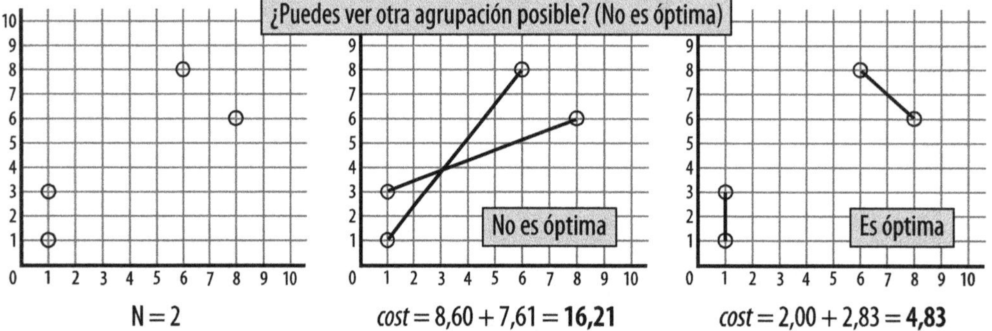

Figura 1.1: Ilustración de UVa 10911 - Forming Quiz Teams

Ahora, pregúntante con cuál de las siguientes descripciones te identificas más. Si todavía no estás familiarizado con toda la terminología o las materias utilizadas en este capítulo, te recomendamos que lo vuelvas a leer una vez terminado el libro.

- Programador no competitivo A (alias *el difuso*):
  Paso 1: lee el problema y se queda confuso (el problema es nuevo para él).
  Paso 2: intenta programar algo a partir de las entradas y salidas de ejemplo.
  Paso 3: se da cuenta de que *ninguno* de sus intentos es **aceptado (AC)**:

  - **Voraz** (sección 3.4): emparejar repetidamente a los dos estudiantes restantes con las distancias de separación más cortas será una **respuesta incorrecta (WA)**.

  - **Búsqueda completa** ingenua: utilizar *backtracking* recursivo (sección 3.2) y probar todas las parejas posibles terminará con **tiempo límite superado (TLE)**.

- Programador no competitivo B (abandona):
  Paso 1: lee el problema y se da cuenta de que es un problema de emparejamiento, pero todavía no sabe cómo resolverlo. No conoce la solución utilizando **programación dinámica (DP)** (sección 3.5).
  Paso 2: ignora el problema y pasa al siguiente.

- Programador (todavía) no competitivo C (lento):
  Paso 1: lee el problema y se da cuenta de que es difícil: **'peso mínimo que se ajuste perfectamente a un grafo de peso general'**. Sin embargo, como el tamaño de entrada es pequeño, este problema se puede resolver con DP. El estado de la DP es una **máscara de bits**, que describe el estado de emparejamiento y, al emparejarse los estudiantes desemparejados *i* y *j*, se activarán dos bits *i* y *j* en la máscara (consultar el Volumen II).
  Paso 2: programa la rutina de E/S, escribe la DP recursiva, prueba, **depura**...
  Paso 3: pasan *tres horas* y su solución logra AC (resuelve los casos de prueba secretos).

- Programador competitivo D:
  Completa todos los pasos del programador no competitivo C en ≤ 30 minutos.

- Programador muy competitivo E:
  Un programador muy competitivo (por ejemplo, los programadores con nivel rojo en Codeforces [4]) resolvería este problema 'bien conocido' en ≤ 10 minutos y, posiblemente, sería conocedor de las soluciones necesarias para las variantes más difíciles del mismo.

Ejercicio 1.1.1

La estrategia voraz del programador no competitivo A, mencionado antes, funciona para el caso de ejemplo mostrado en la figura 1.1, ya que es poco habitual que los autores de los problemas incluyan casos límite en los ejemplos. Intenta hallar un contraejemplo *mejor*.

Ejercicio 1.1.2

Analiza la complejidad de tiempo de la solución ingenua de búsqueda completa del programador no competitivo A, para entender por qué recibe un veredicto de TLE.

Ejercicio 1.1.3*

En realidad, una solución inteligente de *backtracking* recursivo *con poda* puede resolver este problema (con $1 \leq N \leq 8$). Resuelve el problema *sin utilizar* una tabla de DP.

1.2 Los concursos

En el mundo existen varios concursos de programación. En esta sección, mencionaremos dos de los más importantes. Los autores del libro están (profundamente) involucrados en ambos.

1.2.1 Olimpiada internacional de informática (IOI)

Historia y formato

La IOI se fundó en 1989 (en Bulgaria) y se ha venido celebrando anualmente desde entonces. Singapur será el país anfitrión de las ediciones de 2020 y 2021, en las que los autores de este libro jugarán un papel fundamental. La estadísticas relativas a la IOI se pueden encontrar en `https://stats.ioinformatics.org/`.

Formato de la IOI: selección en el centro educativo de secundaria (opcional), selección provincial (opcional), Olimpiada informática nacional u otro sistema de selección nacional (cada país/región puede presentar a un máximo de 4 concursantes) y, finalmente, la IOI propiamente dicha (que se suele celebrar entre los meses de junio y septiembre).

Elegibilidad y selección

Las reglas de elegibilidad de la IOI se encuentran recogidas en su reglamento [31].

Como los participantes de la IOI pueden proceder de diferentes centros de educación secundaria de un mismo país o región, los equipos (grandes) ya formados suelen realizar pruebas de selección previas en internet, celebrar campus de entrenamiento intensivos en una ubicación centralizada y, gradualmente, depurar la composición del equipo mediante una Olimpiada nacional u otro método, hasta determinar quienes son los 4 mejores concursantes. Esto garantiza que esos 4 representantes tendrán las mejores competencias en informática, especialmente en el ámbito de la programación competitiva, de entre todos los disponibles para representar a su país o región en un año dado.

El equipo de la IOI de un país o región determinados suele contar con un líder de equipo con experiencia en la formación y selección en su ámbito local. También es habitual encontrar presencia de representantes del Ministerio de Educación o preparadores del país en cuestión.

Estrategias habituales para concursar

Los concursos de la IOI consisten, normalmente, en una sesión de 2 horas de práctica[3] y dos días de concurso[4], con sesiones de 5 horas. La IOI es un concurso individual[5]. Cada concurso consta, normalmente, de 3 tareas, siendo una más sencilla, otra intermedia y una difícil, que, a su vez, están divididas en subtareas con diferente puntuación.

---

[3]Los problemas se suelen distribuir en línea unas semanas antes de la celebración del concurso.

[4]Es importante mantener la atención y la concentración durante los *dos días* del concurso.

[5]La IOI de 2018 utilizó, por única vez, una estadística en tiempo real de las puntuaciones, con el fin de ayudar a los concursantes a identificar las tareas más sencillas.

El Comité científico internacional (ISC) procura asegurarse de que la suma de los puntos de las subtareas sea lo suficientemente diverso como para minimizar la posibilidad de empates[6] (especialmente en las zonas de puntuación limítrofes con las medallas). Para facilitar la preparación de los diversos equipos nacionales, el ISC publica el temario de la IOI [16].

La velocidad de programación no suele ser un factor determinante en la IOI. Se puede enviar una solución completa (100 puntos) 4 horas y 59 minutos después de comenzada la sesión y obtener la misma puntuación que quien hubiese obtenido los 100 puntos en el minuto 30. Con ello, la IOI premia el rendimiento científico, es decir, la habilidad de resolver las subtareas más complejas frente a la velocidad en resolver las más sencillas[7].

Históricamente, para obtener medallas de oro, plata o bronce, será necesario obtener puntuaciones superiores a 400, 300 o 200, respectivamente, a lo largo de los dos días de competición.

El objetivo primario de este libro es lograr que el número de participantes de la IOI que obtengan menos de 70 puntos después de los días de concurso, sea el menor posible. No todas las subtareas de la IOI son difíciles, pues el ISC también procura no desmoralizar a la mitad de los concursantes, que volverán a sus casas sin ninguna medalla. Después de todo, siguen siendo futuros informáticos.

Lo que viene después

Muchos, *aunque no todos*, de los concursantes y medallistas de la IOI continúan sus estudios en el campo de las ciencias de la computación al llegar a la universidad[8]. También muchos, *aunque no todos,* pasan al siguiente nivel de los concursos de programación: el ICPC (que veremos en la subsección 1.2.2). Por lo tanto, quien ya conozca este libro desde su etapa de secundaria, puede utilizarlo también en la universidad.

1.2.2 *International Collegiate Programming Contest*

Historia y formato

El ICPC[9] se fundó en 1970 en los Estados Unidos, y en la década de 1990 comenzó su andadura internacional. Desde el año 2000 (con las excepciones de 2003 y 2007), los campeones han pertenecido a universidades rusas (sobre todo en el periodo 2012-2019) y asiáticas.

Formato del ICPC: selección a nivel de universidad (opcional), concurso preliminar (opcional), concurso regional (celebrado normalmente entre los meses de octubre y diciembre). Los campeones y, ocasionalmente los subcampeones y otros equipos de menor entidad, de las diferentes regiones, llegan a la final mundial que se celebra al año siguiente (habitualmente entre abril y julio). Los volúmenes de participación han crecido significativamente a lo largo de los años (desde menos de 10 000 concursantes en el año 2000, hasta más de 50 000 en 2020) [57].

---

[6]El ISC puede utilizar sistemas de puntuación con decimales para lograr este aspecto, como en las IOI de 2015, 2017 y 2019.

[7]Implementar soluciones para las subtareas de menor puntuación, independiente de lo rápido que pueda hacerse, consume tiempo. Por lo tanto, no es una estrategia óptima para aquellos concursantes cuyo objetivo está en las medallas más valoradas, y que deberían dedicar ese tiempo en diseñar la mejor solución posible.

[8]Muchos de ellos con becas.

[9]El ICPC estuvo ligado históricamente a la *Association for Computing Machinery* (ACM).

Como el ICPC es un concurso de programación entre universidades, los preparadores suelen pertenecer a los departamentos de informática de las mismas, siendo habitualmente profesores de programación o de algoritmia.

El ICPC tiene una duración de 5 horas. Cada equipo está formado por tres estudiantes de la misma universidad y solo dispone de un ordenador. Solo sumarán un punto aquellos envíos que resulten aceptados (completamente correctos). Se penaliza el envío de soluciones no aceptadas (normalmente se añaden 20 minutos al tiempo total). La clasificación se forma por el número decreciente de problemas resueltos y, en caso de empate, por un menor tiempo de penalización. En el extraño caso de que el empate se mantenga, se considerará mejor que la última solución aceptada se haya enviado antes. La mayoría de los concursos finalizan aplicando únicamente el segundo criterio de clasificación (el campeón y el subcampeón han resuelto el mismo número de problemas, pero uno más rápido que el otro). No es habitual lograr la victoria habiendo resuelto un problema más que el segundo clasificado. Hacerlo con dos más es extremadamente raro y se puede considerar una hazaña notable.

Elegibilidad y selección

A diferencia de la IOI, en el que los concursantes compiten de forma individual, en representación de sus países o regiones, en el ICPC no es raro encontrar, en un mismo equipo, a miembros de diferentes nacionalidades, siempre que pertenezcan a la misma universidad y cumplan con los criterios de elegibilidad establecidos.

La universidades con más tradición en el concurso, suelen contar con mecanismos propios de entrenamiento, selección y formación de equipos, antes de determinar quienes serán los mejores representantes en las fases regionales.

Estrategias habituales para concursar

Los conjuntos de problemas del ICPC suelen estar diseñados de forma que todos los equipos puedan resolver, al menos, uno de ellos (para tratar de no desmoralizar completamente a los recién llegados al concurso, a los que tratamos de ayudar con este libro), que ningún equipo pueda resolver todos los problemas (para mantener el interés de la competición hasta el último momento) y que cada problema sea resuelto por, al menos, un equipo (lo que minimiza el número de problemas *imposibles*, que necesitarían una dedicación superior a las 5 horas incluso para los equipos mejor preparados).

Podemos dividir las cinco horas de concurso en tres fases: el inicio, el desarrollo y el desenlace. En el ICPC, la penalización de tiempo[10] juega un papel fundamental, por lo que la capacidad de identificar los problemas más fáciles, enterrados en el conjunto de 10-13 problemas, y resolverlos lo más rápidamente posible logrando, con ello, una penalización mínima, resulta crucial. En algunos concursos (aunque no es una norma escrita) el problema más sencillo es el A (la primera página). En el caso de los mejores equipos, el rendimiento mostrado al inicio determina el tono del resto del concurso, es decir, liderarlo o ir a remolque de otros. Durante esta fase, la mayoría de los equipos funcionan en *modo individual*, donde cada uno de los tres concursantes trata de resolver uno de los 3 problemas más fáciles por separado. Los equipos que dependen de la clasificación para identificar las cuestiones más sencillas siempre se verán demorados.

---

[10]Algunos antiguos concursantes de la IOI tendrán que mejorar su velocidad de implementación para el ICPC.

El desarrollo suele comenzar entre las segunda y tercera horas. Para entonces, los tres miembros del equipo deberían haber leído todos los problemas (que todavía no hayan resuelto) y clasificarlos en base a su dificultad (aparente), tras consultar la clasificación en ese momento. En el caso de los equipos punteros, la capacidad de seguir produciendo resultados durante esta fase es imprescindible. No se debe llegar a un punto en el que haya incertidumbre sobre cuál debe ser el siguiente problema a resolver o implementar. Como, en este momento, nos encontraremos ante problemas de dificultad media-alta (al menos desde la subjetividad de los concursantes), el trabajo en equipo es importante. Aquellos equipos extraordinarios, con tres concursantes sólidos, podrían seguir trabajando de forma individual. Otros equipos preferirán una combinación de dos concursantes más uno. Y el resto, seguramente, tendrán que sumar las fuerzas de los tres miembros para lograr resolver un problema más.

El desenlace comienza cuando el equipo ya ha resuelto todos los problemas fáciles y medios, y se encuentra con aquellos que no ha resuelto antes, o que le han ocupado mucho tiempo durante las sesiones de preparación. A los mejores equipos les quedarán solo unos pocos problemas y deberían ser capaces de estimar cuánto tiempo necesitan para resolver uno más y enviar un código aceptado en el minuto 299, en vez de hacerlo pasado el 300. Para la mayoría del resto de equipos, esta fase supondrá un intento de mejorar el resultado, con sus 3 miembros trabajando intensamente en un solo problema, con la esperanza de no bloquearse. La mayoría de los concursos finalizan sin un resultado claro, en el que el equipo campeón haya resuelto todos los problemas, pues los jueces tratan de que el tiempo teórico necesario para resolver todo el conjunto de problemas sea, en el mejor de los casos, superior a 5 horas.

Lo que viene después

La mayoría de los programadores competitivos finalizarán su etapa competitiva después de su última participación en el ICPC. Un buen rendimiento en el ICPC, durante la etapa universitaria, será, probablemente, un factor importante para destacar en las entrevistas técnicas de las principales empresas de tecnologías de la información.

1.2.3 Otros concursos de programación

Finalizado el periodo universitario, el concursante podrá encontrar otros concursos de programación, la mayoría de ellos en línea (y, quizá, con una final presencial). Algunos de ellos son *Google CodeJam*, *Facebook Hacker Cup*, *Topcoder Open*, concurso de *Codeforces*, *Internet Problem Solving Contest* (IPSC), etc. Son competiciones que no están tratadas específicamente en el presente libro.

1.3 Consejos para ser competitivo

Si quieres convertirte en los programadores competitivos D o E, mencionados en la sección 1.1, es decir, si quieres llegar a participar (a través de las selecciones locales → nacionales) y lograr una medalla en la IOI [31], ser uno de los miembros de los equipos que representen a tu universidad en el ICPC [57] (finales nacionales → regionales → mundiales) u obtener buenos resultados en otros concursos de programación, no hay duda de que este libro[11] es para tí.

En los próximos capítulos, aprenderás todo lo necesario desde el nivel básico al intermedio o, incluso, avanzado[12], sobre estructuras de datos y algoritmos que han aparecido en concursos de programación recientes, recopilados de diversas fuentes [42, 7, 50, 38, 51, 40, 53, 1, 35, 6, 52, 39, 5, 54, 43, 18, 37, 36] (ver la figura 1.4). No solo conocerás los conceptos que están detrás de las estructuras de datos y los algoritmos, sino que sabrás implementarlos eficientemente y aplicarlos a los problemas de programación apropiados. Además, descubrirás muchos consejos sobre programación, derivados de nuestra propia experiencia, que pueden resultar útiles en un concurso. Vamos a comenzar con algunos consejos generales.

1.3.1 Consejo 1: escribe más rápido

No es broma. Aunque este consejo puede no tener mucho sentido, dado que ni el ICPC ni (especialmente) la IOI son concursos de mecanografía, hemos visto equipos en el ICPC clasificados en las posiciones i e $i + 1$ separados por unos pocos minutos[13], así como concursantes de la IOI frustrados al perder puntos importantes por no ser capaces de programar adecuadamente una solución de fuerza bruta en el último minuto. Cuando eres capaz de resolver el mismo número de problemas que tu contrincante, la diferencia vendrá dada por la capacidad de producir código preciso y robusto y por... la velocidad al escribirlo.

Puedes conocer tu velocidad con el teclado en `http://www.typingtest.com`, y seguir las instrucciones mostradas para mejorar tus capacidades en ese sentido. Steven logra ~85-95 palabras por minuto[14], Felix está en ~55-65 y Suhendry en ~70-80. Si tu velocidad es muy inferior a estos números, deberías tomarte este consejo muy en serio.

Además de ser capaz de escribir caracteres alfanuméricos rápidamente y de forma correcta, deberás familiarizarte también con las posiciones de las teclas utilizadas más frecuentemente por los lenguajes de programación: paréntesis (), llaves {}, corchetes [] o los signos <>; el punto y coma ; o los dos puntos :, las comillas simples ' ' para los caracteres, las comillas dobles "" para las cadenas, el *ampersand* &, la barra vertical o 'tubería' |, el signo de exclamación !, etc.

A modo de práctica, teclea el siguiente código C++ lo más rápidamente posible[15]:

---

[11]No hay que olvidar que en los concursos más importantes, solo puede haber un ganador, es decir, la probabilidad de no ganar nunca durante tu etapa de programador competitivo es mucho más alta que la contraria. Sin embargo, aunque es importante mantener expectativas altas y tratar de ganar, al menos, un concurso de programación, el objetivo último debería ser mejorar la capacidad de programación y de resolución de problemas.

[12]La percepción del material presentado en este libro como intermedio o avanzado depende de los conocimientos previos del lector en lo relativo a programación, algoritmia y capacidad de resolución de problemas.

[13]Un rendimiento rápido en la fase inicial del ICPC puede ser muy beneficioso. Como ilustración, los equipos A y B resuelven un total de 8 problemas. El equipo A logra su primer AC 5 minutos antes que el equipo B. Después, resuelven los 7 siguientes problemas a la misma velocidad. El equipo A ganará al obtener una penalización de $8 \times 5 = 40$ minutos menos.

[14]Algunos de los alumnos del autor, que han llegado a finalistas mundiales en el ICPC, son capaces de superar las 120 palabras por minuto. La media en la población general se encuentra en las ≈ 40 palabras por minutos

[15]Vemos que el estilo típico de la programación competitiva incumple muchas buenas prácticas de los principios de la ingeniería de software, utilizando variables globales, nombres de variables extremadamente cortos y crípticos, inclusión de todas las cabeceras disponibles, excesivo uso de la manipulación de bits, la sentencia `using namespace std`, etc.

```cpp
/*              Forming Quiz Teams, solución al problema UVa 10911         */
#include <bits/stdc++.h>                          // todas las bibliotecas
using namespace std;

#define LSOne(S) ((S) & -(S))                      // aceleración importante

int N;                                             // máx N = 8
double dist[20][20], memo[1<<16];                  // 1<<16 = 2^16

double dp(int mask) {                              // estado DP = máscara
  double &ans = memo[mask];                        // referencia/alias
  if (ans > -0.5) return ans;                      // ya se ha calculado
  if (mask == 0) return 0;                         // todos emparejados
  ans = 1e9;                                        // asignar un valor alto
  int two_pow_p1 = LSOne(mask);                    // aceleración
  int p1 = __builtin_ctz(two_pow_p1);              // p1 es el primero del bit
  int m = mask-two_pow_p1;                         // desactivar bit p1
  while (m) {
    int two_pow_p2 = LSOne(m);                     // intentar emparejar p1
    int p2 = __builtin_ctz(two_pow_p2);            // con otro en el bit p2
    ans = min(ans, dist[p1][p2] + dp(mask^two_pow_p1^two_pow_p2));
    m -= two_pow_p2;                               // desactivar bit p2
  }
  return ans;                                      // memo[mask] == ans
}

int main() {
  int caseNo = 0, x[20], y[20];
  while (scanf("%d", &N), N) {                      // sí, podemos hacerlo
    for (int i = 0; i < 2*N; ++i)
      scanf("%*s %d %d", &x[i], &y[i]);            // '%*s' salta los nombres
    for (int i = 0; i < 2*N-1; ++i)                // tabla de distancias
      for (int j = i+1; j < 2*N; ++j)              // usar función 'hypot'
        dist[i][j] = dist[j][i] = hypot(x[i]-x[j], y[i]-y[j]);
    for (int i = 0; i < (1<<16); ++i) memo[i] = -1.0;
    printf("Case %d: %.2lf\n", ++caseNo, dp((1<<(2*N)) - 1));
  }
  return 0;
} // DP para emparejamiento perfecto ponderado mínimo en grafo pequeño
```

	C++	ch8/UVa10911.cpp
	Java	ch8/UVa10911.java
	Python	ch8/UVa10911.py
GitHub	OCaml	ch8/UVa10911.ml

La explicación de esta solución de 'programación dinámica con máscara de bits' aparece en las secciones 2.2, 3.5 y, después, en el Volumen II. No te preocupes si todavía no la entiendes.

1.3.2 Consejo 2: identifica rápidamente el tipo de problema

En los ICPC recientes, los concursantes (equipos) reciben un **conjunto** de $\approx$ 10-13 problemas de diferentes tipos. De nuestra observación de esos conjuntos de problemas, en concursos regionales de Asia y en las finales mundiales, podemos categorizar los tipos de problemas y su frecuencia de aparición en la siguiente tabla 1.1. En la IOI, los concursantes reciben 6 tareas que deberán resolver a lo largo de dos días[16] que cubre los elementos 1-7 y parte del 11, con un subconjunto *muy reducido* de los elementos 8-11. Par más información, recomendamos consultar la clasificación de problemas de las IOI 1989-2008 [58] y el temario más reciente de la IOI [16].

Nº	Categoría	En este libro	Frecuencia
1.	*Ad hoc*	Secciones 1.4-1.6	1-2
2.	Estructuras de datos (pesadas)	Capítulo 2	0-1
3.	Búsqueda completa (iterativa/recursiva)	Sección 3.2	1-2
4.	Divide y vencerás	Sección 3.3	0-1
5.	Voraz (no clásicos)	Sección 3.4	1
6.	Programación dinámica (no clásicos)	Sección 3.5	1-2
7.	Grafos (salvo flujo de red/emparejamiento de grafos)	Capítulo 4	1
8.	Matemáticas	Capítulo 5	1-2
9.	Procesamiento de cadenas	Capítulo 6	1
10.	Geometría computacional	Capítulo 7	1
11.	Algunos problemas difíciles/poco habituales/novedosos	Capítulos 8-9	2-3
	Total en el conjunto normalmente ≤ 14		**10-17**

Tabla 1.1: Tipos de problemas en los ICPC regionales de Asia recientes

La clasificación de la tabla 1.1 está adaptada de [44] y no pretende ser exhaustiva. Algunas técnicas, como la ordenación, no aparecen aquí, ya que se consideran triviales y, normalmente, serán utilizadas como subrutinas de un problema más amplio. Tampoco hemos incluido la recursividad, ya que está implícita en categorías como el *backtracking* recursivo o la programación dinámica. Por supuesto, en ocasiones, los problemas requieren técnicas mixtas: un problema puede estar clasificado en más de un tipo. Por ejemplo, el algoritmo de Floyd–Warshall es tanto una solución para problemas de grafos, como el de los caminos más cortos entre todos los pares (APSP, sección 4.5), como un algoritmo de programación dinámica (sección 3.5). Los algoritmos de Prim y Kruskal son, igualmente, soluciones para problemas de árbol de expansión mínimo (MST, sección 4.3) y algoritmos voraces (sección 3.4). En el Volumen II, veremos problemas (más difíciles) para cuya solución son necesarios más de un algoritmo y/o estructura de datos.

Nº	Categoría	Confianza y expectativa de resolución
A1.	Ya he resuelto este tipo	Estoy seguro de resolverlo otra vez (y rápido)
A2.	Ya he resuelto este tipo	Estoy seguro de resolverlo otra vez (pero lento)
B.	Ya he visto este tipo	Pero no supe resolverlo
C.	No he visto este tipo	Seguir leyendo

Tabla 1.2: Tipos de problemas (versión compacta)

En un futuro (próximo) estas clasificaciones podrían cambiar. Un ejemplo significativo es la pro-

---

[16]En los años 2009-2010, la IOI contaba con 8 tareas repartidas en dos días con, al menos, una muy sencilla cada día. Sin embargo, este formato se abandonó en favor de una subtarea muy sencilla en cada una de las tareas.

---

gramación dinámica. Esta técnica, desconocida antes de la década de 1940, y poco utilizada en el ICPC o la IOI antes de mediados de la década de 1990, es considerada un requisito fundamental hoy día. Para ilustrarlo, sirva que en las finales mundiales del ICPC de 2010 hubo ≥ 3 problemas de DP (de un total de 11).

Sin embargo, el objetivo principal *no es* simplemente asociar problemas con las técnicas necesarias para resolverlos, como en la tabla 1.1. Una vez que conozcas la mayoría de los temas de este libro, deberías de ser capaz de catalogar los problemas en los cuatro tipos de la tabla 1.2.

Para ser *competitivo*, es decir, obtener *un buen resultado* en un concurso de programación, deberás ser capaz de clasificar problemas frecuentemente y con confianza en el tipo A1, y minimizar el número de problemas que quedan en los tipos A2 o B. En suma, debes adquirir los suficientes conocimientos de algoritmia y desarrollar tus capacidades de programación como para considerar sencillos la mayoría de los problemas clásicos, sobre todo en el inicio del concurso.

Sin embargo, para *ganar* un concurso de programación, deberás tener *capacidad de resolución de problemas* avanzada, para que tú (o tu equipo) seas capaz de reconducir la solución requerida para un problema difícil/original del tipo C en la IOI o el ICPC, y hacerlo *durante* el concurso, no *después* de que el autor del problema, o el juez correspondiente, hagan pública la solución. Algunas de las capacidades de resolución de problemas necesarias son:

- Reducir el problema dado a otro más sencillo.

- Reducir un problema (NP-)complejo al problema dado.

- Identificar las pistas sutiles o las propiedades especiales del problema.

- Atacar el problema desde un ángulo poco evidente, o hacer la pregunta de otra forma.

- Comprimir los datos de entrada.

- Reescribir fórmulas matemáticas.

- Hallar patrones en los casos de prueba.

- Realizar análisis de casos de los posibles subcasos del problema.

UVa/Kattis	Título	Tipo de problema	Más información
wordcloud	Word Cloud		Sección 1.6
turbo	Turbo		Sección 2.4
10360	Rat Attack	Búsqueda completa o DP	Sección 3.2
hindex	H-Index		Sección 3.3
11292	Dragon of Loowater		Sección 3.4
11450	Wedding Shopping		Sección 3.5
11512	GATTACA		Volumen II
10065	Useless Tile Packers		Volumen II
11506	Angry Programmer		Volumen II
bilateral	Bilateral Projects		Volumen II
carpool	Carpool		Volumen II

Tabla 1.3: Ejercicio: leer y clasificar estos problemas de UVa/Kattis

Lee los problemas de UVa [45] y Kattis [34] de la tabla 1.3 y determina sus tipos. Uno de ellos ya aparece identificado. Completar esta tabla será sencillo después de leer este libro, ya que todas las técnicas necesarias para resolver los problemas aparecen aquí descritas.

Utilizando la misma lista de problemas de la tabla 1.3, resume los mismos en un máximo de tres frases, omitiendo los detalles o narrativa irrelevantes, pero conservando los puntos clave de los problemas, de forma que otro programador competitivo que *no haya leído* los enunciados originales pueda escribir soluciones correctas para ellos. En la primera página del libro encontrarás un ejemplo de ello.

1.3.3 Consejo 3: analiza el algoritmo

Una vez que hayas diseñado un algoritmo que resuelva un problema en particular de un concurso de programación, debes hacerte la siguiente pregunta: dado el límite superior máximo del tamaño de la entrada (indicado normalmente en el enunciado del problema, si está bien redactado), ¿es el algoritmo actual capaz de, con su complejidad de espacio/tiempo, resolver el problema dentro de los límites de tiempo y memoria indicados?

En ocasiones, hay más de una forma de atacar un problema. Algunos de los abordajes pueden ser incorrectos, otros no lo suficientemente rápidos y otros 'excesivos'. Una buena estrategia consiste en plantear los diferentes algoritmos y elegir la **solución más sencilla que funcione** (es decir, es lo bastante rápida para cumplir con los límites de tiempo y memoria y devuelve la respuesta correcta)[17].

---

[17]Es cierto que, en los concursos de programación, elegir el algoritmo más sencillo que funciona es crucial para un

Los ordenadores modernos son muy rápidos y pueden procesar[18] hasta $\approx 100M$ (o 10^8, $1M = 1\,000\,000$) operaciones por segundo. Esta información es útil para determinar si el algoritmo actual cumplirá con el límite de tiempo. Por ejemplo, si el tamaño máximo de entrada n es $100K$ (o 10^5, $1K = 1000$), y el algoritmo en cuestión tiene una complejidad de $O(n^2)$, el sentido común (o una calculadora) indicará que $(100K)^2$ o 10^{10}, es un número muy grande para el que el algoritmo necesitará (del orden de) cientos de segundos de ejecución. Por lo tanto, será necesario plantear un algoritmo más rápido (y también correcto) que resuelva el problema. Vamos a suponer que encontramos uno cuya complejidad sea de $O(n \log_2 n)$. En este caso, la calculadora nos informará de que $10^5 \log_2 10^5$ es solo $1{,}7 \times 10^6$ y el sentido común nos dictará que el algoritmo (que ahora se ejecutará en menos de un segundo) probablemente estará dentro del límite de tiempo.

Los límites del problema son tan importantes[19] como la complejidad del algoritmo, para determinar si la solución es adecuada. Supongamos que solo podemos plantear un algoritmo relativamente simple de implementar que se ejecuta con la horrorosa complejidad de $O(n^4)$. De entrada, puede parecer una solución inaceptable, pero si $n \leq 50$, habremos resuelto el problema. Podemos implementar el algoritmo de $O(n^4)$ impunemente, ya que 50^4 resulta ser $6{,}25M$, y eso únicamente ocupará alrededor de un segundo de tiempo de ejecución.

Hay que tener en cuenta, sin embargo, que el orden de complejidad no indica, necesariamente, el número real de operaciones que requerirá el algoritmo. Si cada iteración implica un número importante de operaciones (ya sean de coma flotante o con un número significativo de bucles anidados constantes), o si la implementación tiene un consumo 'constante' alto en su ejecución (bucles repetidos innecesariamente, pasadas múltiples sobre el conjunto de datos o, incluso, sobrecargas en la ejecución de la E/S), el código puede tardar en ejecutarse más de lo esperado. De todas formas, esto no suele ser un problema grave, ya que los autores de los problemas deberían haber diseñado los límites de tiempo de forma que las implementaciones más razonables del algoritmo, en relación a la complejidad de tiempo, logren un veredicto de aceptado (AC).

Al analizar la complejidad del algoritmo con los límites de entrada, tiempo y memoria dados, se puede decidir con más facilidad si se debería intentar implementar directamente (lo que ocupa un tiempo precioso en las IOI y los ICPC), intentar mejorarlo primero o, en último caso, ocuparse de un problema diferente.

Como se ha mencionado en el prefacio de este libro, vamos a intentar *no* tratar el concepto del análisis de algoritmos en detalle. *Asumimos* que el lector ya cuenta con esas habilidades básicas. Hay muchos libros de referencia (por ejemplo, *"Introduction to Algorithms"* [5], *"Algorithm Design"* [35], *"Algorithms"* [6], etc.) que ayudarán a entender los siguientes conceptos y técnicas necesarios para el análisis de algoritmos:

- Análisis de complejidad de tiempo y espacio básico, para algoritmos iterativos y recursivos:

  - Un algoritmo con k bucles anidados de unas n iteraciones cada uno, tiene una complejidad de $O(n^k)$.

---

buen resultado. Sin embargo, durante las *sesiones de entrenamiento*, donde no tenemos limitaciones de tiempo, puede ser beneficioso dedicar más esfuerzos a resolver un problema determinado utilizando *el mejor algoritmo posible*. De esta forma, si en el futuro encontramos una versión más compleja del problema, tendremos más posibilidades de obtener e implementar la solución correcta.

[18]Hay que tomarse esto como una aproximación, ya que el número puede variar entre diferentes equipos y mejorará con el paso del tiempo. Un programador competitivo debería verificar estos números durante la sesión de práctica.

[19]Si eres autor de problemas, por favor presta mucha atención a esos límites.

- Si el algoritmo es recursivo, con b llamadas recursivas por nivel, y tiene L niveles, tendrá una complejidad aproximada de $O(b^L)$, pero este límite superior es muy variable. La complejidad real vendrá dada por las acciones que se realicen en cada nivel y dependiendo de si es posible realizar poda.

- Un algoritmo de programación dinámica, u otra rutina iterativa, que procese una matriz bidimensional $n{\times}n$ en $O(k)$ por celda, tiene un tiempo de ejecución de $O(k{\times}n^2)$. Este aspecto está mejor explicado en la sección 3.5.

- La búsqueda binaria en un rango de $[1..n]$, tiene una complejidad de $O(\log n)$.

- Técnicas de análisis más avanzadas:

  - Probar la validez de un algoritmo (especialmente los algoritmos voraces de la sección 3.4), para minimizar la posibilidad de obtener un veredicto de respuesta incorrecta.

  - Realizar un análisis amortizado (ver, por ejemplo, el capítulo 17 de [5]), algo que raramente se hace en los concursos, para minimizar el riesgo de obtener un veredicto de tiempo límite superado o, peor aún, considerar el algoritmo demasiado lento e ignorar el problema cuando, en realidad, es lo suficientemente rápido una vez considerada la amortización.

  - Realizar un análisis cuidadoso de la salida requerida, para analizar el algoritmo que (también) depende del tamaño de la salida y minimizar las posibilidades de obtener un veredicto de tiempo límite superado. Por ejemplo, la complejidad de tiempo del algoritmo `partial_sort` es $O(n \log k)$. El tiempo empleado en la ejecución del algoritmo no depende solo del tamaño n de la entrada, sino también del tamaño de la salida: los k números más pequeños (o más grandes) que se deben ordenar (veremos más detalles en la sección 2.3.1).

- Familiaridad con los siguientes límites:

  - $2^{10} = 1024 \approx 10^3$, $2^{20} = 1048576 \approx 10^6$.

  - Los enteros con signo de 32 (`int`) y 64 (`long long`) bits tienen unos límites superiores de $2^{31}-1 \approx 2{\times}10^9$ (se pueden utilizar con seguridad hasta con ≈ 9 dígitos decimales) y $2^{63} - 1 \approx 9 \times 10^{18}$ (hasta ≈ 18 dígitos decimales), respectivamente.

  - Los enteros sin signo se utilizarán, únicamente, cuando no se necesiten números negativos. Los enteros sin signo de 32 (`unsigned int`) y 64 (`unsigned long long`) bits tienen unos límites superiores de $2^{32} - 1 \approx 4 \times 10^9$ y $2^{64} - 1 \approx 1{,}8 \times 10^{19}$.

  - Si es necesario almacenar enteros $\geq 2^{64}$, se debe utilizar *Big Integer*[20] (sección 2.2.4).

  - Existen $n!$ permutaciones y 2^n subconjuntos para n elementos distintos.

  - La complejidad de tiempo óptima para un algoritmo de ordenación basado en la comparación es $\Omega(n \log_2 n)$.

  - El tamaño de entrada n más grande en un concurso de programación típico debe ser $< 1M$. En tamaños superiores, el tiempo necesario para las rutinas de entrada/salida serán un cuello de botella.

---

[20]`gcc` cuenta con el tipo integrado `__int128`, aunque no suele tener mucha utilidad en entornos de programación competitiva.

- Normalmente, los algoritmos de complejidad $O(n \log_2 n)$ son suficientes para resolver la mayoría de los problemas de los concursos, por una sencilla razón: los algoritmos $O(n \log_2 n)$ y los, en teoría mejores $O(n)$, son difíciles de diferenciar *empíricamente* en el entorno de un concurso de programación, con tiempos límite estrictos, $n < 1M$ y la necesidad de permitir el uso de varios lenguajes de programación.

Muchos programadores novatos ignoran esta fase e, inmediatamente, implementan el primer algoritmo ingenuo que se les ocurre, para descubrir, a continuación, que la estructura de datos elegida y/o el propio algoritmo no son lo suficientemente eficientes (o están equivocados). Nuestro consejo para los concursantes del ICPC[21]: hay que evitar empezar a programar hasta que tengamos la seguridad de que el algoritmo es correcto y suficientemente rápido.

n	Peor algoritmo AC	Comentario
$\leq [10..11]$	$O(n!), O(n^6)$	p.e. permutaciones enumeradas (sección 3.2)
$\leq [15..18]$	$O(2^n \times n^2)$	p.e. TSP con DP (sección 3.5.2)
$\leq [18..22]$	$O(2^n \times n)$	p.e. DP con máscara de bits (Volumen II)
$\leq [24..26]$	$O(2^n)$	p.e. probar 2^n posibilidades con $O(1)$ comprobaciones en cada una
≤ 100	$O(n^4)$	p.e. DP con 3 dimensiones + bucle $O(n)$, $_nC_{k=4}$
≤ 450	$O(n^3)$	p.e. Floyd–Warshall (sección 4.5)
$\leq 1,5K$	$O(n^{2,5})$	p.e. Hopcroft–Karp (Volumen II)
$\leq 2,5K$	$O(n^2 \log n)$	p.e. 2 bucles anidados + DS con árbol (sección 2.3)
$\leq 10K$	$O(n^2)$	p.e. ordenación burbuja/selección/inserción (sección 2.2)
$\leq 200K$	$O(n^{1,5})$	p.e. descomposición en raíces cuadradas (Volumen II)
$\leq 4,5M$	$O(n \log n)$	p.e. ordenación por mezcla (sección 2.2)
$\leq 10M$	$O(n \log \log n)$	p.e. criba de Eratóstenes (Volumen II)
$\leq 100M$	$O(n), O(\log n), O(1)$	mayoría de problemas con $n \leq 1M$ (cuello de botella en E/S)

Tabla 1.4: Referencia rápida de la complejidad de tiempo del 'peor algoritmo AC' para tamaños de entrada n en casos de prueba únicos, asumiendo que una CPU de 2020 pueda calcular $100M$ elementos en 1 segundo.

Para ayudarte a entender el crecimiento de varias complejidades de tiempo comunes y, con ello, ayudarte a determinar qué velocidad es 'suficiente', consulta la tabla 1.4. En muchos otros libros sobre estructuras de datos y algoritmos, se pueden encontrar variantes de esta tabla. En este caso, la hemos escrito desde la *perspectiva de un concurso de programación*. Las limitaciones del tamaño de la entrada se proporcionan, normalmente, en el enunciado del problema (si está bien escrito). Asumiendo que una CPU típica del año 2020 pueda ejecutar 100 millones de operaciones en un segundo[22] (el límite de tiempo habitual en la mayoría de los problemas UVa/Kattis [45, 34]), podemos predecir el 'peor' algoritmo que podría ejecutarse dentro de los límites[23]. Normalmente, el algoritmo más sencillo es el que tiene una complejidad de tiempo más deficiente, pero si nos sirve para resolver el problema, debemos utilizarlo.

---

[21]A diferencia del ICPC, las tareas de la IOI se pueden resolver (de forma parcial o total), normalmente, utilizando diferentes soluciones, cada una de ellas con complejidades de tiempo y puntuaciones de subtareas distintas. Para obtener más puntos, puede ser una buena idea utilizar inicialmente un algoritmo de fuerza bruta y, de esa forma, entender mejor el problema. No habrá una penalización significativa en el tiempo, ya que la IOI no es un campeonato de velocidad. Después, se puede ir mejorando la solución iterativamente, para incrementar la puntuación.

[22]En la edición anterior del libro, hablábamos de 10^8 operaciones en 3 segundos. Hay que tener en cuenta que, en la actualidad, la velocidad de las CPU no se duplica cada uno o dos años, y que la programación competitiva *todavía* no se ha aventurado en el uso de múltiples hilos.

[23]Prueba con el problema *Kattis - tutorial* *.

En la tabla 1.4, podemos observar la importancia de utilizar buenos algoritmos con órdenes de crecimiento pequeños, ya que eso nos permite resolver problemas con tamaños de entrada mayores[24]. Pero los algoritmos más rápidos no son, en general, sencillos y, en ocasiones, resultan muy difíciles de implementar. En la sección 3.2.3, veremos algunas pistas que pueden ayudar a utilizar un mismo tipo de algoritmo con tamaños de entrada mayores. En los siguientes capítulos, también explicaremos algoritmos eficientes aplicables a varios problemas de computación.

Ejercicio 1.3.3.1

Responde a las siguientes preguntas, utilizando tu conocimiento actual sobre algoritmos clásicos y sus complejidades de tiempo. Una vez hayas terminado de leer el libro, podría ser interesante repetir este ejercicio.

1. Tenemos n páginas web ($1 \leq n \leq 10M$). La página i tiene una clasificación r_i. Es posible añadir una nueva página o eliminar una ya existente. Queremos elegir las 10 páginas con mejor clasificación. ¿Qué método es mejor?

   a) Cargar la clasificación de las n páginas en memoria, ordenarlas (sección 2.2) de forma descendente y seleccionar las 10 primeras.

   b) Utilizar una estructura de datos de cola de prioridad (sección 2.3).

   c) Utilizar el algoritmo `QuickSelect` (sección 2.3.4).

2. Dada una lista `L` con $100K$ enteros, tienes que obtener *frecuentemente* `sum(i, j)`, es decir, la suma de `L[i] + L[i+1] + ⋯ + L[j]`. ¿Qué estructura de datos usarías?

   a) *Array* sencillo procesado previamente con DP (secciones 2.2 y 3.5).

   b) Árbol de búsqueda binaria equilibrado (sección 2.3).

   c) Árbol de segmentos (sección 2.4.4).

   d) Árbol de Fenwick (binario indexado) (sección 2.4.3).

   e) Árbol de sufijos o, como alternativa, *array* de sufijos (Volumen II).

3. Dada una matriz de enteros Q, de tamaño $M \times N$ ($1 \leq M, N \leq 30$), determinar si existe una submatriz S de Q de tamaño $A \times B$ ($1 \leq A \leq M, 1 \leq B \leq N$), donde $\text{media}(S) = 7$. ¿Qué algoritmo no superará $100M$ de operaciones por caso de prueba en la peor de las situaciones?

   a) Probar todas las submatrices posibles y comprobar si la media de cada una de ellas es 7. Este algoritmo se ejecuta en $O(M^3 \times N^3)$.

   b) Probar todas las submatrices posibles, pero en $O(M^2 \times N^2)$ usando la técnica: __________ .

---

[24]Resulta difícil para los jueces de los concursos de programación diferenciar soluciones rápidas o lentas automáticamente, cuando la velocidad de E/S, muy variable, tiene influencia en la medición global del tiempo de ejecución y, por ese motivo, no suelen utilizar casos de prueba excesivamente grandes (normalmente, $n \leq 1M$).

---

4. Dado un conjunto múltiple S de $M = 100K$ enteros, queremos saber cuántos enteros diferentes podemos formar si elegimos dos cualesquiera de S (no necesariamente distintos) y los sumamos. El contenido del conjunto múltiple S está formado por números primos no mayores que $20K$. ¿Qué algoritmo no superaría $100M$ de operaciones en el peor de los casos?

   a) Comprobar los $O(M^2)$ pares de enteros posibles e insertar sus sumas en una tabla de *hash* ($O(1)$ por inserción). Terminar informando del tamaño de la tabla de *hash*.

   b) Ejecutar un algoritmo como el anterior, pero después de aplicar la técnica: ____________ .

5. Debes calcular el camino más corto entre dos vértices de un grafo acíclico dirigido ponderado (DAG) con $|V|, |E| \leq 100K$. ¿Qué algoritmos se pueden utilizar?

   a) Programación dinámica (secciones 3.5, 4.2.6 y 4.6.1).

   b) Búsqueda en anchura (secciones 4.2.3 y 4.4.2).

   c) Dijkstra (sección 4.4.3).

   d) Bellman–Ford (sección 4.4.4).

   e) Floyd–Warshall (sección 4.5).

6. ¿Qué algoritmo genera una lista de los $10K$ primeros números primos con la mejor complejidad de tiempo? (Volumen II)

   a) Criba de Eratóstenes.

   b) $\forall i \in [1..10M]$, si `isPrime(i)` es verdadero, añadir i a la lista.

7. ¿Cómo comprobar si el factorial de n, es decir, $n!$, es divisible por un entero m? $1 \leq n \leq 10^{14}$.

   a) Comprobar si $n! \ \% \ m = 0$.

   b) La técnica ingenua no sirve, utilizar: ____________ (Volumen II).

8. Quieres enumerar todas las apariciones de una subcadena P (de longitud m) en una cadena (larga) T (de longitud n), si las hay. Tanto n como m tienen un máximo de $1M$ caracteres. ¿Qué algoritmo es más rápido?

   a) Utilizar el siguiente código de C++:

```cpp
for (int i = 0; i < n-m; ++i) {
  bool found = true;
  for (int j = 0; (j < m) && found; ++j)
    if ((i+j >= n) || (P[j] != T[i+j]))
      found = false;
  if (found)
    printf("P is found at index %d in T\n", i);
}
```

b) Hay algoritmos mejores, podemos utilizar: ___________ (Volumen II).

9. Dado un conjunto S de N puntos distribuidos en un plano bidimensional ($2 \leq N \leq$ 5000), hallar dos puntos $\in S$ separados por la mayor distancia euclídea. ¿Es posible utilizar un algoritmo de búsqueda completa en $O(N^2)$ que compruebe todos los pares?

   a) Sí, esa búsqueda completa es posible.

   b) No, debemos utilizar otro método como: ___________ .

10. Repitamos la pregunta anterior, pero ahora con un conjunto de puntos más grande, $2 \leq N \leq 200K$, y una restricción añadida: los puntos están *distribuidos aleatoriamente* en el plano bidimensional.

    a) Todavía se puede utilizar la búsqueda completa en $O(N^2)$.

    b) Esa técnica ingenua no servirá, utilizar: ___________ (Volumen II).

11. Seguimos con la pregunta anterior. Se mantiene el conjunto de $2 \leq N \leq 200K$ puntos. Pero, esta vez, la *distribución aleatoria* de los puntos en el plano bidimensional *no está garantizada*.

    a) Todavía se puede utilizar la búsqueda completa en $O(N^2)$.

    b) Todavía se puede utilizar la solución mejor del algoritmo del Volumen II.

    c) Debemos utilizar: ___________ .

1.3.4 Consejo 4: domina los lenguajes de programación

En el ICPC se permite utilizar varios lenguajes de programación[25], incluyendo C/C++, Java y Python. ¿Qué lenguajes de programación se deben intentar dominar?

Nuestra experiencia nos da esta respuesta: preferimos C++ (`std=gnu++17`) acompañado de la *Standard Template Library* (STL) incluida, pero, además, es necesario tener conocimientos avanzados de Java y algunas nociones de Python. Aunque resulta más lento, Java incluye algunas bibliotecas y APIs muy potentes, como `BigInteger/BigDecimal`, `GregorianCalendar`, `Regex`, etc. Los programas en Java son más sencillos de depurar, con la capacidad de la máquina virtual de proporcionar un trazado de la pila cuando se produce un error de ejecución (a diferencia de los volcados o errores de segmentación de C/C++). Igualmente, el código de Python puede ser sorprendentemente corto para algunas tareas concretas. Por otro lado, C/C++ también cuenta con méritos propios. Dependiendo del problema que nos ocupe, la mejor opción puede ser uno u otro lenguaje a la hora de implementar una solución en el menor tiempo posible.

---

[25]Opinión personal: según el reglamento de la IOI de 2019, los lenguajes admitidos son C++ y Java (la Asamblea General ha decidido en 2020 abandonar Java y otros dos lenguajes, Pascal y C, han sido retirados recientemente). La final mundial del ICPC (y, con ello, la mayoría de las regionales) permite el uso de C, C++, Java y Python (parcialmente) durante el concurso. Por ello, parece claro que el 'mejor' lenguaje a dominar en 2020 sigue siendo C++ (`std=gnu++17`), ya que está permitido en ambas competiciones, es un lenguaje rápido y cuenta con las importantes aportaciones de la STL. Si los concursantes de la IOI deciden utilizar C++, tendrán la ventaja de poder utilizar el mismo lenguaje (aunque a un nivel superior) en el ámbito del ICPC. En la actualidad, OCaml no se utiliza ni en la IOI ni en el ICPC.

Vamos a suponer que un problema requiere el cálculo de 40! (el factorial de 40). La respuesta es muy grande: 815 915 283 247 897 734 345 611 269 596 115 894 272 000 000 000. Este número supera por mucho el tamaño del entero más grande de los tipos de datos incluidos en el lenguaje (unsigned long long: $2^{64} - 1$). Como C/C++ todavía no incluye una biblioteca aritmética de precisión arbitraria, deberemos crear una nosotros mismos. El código en Python, sin embargo, es extremadamente breve:

```python
import math
print(math.factorial(40))                          # todo integrado
```

El código en Java también es muy sencillo (hay más detalles en la sección 2.2.4):

```java
import java.util.Scanner;
import java.math.BigInteger;

class Main {                                        // nombre estándar de clase
  public static void main(String[] args) {
    BigInteger fac = BigInteger.ONE;
    for (int i = 2; i <= 40; i++)
      fac = fac.multiply(BigInteger.valueOf(i));    // está en la biblioteca
    System.out.println(fac);
  }
}
```

También es importante dominar y entender toda la capacidad del lenguaje de programación de preferencia. Veamos este problema con un formato de entrada no estándar: la primera línea de la entrada es un entero *N*. Le siguen *N* líneas, cada una de las cuales comienza con el carácter '0', seguido de un punto '.', y ello seguido de un número desconocido (de hasta 100 dígitos), finalmente terminado con tres puntos '...'. La tarea consiste en extraer los dígitos.

```
3
0.1227...
0.517611738...
0.734123122344344389923899277...
```

Una posible solución sería:

```cpp
#include <bits/stdc++.h>                            // incluir todo
using namespace std;
int main() {
  int N; scanf("%d\n", &N);
  while (N--) {                                     // bucle de N,N-1,...,0
    char x[110];                                    // tamaño un poco más grande
    scanf("0.%[0-9]...\n", &x);                     // '&' aquí es opcional
    // nota: si te sorprende la técnica utilizada,
    // consulta el uso de scanf en https://en.cppreference.com/w/
```

```
10      printf("the digits are 0.%s\n", x);
11    }
12    return 0;
13 }
```

Muchos programadores de C/C++ no son conscientes de la potencia que ofrece el uso de expresiones regulares incluido en la biblioteca de entrada/salida estándar de C. Aunque `scanf/printf` son rutinas de E/S propias de C, se pueden utilizar en el código escrito en C++. Muchos programadores de C++ se *obligan* a sí mismos a utilizar `cin/cout` constantemente, a pesar de que no son tan flexibles como `scanf/printf`, y mucho más lentas[26].

Un ejemplo sencillo más. Tenemos una matriz bidimensional. La tarea consiste en transponer dicha matriz y mostrar el resultado. Por ejemplo, digamos que la matriz es $A = [(1, 2, 3), (4, 5, 6)]$, es decir, tiene unas dimensiones de 2×3. Para esta entrada, la salida será $A' = [(1, 4), (2, 5), (3, 6)]$, lo que consiste en una matriz transpuesta de tamaño 3×2. Si estás pensando en escribir una solución basada en bucles (`for` anidados), es porque quizá no conozcas esta elegante solución en Python:

```
1  A = [(1, 2, 3), (4, 5, 6)]          # lista A = 2 tuplas de 3
2  [*zip(*A)]                          # [(1, 4), (2, 5), (3, 6)]
```

En los concursos de programación, sobre todo en los ICPC, el tiempo empleado en la programación *no* debería ser el cuello de botella principal. Una vez que tengas claro cuál es el 'peor algoritmo AC', que se ejecutará dentro del tiempo límite estipulado, lo normal es que lo traslades rápidamente a un código libre de errores.

C++	ch1/scanf.cpp	
Java	ch1/factorial.java	
Python	ch1/factorial.py	ch1/zip.py
OCaml	ch1/scanf.ml	

Ahora, intenta resolver alguno de los siguientes ejercicios. Si necesitas más de 15 líneas de código para cualquiera de ellos (compara tus respuestas con las soluciones de referencia de la sección 1.7), deberías replantearte tu conocimiento de lenguajes de programación. Dominar los lenguajes que utilizas y los recursos que ofrecen es extraordinariamente importante y te ayudará en gran medida en los concursos de programación.

Ejercicio 1.3.4.1

Escribe código funcional, *lo más conciso posible*, para realizar las siguientes tareas. Salvo que esté indicado expresamente, puedes utilizar el lenguaje que prefieras.

1. Usando **Java**, lee un `double` (por ejemplo, `1.4732`, `15.324547327`, etc.) y escríbelo, pero con una anchura de campo mínima de 7 caracteres y con 3 dígitos después del punto decimal (por ejemplo, `ss1.473`, donde 's' indica un espacio, `s15.325`, etc.).

---

[26]Es posible utilizar `ios::sync_with_stdio(false); cin.tie(NULL);` para evitar la sincronización constante. De esta forma `cin/cout` serán más rápidas, aunque sin llegar a la velocidad de `scanf/printf`.

2. Dado un entero n ($n \leq 15$), escribir π con n dígitos después del punto decimal (con redondeo). Por ejemplo, para $n = 2$, escribir `3.14`; para $n = 4$, `3.1416`; o, para $n = 5$, `3.14159`.

3. Dada una fecha pasada, determinar el día de la semana al que corresponde (lunes, ..., domingo), y el número de días transcurridos hasta el presente. Por ejemplo, el 9 de agosto de 2010, día de la publicación de la primera edición en inglés de este libro, fue lunes.

4. Dados n enteros aleatorios, escribir ordenados los enteros diferentes (únicos).

5. Dadas las fechas de nacimiento, distintas y válidas, de n personas, en 3-tuplas (DD, MM, AAAA), ordenarlas primero por meses ascendentes (MM), después por días ascendentes (DD) y, finalmente, por edad ascendente. Utiliza C++.

6. Dada una lista de enteros *ordenados* L, de tamaño hasta $1M$ elementos, determinar si un valor v existe en L sin utilizar más de 20 comparaciones (sección 2.2).

7. Generar todas las permutaciones posibles de {'A', 'B', 'C', ..., 'J'}, las primeras $N = 10$ letras del alfabeto (ver la sección 3.2.1).

8. Generar todos los subconjuntos posibles de {1, 2, ..., 20}, los primeros $N = 20$ enteros positivos (ver la sección 3.2.1).

9. Dada una cadena que representa un número en base X, convertirlo a una cadena equivalente en base Y, $2 \leq X, Y \leq 36$. Por ejemplo, "FF" en base $X = 16$ (hexadecimal) es "255" en base $Y_1 = 10$ (decimal), y "11111111" en base $Y_2 = 2$ (binario). Ver el Volumen II.

10. Definamos una 'palabra especial' como letras minúsculas seguidas de dos dígitos consecutivos. Dada una cadena, sustituir todas las 'palabras especiales' de longitud 3 con 3 asteriscos "***". Así, S = "línea: a70 y z72 serán sustituidas, aa24 y a872 no" se transformará en S = "línea: *** y *** serán sustituidas, aa24 y a872 no".

11. Dado un entero X que puede contener hasta 20 dígitos, escribir 'Primo' si X es un número primo o 'Compuesto', en caso contrario.

12. Dada una expresión matemática *válida*, que utilice '+', '–', '*', '/', '(' y ')' en una sola línea, evaluar dicha expresión. Por ejemplo, la expresión bastante complicada, pero válida, `3 + (8 - 7.5) * 10 / 5 - (2 + 5 * 7)`, debe dar como resultado `-33.0`, cuando se procesa según las reglas de precedencia estándar.

1.3.5 Consejo 5: domina el arte de probar el código

Pensabas que tenías resuelto un problema en particular. Has identificado el tipo de problema, diseñado el algoritmo que lo resuelve, verificado que el algoritmo (con sus estructuras de datos) se ejecutará dentro de los límites de tiempo (y memoria), teniendo en cuenta la complejidad temporal (y espacial), y has implementado el algoritirmo pero, aun así, la solución no es aceptada.

Dependiendo del concurso de programación, es posible que recibas algún tipo de recompensa por la solución parcial de un problema. En el ICPC, solo obtendrás los puntos de un problema si el código propuesto resuelve **todos** los casos de prueba secretos. Otros veredictos, como 'error de presentación' (PE)[27], 'respuesta incorrecta' (WA), 'límite de tiempo superado' (TLE), 'límite de memoria superado' (MLE), 'error en tiempo de ejecución' (RTE), etc, no subirán al marcador. En el sistema actual de la IOI (2010-2019), se utiliza un mecanismo de puntuación por subtareas. Los casos de prueba se agrupan en diferentes tareas, normalmente variantes más sencillas de la tarea original, con límites de entrada más pequeños, o con aproximaciones más simplistas. Solo se acreditará como resuelta una subtarea si el código resuelve todos sus casos de prueba. Puedes utilizar el sistema de valoraciones para comprobar cómo te han valorado los jueces.

En cualquier caso, necesitarás diseñar casos de prueba buenos, completos y complicados. El caso de ejemplo que se proporciona en el enunciado del problema suele ser trivial y se aporta con el único fin de ayudar a entender dicho enunciado. Por ello, este caso no es un buen método para determinar si tu código es correcto.

En vez de malgastar envíos (acumulando penalizaciones en tiempo o puntuación) en el ICPC (no tanto en las IOI más recientes, aunque indudablemente provoca una pérdida de tiempo), quizá te resulte más conveniente diseñar casos de prueba que lleven tu código al límite en tu propio ordenador[28]. Asegúrate de que tu código es capaz de resolverlos (en caso contrario no tiene ningún sentido enviar la solución, ya que previsiblemente será incorrecta, salvo que quieras tantear los límites de los casos de prueba).

Algunos entrenadores animan a sus estudiantes a competir entre ellos diseñando casos de prueba. Si los casos del estudiante A son capaces de vencer al código del estudiante B, el estudiante A será recompensado. Quizá quieras probar este método cuando entrenes con tu equipo.

A continuación, incluimos algunas líneas generales de cómo diseñar buenos casos de prueba, según nuestra experiencia. Son los mismos pasos que suelen seguir los autores de los problemas:

1. Tus casos de prueba deben incluir los casos de ejemplo, ya que tenemos la garantía de que esos son correctos. Utiliza 'fc' en Windows, o 'diff' en UNIX, para comparar la salida de tu código con la salida de ejemplo. No conviene hacer comparaciones manuales, ya que los humanos somos propensos a cometer errores en este tipo de tareas, sobre todo en aquellos problemas donde el formato de salida es estricto (por ejemplo, incluir una línea en blanco *entre* los casos de prueba, en vez de *después* de cada caso de prueba). Para hacerlo, *copia y pega* los ejemplos de entrada y salida del enunciado del problema, guárdalos en archivos (llamados 'entrada' y 'salida', o cualquier otra cosa suficientemente autoexplicativa). Después, tras compilar tu programa (vamos a asumir que el nombre del ejecutable es el predeterminado de g++, es decir, 'a.out'), ejecútalo con un direccionamiento de E/S: './a.out < entrada > misalida'. Por último, ejecuta 'diff misalida salida', para detectar cualquier diferencia, si es que existe.

2. En los problemas con casos de prueba múltiples en la misma ejecución (ver la sección 1.4.2), deberías incluir dos casos idénticos y consecutivos. Ambos deben producir la misma respuesta correcta, previamente conocida. Así, podrás determinar si has olvidado inicializar alguna variable. Si la primera aparición tiene una respuesta correcta, pero la segunda

---

[27]Este veredicto es poco habitual en los jueces en línea más modernos, como Kattis [34].

[28]Los entornos de trabajo de los concursos de programación son diferentes de uno a otro. Personalmente, opinamos que esto puede ser una desventaja para los concursantes que dependen en exceso de entornos gráficos de desarrollo (IDE) (por ejemplo Visual Studio, IntelliJ, Eclipse, NetBeans, etc.) para depurar su código. No es mala idea tratar de programar utilizando solo un **editor de textos** y un **compilador**.

---

no, es muy posible que no hayas reiniciado correctamente las variables en algún punto del código.

3. Los casos de prueba deben contener casos límite complicados. Ponte en la piel del autor del problema y trata de identificar la peor entrada posible para el algoritmo, identificando aquellos casos que están 'ocultos' o implícitos en el enunciado del problema. Estos casos suelen estar incluidos en las pruebas del juez, pero *no* aparecen en los ejemplos de entrada y salida. Los casos límite, normalmente, aparecen en los valores extremos, como $N = 0$, $N = 1$, valores negativos, números finales (y/o intermedios) grandes, que no caben en un entero con signo de 32 bits, grafos vacíos/de línea/de árbol/bipartitos/cíclicos/acíclicos/-completos/no conexos, etc.

4. Tus casos de prueba deberían incluir casos *grandes*. Aumenta el tamaño de la entrada de forma incremental, hasta llegar a los límites máximos expresados en el enunciado del problema. Utiliza casos de prueba grandes con estructuras triviales, que sean fáciles de verificar manualmente, y casos de prueba grandes y *aleatorios* para comprobar si tu código es capaz de terminar en el tiempo previsto y proporciona una salida razonable (ya que, en este caso, será difícil verificar que es correcta). En ocasiones, el programa podría funcionar con casos pequeños, pero devolverá respuestas incorrectas, fallará o superará el límite de tiempo al aumentar el tamaño de la entrada. Si ocurriese esto, comprueba desbordamientos y límites, o mejora tu algoritmo.

5. Aunque esto no es habitual en los concursos de programación modernos, no asumas que el formato de la entrada será perfecto si el enunciado del problema no lo indica explícitamente (sobre todo en los problemas mal escritos). Prueba a insertar espacios en blanco adicionales (espacios o tabuladores) en la entrada, y verifica si tu código sigue funcionando sin fallos en ese caso.

Sin embargo, después de verificar todos los puntos, puede que sigas recibiendo veredictos de no aceptado. En el ICPC, es válido considerar el veredicto del juez y la clasificación (normalmente disponible durante las primeras cuatro horas) como elementos para determinar el siguiente paso. En las IOI recientes (2015-presente), los concursantes pueden comprobar la validez de sus códigos gracias a la información proporcionada por el sistema de comentarios. A medida que ganes experiencia, serás capaz de realizar mejores valoraciones y elecciones.

Ejercicio 1.3.5.1

Conciencia de la situación (aplicable sobre todo al ICPC, no es relevante en la IOI).

1. Obtienes un veredicto de WA en un problema muy sencillo. ¿Qué deberías hacer?

    a) Abandonar este problema y seguir con otro.

    b) Mejorar el rendimiento de tu solución (optimizando el código/algoritmo).

    c) Volver al leer el enunciado cuidadosamente.

    d) Crear casos de prueba complejos, para tratar de encontrar el error.

    e) Si la competición es por equipos, pedir a un compañero que trate de resolverlo.

2. Recibes un veredicto TLE para tu solución $O(N^3)$. Sin embargo, el máximo de N es 100. ¿Qué deberías hacer?

   a) Abandonar este problema y seguir con otro.

   b) Mejorar el rendimiento de tu solución (mejor código/algoritmo).

   c) Crear casos de prueba complejos, para tratar de encontrar el error.

3. Ampliación a la pregunta anterior: ¿qué ocurre si el máximo de N es 100 000?

4. Otra ampliación a la pregunta anterior: ¿qué ocurre si el máximo de N es 5000, la salida solo depende del tamaño de la entrada N y todavía quedan *cuatro horas* de concurso?

5. Recibes un veredicto de RTE. El código, aparentemente, se ejecuta perfectamente en tu sistema local. ¿Qué deberías hacer?

6. Treinta minutos después de comenzar el concurso, le echas un vistazo al marcador. Hay *muchos* equipos que han resuelto el problema X, que tu equipo todavía no ha intentado. ¿Qué deberías hacer?

7. A mitad del concurso le echas un vistazo al marcador. El equipo líder (asumiendo que no sea el tuyo) acaba de resolver el problema Y. ¿Qué deberías hacer?

8. Tu equipo le ha dedicado dos horas a un problema complicado. Ya habéis enviado varias implementaciones realizadas por diferentes miembros del equipo. Todos los envíos han resultado incorrectos. No tenéis ni idea de dónde está el fallo. ¿Qué deberías hacer?

9. Queda una hora para que termine el concurso. Tienes un código con veredicto WA y una idea nueva para *otro* problema. ¿Qué deberías hacer?

   a) Abandonar el problema con el código WA e intentar el otro problema para tratar de resolver uno más.

   b) Insistir en depurar el código WA. No queda tiempo para comenzar a trabajar en un nuevo problema.

   c) En el ICPC, imprimir el código WA y pedir a los otros dos miembros del equipo que lo analicen, mientras tú comienzas a trabajar en el problema nuevo, en un intento de resolver *dos* problemas más.

Ejercicio 1.3.5.2

Encuentra el error (sutil) en los siguientes códigos de C++:

1. Encuentra el bit menos significativo de un entero con signo de 32 bits $(7-5)$ utilizando `#define LSOne(S) (S & -S)`.

2. Utiliza `__builtin_ctz(v)` para contar el número de ceros a la derecha de un entero con signo de 64 bits `long long v`.

3. Utiliza `ms.erase(v)` para eliminar *una sola* copia del valor v de un `multiset<int>` ms que contenga 0, 1 o más copias de v.

4. Asume que v es un `vector<int>` que contiene varios enteros aleatorios.

```cpp
for (int i = 1; i <= 4; ++i) v.push_back(i); // o cambiando 4 a 5
vector<int>::iterator it = v.begin();
cout << *it << "\n"; // debe escribir v[0] = 1
v.push_back(rand()); // aumenta el tamaño del vector en 1
cout << *it << "\n"; // ¿no debería v[0] seguir siendo 1?
```

5. Error sutil similar al anterior.

```cpp
for (int i = 1; i <= 4; ++i) v.push_back(i); // o cambiando 4 a 5
auto &front = v[0];      // pasa por referencia
cout << front << "\n"; // debe escribir v[0] = 1
v.push_back(rand());      // aumenta el tamaño del vector en 1
cout << front << "\n"; // ¿no debería v[0] seguir siendo 1?
```

1.3.6 Consejo 6: práctica y más práctica

Los programadores competitivos, al igual que los auténticos atletas, deben entrenar con regularidad para mantenerse 'en forma'. Para este penúltimo consejo, proporcionaremos una lista de varias páginas web, con recursos que te ayudarán a mejorar tu capacidad de resolución de problemas. Creemos firmemente que el éxito viene de un esfuerzo de mejora continuo.

El Online Judge de la Universidad de Valladolid (UVa, en España)[29] (`https://onlinejudge.org`) [45], contiene problemas de ediciones pasadas del ICPC (locales, regionales y de las finales mundiales), además de problemas de otras fuentes, incluyendo varios provenientes de concursos alojados en la propia página. Puedes resolver los problemas y enviar las soluciones al Online Judge. El sistema evaluará tu programa, lo antes posible, y te entregará un veredicto. Trata de resolver los problemas mencionados en este libro y, quizá, algún día veas tu nombre en la lista de los 500 usuarios que más problemas han resuelto.

A fecha de 19 de julio de 2020, hay que resolver $\geq$ 699 problemas para estar entre los 500 mejores usuarios. Steven está clasificado en el puesto 39 (habiendo resuelto 2074 problemas), Felix está en el 72 (con 1550 problemas) y Suhendry ocupa el 124 (con 1262 problemas) de un total de $\approx$ 365 857 usuarios en el juez UVa (y un total de $\approx$ 4965 problemas). Los tres nos encontramos en el percentil 99,9.

---

[29]Este juez en línea dejó de estar afiliado a la Universidad de Valladolid (UVa) en el año 2019, siendo su nombre actual 'Online Judge'. Sin embargo, por razones de comodidad y mejor comprensión, mantendremos la abreviatura 'UVa' a lo largo del libro.

El Online Judge, uno de los jueces en línea más antiguos, cuenta con muchas herramientas desarrolladas por terceros para ayudar a sus usuarios, entre ellas uHunt, desarrollada por nosotros, (https://uhunt.onlinejudge.org/) y uDebug (https://www.udebug.com/).

Figura 1.2: I: Online Judge – D: Kattis.

Kattis (https://open.kattis.com, [34]) es el sistema de evaluación de las finales mundiales del ICPC más recientes. Cuenta con un juez en línea, público y abierto, que contiene problemas interesantes de las finales regionales y mundiales del ICPC, así como de otros concursos de buena calidad. En vez de clasificar a los usuarios por el número de problemas resueltos, como hace el Online Judge, Kattis utiliza un sistema 'dinámico' de calificación de la dificultad de los problemas. Esto supone que un programador competitivo muy bueno pueda escalar rápidamente en la clasificación, resolviendo intencionadamente problemas más complejos que los competidores que solo sean capaces de abordar problemas más sencillos y con una calificación menor. A fecha de 19 de julio de 2020, es necesario lograr $\geq 1792,7$ puntos para situarse entre los 100 mejores usuarios. Steven se encuentra en la posición 9 (con 5742,7 puntos), de un total de $\approx 141\,132$ usuarios, es decir, también en el percentil 99,9.

En esta edición, utilizamos indistintamente UVa y Kattis como fuentes primarias de problemas.

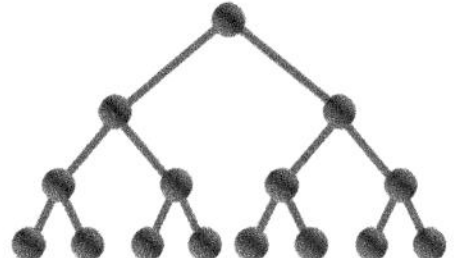

Figura 1.3: I: USACO – D: ICPC Live Archive

La USA Computing Olympiad tiene una página web de entrenamiento muy potente [44], con concursos en línea que te ayudarán a mejorar tus habilidades de programación y resolución de problemas. Está más orientada a concursos de la IOI que del ICPC. Puedes ir directamente a su página web y empezar a entrenar.

La página 'hermana' del juez en línea de la UVa, es el ICPC Live Archive [30], contiene *casi todos* los problemas de las regionales y finales mundiales del ICPC, de los años 1990-2018. Puedes entrenar aquí, si quieres tener un buen rendimiento en ICPC futuros. Algunos de los problemas del Live Archive se pueden encontrar también en el Online Judge y, los más recientes, en Kattis.

Codeforces [4] y Topcoder [29] suelen organizar concursos de programación en línea, sin restricciones en cuanto a la edad de los participantes. Utilizan un sistema de clasificación (programadores rojos, naranjas, violetas, azules, cian, etc.) para recompensar con un nivel superior a los concursantes que resuelven problemas en las condiciones de presión del entorno de un concurso, frente a aquellos más diligentes que resuelven problemas más sencillos a lo largo de (mucho) más tiempo, pero con menos presión, y con ayuda de las explicaciones de solución de los problemas, que se hacen públicas una vez finalizado el concurso.

1.3.7 Consejo 7: trabaja en equipo (para ICPC)

Este último consejo es más fácil de plantear que de llevar a la práctica, pero aquí proponemos algunas ideas que podrían mejorar el rendimiento de tu equipo:

- Practicar la programación sobre el papel, ya sea con código o con pseudocódigo. Es muy útil cuando un compañero de equipo está utilizando el ordenador para que, al llegar tu turno, puedas programar lo más rápidamente posible.

- La estrategia de 'enviar e imprimir': si el código recibe un veredicto AC, basta con ignorar la copia impresa pero, si todavía no has llegado a ese punto, puedes depurar el código utilizando la versión en papel, mientras otro miembro del equipo está en el ordenador ocupado con otro problema. Cuidado, porque depurar código sin ayuda del ordenador es una tarea sumamente complicada. Podrías plantearte ser profesor ayudante en un curso de metodología *básica* de programación para desarrollar la capacidad de identificar los pequeños errores en los códigos de otros (y, al mismo tiempo, evitar cometerlos tú mismo).

- Si un compañero de equipo está programando (y tú no estás ocupado con otro problema), aprovecha el tiempo en preparar casos de prueba límite (que ojalá el programa de tu compañero pueda resolver). Cuando dos miembros del equipo coinciden en que un código es correcto, aumenta la posibilidad de evitar tiempo de penalización.

- Si eres consciente de que otro miembro del equipo es (significativamente) más apropiado para resolver un tipo de problema concreto que acabas de identificar, considera la posibilidad de pasárselo en vez de empeñarte en resolverlo tú.

- Practica la solución de problemas largos y complejos entre dos o, incluso, tres miembros del equipo, en preparación de la posibilidad de lograr un último acierto en los minutos finales del concurso.

- El factor X: mantén una buena relación de amistad con tus compañeros de equipo *fuera* de las sesiones de entrenamiento y los concursos.

1.4 Primeros pasos: los problemas fáciles

Nota: si tienes experiencia como participante en concursos de programación, puedes ignorar esta sección, que está dirigida a los recién llegados al mundo de la programación competitiva.

1.4.1 Anatomía de un problema

Un problema de un concurso de programación contiene *normalmente* los siguientes elementos:

- **Historieta/enunciado del problema.** La mayoría de los enunciados son atractivos. Sin embargo, los problemas más sencillos se suelen escribir de forma que *engañen* a los concursantes, aparentando ser difíciles, mediante la inclusión, por ejemplo, de 'información extra' para crear una distracción. Los concursantes deberían ser capaces de *filtrar* los detalles sin importancia y centrarse en los esenciales. Por ejemplo, todos los párrafos de introducción, con la excepción de la última frase, del problema UVa 00579 - ClockHands cuentan la historia del reloj, y no tienen nada que ver con el problema propiamente dicho. En contraste, los problemas más difíciles suelen estar planteados de forma más aséptica, puesto que ya incluyen suficientes retos sin necesidad de adornos.

- **Descripción de la entrada y salida.** En esta sección, se proporcionan detalles del formato que tendrán los datos de entrada y del que deberían tener los de salida. Esta parte suele estar escrita en un estilo formal. Un buen problema debería determinar, claramente, cuáles son sus límites en la entrada, ya que podría resolverse con diferentes algoritmos, en función de dichos límites (ver la tabla 1.4).

- **Ejemplos de entrada y salida.** Los autores de los problemas suelen proporcionar casos de prueba triviales a los concursantes, como los del **ejercicio 1.1.1.** Los ejemplos de entrada y salida sirven para verificar que los concursantes han entendido el problema en lo más básico y para comprobar si el código es, al menos, capaz de procesar la entrada propuesta y proporcionar la salida correcta en el formato indicado. Nunca envíes código al juez si no es capaz de resolver el caso de ejemplo. En la sección 1.3.5, se trata el tema de las pruebas que se deben realizar al código antes de su envío.

- **Pistas o notas al pie.** En algunos casos, los autores del problema pueden incluir pistas o notas al pie, para facilitar la comprensión del problema.

1.4.2 Rutinas típicas de entrada/salida

Casos de prueba múltiples

En un problema de un concurso de programación, la corrección del código viene normalmente determinada por la ejecución de dicho código contra *varios* casos de prueba. En vez de utilizar varios archivos de prueba individuales, algunos concursos de programación[30] utilizan *un* archivo de prueba con varios casos incluidos. En esta sección utilizaremos un problema muy sencillo, como ejemplo para casos de prueba múltiples: dados dos enteros pequeños (≤ 100) expresados en una línea, devolver su suma en una línea. Ilustramos, a continuación, tres posibles formatos de entrada/salida[31]:

1. El número de casos de prueba aparece en la primera línea de la entrada.

2. Los casos de prueba múltiples terminan con un valor especial (normalmente ceros), con independencia de que aparezcan más datos después.

3. Los casos de prueba múltiples terminan con la señal EOF (fin de archivo).

---

[30]El juez Kattis [34] prefiere la utilización de un archivo por caso de prueba.
[31]La lista no pretende ser exhaustiva.

Código fuente C/C++	Ejemplo de entrada	Ejemplo de salida

```int TC;```
```scanf("%d", &TC); // número de casos```
```while (TC--) { // repetir hasta llegar a 0```
``` int a, b; scanf("%d %d", &a, &b);```
``` printf("%d\n", a + b); // calcular al vuelo```
```}```
	3
	1 2
	5 7
	6 3
	EOF
		3
		12
		9
		EOF

```int a, b;```
```// parar cuando los enteros sean 0```
```while (scanf("%d %d", &a, &b), (a || b))```
``` printf("%d\n", a + b);```
```   // no procesar esta última línea ->```
	1 2
	5 7
	6 3
	0 0
	1 1
	EOF
		3
		12
		9
		EOF

```int a, b;```
```// scanf devuelve el número de elementos```
```while (scanf("%d %d", &a, &b) == 2)```
```// o podemos comprobar el EOF, p.e.```
```// while (scanf("%d %d", &a, &b) != EOF)```
``` printf("%d\n", a + b);```
	1 2
	5 7
	6 3
	EOF
		3
		12
		9
		EOF

Números de caso y líneas en blanco

Algunos problemas, con casos de prueba múltiples, requieren que la salida de cada caso esté numerada de forma secuencial. Otros requieren, además, una línea en blanco *después* de cada caso de prueba. Vamos a modificar el problema anterior para incluir el número de caso en la salida (contando a partir de 1) con el siguiente formato: "Case [NÚMERO]: [RESPUESTA]" seguido de una línea en blanco por cada caso. Asumiendo que la entrada finaliza con la señal EOF, podemos utilizar el siguiente código:

Código fuente C/C++	Ejemplo de entrada	Ejemplo de salida

```int a, b, c = 1;```
```while (scanf("%d %d", &a, &b) != EOF)```
``` // ten en cuenta los dos '\n'```
``` printf("Case %d: %d\n\n", c++, a + b);```
	1 2
	5 7
	6 3
	EOF
		Case 1: 3
		
		Case 2: 12
		
		Case 3: 9
		
		EOF

Otros problemas nos pedirán que escribamos una línea en blanco solo *entre* casos de prueba. Si utilizamos la solución anterior, tendremos una línea extra al final de nuestra salida, lo que resultará en un veredicto de error de presentación (PE)[32]. Deberíamos utilizar el siguiente código:

---

[32]Algunos jueces, como Kattis, ignoran estas pequeñas, a la par que molestas, diferencias en el formato.

Código fuente C/C++	Ejemplo de entrada	Ejemplo de salida
`int a, b, c = 1;`	1 2	Case 1: 3
`while (scanf("%d %d", &a, &b) != EOF) {`	5 7	
`  if (c > 1) printf("\n"); // caso 2 y sig.`	6 3	Case 2: 12
`  printf("Case %d: %d\n", c++, a + b);`	**EOF**	
`}`		Case 3: 9
		EOF

Número de entradas variable

Modifiquemos ligeramente el problema anterior. Ahora, para cada caso de prueba (cada línea de entrada) recibiremos un entero k ($k \geq 1$), seguido de k enteros. Nuestra tarea consistirá en mostrar la suma de esos k enteros. Si damos por hecho que la entrada terminará con la señal EOF y que no debemos numerar los casos, nuestro código podría quedar así:

Código fuente C/C++	Ejemplo de entrada	Ejemplo de salida
`int k;`	1 1	1
`while (scanf("%d", &k) != EOF) {`	2 3 4	7
`  int ans = 0, v;`	3 8 1 1	10
`  while (k--) { scanf("%d", &v); ans += v; }`	4 7 2 9 3	21
`  printf("%d\n", ans);`	5 1 1 1 1 1	5
`}`	**EOF**	**EOF**

La rutina de entrada puede ser *un poco más* problemática si no recibimos el entero k al principio de cada línea/caso. Para realizar la misma tarea, asumiendo que $k \geq 1$ y que dos enteros en una misma línea estarán separados por, *exactamente*, un espacio, deberemos leer pares de un entero y otro carácter y detectar la señal de fin de línea (EOLN), por ejemplo:

Código fuente C/C++	Ejemplo de entrada	Ejemplo de salida
`while (1) { // bucle infinito`	1	1
`  int ans = 0, v;`	3 4	7
`  char dummy;`	8 1 1	10
`  while (scanf("%d%c", &v, &dummy) != EOF) {`	7 2 9 3	21
`    ans += v;`	1 1 1 1 1	5
`    if (dummy == '\n') break; // buscar EOLN`	**EOF**	**EOF**
`  }`		
`  if (feof(stdin)) break; // buscar EOF`		
`  printf("%d\n", ans);`		
`}`		

Hemos escrito este mismo código de ejemplo en varios lenguajes de programación. Consúltalo en nuestro repositorio público de GitHub (`https://github.com/stevenhalim/cpbook-code`), especialmente si C/C++ no es tu lenguaje habitual.

C++	`ch1/IO.cpp`
Java	`ch1/IO.java`
Python	`ch1/IO.py`
OCaml	`ch1/IO.ml`

1.4.3 Empieza el viaje

No hay mejor forma de empezar el viaje en el mundo de la programación competitiva que resolviendo problemas. Para ayudarte a elegir con cuáles empezar, del total de ≈ 4965 problemas ofrecidos en el Online Judge [45] y de los ≈ 2746 disponibles en Kattis [34], hemos preparado una lista con algunos de los problemas *ad hoc* más sencillos. Las primeras cinco categorías se encuentran entre las más sencillas que cabría encontrar en un concurso de programación, y son adecuadas incluso para estudiantes noveles de ciencias de la computación, que acaban de empezar a conocer los rudimentos básicos de metodologías de programación, pero tienen algunas nociones de matemáticas (como manipulaciones algebraicas sencillas o aritmética modular elemental) y lógica (operaciones Y, O, NO). Si estás empezando en el mundo de la programación competitiva, te recomendamos que trates de resolver algunos problemas de esta categoría después de haber finalizado la lectura de la sección 1.4.2.

Como cada categoría contiene muchos problemas que podrían ser apabullantes para quienes están empezando, hemos *resaltado* un problema de nivel básico (ya sea de Kattis o de UVa) junto a, normalmente, tres **obligatorios** * de cada uno de los dos jueces en cada categoría. Consideramos que estos son problemas interesantes, o de mejor calidad, y no implican formatos complicados en la entrada y la salida. El resto de problemas mostrados aparecen como contenido adicional. La lista completa de consejos para resolver los problemas resaltados *y los adicionales* se encuentra disponible en `https://cpbook.net`.

- **Solo E/S y/o secuencias**
  La mayoría de estos problemas se pueden resolver en un par de líneas de código.

- **Solo repetición**
  Todos los problemas de esta categoría se resuelven con sentencias de repetición (bucle `for`, bucle con rango `for`, bucle `while` o bucle `do while`).

- **Solo selección**
  Todos los problemas de esta categoría se pueden resolver con sentencias de selección (`if/else if/else` o `switch/case`).

- **Solo repetición y selección**
  Son problemas básicamente de selección pero con casos de prueba múltiple, lo que implica un bucle exterior (una sentencia de repetición).

- **Lineales**
  Tenemos E/S, secuencias, selección y repetición juntos. Los problemas de esta categoría se pueden resolver sin utilizar *arrays*.

- **Función**
  Los problemas de esta categoría contienen partes que se pueden abstraer en funciones (*definidas por el usuario*), incluyendo funciones recursivas, que pueden necesitar *más de una llamada*.

- **Manipulación de *arrays* unidimensionales, muy fáciles**
  Los problemas de esta categoría son más fáciles de resolver si utilizamos una estructura de datos de *array* unidimensional.

- **Fáciles, menos fáciles y medios**
  Los problemas de las tres siguientes categorías son fáciles, menos fáciles y medios, en los

que no encontraremos un formato de E/S complicado[33]. Pero, de aquí en adelante, los problemas que mencionaremos incluirán una combinación de las técnicas metodológicas básicas que acabamos de mencionar.

1.4.4 Nuestro primer veredicto de aceptado (AC)

En esta subsección, te guiaremos en el camino de lograr tu primer veredicto de aceptado (AC), utilizando un sencillo problema. Puedes ignorar esta parte si ya has obtenido tus primeros éxitos en este sentido. Utilizaremos el problema Kattis - moscowdream para ilustrar, paso a paso, el proceso de solución.

Primer intento

Una vez eliminada la información irrelevante, el problema Kattis - moscowdream se puede resumir de la siguiente manera: "dados 4 enteros a, b, c y n ($0 \leq a, b, c \leq 10$, $1 \leq n \leq 20$), escribir 'YES' en la salida si $a \geq 1$, $b \geq 1$, $c \geq 1$ y $a + b + c \geq n$, o 'NO' en caso contrario".

La mayoría de los concursantes inexpertos en programación competitiva escribirán un código en C/C++ similar al siguiente, y lo enviarán al juez.

```
1  #include <stdio.h>
2  int main() {
3    int a, b, c, n; scanf("%d %d %d %d", &a, &b, &c, &n);
4    if ((a >= 1) && (b >= 1) && (c >= 1) && (a+b+c >= n))
5      printf("YES\n");
6    else
7      printf("NO\n");
8    return 0;
9  }
```

Segundo intento

Por desgracia, el código anterior provocará un veredicto de respuesta incorrecta (WA). Si hubieses participado en un concurso, habrías observado que la mayoría de equipos habrían resuelto este sencillo problema pero, muchos de ellos, habrían necesitado un *segundo* envío para lograrlo. Esto implica que el autor del problema ha utilizado, muy probablemente, algún caso límite para atrapar a los concursantes que hayan bajado la guardia. Vamos a ejecutar nuestro programa con algunos casos de prueba aleatorios, diferentes del proporcionado en el ejemplo. Resulta que el caso 1 1 1 1 devuelve 'YES'. En este punto deberíamos ser conscientes de que la respuesta correcta debería ser 'NO' ya que, cuando $n = 1$, es imposible tener, al menos, 1 problema fácil, 1 problema medio y 1 problema difícil. Hemos ignorado el caso en el que $1 \leq n < 3$. Debemos observar que el autor del problema ha escrito, astutamente, $1 \leq n \leq 20$ como límite de entrada de la variable n.

---

[33]Una vez hayamos visto técnicas básicas de procesamiento de cadenas, en la sección 1.5, mostraremos muchos más problemas *ad hoc* en la sección 1.6

Denominamos a esta situación un problema de "análisis de casos", es decir, el problema cuenta con casos que pueden (o deben) ser tratados de forma independiente. Para este sencillo problema es muy posible que depurar el fallo no tenga mucha complicación. Sin embargo, en problemas más difíciles, la identificación de casos límite podría no ser tan evidente.

```cpp
#include <bits/stdc++.h>                          // útil en concursos
using namespace std;                              // también útil
int main() {
  int a, b, c, n; scanf("%d %d %d %d", &a, &b, &c, &n);     // la corrección
  printf(((a >= 1) && (b >= 1) && (c >= 1) && (a+b+c >= n) && (n >= 3)) ?
         "YES\n" : "NO\n");                        // usar operador ternario
  return 0;                                        // para abreviar el código
}
```

C++	ch1/moscowdream.cpp
Java	ch1/moscowdream.java
Python	ch1/moscowdream.py
OCaml	ch1/moscowdream.ml

Ejercicios de programación

Ejercicios de programación para empezar[34]:

Solo E/S y secuencias

1. Nivel básico: *Kattis - hello* * — basta escribir "Hello World!"
2. **UVa 10071 - Back to High School … *** — muy sencillo: escribir $2 \times v \times t$
3. **UVa 11614 - Etruscan Warriors … *** — raíz de una ecuación cuadrática
4. **UVa 13025 - Back to the Past *** — de regalo, escribir una línea de respuesta
5. *Kattis - carrots *** — basta escribir P
6. *Kattis - r2 *** — basta escribir $2 \times S - R1$
7. *Kattis - thelastproblem *** — S puede tener espacios
   Adicionales UVa: *11805, 12478.*
   Adicionales Kattis: *faktor, planina, romans.*

Solo repetición

1. Nivel básico: *Kattis - timeloop *** — escribir 'num Abracadabra' N veces
2. **UVa 01124 - Celebrity Jeopardy *** — LA 2681 - SouthEasternEurope06, reproducir la entrada
3. **UVa 11044 - Searching for Nessy *** — existe código/fórmula de una línea
4. **UVa 11547 - Automatic Answer *** — existe solución de una línea en $O(1)$
5. *Kattis - different *** — usar la función abs por cada caso de prueba
6. *Kattis - qaly *** — bucle trivial
7. *Kattis - tarifa *** — una pasada, no es necesario *array*
   Adicionales UVa: *10055.*

Solo selección

1. Nivel básico: *Kattis - moscowdream* * `if-else`, 2 casos, comprobar $n \geq 3$
2. *Kattis - isithalloween* * `if-else`, 2 casos
3. *Kattis - judgingmoose* * `if-else if-else`, 3 casos
4. *Kattis - onechicken* * `if-else if-else`, 4 casos (pieza contra piezas)
5. *Kattis - provincesandgold* * `if-else if-else`, 6 casos
6. *Kattis - quadrant* * `if-else if-else`, 4 casos
7. *Kattis - temperature* * `if-else if-else`, 3 casos, deducir fórmula

Casos de prueba múltiples y selección

1. Nivel básico: *Kattis - oddities* * 2 casos
2. **UVa 11172 - Relational Operators** * muy fácil, una línea
3. **UVa 12250 - Language Detection** * LA 4995 - KualaLumpur10, `if-else`
4. **UVa 12372 - Packing for Holiday** * comprobar si $L, W, H \leq 20$
5. *Kattis - eligibility* * 3 casos
6. *Kattis - helpaphd* * 2 casos
7. *Kattis - leftbeehind* * 4 casos
   Adicionales UVa: *00621, 11723, 11727, 12289, 12468, 12577, 12646, 12917.*
   Adicionales Kattis: *nastyhacks, numberfun.*

Lineales (se resuelven en menos de 7 minutos[35])

1. Nivel básico: *Kattis - statistics* * una pasada, no es necesario *array*
2. **UVa 11764 - Jumping Mario** * una pasada lineal para contar los saltos alto+bajo
3. **UVa 11799 - Horror Dash** * una pasada lineal, hallar el valor máximo
4. **UVa 12279 - Emoogle Balance** * pasada lineal sencilla
5. *Kattis - fizzbuzz* * en realidad es sobre propiedades de divisibilidad sencillas
6. *Kattis - licensetolaunch* * pasada lineal sencilla
7. *Kattis - oddgnome* * pasada lineal
   Adicionales UVa: *00272, 10300, 11364, 11498, 12403, 13012, 13034, 13130.*
   Adicionales Kattis: *babybites, cold, earlywinter, jobexpenses, speedlimit, stararrangements, thanos, zanzibar.*

Función

1. Nivel básico: *Kattis - mia* * solo una comprobación `if-else`
2. **UVa 10424 - Love Calculator** * hacer lo que se pide
3. **UVa 11078 - Open Credit System** * una pasada lineal, función `max`
4. **UVa 11332 - Summing Digits** * recursivo sencillo
5. *Kattis - artichoke* * LA 7150 - WorldFinals Marrakech15, pasada lineal, también disponible en UVa 01709 - Amalgamated Artichokes
6. *Kattis - digits* * simulación directa, también disponible en UVa 11687 - Digits
7. *Kattis - filip* * función de creación de una 'cadena inversa', después comprobación `if-else`
   Adicionales Kattis: *abc, combinationlock, treasurehunt.*

Manipulación de *arrays* unidimensionales, muy fáciles

1. Nivel básico: *Kattis - lostlineup* * manipulación de *array* sencilla
2. **UVa 01585 - Score** * LA 3354 - Seoul05, algoritmo de una pasada muy sencillo
3. **UVa 11679 - Sub-prime** * simular, ver si todos los bancos tienen una reserva ≥ 0
4. **UVa 12015 - Google is Feeling Lucky** * recorrer la lista dos veces
5. *Kattis - acm* * simulación sencilla, una pasada, guardar número de WA por problema
6. *Kattis - cetiri* * ordenar 3 números ayuda, 3 casos
7. *Kattis - lineup* * ordenación creciente/decreciente y comparar
   Adicionales UVa: *11942.*
   Adicionales Kattis: *basketballoneonone, hothike.*

Fáciles

1. Nivel básico: *Kattis - hissingmicrophone* * bucle sencillo
2. **UVa 12503 - Robot Instructions** * simulación sencilla
3. **UVa 12658 - Character Recognition?** * comprobación de reconocimiento de caracteres
4. **UVa 12696 - Cabin Baggage** * LA 6608 - Phuket13, problema sencillo
5. *Kattis - batterup* * un bucle sencillo
6. *Kattis - hangingout* * bucle sencillo
7. *Kattis - pokerhand* * conteo de frecuencia, escribir máximo
   Adicionales UVa: *01641, 10963, 12554, 12750, 12798.*
   Adicionales Kattis: *armystrengtheasy, armystrengthhard, brokenswords, drinkingsong, mosquito, ptice,*
   sevenwonders, volim, yinyangstones.
   Otros: IOI 2010 - Cluedo (3 punteros), IOI 2010 - Memory (2 pasadas lineales).

Menos fáciles

1. Nivel básico: *Kattis - bubbletea* * simulación sencilla
2. **UVa 11559 - Event Planning** * una pasada lineal
3. **UVa 11683 - Laser Sculpture** * una pasada lineal es suficiente
4. **UVa 11786 - Global Raining ...** * debes observar el patrón
5. *Kattis - bossbattle* * pregunta con trampa
6. *Kattis - peasoup* * una pasada lineal
7. *Kattis - vote* * sigue las instrucciones
   Adicionales UVa: *10114, 10141, 10324, 11586, 11661, 12614, 13007.*
   Adicionales Kattis: *boundingrobots, climbingstairs, deathtaxes, driversdilemma, eventplanning, exactlyelectrical,*
   missingnumbers, prerequisites, sok.

Medios

1. Nivel básico: *Kattis - basicprogramming1* * un interesante problema de sumas para un examen de un curso de
   metodología básica de programación
2. **UVa 11507 - Bender B. Rodriguez ...** * simulación, `if-else`
3. **UVa 12157 - Tariff Plan** * LA 4405 - KualaLumpur08, calcular y comparar los dos planes
4. **UVa 12643 - Tennis Rounds** * tiene casos de prueba complicados
5. *Kattis - battlesimulation* * una pasada, comprobación especial en $3! = 6$ posibles
   combinaciones de 3 movimientos combinados

6. *Kattis - bitsequalizer* *   análisis de patrones, también disponible en UVa 12545 - Bits Equalizer

7. *Kattis - fastfood* *   debido a las restricciones se hace en una pasada

Adicionales UVa: *00119, 00573, 00661, 01237, 11956.*

Adicionales Kattis: *anotherbrick, beekeeper, bottledup, carousel, climbingworm, codecleanups, cowcrane, howl, shatteredcake.*

Otros: IOI 2009 - Garage (simulación), IOI 2009 - POI (ordenación).

Después de haber resuelto un buen número de problemas de programación, comenzarás a identificar un patrón en tus soluciones. Hay aspectos en la programación competitiva que se repiten con la suficiente frecuencia como para justificar el uso de determinados atajos.

Desde una perspectiva de C/C++, entre ellos podríamos encontrar:

- La inclusión de varias bibliotecas (`iostream`, `cstdio`, `cmath`, `cstring` y otras que, si el compilador GNU C++ utilizado en el concurso lo permite, se pueden incluir en una sola sentencia mediante `#include <bits/stdc++.h>`).

- Varios atajos para tipos de datos (`ll`, `ii`, `vi`, `vii`, etc.).

- Varias constantes comunes (`1e9` para `INF`, `1e-9` para `EPS`, etc.).

- Varias rutinas de E/S básicas (`freopen`, formato de entrada múltiple, desactivar la sincronización de `stdio` en el caso de los usuarios de C++, etc.).

Un programador competitivo quizá prefiera guardar sus atajos más utilizados en un archivo de plantilla. Después, a la hora de resolver otro problema, bastará con que copie todo el código de la plantilla a la nueva solución, acelerando con ello el tiempo de implementación.

Sin embargo, no olvidemos que muchos de estos consejos **no deben** utilizarse fuera del ámbito de la programación competitiva, especialmente en el campo de la ingeniería de software.

1.5 Habilidades básicas de procesamiento de cadenas

Presentamos ahora varias técnicas *básicas* de procesamiento de cadenas, que todo programador competitivo debería conocer, pues no todos los formatos de entrada y salida de un problema de programación se limitan exclusivamente a enteros y/o cadenas sencillas.

En esta sección, proporcionamos una serie de pequeñas tareas que deberías poder resolver sin obviar ninguna. Puedes utilizar cualquiera de los lenguajes de programación C/C++[36], Python[37], Java y/o OCaml. Haz lo que puedas para obtener la implementación más corta y eficiente que se te ocurra. Después, compara tus implementaciones con las nuestras (en las respuestas al final del

---

[34]Deberás crear cuentas de usuario (gratuitas) en los jueces UVa [45] y Kattis [34], si es que no lo has hecho ya.

[35]Siete minutos no es más que un periodo breve de tiempo elegido arbitrariamente por <u>Steven</u>.

[36]Es posible combinar *arrays* de caracteres de C con clases de cadenas de C++ en el mismo código. En la mayoría de las ocasiones, ambos métodos son válidos para resolver un problema de procesamiento de cadenas. La elección de una u otra técnica reside en los gustos del programador.

[37]Python suele resultar muy apropiado para resolver problemas de procesamiento de cadenas fáciles o básicos. Por lo tanto, en esta ocasión lo situamos por delante de Java y OCaml.

capítulo o en el código fuente disponible en `https://github.com/stevenhalim/cpbook-code`).
Si ninguna de nuestras opciones te sorprende (o, incluso, las has mejorado), significa que estás
en buena forma para lidiar con varios problemas de procesamiento de cadenas, por lo que podrás pasar a las siguientes secciones. En caso contrario, dedica algo de tiempo a estudiar nuestras
versiones.

1. Dado un archivo de texto que contiene únicamente caracteres alfabéticos `[A-Za-z]`, dígitos `[0-9]`, el espacio y el punto ('.'), escribe un programa que lea el mencionado archivo,
   línea a línea, hasta que encuentre una línea que *comience* con siete puntos (".......").
   Concatena (combina) cada línea en un cadena más larga `T`. Cuando se combinen dos líneas, coloca un espacio entre ellas, de forma que la última palabra de la primera línea
   quede separada de la primera palabra de la segunda. En la entrada puede haber hasta 30
   caracteres por línea y no más de 10 líneas. No hay un espacio al final de cada línea y todas
   terminan con el carácter de salto de línea. Mostramos la entrada de ejemplo después de
   la pregunta 1.d y antes de la tarea 2.

   a) ¿Sabes cómo almacenar una cadena en tu lenguaje de programación favorito?

   b) ¿Cómo leer un texto de entrada línea a línea?

   c) ¿Cómo concatenar (combinar) dos cadenas en una más larga?

   d) ¿Cómo comprobar si una línea comienza con '.......', para no leer más la entrada?

```
I love CS3233 Competitive
Programming. i also love
AlGoRiThM
.......you must stop after reading this line as it starts with 7 dots
after the first input block, there will be one loooooooooooong line...
```

2. Supongamos que tenemos una cadena larga `T`. Queremos comprobar si otra cadena `P` se
   encuentra dentro de `T`, notificar todos los índices donde `P` aparece en `T`, o indicar -1 si `P`
   no se encuentra en `T`. Por ejemplo, si `T` = "I love CS3233 Competitive Programming.
   i also love AlGoRiThM" y `P` = "I", la salida será, únicamente, {0} (con un índice que
   comienza en 0) porque la mayúscula 'I' y la minúscula 'i' se consideran diferentes, por lo
   que el carácter 'i' de la posición {39} no formará parte de la salida. Si `P` = "love", la salida
   será {2, 46}. Si `P` = "book", el resultado mostrará {-1}.

   a) ¿Cómo encontrar la primera aparición de una subcadena en una cadena (si existe)? ¿Necesitamos implementar un algoritmo de coincidencia de cadenas (como el
   de Knuth–Morris–Pratt, tratado en el Volumen II, etc.) o será suficiente con utilizar
   funciones de una biblioteca?

   b) ¿Cómo encontrar el resto de apariciones de una subcadena en un cadena (si existen)?

3. Supongamos ahora que queremos hacer un análisis sencillo del contenido de `T`, y convertir cada uno de sus caracteres en minúsculas. ¿El análisis implicará contar el número de
   dígitos, vocales `[aeiouAEIOU]` y consonantes (cualquier letra que no sea una vocal) que
   hay en `T`? ¿Es posible realizar todas las operaciones en $O(n)$, donde n es la longitud de la
   cadena `T`?

4. A continuación, queremos dividir la cadena larga T en *trozos* (subcadenas) y almacenarlos en un *array* de cadenas llamado tokens. Para esta tarea, los *delimitadores* de los bloques serán los espacios en blanco y los signos de puntuación (por lo tanto, dividiremos las frases en palabras). Por ejemplo, si queremos *trocear* la cadena T (en minúsculas), obtendremos los siguientes tokens = {"i", "love", "cs3233", "competitive", 'programming", "i", "also", "love", "algorithm"}. Después, ordenaremos lexicográficamente este *array* de cadenas[38] y buscaremos la cadena de menor valor lexicográfico. Es decir, habremos ordenado tokens: {"algorithm", "also", "competitive", "cs3233", "i", "i", "love", "love", "programming"}. Por lo tanto, la cadena de menor valor lexicográfico de este ejemplo será "algorithm".

   a) ¿Cómo troceamos una cadena?

   b) ¿Cómo almacenamos los trozos (las cadenas más cortas) en un *array* de cadenas?

   c) ¿Cómo ordenamos lexicográficamente un *array* de cadenas?

5. Ahora, identifiquemos la palabra que aparece más veces en T. Para resolver esta cuestión, necesitamos contar la frecuencia con la que aparece cada palabra. En el caso de T, la salida será "i" o "love", ya que ambas aparecen dos veces. ¿Qué estructura de datos deberíamos utilizar para esta pequeña tarea?

6. El texto dado tiene una línea más, después de la que comienza con ".......", pero la longitud de esta última línea no está limitada. La tarea consistirá en contar cuántos caracteres hay en ella. ¿Cómo podemos leer una cadena si no conocemos su longitud por adelantado?

Tarea	ch1/basic_string.html
C++	ch1/basic_string.cpp
Java	ch1/basic_string.java
Python	ch1/basic_string.py
OCaml	ch1/basic_string.ml

GitHub

1.6 Los problemas *ad hoc*

Finalizaremos este capítulo introductorio tratando el primer tipo de problema en los ICPC y en las IOI: los problemas *ad hoc*. Según la USACO [44], los problemas *ad hoc* son aquellos que 'no pueden clasificarse en ninguna otra categoría', ya que cada enunciado y su correspondiente solución son 'únicos'. Muchos problemas *ad hoc* son fáciles (como los que aparecen en la sección 1.4), pero esto no se aplica necesariamente a todos ellos.

Los problemas *ad hoc* aparecen frecuentemente en los concursos de programación. En el ICPC, $\approx$ 1-2 de cada $\approx$ 10-13 son *ad hoc*. Si el problema es fácil, será normalmente el primero que resuelvan los equipos participantes en el concurso. Sin embargo, hay casos en los que las soluciones a los problemas *ad hoc* son demasiado complicadas de implementar, lo que provoca que, por estrategia, algunos equipos prefieran abordarlos al final del concurso. En una competición regional del ICPC con unos 60 equipos, tu equipo se clasificará en la mitad baja si *solo* conseguís resolver los problemas *ad hoc* (fáciles).

---

[38]Que, básicamente, consiste en ordenar las palabras como aparecerían en un diccionario.

En las IOI más recientes[39], han aparecido cada vez más tareas *ad hoc* que necesitan creatividad para su solución [20]. Cuantos más problemas *ad hoc* resuelvas, más ampliarás tus conocimientos y posibilidades de resolver otros.

Hemos hecho una lista de categorías de **muchos** problemas *ad hoc* que hemos resuelto tanto en el Online Judge como en Kattis [45, 34]. Consideramos que es posible resolver la mayoría de estos problemas *sin* utilizar estructuras de datos avanzadas o los algoritmos que estudiaremos en los siguientes capítulos, es decir, debería bastarnos con leer cuidadosamente los requisitos del enunciado y programar la solución, que habitualmente será corta. Muchos de estos problemas *ad hoc* son 'sencillos', pero algunos pueden 'tener truco'. Algunos problemas *ad hoc* podrían necesitar de las habilidades básicas de procesamiento de cadenas que hemos visto en la sección 1.5. Intenta resolver *alguno de cada categoría* antes de pasar al próximo capítulo.

Hay un pequeño conjunto de problemas que, aunque aparece como parte del capítulo 1, puede requerir conocimientos de los siguientes capítulos como, por ejemplo, las estructuras de datos lineales (*arrays*) de la sección 2.2, el *backtracking* de la sección 3.2, etc. Puedes revisitar los problemas *ad hoc* más difíciles una vez que entiendas los conceptos necesarios.

Las categorías:

- **Juegos (naipes):**
  Hay muchos problemas *ad hoc* relacionados con juegos populares, bastantes de ellos de naipes. Normalmente, tendrás que procesar las cadenas de entrada (ver la sección 1.5 si no estás familiarizado con esta técnica) como naipes que tienen tanto palos (D/Diamantes/$\diamond$, T/Tréboles/$\clubsuit$, C/Corazones/$\heartsuit$ y P/Picas/$\spadesuit$) como números (normalmente: $2 < 3 < \cdots < 9 < $ D/Diez $< $ J/Jota $< $ Q/Reina $< $ K/Rey $< $ A/Ás[40]). Puede ser una buena idea convertir estas cadenas a índices de enteros, para evitar problemas. Por ejemplo, un mapa posible sería convertir D2 $\rightarrow$ 0, D3 $\rightarrow$ 1, ..., DA $\rightarrow$ 12, T2 $\rightarrow$ 13, T3 $\rightarrow$ 14, ..., PA $\rightarrow$ 51. A partir de ahí, se puede trabajar solo con los índices enteros.

- **Juegos (ajedrez):**
  El ajedrez es otro popular juego que, en ocasiones, aparece en los problemas de los concursos de programación. Algunos de estos problemas son *ad hoc* y aparecen en esta sección. Otros son de combinatoria, con tareas como contar cuántas formas hay de colocar 8 reinas en un tablero de ajedrez de 8×8. Esos los trataremos en el capítulo 3 y otros.

- **Juegos (otros)**, fáciles y difíciles (o más tediosos):
  Aparte de los juegos de naipes y de ajedrez, muchos otros juegos populares han encontrado un lugar en los concursos de programación: tres en raya, piedra-papel-tijera, serpientes y escaleras, bingo, bolos, etc. Conocer las reglas de estos juegos puede resultar útil[41] aunque, la mayoría de las veces, la información necesaria aparecerá en el enunciado del problema, para evitar perjudicar a los concursantes que no estén familiarizados con ellos.

- Problemas interesantes **de la vida real**, fáciles, medios y difíciles (o más tediosos):
  Esta es una de las categorías más relevantes de entre las que encontramos tanto en UVa como en Kattis. Creemos que los problemas de la vida real, como estos, son interesantes para cualquier recién llegado al mundo de la informática. El hecho de programar para

---

[39]La IOI utiliza ahora un sistema de subtareas, donde la primera de ellas, en cada tarea, suele ser la versión más sencilla. Si eres concursante de la IOI, lo más probable es que no logres ninguna medalla si solo resuelves las primeras subtareas de cada una de las tareas.

[40]En ocasiones A/Ás < 2.

[41]Y, otras veces, una desventaja si las reglas planteadas son *diferentes* a las originales.

resolver problemas de la vida real, puede ser una motivación adicional. Quién sabe, quizá puedas aprender algo nuevo (e interesante) al leer el enunciado del problema.

- Problemas *ad hoc* relacionados con el **tiempo**, fáciles y difíciles:
  Estos problemas utilizan conceptos temporales como fechas, horas y calendarios. También son problemas de la vida real. Como ya hemos mencionado, estos problemas pueden resultar un poco más interesantes de resolver. Algunos de ellos son mucho más fáciles de abordar si dominamos[42] el módulo `datetime` de Python o la clase `GregorianCalendar` de Java, ya que cuentan con muchas funciones para tratar con el tiempo. Por ejemplo, con `datetime` de Python podemos + (sumar una cierta cantidad de tiempo a una fecha), - (hallar la diferencia entre dos fechas), darle a las fechas el formato deseado, etc. En la clase de Java `GregorianCalendar`, podemos utilizar métodos como `add`, `get` (un componente de una fecha), `compareTo` (con otra fecha), etc.

- **Números romanos:**
  Los números romanos forman un sistema numérico utilizado en la antigua Roma. En realidad, es un sistema numérico decimal, pero utiliza ciertas letras del alfabeto, en vez de los dígitos `[0..9]` (se describen a continuación), no es posicional y no tiene un símbolo para el 0. En el sistema de números romanos hay 7 letras básicas, que acompañamos de sus valores decimales: I=1, V=5, X=10, L=50, C=100, D=500 y M=1000. También utilizan los siguientes pares de letras: IV=4, IX=9, XL=40, XC=90, CD=400, CM=900. Los problemas de programación relativos a números romanos suelen tratar de la conversión hacia y desde números arábigos (el sistema decimal que utilizamos habitualmente). Son problemas que aparecen muy raramente en concursos de programación, y el tipo de conversión se detecta al instante al leer el enunciado del problema. Si tienes interés en ver nuestra solución, puedes analizar el siguiente código:

	C++	ch1/UVa11616.cpp
	Java	ch1/UVa11616.java
GitHub	Python	ch1/UVa11616.py

- **Cifrar/codificar/decodificar/descifrar:**
  A todo el mundo le gusta que sus comunicaciones digitales privadas sean seguras. Es decir, que sus mensajes (cadenas) solo puedan ser leídos por los destinatarios deseados. Se han inventado muchos sistemas de cifrado con este propósito y una buena parte (de los más sencillos, que suelen implicar *arrays* y/o bucles) acaban convirtiéndose en problemas *ad hoc* en concursos de programación, con sus diferentes reglas de codificado/decodificado. Se puede encontrar un buen número en el Online Judge [45] y en Kattis [34]. Así que vamos a dividir esta categoría en tres: fáciles, medios y difíciles (que hemos incorporado al Volumen II). Conviene intentar resolver algunos de ellos, especialmente los que clasificamos como **obligatorio** *. Es conveniente tener conocimientos sobre *seguridad informática y criptografía* para resolverlos.

- **Procesamiento de la entrada (iterativo):**
  Este conjunto de problemas no está dirigido a los concursantes de la IOI, pues el temario actual obliga a que la entrada de las tareas tengan un formato lo más sencillo posible. Sin embargo, en el ICPC no existen tales restricciones. Los problemas de procesamiento

---

[42]C++ cuenta con `<ctime>`, pero tiene muchas menos funcionalidades que sus equivalentes en Python/Java.

pueden ir desde los más sencillos, que se pueden resolver con un procesador iterativo, hasta otros más complejos que requieren de procesadores descendentes recursivos, expresiones regulares de C++, clases de cadenas y patrones de Java y clases de expresiones regulares de Python y OCaml (dejamos los más complejos para el Volumen II).

- **Formato de salida:**
  Este es otro conjunto de problemas que tampoco es necesario para los concursantes de la IOI. En esta ocasión, el problema lo encontramos en la salida. En un conjunto de problemas del ICPC, este tipo de planteamientos se utilizan como 'calentamiento' o problemas para 'perder el tiempo'. Practica tu habilidad para resolver estos problemas *lo más rápidamente posible*, ya que el tiempo de penalización puede suponer una gran diferencia en el resultado final (veremos los más complejos en el Volumen II).

- Problemas para 'perder el tiempo':
  Estos problemas *ad hoc* están escritos, expresamente, para hacer que la solución sea larga y aburrida. Si aparecen en un concurso de programación, determinarán qué equipo cuenta con el programador más *eficiente*, alguien que es capaz de implementar soluciones complicadas y precisas bajo la presión del tiempo. Los entrenadores deberían incluir este tipo de problemas en sus sesiones de preparación.

- Problemas *ad hoc* en **otros capítulos:**
  Hay muchos problemas *ad hoc* que hemos desplazado a otros capítulos, ya que su solución requiere conocimientos que están por encima de las capacidades de programación básicas, pero podría ser una buena idea echarles un vistazo al terminar este capítulo 1.

  - Problemas *ad hoc* que requieren del uso de estructuras de datos lineales básicas (sobre todo *arrays*), en la sección 2.2.
  - Problemas *ad hoc* que requieren cálculos matemáticos, en el Volumen II.
  - Problemas *ad hoc* con procesamiento de cadenas *más complejo*, en el Volumen II.
  - Problemas *ad hoc* que requieren geometría básica, en el Volumen II.
  - Problemas *ad hoc* hoy día en desuso, como las Torres de Hanoi, en el capítulo 9.

Ejercicios de programación

Ejercicios de programación relacionados con problemas *ad hoc*:

Juegos (naipes)

1. Nivel básico: **UVa 10646 - What is the Card?** * — barajar naipes según ciertas reglas y obtener uno determinado
2. **UVa 10388 - Snap** * — simulación de naipes, utiliza números aleatorios para determinar movimientos, necesita una estructura de datos para identificar los naipes boca arriba y boca abajo
3. **UVa 11678 - Card's Exchange** * — es solo un problema de manipulación de *arrays*
4. **UVa 12247 - Jollo** * — interesante juego de naipes, sencillo, pero que requiere un buen análisis lógico para lograr resolver todos los casos
5. *Kattis - bela* * — problema de puntuación de naipes sencillo
6. *Kattis - shuffling* * — simular la operación de mezclar naipes

7. *Kattis - memorymatch* *   juego de simulación interesante, muchos casos límite

Adicionales UVa: *00162, 00462, 00555, 10205, 10315, 11225, 12366, 12952.*

Adicionales Kattis: *karte.*

Juegos (ajedrez)

1. Nivel básico: **UVa 00278 - Chess** * — es necesario un conocimiento básico del ajedrez, deducir la fórmula cerrada
2. **UVa 00255 - Correct Move** * — comprobar la validez de los movimientos de ajedrez
3. **UVa 00696 - How Many Knights** * — *ad hoc*, ajedrez
4. **UVa 10284 - Chessboard in FEN** * — FEN = Notación de Forsyth–Edwards, una notación estándar para describir posiciones en el tablero de ajedrez
5. *Kattis - chess* * — movimientos del alfil, imposibles o de 0, 1 o 2 maneras, utilizar fuerza bruta
6. *Kattis - empleh* * — el problema inverso a *Kattis - helpme* *
7. *Kattis - helpme* * — convertir el tablero dado en notación de ajedrez

Adicionales UVa: *10196, 10849, 11494.*

Adicionales Kattis: *bijele.*

Otros: ver también el problema de las N-reinas (sección 3.2.2 y en el Volumen II) y el problema de movimientos del caballo (sección 4.4.2) para otros ejercicios relacionados.

Juegos (otros), fáciles

1. Nivel básico: **UVa 10189 - Minesweeper** * — simular el juego clásico del buscaminas, similar a UVa 10279
2. **UVa 00489 - Hangman Judge** * — hacer lo que se pide
3. **UVa 00947 - Master Mind Helper** * — similar a UVa 00340
4. **UVa 11459 - Snakes and Ladders** * — simular, similar a UVa 00647
5. *Kattis - connectthedots* * — juego infantil clásico, formato de salida
6. *Kattis - gamerank* * — simular el proceso de actualización de la clasificación
7. *Kattis - guessinggame* * — utilizar un *array* de etiquetas unidimensional, también disponible en UVa 10530 - Guessing Game

Adicionales UVa: *00340, 10279, 10409, 12239.*

Adicionales Kattis: *trik.*

Juegos (otros), difíciles (más tediosos)

1. Nivel básico: *Kattis - rockpaperscissors* * — contar victorias y derrotas, mostrar la media de victorias, también disponible en UVa 10903 - Rock-Paper-Scissors ...
2. **UVa 00584 - Bowling** * — simulación, juegos, comprensión lectora
3. **UVa 10813 - Traditional BINGO** * — seguir el enunciado del problema
4. **UVa 11013 - Get Straight** * — comprobar las permutaciones de 5 naipes para determinar la mejor secuencia, obtener el sexto naipe por fuerza bruta y sustituir uno de tus naipes con él
5. *Kattis - battleship* * — simulación, comprensión lectora, muchos casos límite
6. *Kattis - tictactoe2* * — comprobar la validez del juego de las tres en raya, complicado, también disponible en UVa 10363 - Tic Tac Toe
7. *Kattis - turtlemaster* * — interesante juego de mesa para enseñar programación a niños, simulación

Adicionales UVa: *00114, 00141, 00220, 00227, 00232, 00339, 00379, 00647.*

Adicionales Kattis: *rockscissorspaper.*

Problemas interesantes de la vida real, fáciles

1. Nivel básico: *Kattis - wertyu* *   utilizar un *array* bidimensional de relaciones para simplificar el problema, también disponible en UVa 10082 - WERTYU
2. **UVa 00637 - Booklet Printing** *   aplicación sobre un controlador de impresora
3. **UVa 01586 - Molar mass** *   LA 3900 - Seoul07, química básica
4. **UVa 13151 - Rational Grading** *   exámenes de programación, *ad hoc*, directo
5. *Kattis - chopin* *   puedes aprender algo de música gracias a este problema
6. *Kattis - compass* *   la aplicación de brújula de tu teléfono seguro que tiene esta característica
7. *Kattis - trainpassengers* *   crear un verificador, cuidado con los casos límite
   Adicionales UVa: *00362, 11530, 11744, 11945, 11984, 12195, 12808.*
   Adicionales Kattis: *calories, fbiuniversal, heartrate, measurement, parking, transitwoes.*

Problemas interesantes de la vida real, medios

1. Nivel básico: *Kattis - luhnchecksum* *   muy similar a UVa 11743
2. **UVa 00161 - Traffic Lights** *   situación típica en la carretera
3. **UVa 10528 - Major Scales** *   conocimientos musicales en el enunciado
4. **UVa 11736 - Debugging RAM** *   introducción simplificada a la forma en que los ordenadores almacenan la información en memoria
5. *Kattis - beatspread* *   cuidado con los casos límite, también disponible en UVa 10812 - Beat the Spread
6. *Kattis - toilet* *   simulación, cuidado con los casos límite
7. *Kattis - wordcloud* *   solo una simulación, pero cuidado con los casos límite
   Adicionales UVa: *00187, 00447, 00457, 00857, 10191, 11743, 12555.*
   Adicionales Kattis: *musicalscales, recipes, score.*

Problemas interesantes de la vida real, difíciles (más tediosos)

1. Nivel básico: **UVa 00706 - LC-Display** *   como las antiguas pantallas digitales
2. **UVa 01061 - Consanguine Calc...** *   LA 3736 - WorldFinals Tokyo07, probar con todas las combinaciones posibles de grupo sanguíneo y factor RH según la información proporcionada
3. **UVa 01091 - Barcodes** *   LA 4786 - WorldFinals Harbin10, simulación tediosa o comprensión lectora
4. **UVa 11279 - Keyboard Comparison** *   extensión del problema UVa 11278, interesante comparar las disposiciones de teclado QWERTY y DVORAK
5. *Kattis - creditcard* *   problema de la vida real, problema de error de precisión si no convertimos `double` (con solo dos dígitos decimales) a `long long`
6. *Kattis - touchscreenkeyboard* *   seguir los requisitos, ordenación
7. *Kattis - workout* *   simulación de gimnasio, utilizar *arrays* unidimensionales para acelerar la simulación del tiempo
   Adicionales UVa: *00139, 00145, 00333, 00346, 00403, 00448, 00449, 00538, 10659, 11223, 12342, 12394.*
   Adicionales Kattis: *bungeejumping, saxophone, tenis.*

Tiempo, fáciles

1. Nivel básico: *Kattis - marswindow* *   añadir 26 meses, o 2 años y 2 meses, tanto al mes como al año, existe fórmula directa
2. **UVa 00579 - Clock Hands** *   cuidado con los casos límite
3. **UVa 12136 - Schedule of a Marr... ** *   LA 4202 - Dhaka08, comprobar el tiempo
4. **UVa 12148 - Electricity** *   fácil con `GregorianCalendar`, usar el método `add` para añadir 1 día a la fecha anterior, ver si es igual a la fecha actual
5. *Kattis - friday* *   la respuesta depende del día en que empiece el mes
6. *Kattis - justaminute* *   pasada lineal, total segundos/(total minutos*60)
7. *Kattis - savingdaylight* *   convertir hh:mm a minutos, calcular la diferencia entre el final y el principio, volver a convertir a hh:mm

   Adicionales UVa: *00893, 10683, 11219, 11356, 11650, 11677, 11958, 12019, 12531, 13275.*
   Adicionales Kattis: *datum, spavanac.*

Tiempo, difíciles

1. Nivel básico: *Kattis - timezones* *   seguir la descripción, tedioso, también disponible en UVa 10371 - Time Zones
2. **UVa 10942 - Can of Beans** *   intentar las $3! = 6$ permutaciones de 3 enteros para formar AA MM DD, comprobar la validez de la fecha, seleccionar la primera fecha válida
3. **UVa 11947 - Cancer or Scorpio** *   relativamente fácil pero tedioso, usar `GregorianCalendar` de Java
4. **UVa 12822 - Extraordinarily large LED** *   convertir hh:mm:ss a segundos para simplificar, después es un problema de simulación tedioso
5. *Kattis - bestbefore* *   tedioso, hay que comprobar $3! = 6$ posibilidades
6. *Kattis - birthdayboy* *   convertir mm-dd a [0..364], usar DAT, encontrar el vacío más grande por fuerza bruta
7. *Kattis - natrij* *   convertir hh:mm:ss a segundos, asegurarse de que el segundo tiempo es mayor que el primero, caso límite en 24:00:00

   Adicionales UVa: *00150, 00158, 00170, 00300, 00602, 10070, 10339, 12439.*
   Adicionales Kattis: *busyschedule, dst, semafori, tgif.*

Números romanos

1. Nivel básico: **UVa 00759 - The Return of the ...** *   problema de validación
2. **UVa 00185 - Roman Numerals** *   también implica *backtracking*
3. **UVa 00344 - Roman Digititis** *   contar caracteres romanos usados en [1..*N*]
4. **UVa 11616 - Roman Numerals** *   problema de conversión de números romanos
5. **UVa 12397 - Roman Numerals** *   cada dígito romano tiene un valor
6. *Kattis - rimski* *   problema de conversión a números romanos/decimales, usa la siguiente permutación para asegurarte
7. *Kattis - romanholidays* *   generar y ordenar las primeras 1000 cadenas de números romanos, "M" está en el índice 945, añadir el prefijo 'M' para números mayores de 1000

Cifrar/codificar/decodificar/descifrar, fáciles

1. Nivel básico: **UVa 13145 - Wuymul Wixcha** * — desplazar los valores del alfabeto +6 caracteres para leer el enunciado del problema, problema sencillo de cifrado César
2. **UVa 10851 - 2D Hieroglyphs ... *** — ignorar límite, tratar '\/' como 1/0
3. **UVa 11278 - One-Handed Typist *** — vincular teclas QWERTY a DVORAK
4. **UVa 12896 - Mobile SMS *** — cifrado sencillo, utilizar mapeado
5. *Kattis - conundrum* * — cifrado sencillo
6. *Kattis - encodedmessage* * — cifrado sencillo en rejilla bidimensional
7. *Kattis - t9spelling* * — similar a (el inverso de) UVa 12896

Adicionales UVa: *00444, 00641, 00795, 00865, 01339, 10019, 10222, 10878, 10896, 10921, 11220, 11541, 11946, 13107.*

Adicionales Kattis: *drmmessages, drunkvigenere, kemija08, keytocrypto, reverserot, runlengthencodingrun.*

Cifrar/codificar/decodificar/descifrar, medios

1. Nivel básico: *Kattis - secretmessage* * — hacer lo que se pide, usar rejilla bidimensional
2. **UVa 00245 - Uncompress *** — LA 5184 - WorldFinals Nashville95
3. **UVa 00492 - Pig Latin *** — *ad hoc*, similar a UVa 00483
4. **UVa 11787 - Numeral Hieroglyphs *** — seguir el enunciado
5. *Kattis - anewalphabet* * — cifrado sencillo, 26 caracteres
6. *Kattis - tajna* * — cifrado sencillo con rejilla bidimensional
7. *Kattis - piglatin* * — sencillo, comprobar las vocales que incluyen 'y' y procesarlo

Adicionales UVa: *00483, 00632, 00739, 00740, 11716.*

Adicionales Kattis: *falsesecurity, permcode.*

Procesamiento de la entrada (iterativo)

1. Nivel básico: **UVa 11878 - Homework Checker** * — procesamiento de expresiones
2. **UVa 00397 - Equation Elation *** — realizar la siguiente operación de forma iterativa
3. **UVa 01200 - A DP Problem *** — LA 2972 - Tehran03, trocear la entrada
4. **UVa 10906 - Strange Integration *** — procesamiento BNF, solución iterativa
5. *Kattis - autori* * — problema sencillo de troceo de cadenas
6. *Kattis - pervasiveheartmonitor* * — procesamiento sencillo, después hallar la media
7. *Kattis - timebomb* * — solo es un problema tedioso de procesamiento de la entrada, divisibilidad por 6

Adicionales UVa: *00271, 00327, 00391, 00442, 00486, 00537, 11148, 12543, 13047, 13093.*

Adicionales Kattis: *genealogical, tripletexting.*

Formato de salida, fáciles

1. Nivel básico: **UVa 00488 - Triangle Wave** * — utilizar varios bucles
2. **UVa 01605 - Building for UN *** — LA 4044 - NortheasternEurope07, podemos responder con solo $h = 2$ niveles
3. **UVa 10500 - Robot maps *** — simular, formato de salida
4. **UVa 12364 - In Braille *** — comprobación de *array* bidimensional, comprobar todos los posibles dígitos [0..9]

5. *Kattis - display* * — unordered_map, mostrar dígito $\rightarrow$ en versión aumentada 7x5

6. *Kattis - musicalnotation* * — sencillo pero tedioso

7. *Kattis - skener* * — aumento de *array* de caracteres bidimensional

Adicionales UVa: *00110, 00320, 00445, 00490, 10146, 10894, 11074, 11482, 11965, 13091.*

Adicionales Kattis: *krizaljka, mirror, multiplication, okvir, okviri.*

Para perder el tiempo, fáciles

1. Nivel básico: *Kattis - asciiaddition* * — problema de a+b en formato texto, una minucia, para perder el tiempo

2. **UVa 11638 - Temperature Monitoring** * — simulación, necesita usar máscara de bits para el parámetro C

3. **UVa 12085 - Mobile Casanova** * — LA 2189 - Dhaka06, cuidado con el veredicto PE

4. **UVa 12608 - Garbage Collection** * — simulación con varios casos límite

5. *Kattis - glitchbot* * — pérdida de tiempo, simulación en $O(n^2)$, no mostrar más de una posible respuesta

6. *Kattis - pachydermpeanutpacking* * — pérdida de tiempo, simulación sencilla de un bucle

7. *Kattis - printingcosts* * — pérdida de tiempo evidente, lo más difícil es procesar los costes de cada carácter en el enunciado del problema

Adicionales UVa: *00144, 00214, 00335, 00349, 00556, 10028, 10033, 10134, 10850, 12060, 12700.*

Adicionales Kattis: *averagespeed, gerrymandering.*

Para perder el tiempo, difíciles

1. Nivel básico: **UVa 10188 - Automated Judge Script** * — simulación

2. **UVa 00405 - Message Routing** * — simulación

3. **UVa 11717 - Energy Saving Micro...** * — simulación complicada

4. **UVa 12280 - A Digital Satire of ...** * — un problema tedioso

5. *Kattis - froggie* * — solo una simulación, pero con muchos casos límite, S puede ser 0

6. *Kattis - functionalfun* * — seguir el enunciado, 5 casos, problema de procesamiento tedioso, requiere algún tipo de mapeo

7. *Kattis - windows* * — LA 7162 - WorldFinals Marrakech15, problema de simulación tedioso, también disponible en UVa 01721 - Window Manager

Adicionales UVa: *00337, 00381, 00603, 00618, 00830, 00945, 10142, 10267, 10961, 11140.*

Adicionales Kattis: *interpreter, lumbercraft, sabor, touchdown.*

1.7 Soluciones a los ejercicios no resaltados

Ejercicio 1.1.1: un caso de prueba sencillo para hacer fallar a algoritmos voraces es $N = 2$, $\{(2, 0), (2, 1), (0, 0), (4, 0)\}$. Un algoritmo voraz emparejará de forma incorrecta $\{(2, 0), (2, 1)\}$ y $\{(0, 0), (4, 0)\}$ con un coste de $5{,}00$, mientras que la solución óptima es emparejar $\{(0, 0), (2, 0)\}$ y $\{(2, 1), (4, 0)\}$ con un coste de $4{,}24$.

Ejercicio 1.1.2: para realizar una búsqueda completa ingenua, como la descrita en el texto, son necesarias hasta $_{16}C_2 \times_{14} C_2 \times \cdots \times_2 C_2 = \frac{16!}{2!^8} \approx 8 \times 10^{10}$ operaciones para el caso más grande, con $N = 8$, lo que es demasiado. Sin embargo, hay formas de podar el espacio de búsqueda para que la búsqueda completa pueda ser operativa. También puedes intentar el **ejercicio 1.1.3***.

Ejercicio 1.3.2.1: la tabla 1.3 completa (sin el UVa 10360) es la siguiente.

UVa/Kattis	Título	Tipo de problema	Más información
wordcloud	Word Cloud	*Ad hoc*	Sección 1.6
turbo	Turbo	Árbol de Fenwick, RSQ	Sección 2.4
hindex	H-Index	BSTA + búsqueda binaria	Sección 3.3
11292	Dragon of Loowater	Voraz (clásico)	Sección 3.4
11450	Wedding Shopping	DP (no clásica)	Sección 3.5
11512	GATTACA	Cadenas (*array* de sufijos, LRS)	Volumen II
10065	Useless Tile Packers	Geometría (CH + área del polígono)	Volumen II
11506	Angry Programmer	Grafos (corte mínimo)	Volumen II
bilateral	Bilateral Projects	MVC, bipartito, MCBM	Volumen II
carpool	Carpool	APSP, búsqueda completa, DP	Volumen II

Ejercicio 1.3.3.1: las respuestas son:

1. (b) Utilizar un árbol de búsqueda binaria equilibrado como cola de prioridad (sección 2.3).

2. Si la lista L es estática, (a) *array* sencillo procesado previamente con programación dinámica (secciones 2.2 y 3.5). Si la lista L es dinámica, entonces (d) árbol de Fenwick, es una respuesta mejor (más fácil de implementar que (c) árbol de segmentos).

3. (b) Usar consulta de suma de rango bidimensional (sección 3.5.2).

4. (b) Ver la solución en la sección 3.2.3.

5. (a) Programación dinámica en $O(V + E)$ (secciones 3.5, 4.2.6 y 4.6.1). Sin embargo, también es posible (c) algoritmo de Dijkstra en $O((V + E) \log V)$, ya que el factor adicional $O(\log V)$ sigue siendo 'pequeño' para un valor de V hasta $100K$ y es difícil separar este factor log.

6. (a) Criba de Eratóstenes (Volumen II).

7. (b) La técnica ingenua del punto anterior no funcionará. Ver la fórmula de Legendre en el Volumen II.

8. (b) La técnica ingenua es muy lenta. Usar KMP/*array* de sufijos/Rabin–Karp (Volumen II).

9. (a) Sí, es posible utilizar una búsqueda completa (sección 3.2).

10. (b) No, hay que encontrar otra forma. En primer lugar, buscar la envolvente convexa de los N puntos en $O(n \log n)$ (Volumen II). Digamos que hay $CH(S) = k$ puntos. Como están distribuidos aleatoriamente, k será mucho más pequeño que N. Después, encontrar los dos puntos más alejados, examinando todos los pares de puntos de $CH(S)$ en $O(k^2)$.

11. (c) Cuando los puntos pueden no estar distribuidos aleatoriamente, k puede ser N, es decir, todos los puntos quedan dentro de la envolvente convexa. Para resolver esta variante, necesitamos utilizar la técnica del calibre giratorio en $O(n)$.

Ejercicio 1.3.4.1: mostramos algunas soluciones seleccionas y se pueden encontrar alternativas en https://github.com/stevenhalim/cpbook-code/tree/master/ch1/Ex_1.3.4.1:

```java
import java.util.*;                          // código Java para la tarea 1
class Main {
  public static void main(String[] args) {
    Scanner sc = new Scanner(System.in);
    double d = sc.nextDouble();
    System.out.printf("%7.3f\n", d);         // Java también tiene printf
  }
}
```

```cpp
#include <bits/stdc++.h>                     // código C++ para la tarea 2
using namespace std;
int main() {
  int n; scanf("%d", &n);
  printf("%.*lf\n", n, M_PI);                // ajustar ancho del campo
}
```

```python
from datetime import date                    # código Python para la tarea 3
s = date(2010, 8, 9)                          # fecha de publicación de CP1
t = date.today()
print(s.strftime("%a"))                       # 'Mon', %A para 'Monday'
print("{} day(s) ago".format((t-s).days))     # la respuesta va creciendo
```

```python
print(*sorted(set(input().split())), sep='\n', key=int) # Python tarea 4
```

```cpp
#include <bits/stdc++.h>                     // código C++ para la tarea 5
using namespace std;
typedef tuple<int, int, int> iii;            // usar orden natural
int main() {
  vector<iii> birthdays;
  birthdays.emplace_back(5, 24, -1980);      // reordenar DD/MM/AAAA
  birthdays.emplace_back(5, 24, -1982);      // a MM, DD, y entonces
  birthdays.emplace_back(11, 13, -1983);     // usar AAAA NEGATIVO
  sort(birthdays.begin(), birthdays.end());  // y eso es todo
```

```cpp
10    for (auto &[mm, dd, yyyy] : birthdays)            // estilo C++17
11      printf("%d %d %d\n", dd, mm, -yyyy);
12  }
```

```cpp
 1  #include <bits/stdc++.h>                   // código C++ para la tarea 6
 2  using namespace std;
 3  int main() {
 4    int n = 5, L[] = {5, 7, 8, 10, 20}, v = 7;
 5    sort(L, L+n);
 6    printf("%d\n", binary_search(L, L+n, v));       // debe ser índice 1
 7  }
```

```cpp
 1  #include <bits/stdc++.h>                   // código C++ para la tarea 7
 2  using namespace std;
 3  int main() {
 4    int p[10], N = 10;
 5    for (int i = 0; i < N; ++i) p[i] = i;
 6    do {
 7      for (int i = 0; i < N; ++i) printf("%c ", 'A'+p[i]);
 8      printf("\n");
 9    }
10    while (next_permutation(p, p+N));
11  }
```

```cpp
 1  #include <bits/stdc++.h>                   // código C++ para la tarea 8
 2  using namespace std;
 3  #define LSOne(S) ((S) & -(S))             // cuidado con los paréntesis
 4  int main() {
 5    int N = 20;
 6    for (int i = 0; i < (1<<N); ++i) {
 7      int pos = i;
 8      while (pos) {
 9        int ls = LSOne(pos);
10        pos -= ls;
11        printf("%d ", __builtin_ctz(ls)); // el índice está en el conjunto
12      }
13      printf("\n");
14    }
15  }
```

```java
 1  import java.math.*;                        // código Java para la tarea 9
 2  class Main {
 3    public static void main(String[] args) {
 4      String str = "FF"; int X = 16, Y = 10;
```

```java
5      System.out.println(new BigInteger(str, X).toString(Y));
6    }
7  }
```

```java
1  class Main {                                    // código Java para la tarea 10
2    public static void main(String[] args) {
3      String S = "line: a70 and z72 will be replaced, aa24 and a872 won't";
4      System.out.println(S.replaceAll("\\b+[a-z][0-9][0-9]\\b+", "***"));
5    }
6  }
```

```java
1  import java.math.*;                              // código Java para la tarea 11
2  class Main {
3    public static void main(String[] args) throws Exception {
4      BigInteger x = new BigInteger("481129598837082048697"); // BigInteger
5      System.out.println(x.isProbablePrime(10) ? "Prime" : "Composite");
6    }
7  }
```

```python
1  print(eval(input()))                             # código Python para la tarea 12
```

Ejercicio 1.3.5.1: las consideraciones situacionales están entre paréntesis:

1. Obtienes un veredicto de WA en un problema muy sencillo. ¿Qué deberías hacer?

   a) Abandonar este problema y seguir con otro. (**No sirve, tu equipo perderá.**)

   b) Mejorar el rendimiento de tu solución (optimizando el código/algoritmo). (**No es útil.**)

   c) Volver al leer el enunciado cuidadosamente. (**Buena idea.**)

   d) Crear casos de prueba complejos para tratar de encontrar el error. (**La respuesta más lógica.**)

   e) Si la competición es por equipos, pedir a un compañero que trate de resolverlo. (**Esta opción sería factible, ya que podría haber asumido elementos del problema de forma equivocada. Por lo tanto, no deberías comentar los detalles con el compañero que lo vaya a resolver. Aun así, tu equipo perderá un tiempo precioso.**)

2. Recibes un veredicto TLE para tu solución $O(N^3)$. Sin embargo, el máximo de N es 100. ¿Qué deberías hacer?

   a) Abandonar este problema y seguir con otro. (**No sirve, tu equipo perderá.**)

   b) Mejorar el rendimiento de tu solución (mejor código/algoritmo). (**No sirve, no deberíamos obtener un veredicto TLE con un algoritmo $O(N^3)$ si $N \leq 400$.**)

   c) Crear casos de prueba complejos para tratar de encontrar el error. (**Esta es la respuesta, pues es posible que el programa esté entrando en algún bucle infinito con algún caso de prueba.**)

3. Ampliación a la pregunta anterior: ¿qué ocurre si el máximo de *N* es 100 000?

   (**Si *N* > 400, puede que no tengas más opción que mejorar el rendimiento del algoritmo actual, o utilizar otro más rápido. Para empezar, no deberías haber enviado el código.**)

4. Otra ampliación a la pregunta anterior: ¿qué ocurre si el máximo de *N* es 5000, la salida solo depende del tamaño de la entrada *N* y todavía quedan *cuatro horas* de concurso?

   (**Si la salida solo depende de *N*, es *posible* que logres calcular previamente todas las soluciones posibles ejecutando tu algoritmo en $O(N^3)$ durante algunos minutos, mientras tus compañeros utilizan el ordenador. Una vez que la solución en $O(N^3)$ haya terminado, tendrás todas las respuestas. Podrás enviar la respuesta en $O(1)$ siempre que no superes el tamaño máximo de código establecido por el juez.**)

5. Recibes un veredicto de RTE. El código, aparentemente, se ejecuta perfectamente en tu sistema local. ¿Qué deberías hacer?

   (**La causas más comunes de los RTE suelen ser el tamaño demasiado pequeño de los *arrays* o errores de desbordamiento de pila o recursión infinita. Diseña casos de prueba que puedan provocar esos errores en tu código.**)

6. Treinta minutos después de comenzar el concurso, le echas un vistazo al marcador. Hay *muchos* equipos que han resuelto el problema *X*, que tu equipo todavía no ha intentado. ¿Qué deberías hacer?

   (**Uno de los miembros del equipo debería trabajar inmediatamente en el problema *X*, ya que podría ser relativamente sencillo. Una situación así no es una buena noticia, ya que limitará tus posibilidades de obtener una buena clasificación.**)

7. A mitad del concurso le echas un vistazo al marcador. El equipo líder (asumiendo que no sea el tuyo) acaba de resolver el problema *Y*. ¿Qué deberías hacer?

   (**Si tu equipo no es quien está 'marcando el ritmo', es una buena idea 'ignorar' lo que está haciendo el equipo líder y concentrarse en aquellos problemas que tengas identificados como 'resolubles'. A esas alturas del concurso, tu equipo ya debería haber leído todos los problemas e identificado aquellos que resultan más asequibles para vuestras capacidades.**)

8. Tu equipo le ha dedicado dos horas a un problema complicado. Ya habéis enviado varias implementaciones realizadas por diferentes miembros del equipo. Todos los envíos han resultado incorrectos. No tenéis ni idea de dónde está el fallo. ¿Qué deberías hacer?

   (**Es el momento de abandonar este problema. No acapares el ordenador y deja que un compañero resuelva otro problema. O tu equipo no ha entendido el problema o, en casos muy excepcionales, la solución del juez es incorrecta. Sea como sea, la situación no pinta nada bien.**)

9. Queda una hora para que termine el concurso. Tienes un código con veredicto WA y una idea nueva para *otro* problema. ¿Qué deberías hacer?

   (**Utilizando terminología de ajedrez, estás en una situación de 'final'.**)

   a) Abandonar el problema con el código WA e intentar el otro problema para tratar de resolver uno más. (**Opción válida en concursos individuales, como la IOI.**)

   b) Insistir en depurar el código WA. No queda tiempo para comenzar a trabajar en un nuevo problema. (**Si la idea para otro problema implica una programación compleja y tediosa, puede ser buena idea centrarse en el código WA en vez de terminar con dos soluciones incompletas o no aceptadas.**)

c) En el ICPC, imprimir el código WA y pedir a los otros dos miembros del equipo que lo analicen, mientras tú comienzas a trabajar en el problema nuevo, en un intento de resolver *dos* problemas más. **(Si la solución del otro problema se puede programar en menos de 30 minutos, puedes implementarla mientras tus compañeros tratan de encontrar el error del código WA, trabajando sobre copias impresas.)**

Ejercicio 1.3.5.2:

1. `#define LSOne(S) (S & -S)` provocará un error muy difícil de detectar, como:
   `(7-5 & -7-5) = (2 & -12) = 0.`
   Utiliza `#define LSOne(S) ((S) & -(S))` en su lugar y calcula:
   `(7-5) & -(7-5) = 2 & -2 = 2.`

2. `__builtin_ctz(v)` es para enteros de 32 bits, utiliza `__builtin_ctzll(v)` para enteros de 64 bits.

3. Hacerlo eliminará todas las copias de *v*. En su lugar, utiliza `ms.erase(ms.find(v))`.

4. El iterado es invalidado cuando el `vector` debe doblar su tamaño para reubicar su contenido. Cuidado con esos casos sutiles de invalidación de iteradores.

5. Igualmente, ten cuidado cuando utilices el símbolo de referencia &, pues también puede provocar errores.

Soluciones en C para la sección 1.5

Ejercicio 1.5.1:

a) Una cadena se almacena como un *array* de caracteres terminado con el carácter NULL, por ejemplo, `char str[30*10+50], line[30+50];`. Es una buena práctica declarar un tamaño de *array* un poco superior al necesario, para evitar el error de "pasarse por uno".

b) Para leer la entrada línea a línea, utilizamos[43] `gets(line);` o `fgets(line, 40, stdin);`, incluidos en la biblioteca `string.h` (o `cstring`).

c) Establecemos, inicialmente, `str` como una cadena vacía y, a continuación, combinamos las líneas leídas en una cadena más grande, utilizando la función `strcat`. Si la línea actual no es la última, añadimos un espacio en blanco al final de `str`, para que la última palabra no quede unida a la primera de la siguiente línea.

d) Detenemos la lectura de la entrada cuando `strncmp(line, "........", 7) == 0`. Hay que tener en cuenta que `strncmp(str1, str2, num)` solo compara los primeros `num` caracteres.

Ejercicio 1.5.2:

a) Para encontrar una subcadena dentro de una cadena relativamente corta (la versión estándar del problema de coincidencia de cadenas), nos basta la función de la biblioteca. Podemos utilizar `p = strstr(str, substr);`. El valor de `p` será NULL si `substr` no aparece dentro de `str`.

---

[43]La función `gets` no es segura, porque no realiza comprobaciones de límites en el tamaño de la entrada.

b) Si hay varias copias de `substr` dentro de `str`, podemos utilizar `pos = strstr(str+pos, substr)`. Empezamos con `pos = 0`, es decir, buscamos desde el primer carácter de `str`. Una vez hayamos encontrado una aparición de `substr` en `str`, podemos llamar a `pos = strstr(str+pos, substr)` nuevamente, pero esta vez `pos` será el índice de la aparición actual de `substr` en `str` *más* 1, para obtener la siguiente aparición. Repetiremos el proceso hasta que `pos == NULL`. Esta solución en C requiere entender el direccionamiento de memoria de un *array* en C.

Ejercicio 1.5.3: en muchas tareas de procesamiento de cadenas, nos vemos en la necesidad de iterar una vez sobre todos los caracteres de `str`. Si hay n caracteres en `str`, esta búsqueda supone $O(n)$. Tanto en C como en C++, podemos utilizar `tolower(ch)` y `toupper(ch)`, de `ctype.h`, para convertir un carácter a su versión minúscula o mayúscula. También disponemos de `isalpha(ch)`/`isdigit(ch)`, para verificar si un carácter determinado es alfabético (`[A-Za-z]`) o numérico, respectivamente. Para comprobar si un carácter es una vocal, un método puede ser crear una cadena `vocales = "aeiou"`; y verificar si está contenido en ella. Si queremos saber si es consonante, basta comprobar que el carácter es alfabético pero no una vocal.

Ejercicio 1.5.4: soluciones combinadas en C y C++:

a) Una forma muy sencilla de trocear una cadena es con `strtok(str, delimiters)`; en C o `stringstreams` en C++.

b) Los segmentos se pueden almacenar en un `vector<string>` tokens de C++.

c) Podemos utilizar `sort(primero, último)` de la STL de C++ para ordenar `vector<string>` tokens. Si es necesario, podemos convertir una `string` de C++ a C utilizando `str.c_str()`.

Ejercicio 1.5.5: ver la solución en C++.

Ejercicio 1.5.6: leer la entrada carácter por carácter y contarlos, buscar la presencia de '\n', que indica el final de línea. Reservar previamente un espacio de almacenamiento de tamaño fijo no es una buena idea, ya que el autor del problema podría utilizar cadenas extraordinariamente largas con el objetivo de hacer fallar el código de las soluciones.

Soluciones en C++ para la sección 1.5

Ejercicio 1.5.1:

a) Podemos utilizar la clase `string`.

b) Podemos utilizar `getline(cin, string_name);`.

c) Podemos utilizar directamente el operador '+' para concatenar cadenas.

d) Podemos utilizar `string_name.rfind("........", 0) == 0`.

Ejercicio 1.5.2:

a) Podemos utilizar la función `find(str)` de la clase `string`.

b) La misma idea que en C. Podemos establecer el valor de desplazamiento en el segundo parámetro de la función `find(str, pos)` de la clase `string`.

Ejercicio 1.5.3-4: las mismas soluciones que en C.

Ejercicio 1.5.5: podemos utilizar `unordered_map<string, int>` de la STL de C++ para mantener un registro de la frecuencia de cada palabra. Cada vez que encontremos un nuevo trozo (que es una cadena), incrementamos en uno la frecuencia correspondiente de ese trozo. Por último, examinamos todos los trozos y determinamos el que tiene mayor frecuencia. Lo trataremos en la sección 2.3.

Ejercicio 1.5.6: la misma solución que en C, o utilizar la clase de longitud flexible `string`.

Soluciones en Python para la sección 1.5

Ejercicio 1.5.1:

a) Almacenar la cadena en una variable de Python.

b) Podemos utilizar el método `input()` para leer una línea.

c) Podemos utilizar directamente el operador '+' para concatenar cadenas.

d) Podemos utilizar el método `startswith(prefijo)`.

Ejercicio 1.5.2:

a) Podemos utilizar la función `find(sub)` de una cadena.

b) La misma idea en que C. Podemos indicar el valor de desplazamiento en el segundo parámetro de la función `find(sub, inicio)` de una cadena.

Ejercicio 1.5.3: podemos utilizar `lower()` para convertir una cadena a su versión en minúsculas. En muchas tareas de procesamiento de cadenas, nos vemos obligados a iterar por cada carácter de `str` una vez. Si `str` tiene n caracteres, esa exploración requiere $O(n)$. Podemos utilizar la operación ternaria de Python `1 if (c in el_digito) else 0` donde `el_digito = list("0123456789")`. La misma técnica sirve para contar el número de letras y de vocales.

Ejercicio 1.5.4:

a) Podemos utilizar el método `split(separador)`, por ejemplo,

```
token = "jovencillo emponzoñado de whisky".split(" ");
```

b) Podemos utilizar `list` (ver el caso anterior).

c) Podemos utilizar `tokens.sort()`.

Ejercicio 1.5.5: la misma solución que en C++, pero utilizamos `freq = defaultdict(int)` después de la llamada `from collections import defaultdict`. Lo veremos en la sección 2.3.

Ejercicio 1.5.6: no es fácil leer la entrada carácter por carácter en Python, por lo que la cargaremos entera en memoria mediante `longline = input()` (Python ajusta automáticamente el tamaño del *buffer*) e informaremos de la longitud.

Soluciones en Java para la sección 1.5

Ejercicio 1.5.1:

a) Podemos utilizar las clases `String`, `StringBuffer` o `StringBuilder` (esta es más rápida que `StringBuffer`).

b) Podemos utilizar el método `nextLine()` de `Scanner` de Java. Para conseguir una E/S más rápida, podemos considerar utilizar el método `readLine()` de `BufferedReader` de Java.

c) Podemos utilizar el método `append(str)` de `StringBuilder`. No debemos concatenar cadenas en Java con el operador '+', ya que la clase `String` de Java es inmutable y, por ello, esa operación es (muy) costosa.

d) Podemos utilizar el método `startsWith(str)` de `String` de Java.

Ejercicio 1.5.2:

a) Podemos utilizar el método `indexOf(str)` de la clase `String`.

b) La misma idea que en C. Podemos establecer el valor de desplazamiento en el segundo parámetro del método `indexOf(str, desdeÍndice)` de la clase `String`.

Ejercicio 1.5.3: utilizar las clases `StringBuilder` y `Character` de Java para estas operaciones.

Ejercicio 1.5.4:

a) Podemos utilizar la clase `StringTokenizer` o el método `split(regex)` de la clase `String` de Java.

b) Podemos utilizar un `ArrayList` de `String`.

c) Podemos utilizar `Collections.sort`.

Ejercicio 1.5.5: la misma idea que en C++. Podemos utilizar `HashMap<String, Integer>`. Lo trataremos en la sección 2.3.

Ejercicio 1.5.6: necesitamos utilizar el método `read()` de la clase `BufferedReader` de Java.

Soluciones en OCaml para la sección 1.5

Ejercicio 1.5.1:

a) Podemos utilizar `string`.

b) Podemos utilizar `read_line()` del módulo `Stdlib`.

c) Podemos utilizar `concat` del módulo `String`.

d) Podemos utilizar la comprobación mediante expresiones regulares.

Ejercicio 1.5.2:

a) Podemos utilizar `search_forward` del módulo `Str`.

b) Podemos ajustar el parámetros `start` de `search_forward`.

Ejercicio 1.5.3: podemos utilizar `lowercase_ascii` para convertir la cadena de entrada a minúsculas. Después, podemos utilizar el iterador `to_seq` para iterar por la cadena y emplear una función anónima que, al encontrar un [`'0'..'9'`] incremente el número de dígitos y, si encuentra una [`'a'..'z'`], lo sume a las vocales ("`aeiou`") o consonantes, según corresponda.

Ejercicio 1.5.4:

a) Podemos utilizar `split` del módulo `Str`, especificando la expresión regular requerida para la partición.

b) Podemos utilizar el módulo `List`.

c) Podemos utilizar `sort` del módulo `List`.

Ejercicio 1.5.5: podemos utilizar `Hashtbl`. Lo trataremos en la sección 2.3.

Ejercicio 1.5.6: lo cargaremos todo en memoria mediante `let longline = read_line() in` (OCaml ajusta el tamaño de *buffer* automáticamente) e informaremos de la longitud.

Figura 1.4: Algunas de las fuentes que han inspirado a los autores de este libro

1.8 Notas del capítulo

Este capítulo, así como los siguientes, se apoya en muchos libros de texto (ver la figura 1.4, en la página anterior) y recursos disponibles en internet. A continuación, incluimos algunas referencias adicionales:

- Para mejorar tu velocidad en mecanografía, como se indica en el consejo 1, puedes jugar a alguno de los muchos juegos sobre el tema que están disponibles en internet.

- El consejo 2 viene del texto de introducción de la plataforma de USACO [44].

- Se pueden encontrar más detalles sobre el consejo 3 en muchos libros de ciencias de la computación, como por ejemplo en los capítulos 1 a 5 y 17 de [5].

- Referencias en línea para el consejo 4: para C++, `https://en.cppreference.com/w/`, para Java, `https://docs.oracle.com/en/java/javase/11/docs/api/index.html`, para Python, `https://docs.python.org/3/reference/` y para OCaml, `http://caml.inria.fr/pub/docs/manual-ocaml/`. Resulta útil memorizar bien las funciones que utilices con mayor frecuencia.

- Para mejorar las técnicas de prueba del código (consejo 5), sería aconsejable la consulta de algunos libros sobre ingeniería de software.

- Hay muchos otros jueces en línea, aparte de los mencionados en el consejo 6, como:

    - hackerearth, `https://www.hackerearth.com/`,
    - HackerRank, `https://www.hackerrank.com/`,
    - URI Online Judge, `https://www.urionlinejudge.com.br/`,
    - Ural State University (Timus) Online Judge, `https://acm.timus.ru`,
    - Peking University Online Judge, (POJ) `http://poj.org`,
    - Zhejiang University Online Judge, (ZOJ) `https://zoj.pintia.cn/home`, etc.

- Para un comentario en relación a los concursos por equipos (consejo 7), ver [12].

En este capítulo, te hemos presentado el mundo de la programación competitiva. Sin embargo, un programador competitivo debe ser capaz de resolver, en un concurso, problemas diferentes a los llamados *ad hoc*. Esperamos que disfrutes del viaje y alimentes tu entusiasmo leyendo y aprendiendo nuevos conceptos en los *otros* capítulos de este libro. Una vez que hayas terminado de leer todo el texto, hazlo una vez más desde el principio. En esa segunda vez, intenta resolver los ≈ 258 ejercicios escritos y los ≈ 3458 ejercicios de programación.

Capítulo 2

Estructuras de datos y bibliotecas

Si he logrado ver más allá, ha sido únicamente
gracias a mirar desde los hombros de gigantes.
— Isaac Newton

2.1 Introducción y motivación

Una estructura de datos (DS) es un mecanismo de almacenamiento y organización de datos. Cada tipo de estructura de datos tiene sus fortalezas y sus debilidades, por lo que, al diseñar un algoritmo, es importante elegir aquella que permita inserciones, búsquedas, eliminaciones y/o actualizaciones eficientes, dependiendo de las necesidades concretas que se presenten. Aunque una estructura de datos no resolverá por sí misma un problema (de un concurso de programación), utilizar la que resulte más eficiente puede marcar la diferencia entre cumplir con el límite de tiempo establecido o superarlo. Existen muchas formas de organizar unos datos determinados y, en ocasiones, unas son mejores que otras, dependiendo del contexto. Podremos comprobarlo en numerosas ocasiones en el presente capítulo. Familiarizarse a fondo con las estructuras de datos y las bibliotecas tratadas en este capítulo, resultará fundamental para entender los algoritmos que las utilizarán en el resto del libro.

Como se decía en el prefacio, **asumimos** que estás *familiarizado* con las estructuras de datos básicas que aparecen en las secciones 2.2 y 2.3, por lo que **no** las estudiaremos en este libro (con la excepción de las máscaras de bits y `BigInteger`). En su lugar, pondremos de relieve el hecho de que existen implementaciones integradas de estas estructuras de datos elementales en la STL de C++, el API de Java, y las bibliotecas estándar de Python y OCaml. Si no te sientes familiarizado con alguno de los términos o estructuras de datos mencionados en las secciones 2.2 y 2.3, te recomendamos que refresques esos conceptos en particular en alguno de los libros de referencia[1] que las tratan, incluyendo clásicos como *"Introduction to Algorithms"* [5], *"Data Abstraction and Problem Solving"* [3, 48], *"Data Structures and Algorithms"* [9], etc. Continúa leyendo este libro solo cuando entiendas, al menos, los *conceptos básicos* detrás de las estructuras de datos.

---

[1]Las materias de las secciones 2.2 y 2.3 se estudian, normalmente, en el primer o segundo año de ingeniería informática. Los estudiantes de secundaria que deseen participar en la IOI, deberían estudiar de forma independiente dichas materias.

Hay que tener en cuenta que, en la programación competitiva, basta con conocer las estructuras de datos solo hasta el punto de ser capaz de elegir y *utilizar* la que sea más adecuada para cada situación. Deberías entender las fortalezas, debilidades y complejidades de tiempo/espacio de las más habituales. Aun cuando la teoría sobre la que se sustentan las estructuras de datos puede resultar una lectura interesante, su conocimiento no resulta imprescindible, ya que las bibliotecas integradas en los lenguajes proporcionan implementaciones fiables y listas para usar de las mismas. Aunque esta *no sea* la mejor aproximación al tema, descubriremos que, normalmente, es suficiente. Muchos concursantes (jóvenes) son capaces de utilizar, eficientemente la implementación de `priority_queue` de la STL de C++ (`PriorityQueue` en Java o `heapq` en Python), para ordenar una cola de elementos, sin entender que la estructura de datos subyacente es un *montículo (normalmente binario)*, o utilizan `unordered_map/map` de la STL de C++ (`HashMap/TreeMap` en Java, `dict` en Python o `Hashtbl` en OCaml) para almacenar colecciones dinámicas de pares clave-datos sin una comprensión clara de que la estructura de datos que lo sustenta en una *tabla de hash* o un *árbol de búsqueda binaria equilibrado*.

Este capítulo se divide en tres partes. La sección 2.2 contiene estructuras de datos *lineales* básicas y las operaciones más elementales que soportan. La discusión de cada estructura de datos en la sección 2.2 es breve, poniendo el acento en las *rutinas de la biblioteca* más importantes para su manipulación. Sin embargo, hay dos estructuras de datos especiales (máscara de bits y `BigInteger`) más dos temas especiales sobre ordenación y pilas, que serán tratadas en más detalle, dada su importancia en el mundo de la programación competitiva. La sección 2.3 cubre estructuras de datos *no lineales* básicas, como montículos (binarios), tablas de *hash*, árboles de búsqueda binaria (BST) equilibrados y árboles de estadísticos de orden, así como sus operaciones básicas (utilizando las rutinas de la biblioteca) más algunas operaciones extendidas (que necesitan alguna modificación). La sección 2.4 contiene *más* estructuras de datos, para las que *todavía* no existen implementaciones integradas. Esta sección 2.4 contiene una explicación más extensa que la que podemos encontrar en las secciones 2.2 y 2.3.

Características de valor añadido de este libro

Como este capítulo es el primero que se sumerge en el corazón de la programación competitiva, aprovechamos la oportunidad para poner de manifiesto algunas de las características de valor añadido de este libro, que podrás ver en este y en los siguientes capítulos.

Una característica fundamental de este libro es la colección de *ejemplos de código eficiente y totalmente implementado* que le acompaña[2], en C/C++, Java, Python y/o OCaml, algo de lo que adolecen tantos libros de ingeniería informática, que se detienen al nivel del pseudocódigo en sus demostraciones de algoritmos y estructuras de datos. Esta característica se ha encontrado en este libro desde su primera edición, y siempre hemos intentado aportar la última técnica de implementación conocida para todas esas estructuras de datos. Las partes más importantes del código, especialmente las de la sección 2.4, están impresas en el propio libro, y el código fuente completo se encuentra disponible en el repositorio público de GitHub que acompaña al libro: `https://github.com/stevenhalim/cpbook-code`. La referencia a cada archivo de código aparece en el texto, indicado por el icono que se muestra a continuación:

---

[2]Intentamos incluir implementaciones funcionales en tantos lenguajes de programación como nos ha sido posible. Sin embargo, algunas estructuras de datos o algoritmos se aplican únicamente a ciertos lenguajes. Nuestro lenguaje primario es C++. A día de hoy, Python es más lento que Java y mucho más lento que C++, por lo que no lo utilizaremos para resolver aquellos problemas que hagan un uso intensivo de estructuras de datos.

C++	ch*X*/[carpeta_opcional/]*archivo*.cpp
Java	ch*X*/[carpeta_opcional/]*archivo*.java
Python	ch*X*/[carpeta_opcional/]*archivo*.py
OCaml	ch*X*/[carpeta_opcional/]*archivo*.ml

Otra fortaleza de este libro es la colección de ejercicios, tanto escritos (cientos) como de programación (miles), la mayoría de ellos por medio tanto del Online Judge [45], e integrados en uHunt, como de Kattis [34]. Los ejercicios escritos están clasificados como *no resaltados* y *resaltados (*)*. Los no resaltados sirven, principalmente, para realizar autoevaluaciones, y sus soluciones se encuentran al final de cada capítulo. Los resaltados sirven como retos adicionales para los que no proporcionamos una solución y, en su lugar, damos algunas pistas útiles.

También es importante la integración del libro con nuestra herramienta VisuAlgo, una utilidad basada en la web para la visualización y animación de muchas de las estructuras de datos y algoritmos tratados en el texto [24]. Creemos que dichas visualizaciones proporcionarán un importante beneficio para aquellos lectores que prefieran el aprendizaje visual. VisuAlgo se encuentra en `https://visualgo.net`. La referencia de cada visualización viene incluida en el texto junto a un icono como el que se muestra a continuación:

VISUALGO `https://visualgo.net/en/[nombre-del-módulo]`

2.2 Estructuras de datos lineales con bibliotecas integradas

Una estructura de datos se considera *lineal* si sus elementos forman una secuencia lineal, es decir, están colocados de izquierda a derecha (o de arriba a abajo). Dominar las siguientes estructuras de datos lineales básicas es imprescindible en los concursos de programación actuales. Hemos dividido esta sección en seis subsecciones.

2.2.1 *Array*

Array estático (de tamaño constante)

Bibliotecas:
Soporte nativo en C/C++ y Java.
No hay soporte integrado para *arrays* estáticos en Python.
Módulo `Array` en OCaml (no redimensionable).

Es la estructura de datos más utilizada en los concursos de programación. Siempre que tenemos que almacenar una colección de datos secuenciales homogéneos para, posteriormente, acceder a ellos utilizando sus *índices*, el *array* estático será la forma más natural de hacerlo. Como el tamaño máximo de la entrada suele estar mencionado en el enunciado del problema, es posible declarar el tamaño del *array* para que lo albergue completamente, con un pequeño espacio adicional (centinela) de seguridad, para evitar veredictos RTE innecesarios.

Normalmente, en los concursos de programación se utilizan *arrays* de una o dos dimensiones (los de tres o más son poco habituales). Las operaciones típicas con un *array* unidimensional, que veremos en breve, incluyen acceder a sus elementos por medio del índice, ordenar los elementos, y realizar barridos lineales o búsquedas binarias en un *array* ordenado. Algunas de las operaciones más interesantes en los *arrays* bidimensionales incluyen la rotación, transposición o reflejo.

Array dinámico (redimensionable)

Bibliotecas:
vector en la STL de C++.
ArrayList (preferido en la programación competitiva por su velocidad) o Vector de Java.
list/array de Python[3].

Esta estructura de datos es similar al *array* estático, con la excepción de que está diseñado de forma nativa para ser redimensionable en tiempo de ejecución[4]. Es mejor utilizar un vector, frente a un *array* estático, siempre que el tamaño de la secuencia de elementos sea desconocida en el momento de la compilación.

Normalmente, inicializaremos el tamaño (utilizando un constructor propio o los métodos reserve() o resize()) con una estimación de las necesidades, para obtener un mejor rendimiento (evitando las duplicaciones de tamaño). Las operaciones típicas de la STL de C++ con vector, que se aplican a la programación competitiva, incluyen push_back(), at(), el operador [], assign(), clear(), erase() e iterator, para recorrer el contenido de un vector. También es posible realizar una comparación lexicográfica directa de los valores de dos vector, utilizando los operadores ==, !=, <, <=, > y >=, siempre que el tipo de datos al que se apliquen cuente con funciones de comparación integradas (como int, double, string, etc.).

En el código de ejemplo que hemos publicado en nuestro repositorio de GitHub, demostramos algunas de estas operaciones con *arrays* redimensionables.

C++	ch2/lineards/resizeable_array.cpp
Java	ch2/lineards/resizeable_array.java
OCaml	ch2/lineards/resizeable_array.py

Ordenación

Es interesante, en este punto, detenernos a estudiar dos operaciones realizadas habitualmente sobre *arrays*: **ordenación** y **búsqueda**. Ambas operaciones están bien soportadas en C/C++, Java y Python.

Hay *muchos* algoritmos de ordenación mencionados, en libros de ingeniería informática [5, 3, 48, 9, 38, 51], por ejemplo:

1. Algoritmos de ordenación basados en la comparación, con complejidad $O(n^2)$: burbuja, selección, inserción, etc. Estos algoritmos son (terriblemente) lentos y, normalmente, se deben evitar en los concursos de programación, aunque su comprensión puede ser útil

---

[3]En realidad array no resulta necesario en Python, ya que list es más sencillo de utilizar.

[4]La implementación más habitual de vector en C++ hace que se doble su tamaño cuando está lleno, copiando el contenido del vector anterior a uno nuevo. Esto mantiene la complejidad amortizada de tiempo en $O(1)$ en las operaciones más críticas como, por ejemplo, push_back y [].

---

para resolver *ciertos* problemas específicos, como el caso de la ordenación por inserción, que es capaz de ejecutarse en $O(n)$ cuando el *array* de entrada está casi ordenado.

2. Algoritmos de ordenación basados en la comparación, con complejidad $O(n \log n)$: mezcla, *quick*[5], montículo, etc. Estos algoritmos son la elección natural en concursos de programación, ya que la complejidad $O(n \log n)$ resulta óptima para la ordenación basada en comparación. Por lo tanto, se ejecutan consumiendo el 'menor tiempo posible' en la mayoría de los casos (después trataremos algunos algoritmos de ordenación para casos especiales). Además, estos algoritmos son bien conocidos y, por ello, no es necesario 'reinventar la rueda'[6], bastará con utilizar `sort`, `stable_sort` o `partial_sort` en `algorithm` de la STL de C++ (`Collections.sort` en Java, `sorted(list_name)` o `list_name.sort()` en Python, `List.sort compare list_name` en OCaml), para realizar tareas normales de ordenación. Es suficiente con especificar la función de comparación requerida (que puede ser una expresión *lambda*) y las eficientes rutinas de la biblioteca se ocuparán del resto.

A continuación mostramos un breve ejercicio de ordenación, utilizando la biblioteca `sort` de la STL de C++. En este ejercicio, recibimos un `vector<int>` A que contiene n enteros en orden aleatorio. Nuestra tarea consiste en ordenar A de forma decreciente (para ser más precisos, en orden no creciente en caso de que haya duplicados).

```
1  // técnica 1, creamos una función de comparación propia
2  bool cmp(const int a, const int b) {
3      return a > b;
4  }
```

```
1  // dentro de int main()
2  sort(A.begin(), A.end(), cmp);
```

```
1  // técnica 2, utilizamos una función anónima (expresión lambda)
2  sort(A.begin(), A.end(), [](const int a, const int b) {
3      return a > b;
4  });
```

```
1  // técnica 3, utilizamos un iterador inverso
2  sort(A.rbegin(), A.rend());
```

3. Algoritmos de ordenación específicos, con complejidad $O(n)$: cuentas, *radix*, casilleros, etc. Aunque utilizados en pocas ocasiones, es importante conocer estos algoritmos de uso especial, ya que pueden reducir el tiempo de ordenación, si los datos cuentan con determinadas características especiales, como en los casos de la ordenación por cuentas o la ordenación *radix* (ver la sección 2.2.2).

---

[5]Nos referimos a la versión aleatorizada de la ordenación *quick*, que tiene una expectativa de complejidad de tiempo de $O(n \log n)$.

[6]Sin embargo, a veces sí que es necesario 'reinventar la rueda', como en el problema de índice de inversión de la sección 2.2.2.

Si estás interesado en explorar más detalles sobre los diversos algoritmos de ordenación, puedes visitar la visualización de ordenación en VisuAlgo, seleccionar el algoritmo que desees, introducir tu propio conjunto de enteros (pequeño y no es necesario que sean distintos) en cualquier orden, y reproducir la animación de los pasos seguidos por el algoritmo de ordenación. La Figura 2.1 muestra una imagen estática de esta visualización. Si quieres reproducir la animación completa, visita:

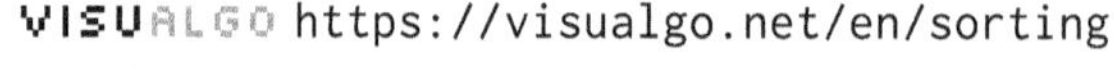

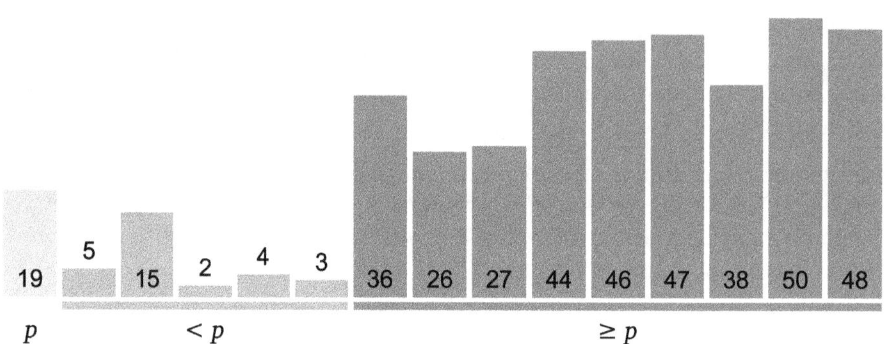

Figura 2.1: Visualización de ordenación, ejemplo de la primera partición de la ordenación *quick*.

Búsqueda

Hay tres métodos habituales para buscar un elemento en un *array*:

1. Búsqueda lineal con complejidad $O(n)$: considera cada elemento desde el índice 0 hasta el índice $n - 1$ (evitar siempre que sea posible).

2. Búsqueda binaria con complejidad $O(\log n)$: en la STL de C++, utilizar `lower_bound`, `upper_bound` o `binary_search` (`Collections.binarySearch` en Java o `bisect` en Python). Si el *array* de entrada está desordenado, será necesario ordenarlo al menos una vez (utilizando uno de los algoritmos $O(n \log n)$ mostrados antes) antes de ejecutar una, o *varias*, búsquedas binarias.

3. *Hashes* con complejidad $O(1)$: esta técnica resulta útil cuando se requiere un acceso rápido a valores conocidos cuyo orden no es importante. Algunos problemas en los que el tiempo es crítico pueden necesitar este rendimiento en $O(1)$. Veremos más sobre *hashes* en la sección 2.3 y en el Volumen II.

En el código de ejemplo, mostramos algunos de estos algoritmos clásicos sobre un *array*.

	C++	ch2/lineards/array_algorithms.cpp
	Java	ch2/lineards/array_algorithms.java
GitHub	**Python**	ch2/lineards/array_algorithms.py

Array de booleanos

Bibliotecas:
`bitset` en la STL de C++.
`BitSet` en Java.

Si nuestro *array* va a contener, únicamente, valores booleanos (1/verdadero y 0/falso), podemos utilizar una estructura de datos alternativa: el `bitset` de la STL de C++ (`BitSet` en Java). El `bitset` admite operaciones tan útiles como `reset()`, `set()`, el operador `[]` y `test()`.

Sin embargo, si nuestro *array* de booleanos es pequeño (no más de 62 booleanos), resulta más beneficioso utilizar una estructura de datos de máscara de bits, que veremos en la sección 2.2.3

Ejercicio 2.2.1.1*

Ordena los siguientes *arrays* de N elementos. Utiliza la biblioteca integrada, si es posible.

1. N 3-tuplas (entero edad ↑, cadena apellido ↓, cadena nombre ↑).

2*. N fracciones $\left(\frac{numerador}{denominador} \right)$ en ↑ (orden ascendente).

Ejercicio 2.2.1.2*

El algoritmo de partición de la ordenación *quick*, visualizado en la Figura 2.1, parece colocar los elementos que son $< p$ a la izquierda y los $\geq p$ a la derecha. En esa implementación, los elementos iguales a p siempre se colocan a la derecha. Crea un caso de prueba tal que provoque que un algoritmo de ordenación *quick* que utilice un algoritmo de partición como el observado, se ejecute en tiempo $O(n^2)$, incluso con aleatorización del pivote. Después, sugiere una corrección rápida.

Ejercicio 2.2.1.3*

Supón que tienes un *array* desordenado S, que contiene n enteros con signo de 32 bits. Resuelve las siguientes tareas, utilizando el mejor algoritmo posible en cada caso y analizando sus complejidades de tiempo. Podemos asumir los siguientes límites: $1 \leq n \leq 100K$, de forma que, en teoría, las soluciones en $O(n^2)$ no sean válidas durante un concurso.

1. Determinar si S contiene uno o más pares de enteros duplicados.

2*. Dado un entero v, hallar dos enteros $a, b \in S$ de forma que $a + b = v$.

3*. Siguiendo con la cuestión 2: ¿qué ocurre si el *array* S ya está ordenado?

4*. Escribe, ordenados, los enteros de S que se encuentren en un rango $[a..b]$ (ambos inclusive).

5*. Determina la longitud del *subarray* creciente *contiguo* más largo de S.

6. Determina la mediana (el percentil 50) de S. Asume que n es impar.

7*. Encuentra el elemento que aparece $> n/2$ veces en el *array*.

Ejercicio 2.2.1.4*

Tienes un *array* cuadrado bidimensional de enteros A, de tamaño $n \times n$. Resuelve cada una de las siguientes tareas, utilizando el mejor algoritmo posible, y analiza sus complejidades de tiempo. Podemos asumir los siguientes límites: $1 \leq n \leq 10K$, de forma que las soluciones en $O(n^2)$ sean válidas.

1*. Rota el *array* bidimensional 90 grados en el sentido de las agujas del reloj o en el contrario.

2*. Realiza una transposición del *array* (intercambia las filas y las columnas).

3*. Crea un reflejo del *array* sobre un eje x (o y) determinado.

2.2.2 Problemas de ordenación especiales

a. Índice de inversión

El problema del índice de inversión se define de la siguiente forma: dada una lista de números, contar el número mínimo de intercambios de 'ordenación de burbuja' (intercambios entre pares de elementos consecutivos) necesarios para obtener la lista en orden (normalmente ascendente).

Por ejemplo, si el contenido de la lista es {3, 2, 1, 4}, necesitaremos 3 intercambios de 'ordenación de burbuja' para obtener la misma lista ordenada de forma ascendente, es decir, intercambiar (3, 2) para obtener {2, 3, 1, 4}, intercambiar (3, 1) para obtener {2, 1, 3, 4} y, por último, intercambiar (2, 1) para obtener {1, 2, 3, 4}.

Solución en $O(n^2)$

La solución más evidente es contar el número de pasos necesarios durante el proceso de ejecución del algoritmo de ordenación de burbuja en $O(n^2)$, pero esto es, evidentemente, muy lento.

Solución en $O(n \log n)$

Una solución mejor, que utiliza la técnica de divide y vencerás en $O(n \log n)$, para este problema de índice de inversión, es modificar la ordenación por mezcla. Durante el proceso de mezcla de la ordenación por mezcla, si se toma primer el primer elemento de la sublista derecha (ordenada), en vez del primero de la sublista izquierda (ordenada), decimos que se 'produce una inversión' e incrementamos el contador de índice de inversión en el tamaño de la sublista izquierda actual (ya que la sublista izquierda *al completo* debe ser intercambiado con el primer elemento de la sublista derecha). Al finalizar la ordenación por mezcla, informamos del valor de este contador. Como solo hemos añadido $O(1)$ pasos a la ordenación por mezcla, esta solución mantiene la complejidad de tiempo de $O(n \log n)$.

En el ejemplo anterior, comenzamos con {3, 2, 1, 4}. La ordenación por mezcla lo dividirá en las sublistas {3, 2} y {1, 4}. La sublista izquierda provocará una inversión, ya que debemos intercambiar 3 y 2 para obtener {2, 3}. La sublista derecha {1, 4} no implicará ninguna inversión, pues ya está ordenada. Ahora, mezclamos {2, 3} con {1, 4}. El primer número que tomaremos será 1, del principio de la sublista derecha. Tendremos dos inversiones más, porque la sublista izquierda tiene dos miembros, {2, 3}, que deben ser intercambiados con 1 (ver la Figura 2.2). Después de esto, no quedarán más inversiones. Por lo tanto, en este ejemplo habrá un total de 3 inversiones.

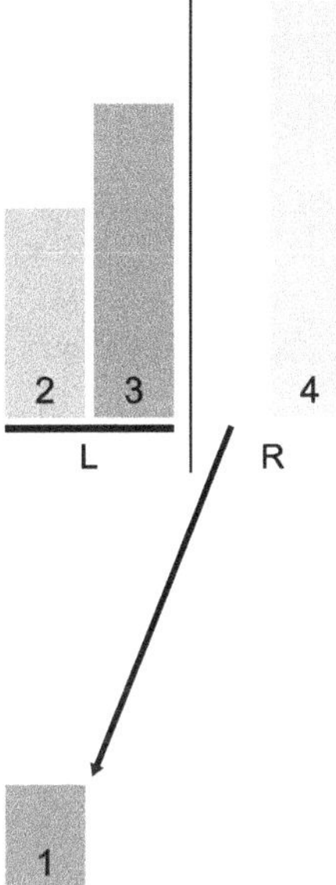

Figura 2.2: Ejemplo de la operación de mezcla en la ordenación por mezcla

b. Ordenación en tiempo lineal

Dado un *array* (no ordenado) de n elementos, ¿podemos ordenarlo en tiempo $O(n)$?

Límite teórico

En el caso general, el límite inferior de un algoritmo de ordenación basado en la comparación, es $\Omega(n \log n)$ (ver la demostración que utiliza un modelo de árbol de decisión en otras fuentes, como [5]). Sin embargo, si existe un propiedad especial en los n elementos, podemos lograr un algoritmo de ordenación lineal, más rápido, en $O(n)$, *no* comparando los elementos entre sí. Veremos dos ejemplos a continuación.

Soluciones

Ordenación por cuentas en $O(n + k)$

Si el *array* A contiene n enteros con un rango *pequeño* [L..R] (por ejemplo, la 'edad humana' de [1..99] años en UVa 11462 - Age Sort), podemos utilizar el algoritmo de ordenación por cuentas. Para la siguiente explicación, asumimos que el *array* A es $\{2_a, 5, 2_b, 2_c, 3_a, 3_b\}$. El subíndice a/b/c se utiliza para destacar la característica de ordenación estable de la ordenación por cuentas, que será necesaria en la siguiente subsección. La idea de la ordenación por cuentas es la siguiente:

1. Preparar un '*array* de frecuencias' f, de tamaño k = R-L+1, e inicializar f con ceros. En el *array* de ejemplo anterior, tenemos L = 2, R = 5 y k = 4.

2. Realizar una pasada en el *array* A y actualizar la frecuencia de cada entero que encontremos, es decir, $\forall i \in$ [0..n-1] ejecutamos ++f[A[i]-L]. En el *array* de ejemplo anterior, tenemos f[0] = 3, f[1] = 2, f[2] = 0, f[3] = 1. Recuerda que f[i] se refiere a la frecuencia del entero L+i, no a la de i.

3. Una vez que conozcamos la frecuencia cada entero de ese pequeño rango, calculamos las sumas de los prefijos de cada i, es decir, f[i] = f[i-1] + f[i] $\forall i \in$ [1..k-1]. Ahora, f[i] contiene el número de elementos menores o iguales a i. En el *array* de ejemplo anterior, tenemos f[0] = 3, f[1] = 5, f[2] = 5, f[3] = 6.

4. Después, nos desplazamos hacia atrás desde i = n-1 hasta i = 0. Colocamos A[i] en el índice f[A[i]-L]-1, ya que es la ubicación correcta para A[i]. Reducimos f[A[i]-L] en uno, para que la siguiente copia de A[i], si la hay, se sitúe justo antes del A[i] actual. En el *array* de ejemplo anterior, comenzamos poniendo A[5] = 3_b en el índice f[A[5]-2]-1 = f[1]-1 = 5-1 = 4 y reducimos f[1] a 4. A continuación, ponemos A[4] = 3_a (el mismo valor que A[5] = 3_b, pero anterior en la entrada) en el índice f[A[4]-2]-1 = f[1]-1 = 4-1 = 3, y reducimos f[1] a 3. Después, ponemos A[3] = 2_c en el índice f[A[3]-2]-1 = 2 y reducimos f[0] a 2. Repetimos los tres pasos hasta obtener un *array* ordenado: $\{2_a, 2_b, 2_c, 3_a, 3_b, 5\}$. La ordenación por cuentas es un algoritmo de ordenación estable, si está correctamente implementado.

La complejidad de tiempo de la ordenación por cuentas es $O(n + k)$. Cuando $k = O(n)$, este algoritmo se ejecuta, en teoría, en tiempo lineal, al *no* realizar comparaciones entre los enteros. Sin embargo, en el ámbito de un concurso de programación, k no podrá ser muy grande, para evitar superar el límite de memoria. Por ejemplo, la ordenación por cuentas tendrá problemas para procesar un *array* A con $n = 3$ que contenga {1, 1 000 000 000, 2}, ya que tiene una k grande.

Ordenación *radix* en $O(d \times (n + k))$

Si el *array* A contiene n enteros no negativos en un rango [L..R] relativamente amplio, pero con un número de dígitos más bien pequeño, podemos utilizar el algoritmo de ordenación *radix*.

La idea de la ordenación *radix* es sencilla. En primer lugar, hacemos que todos los enteros tengan d dígitos (donde d es el número de dígitos del entero más grande de A), añadiendo ceros si es necesario. Después, la ordenación *radix* procesará estos enteros, dígito a dígito, comenzando con el dígito *menos* significativo y hasta el *más* significativo. Para ordenar correctamente n enteros dígito a dígito, la ordenación *radix* debe utilizar un *algoritmo de ordenación estable*, como subrutina para ordenar dichos dígitos. Una opción es la ordenación por cuentas en $O(n + k)$, que acabamos de ver. Por ejemplo:

Entrada $d = 4$	Añadir ceros	Ordenar por el cuarto dígito	Ordenar por el tercer dígito	Ordenar por el segundo dígito	Ordenar por el primer dígito
323	0323	032(2)	00(1)3	0(0)13	(0)013
1257	1257	032(3)	03(2)2	1(2)57	(0)322
13	0013	001(3)	03(2)3	0(3)22	(0)323
322	0322	125(7)	12(5)7	0(3)23	(1)257

Para un *array* de n enteros de d dígitos, realizaremos $O(d)$ pasadas de ordenación por cuentas, con una complejidad de tiempo de $O(n + k)$ cada una. Por lo tanto, la complejidad total de la ordenación *radix* es de $O(d \times (n + k))$. Si utilizamos esta ordenación con n enteros de 32 bits con signo ($\approx d = 10$ dígitos) y $k = 10$, este algoritmo se ejecutará en $O(10 \times (n + 10))$, lo que se puede considerar como ejecución en tiempo lineal, pero con un factor constante alto.

Teniendo en consideración la dificultad de escribir una rutina de ordenación *radix* compleja, en comparación a llamar a la función `sort` estándar, en $O(n \log n)$, de la STL de C++ (`Collections.sort` en Java, `list_name.sort()` en Python o `List.sort compare list_name` en OCaml), este algoritmo no tendrá mucha aplicación en concursos de programación. De hecho, solo hemos utilizado esta combinación de ordenación *radix* y por cuentas en nuestra implementación del *array* de sufijos (ver Volumen II).

Ejercicio 2.2.2.1*

En la sección 2.4.3, tratamos la estructura de datos del árbol de Fenwick. El problema de índice de inversión mencionado en esta sección, se puede resolver también en $O(n \log n)$ utilizando el árbol de Fenwick. Demuestra cómo hacerlo.

Ejercicio 2.2.2.2*

¿Qué deberíamos hacer si queremos utilizar la ordenación *radix*, pero el *array* A contiene (al menos) un número negativo?

Ejercicio 2.2.2.3*

En los párrafos anteriores, hemos mostrado la ordenación *radix* utilizando la base 10 (dígito a dígito). En realidad, podríamos utilizar una base diferente (más grande), para minimizar $O(d \times (n + k))$. ¿Cuál es la base apropiada para resolver el problema Kattis - magicsequence?

2.2.3 Máscara de bits

Bibliotecas: soporte nativo en C/C++, Java y Python.

Las máscaras de bits, o pequeños conjuntos de booleanos, tienen soporte nativo en la mayoría de lenguajes de programación. Un número entero se almacena en la memoria de un ordenador como una secuencia/cadena de bits. Por lo tanto, podemos utilizar enteros para representar un conjunto de valores booleanos pequeño y *ligero*. Todas las operaciones se realizarán a través de la manipulación de los bits del entero correspondiente, lo que supone una elección *mucho más eficiente*, en comparación a las opciones `vector<bool>`, `bitset` o `set<int>` de la STL de C++, especialmente cuando se utiliza como parámetro de un algoritmo recursivo (o de programación dinámica, ver el Volumen II). La diferencia de velocidad es importante en la programación competitiva. A continuación, se muestran *algunas* de las operaciones más importantes que aparecerán en este libro. Todas ellas son operaciones en $O(1)$.

1. Representación: un entero *con signo* de 32 (o 64) bits nos sirve para representar hasta 32 (o 64) elementos[7]. Sin perder el ámbito generalista, todos los ejemplos mostrados a continuación utilizan un entero con signo de 32 bits, llamado S.

```
Ejemplo:            5| 4| 3| 2| 1| 0 <- índice 0 desde la derecha
                   32|16| 8| 4| 2| 1 <- potencia de 2
S = 34 (base 10) =  1| 0| 0| 0| 1| 0 (base 2)
                    F| E| D| C| B| A <- etiqueta alfabética alternativa
```

En el ejemplo anterior, el entero $S = 34$, o `100010` en binario, también representa un pequeño conjunto $\{1, 5\}$ con un esquema de indexación basado en el 0, según se incrementa la significancia del dígito (o $\{B, F\}$, utilizando la etiqueta alfabética alternativa), ya que los bits segundo y sexto (desde la derecha) de S están activados.

2. Para multiplicar o dividir un entero por 2, basta con desplazar todos[8] los bits hacia la izquierda, o la derecha, respectivamente. Esta operación (especialmente el desplazamiento a la izquierda) resultará importante en los siguientes ejemplos. Hay que tener en cuenta que el desplazamiento a la derecha provoca un truncado que supone el redondeo automático a la baja en la división, por ejemplo, $17/2 = 8$.

```
S                 = 34 (base 10) =  100010 (base 2)
S = S<<1 = S*2 =   68 (base 10) = 1000100 (base 2)
S = S>>2 = S/4 =   17 (base 10) =   10001 (base 2)
S = S>>1 = S/2 =    8 (base 10) =    1000 (base 2) <- LSB desaparece
                                           (LSB = bit menos significativo)
```

3. Para activar el elemento j-ésimo (con una indexación basada en 0) en el conjunto, utilizamos la operación de bits OR `S |= (1 << j)`.

---

[7]Para evitar problemas con la representación complementaria de los doses, se deberían utilizar los enteros de 32 o 64 bits solo para máscaras de bits de 30 o 62 elementos, respectivamente.

[8]La mayoría de las CPU puede realizar esta operación de desplazamiento de bits en $O(1)$, mucho más rápido que $O(k)$, donde k es el número de bits del entero.

```
S = 34 (base 10) = 100010 (base 2)
j = 3, 1<<j       = 001000 <- el bit '1' se mueve a la izquierda 3 veces
                    -------- OR  (cierto si cualquiera de los bits lo es)
S = 42 (base 10) = 101010 (base 2)     // actualiza S al nuevo valor 42
```

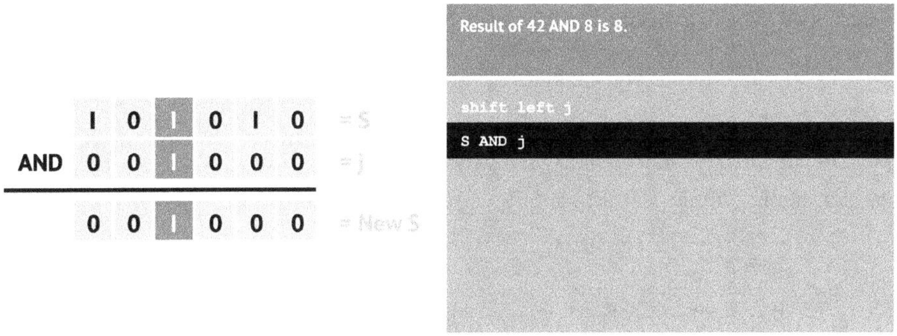

Figura 2.3: Visualización de máscaras de bits, ejemplo de la operación CheckBit(j)

4. Para comprobar si el elemento *j*-ésimo está activado, utilizamos la operación de bits AND T = S & (1<<j). Si T = 0, entonces el elemento *j*-ésimo está desactivado. Si T != 0 (para ser exactos, T = (1<<j)), el elemento *j*-ésimo está activado. En la figura 2.3 hay un ejemplo de esto.

```
S = 42 (base 10) = 101010 (base 2)
j = 3, 1<<j       = 001000 <- el bit '1' se mueve a la izquierda 3 veces
                    -------- AND         (cierto si los dos bits lo son)
T = 8 (base 10)  = 001000 (base 2) -> no es 0, tercer elemento activado

S = 42 (base 10) = 101010 (base 2)
j = 2, 1<<j       = 000100 <- el bit '1' se mueve a la izquierda 2 veces
                    -------- AND
T = 0 (base 10)  = 000000 (base 2) ->   0, segundo elemento desactivado
```

5. Para limpiar/desactivar el elemento *j*-ésimo del conjunto, utilizamos[9] la operación de bits AND S &= ~(1<<j).

```
S = 42 (base 10) = 101010 (base 2)
j = 1, ~(1<<j)   = 111101 <- '~' es el operador de bits NOT
                    -------- AND
S = 40 (base 10) = 101000 (base 2) // actualiza S al nuevo valor 40
```

6. Para conmutar (invertir el estado) el elemento *j*-ésimo del conjunto, utilizamos la operación de bits XOR S ^= (1<<j).

---

[9]Usamos siempre paréntesis en las operaciones de manipulación de bits, para evitar errores accidentales debido a la precedencia de operadores.

```
S = 40 (base 10) = 101000 (base 2)
j = 2, (1<<j)    = 000100 <- el bit '1' se mueve a la izquierda 2 veces
                 -------- XOR <- cierto si ambos bits son diferentes
S = 44 (base 10) = 101100 (base 2) // actualiza S al nuevo valor 44

S = 40 (base 10) = 101000 (base 2)
j = 3, (1<<j)    = 001000 <- el bit '1' se mueve a la izquierda 3 veces
                 -------- XOR <- cierto si ambos bits son diferentes
S = 32 (base 10) = 100000 (base 2) // actualiza S al nuevo valor 32
```

7. Para obtener el valor del bit menos significativo de S que está activado (el primero por la derecha), utilizamos T = (S & (-S)). Esta operación se puede abreviar como LSOne(S)[10].

```
 S  =  40 (base 10) =  000...000101000 (32 bits, base 2)
-S  = -40 (base 10) =  111...111011000 (complemento de dos)
                       ----------------- AND
 T  =   8 (base 10) =  000...000001000 (el tercer bit está activado)
```

Es importante notar que T = LSOne(S) es una potencia de 2, es decir, 2^j. Para obtener el índice j concreto (desde la derecha), podemos utilizar __builtin_ctz(T), que veremos más adelante.

8. Para activar *todos* los bits en un conjunto de tamaño n, utiliza S = (1 << n) - 1.

```
Ejemplo para n = 3
S+1 = 8 (base 10) = 1000 <- el bit '1' se mueve a la izquierda 3 veces
                  1
                  ------ -
S   = 7 (base 10) =  111 (base 2)
```

9. Para enumerar todos los subconjuntos *válidos* de una máscara de bits dada, por ejemplo, si mask = $(18)_{10}$ = $(10010)_2$, sus subconjuntos válidos son $\{(18)_{10}$ = $(10010)_2$, $(16)_{10}$ = $(10000)_2$, $(2)_{10}$ = $(00010)_2\}$, podemos utilizar:

```
int mask = 18;
for (int subset = mask; subset; subset = (mask & (subset-1)))
  cout << subset << "\n";
```

10. Por último, destacamos dos funciones importantes de manipulación de bits integradas en el compilador GNU C++[11,12]: __builtin_popcount(S) para contar el número de bits que están activos en S y __builtin_ctz(S) para contar el número de ceros al final de S.

---

[10]Esta operación LSOne(S) es muy versátil y la veremos varias veces en este libro.

[11]Java cuenta con la clase Integer, que también incorpora esta funcionalidad, por ejemplo, bitCount, numberOfTrailingZeros.

[12]Hay que tener en cuenta la diferencia entre las versiones de 32 y 64 bits.

```
__builtin_popcount(32)          // 100000 (base 2), solo 1 bit activo
__builtin_popcount(30)          //  11110 (base 2), 4 bits activos
__builtin_popcountl((1l<<62)-1l) // 2^62-1 = 62 bits activos (al límite)
__builtin_ctz(32)               // 100000 (base 2), 5 ceros al final
__builtin_ctz(30)               //  11110 (base 2), 1 cero al final
__builtin_ctzl(1l<<62)          // 2^62 tiene 62 ceros al final
```

Visita la visualización de máscaras de bits en VisuAlgo, donde podrás introducir un entero decimal (pequeño), ver la representación binaria del mismo y realizar varias operaciones de manipulación de bits. También mostramos estas operaciones de manipulación en nuestro código de ejemplo. Muchas operaciones de manipulación de bits están escritas como macros del preprocesador (ligeramente más rápido) en nuestro código C/C++ (pero aparecen como funciones normales en el código Java/Python/OCaml).

VISUALGO https://visualgo.net/en/bitmask

C++	ch2/lineards/bit_manipulation.cpp
Java	ch2/lineards/bit_manipulation.java
Python	ch2/lineards/bit_manipulation.py
OCaml	ch2/lineards/bit_manipulation.ml

Ejercicio 2.2.3.1

Existen otros procedimientos interesantes implementados mediante técnicas de manipulación de bits, pero son utilizados muy raramente. Realiza estas tareas con manipulación de bits:

1. Obtener el resto (módulo) de S cuando es dividido por N (N es una potencia de 2), por ejemplo, $S = (7)_{10}$ % $(4)_{10} = (111)_2$ % $(100)_2 = (11)_2 = (3)_{10}$.

2. Determinar si S es una potencia de 2. Por ejemplo, $S = (7)_{10} = (111)_2$ no es una potencia de 2, pero $(8)_{10} = (1000)_2$ sí lo es.

3. Desactivar el último uno de S, por ejemplo, $S = (40)_{10} = (101000)_2 \rightarrow S = (32)_{10} = (100000)_2$.

4. Activar el último cero de S, por ejemplo, $S = (41)_{10} = (101001)_2 \rightarrow S = (43)_{10} = (101011)_2$.

5. Desactivar la última serie consecutiva de unos de S, por ejemplo, $S = (39)_{10} = (100111)_2 \rightarrow S = (32)_{10} = (100000)_2$.

6. Activar la última serie consecutiva de ceros de S, por ejemplo, $S = (36)_{10} = (100100)_2 \rightarrow S = (39)_{10} = (100111)_2$.

7*. Resuelve el problema UVa 11173 - Grey Codes con una expresión de manipulación de bits de *una línea* por cada caso de prueba, es decir, halla el código Gray k-ésimo.

8*. Vamos a invertir el problema UVa 11173 mencionado. Dado un código Gray, encuentra su posición k utilizando manipulación de bits.

Perfiles de los inventores de estructuras de datos

George Boole (1815-1864) fue un matemático, filósofo y lógico inglés. Conocido principalmente entre los ingenieros informáticos como el creador de la lógica booleana, la base de los ordenadores digitales modernos. Se le considera el fundador del campo de las ciencias de la computación.

Fran Gray (1887-1969) fue el físico e investigador de los laboratorios Bell que inventó el código Gray: una ordenación del sistema de números binarios en la que dos enteros sucesivos se distinguen por un solo bit.

2.2.4 *Big Integer* (Python y Java)

Cuando los resultados intermedios o finales de un cálculo matemático con enteros no se pueden almacenar en el tipo de datos integrado más grande, y el problema no se puede resolver con técnicas de descomposición en factores primos o de aritmética modular (ver Volumen II), no nos queda otra opción que recurrir a bibliotecas *Big Integer* (también conocidas como *bignum*). Por ejemplo, calcular el *valor exacto* de 40! (el factorial de 40).

El resultado es 815 915 283 247 897 734 345 611 269 596 115 894 272 000 000 000 (48 dígitos). Este número es, evidentemente, demasiado grande para almacenarlo en un `unsigned long long` de 64 bits en C/C++[13], `long` en Java[14], o `Int64` de OCaml.

Un método para implementar una biblioteca *Big Integer*, consiste en almacenar el entero como una cadena (larga)[15]. Por ejemplo, podemos almacenar sin problema 10^{21} como una cadena `num1` = "1 000 000 000 000 000 000 000", mientras que el mismo valor desbordaría el tipo `unsigned long long` de 64 bits de C/C++, el `long` de Java o el `Int64` de OCaml. Por lo tanto, en las operaciones matemáticas comunes, podemos utilizar un sistema de operaciones dígito a dígito para procesar los dos operandos *Big Integer*. Por ejemplo, si `num2` = "173", tenemos que `num1 + num2` resulta en:

```
num1        =   1.000.000.000.000.000.000.000
num2        =                             173
            ------------------------------- +
num1 + num2 =   1.000.000.000.000.000.000.173
```

---

[13]GCC cuenta con un tipo de entero de 128 bits, `__int128`, pero tampoco nos sirve en este caso.

[14]`long` en Java es un entero de 64 bits con signo, comprendido en el rango $[-2^{63}..2^{63} - 1]$. Para operar con enteros de 64 bits sin signo en Java, no tenemos más remedio que utilizar `BigInteger`.

[15]En realidad, los tipos de datos elementales también almacenan los números en memoria como *cadenas de bits limitadas*. Por ejemplo, el tipo de datos `int` de 32 bits, almacena un entero como 32 bits de una cadena binaria. La técnica *básica* de *Big Integer* no es más que una generalización de lo anterior, que utiliza un formato decimal (base 10) y una cadena de dígitos más larga. Nota: la clase `BigInteger` de Java y Python utilizan, probablemente, métodos más eficientes que el presentado en esta sección.

También podemos calcular num1 * num2 como:

```
              num1          =      1.000.000.000.000.000.000.000
              num2          =                              173
                            -------------------------------- *
                             3.000.000.000.000.000.000.000
                            70.000.000.000.000.000.000.00
                           100.000.000.000.000.000.000.0
                            -------------------------------- +
              num1 * num2 = 173.000.000.000.000.000.000.000
```

La suma y la resta son las dos operaciones más sencillas para realizar con *Big Integer*. La multiplicación requerirá un poco más de programación, como se deduce del ejemplo anterior. Implementar una división eficiente y elevar un entero a una potencia (ver el Volumen II), resulta más complicado. Programar estas funciones de biblioteca en C/C++ (u OCaml) en un entorno bajo presión, como el de un concurso, puede ser un auténtico quebradero de cabeza, incluso aunque tengamos una referencia escrita entre nuestras notas en ICPC[16]. Afortunadamente, Python cuenta con *soporte nativo* y Java tiene una clase `BigInteger` que podemos utilizar para este propósito. A día de hoy, la STL de C++ todavía no tiene[17] una característica comparable, por lo que es una buena idea utilizar Python o Java en los problemas que incluyan *Big Integer*.

El soporte nativo de Python para *Big Integer* hace que este sea el lenguaje de programación preferido para resolver este tipo de problemas, como ilustramos en esta sección.

En Java el proceso es un poco más complicado. La clase `BigInteger` (o `BI`) incluye operaciones básicas con enteros: suma (`add(BI)`), resta (`substract(BI)`), multiplicación (`multiply(BI)`), potencia (`pow(int exponente)`), división (`divide(BI)`), resto (`remainder(BI)`), módulo (`mod(BI)`, diferente a `remainder(BI)`), división y resto (`divideAndRemainder(BI)`) y otras funciones interesantes que veremos después. Todas se pueden escribir en una sola línea.

Debemos, sin embargo, remarcar que todas las operaciones con `BigInteger` son *significativamente más lentas* que sus equivalentes con tipos de datos enteros de 32/64 bits estándar. Como norma: si puedes utilizar un algoritmo que solo necesite tipos de datos de enteros tradicionales para resolver el problema, evita recurrir a *Big Integer*. Hoy en día, los problemas que implican *Big Integer* son menos frecuentes que en la década pasada, ya que muchos autores de problemas prefieren utilizar la técnicas rápidas de aritmética modular en su lugar (más en el Volumen II).

Para los recién llegados a Python o a la clase `BigInteger` de Java, incluimos el siguiente código breve, que resuelve el problema UVa 10925 - Krakovia. Este problema utiliza la suma de *Big Integer* (para agregar N facturas grandes) y la división (para distribuir el resultado de la suma entre F amigos). Se puede observar lo corto y limpio que resulta el código, en comparación al que sería necesario si se implementasen rutinas de *Big Integer* propias.

```python
import sys
inputs = sys.stdin.read().splitlines()          # hacer la E/S más rápida
caseNo = 1
ln = 0
while True:
```

---

[16]Buenas noticias para los concursantes de la IOI, ya que las tareas no suelen necesitar el uso de *Big Integer*.
[17]Quienes utilicen exclusivamente C++, deberán construir sus propias estructuras de datos de *Big Integer*.

```python
6      N, F = map(int, inputs[ln].split())              # N facturas, F amigos
7      ln += 1
8      if N == 0 and F == 0: break
9      sum = 0                                          # soporte nativo
10     for _ in range(N):                              # sumar las N facturas
11         sum += int(inputs[ln])                      # Big Integer nativo
12         ln += 1
13     print("Bill #%d costs %d: each friend should pay %d\n"
14         % (caseNo, sum, sum//F))                    # división de enteros
15     caseNo += 1
```

A continuación, mostramos el código en Java, ligeramente más largo (pero mucho más corto que si lo implementásemos en C++). En nuestro código, utilizamos la E/S rápida de Java: `BufferedReader` y `PrintWriter`, en vez de `Scanner` y `System.out.println`.

```java
1  import java.io.*;
2  import java.util.*;
3  import java.math.BigInteger;                        // en el paquete java.math
4
5  class Main {                                         // UVa 10925 - Krakovia
6    public static void main(String[] args) throws Exception {
7      BufferedReader br = new BufferedReader(          // usar BufferedReader
8        new InputStreamReader(System.in));
9      PrintWriter pw = new PrintWriter(                // y PrintWriter
10       new BufferedWriter(new OutputStreamWriter(System.out))); // = ES rápida
11     int caseNo = 0;
12     while (true) {
13       StringTokenizer st = new StringTokenizer(br.readLine());
14       int N = Integer.parseInt(st.nextToken());      // N facturas
15       int F = Integer.parseInt(st.nextToken());      // F amigos
16       if (N == 0 && F == 0) break;
17       BigInteger sum = BigInteger.ZERO;              // constante integrada
18       for (int i = 0; i < N; ++i) {                  // sumar las N facturas
19         BigInteger V = new BigInteger(br.readLine()); // constructor
20         sum = sum.add(V);                            // suma BigInteger
21       }
22       pw.printf("Bill #%d costs ", ++caseNo);
23       pw.printf(sum.toString());
24       pw.printf(": each friend should pay ");
25       pw.printf(sum.divide(BigInteger.valueOf(F)).toString());
26       pw.printf("\n\n");                             // dividir entre F amigos
27     }
28     pw.close();
29   }
30 }
```

Java	ch2/lineards/UVa10925.java
Python	ch2/lineards/UVa10925.py

Ejercicio 2.2.4.1

Calcula el último dígito de 25! que no sea un 0. ¿Se podría utilizar aquí un tipo de datos integrado en el lenguaje?

Ejercicio 2.2.4.2

Comprueba si 25! es divisible entre 9317. ¿Podemos utilizar un tipo de datos integrado?

Ejercicio 2.2.4.3*

Hoy día, los concursos de programación que utilizan números decimales de *precisión arbitraria* (no necesariamente enteros) siguen siendo poco habituales. Resuelve los problemas UVa 10464, UVa 11821 y UVa 12930 utilizando otra biblioteca: la clase `BigDecimal` de Java. Puedes consultar `https://docs.oracle.com/en/java/javase/11/docs/api/ java.base/java/math/BigDecimal.html`.

2.2.5 Estructuras de datos enlazados

Lista enlazada

Bibliotecas:
STL de C++: `list` o `forward_list`[18].
Java: `LinkedList`.
Python: `list`.
OCaml: módulo `List`.

Aunque esta estructura de datos aparece casi siempre en los libros de texto sobre estructuras de datos y algoritmos, la lista enlazada se suele evitar en los problemas más típicos de los concursos. Esto es debido a la ineficiencia al acceder a los elementos (se debe realizar un barrido lineal del principio al final de la lista), y el uso de punteros puede producir errores en tiempo de ejecución, si no se implementa correctamente. Casi todas las formas de lista enlazada que aparecen en este libro han sido sustituidas por el `vector` de la STL de C++, la `ArrayList` de Java o la `list` de Python, mucho más flexibles[19].

---

[18]Esta biblioteca `forward_list` es muy poco utilizada, ya que sus características de ahorro de espacio no suelen ser necesarias.

[19]OCaml no cuenta con un *array* redimensionable integrado.

Las únicas excepciones las encontramos, probablemente, en el problema UVa 11988 - Broken Keyboard (a.k.a. Beiju Text), donde se requiere mantener dinámicamente una lista (enlazada) de caracteres, e insertar eficientemente un nuevo carácter en *cualquier lugar* de la lista, por ejemplo al principio (cabecera), posición actual o final (cola) de la lista (enlazada), Kattis - joinstrings, Kattis - sim y Kattis - teque. De los $\approx$ 3458 problemas de UVa/Kattis resueltos por los autores, estos son, probablemente, los únicos problemas con listas enlazadas que hemos encontrado (y algunos los hemos escrito nosotros).

Pila

Bibliotecas:
STL de C++: `stack`.
Java: `Stack`.
Python: `list`.
OCaml: módulo `List/Stack`.

Podemos entender la pila como una 'lista restringida' que solo permite la inserción (*push*) y la eliminación (*pop*) de su elemento superior. Este comportamiento se conoce habitualmente como 'último en entrar, primero en salir' (LIFO) y guarda paralelismo con las pilas del mundo real.

Las operaciones típicas de la `stack` de la STL de C++ incluyen `push()`/`pop()` (insertar/eliminar de la parte superior de la pila), `top()` (obtener contenido de la parte superior de la pila) y `empty()`. Las operaciones de `stack` son muy eficientes, pues todas ellas se ejecutan en $O(1)$.

Esta estructura de datos se utiliza normalmente como parte de algoritmos que resuelven ciertos problemas, como emparejamiento de paréntesis (sección 2.2.6), calculadora posfija y conversión de infija a posfija (misma sección), encontrar componentes fuertemente conexos (sección 4.2.10) y parte del barrido de Graham (en el Volumen II).

Cola

Bibliotecas:
STL de C++: `queue`.
Java: `Queue` (interfaz[20]).
Python: `deque`.
OCaml: módulo `Queue`.

La cola es otra encarnación de una 'lista restringida', que solo permite la inserción (*encolar*) de su último elemento y la eliminación (*desencolar*) del primero. Este comportamiento se conoce también como 'primero en entrar, primero en salir' (FIFO), como las colas del mundo real.

Las operaciones típicas de la `queue` de la STL de C++ incluyen `push()` y `pop()` (inserción al final/eliminación del principio de la cola), `front()` y `back()` (obtención del contenido del principio/final de la cola) y `empty()`. Todas sus operaciones son también muy eficientes, ejecutándose, igualmente, en $O(1)$.

Esta estructura de datos se utiliza para algoritmos como el de búsqueda en anchura (sección 4.2.3) y ciertas simulaciones FIFO.

---

[20]`Queue` en Java es solo un *interfaz* que, normalmente, se instancia con una `LinkedList`.

Cola de dos extremos (*deque*)

Bibliotecas:
STL de C++: deque.
Java: Deque (interfaz[21]).
Python: deque.
No hay soporte integrado en OCaml.

Esta estructura de datos es muy similar a la cola que acabamos de ver, con la diferencia de que una *deque* permite inserciones y eliminaciones rápidas, en $O(1)$, en *ambos* extremos de la misma.

Las operaciones típicas de la deque de la STL de C++ incluyen push_back(), pop_front(), como en una cola normal, y se añaden push_front() y pop_back() (específicos para la *deque*). La mayoría de las operaciones sobre deque son, igualmente, muy eficientes ($O(1)$). La deque de la STL de C++ no está implementada utilizando listas doblemente enlazadas y también permite la ejecución en $O(1)$ en operaciones de acceso aleatorio, es decir, mediante los operadores at() y []. De esta forma, podemos ver la deque de la STL de C++ como una versión más flexible, aunque ligeramente más lenta, del vector de la STL de C++.

Esta estructura de datos es importante en ciertos algoritmos, como la búsqueda en anchura especial, necesaria para resolver el problema de los SSSP en grafos ponderados 0/1, que veremos en la sección 4.4.2, y como parte de algunas variantes del algoritmo de la ventana corredera que encontraremos en el Volumen II.

Si quieres conocer más detalles sobre las listas enlazadas y sus variantes, puedes visitar su visualización en VisuAlgo. Podrás comprobar que las cuatro estructuras de datos que acabamos de conocer (lista enlazada sencilla o doble, pila, cola y *deque*) están muy relacionadas entre sí.

VISUALGO https://visualgo.net/en/list

GitHub		
C++	ch2/lineards/list.cpp
Java	ch2/lineards/list.java
Python	ch2/lineards/list.py
OCaml	ch2/lineards/list.ml

Ejercicio 2.2.5.1*

También podemos utilizar un *array redimensionable* (vector en la STL de C++ o ArrayList en Java) para implementar una pila eficiente[22]. Descubre cómo hacerlo. Pregunta posterior: ¿es posible utilizar, en su lugar, un *array estático*, una lista enlazada o una cola de dos extremos? ¿Por qué o por qué no?

---

[21]Deque en Java también es un *interfaz* que, normalmente, se instancia con una LinkedList.
[22]Donde todas las operaciones se realizan en $O(1)$

Podemos utilizar una lista enlazada (list en la STL de C++ o LinkedList en Java) para implementar una cola (o cola de dos extremos) eficiente[23]. Descubre cómo hacerlo. Pregunta posterior: ¿es posible utilizar un *array* redimensionable en su lugar? ¿Por qué o por qué no?

¿Cómo implementar una cola eficiente[24] utilizando *dos arrays* redimensionables?

2.2.6 Problemas especiales basados en pilas

a. Emparejamiento de delimitadores

Los programadores están familiarizados con varios tipos de delimitadores: '()' (paréntesis), '[]' (corchetes), '{}' (llaves), etc., ya que los utilizan constantemente en su código, especialmente cuando emplean sentencias o bucles. Los delimitadores se puede anidar y/o mezclar, '(())', '{{}}', '[[]]', '([{}])' etc. Un código correcto debe tener un conjunto de delimitadores coherente. El problema del emparejamiento de delimitadores (paréntesis) implica determinar si un conjunto determinado de delimitadores está bien anidado. Por ejemplo, '(())', '({})', '(){}[]' son correctos, mientras que '((', '({', ')(', *no lo son*.

$O(n)$ con una pila

Leemos los delimitadores, de uno en uno, de izquierda a derecha. Cada vez que encontramos un delimitador de cierre, debemos emparejarlo con el *último* abierto del mismo tipo. Una vez hecho, esta pareja se deja de tener en consideración, y continúa el proceso. Necesitamos, para ello, una estructura 'primero en entrar, último en salir', la pila (sección 2.2.5).

Comenzamos con una pila vacía. Siempre que encontremos un delimitador de apertura, lo insertamos en ella. Cuando encontremos un delimitador de cierre, comprobaremos si es del mismo tipo que el que está en lo alto de la pila. Esto se debe a que el que esté en lo alto de la pila será el que tendremos que emparejar con el actual. Una vez que tenemos una pareja, eliminamos el elemento más alto de la pila y no lo volveremos a tener en consideración. Si conseguimos llegar al último delimitador y, en ese momento, la pila está vacía, sabremos que el anidado es correcto.

Como debemos examinar cada uno de los n delimitadores una sola vez, y todas las operaciones de pila se ejecutan en $O(1)$, este algoritmo tiene, claramente, una complejidad $O(n)$.

La Tabla 2.1 muestra un ejemplo de emparejamiento de delimitadores (paréntesis).

---

[23]Igualmente, con todas sus operaciones en $O(1)$.

[24]Donde todas las operaciones sigan ejecutándose en $O(1)$, de *forma amortizada*.

Delimitadores	Pila (de abajo a arriba)	Comentarios
(){[]}	(	Un paréntesis de apertura
(){[]}		Un paréntesis de cierre, emparejado con '('
(){[]}	{	Una llave de apertura
(){[]}	{[	Un corchete de apertura
(){[]}	{	Un corchete de cierre, emparejado con '['
(){[]}		Una llave de cierre, emparejada con '{', todo bien

Tabla 2.1: Ejemplo de emparejamiento de delimitadores (paréntesis)

Variantes del emparejamiento de delimitadores

El número de formas en que se pueden emparejar correctamente n pares de delimitadores se determina con la fórmula de Catalan (ver Volumen II). El método óptimo de multiplicación de matrices (como la del problema de multiplicación de cadenas de matrices), también implica delimitadores. Esta variante se puede resolver con programación dinámica (ver Volumen II).

b. Calculadora posfija

Expresiones algebraicas y calculadora posfija

Hay tres tipos de expresiones algebraicas: infijas (la forma en que los humanos las escribimos de forma natural), prefijas (notación polaca) y posfijas (notación polaca inversa). En las expresiones infijas/prefijas/posfijas, el operador se coloca en el medio, antes o después de dos operandos, respectivamente. La tabla 2.2 muestra tres expresiones infijas, sus correspondientes prefijas/posfijas y sus valores.

Infija	Prefija	Posfija	Valor
2+6*3	+2*63	263*+	20
(2+6)*3	*+263	26+3*	24
4*(1+2*(9/3)-5)	*4-+1*2/935	41293/*+5-*	8

Tabla 2.2: Ejemplos de expresiones infijas, prefijas y posfijas

Calculadora posfija en $O(n)$

Las expresiones posfijas son más eficientes, en términos de cálculo, que las infijas. En primer lugar, hacen innecesario el uso de delimitadores (a veces complejos), pues las reglas de precedencia ya están integradas en la propia expresión. En segundo lugar, podemos calcular resultados parciales en el momento en el que se especifica un operador. Estas dos características no se encuentran en las expresiones infijas.

Una expresión posfija se puede calcular en $O(n)$, utilizando el algoritmo de la calculadora posfija. Inicialmente, empezamos con una pila vacía. Leemos la expresión de izquierda a derecha, con un elemento cada vez. Si encontramos un operando, lo añadimos a la pila. Si encontramos un operador, extraemos los dos elementos superiores de la pila, realizamos la operación solicitada, y volvemos a añadir el resultado a la pila. Por último, cuando se hayan leído todos los elementos, devolvemos el elemento superior (el único, en realidad) de la pila, como respuesta final.

Como cada uno de los n elementos solo se procesa una vez, y todas las operaciones en una pila tienen un coste $O(1)$, el algoritmo de la calculadora posfija se ejecuta en $O(n)$.

La tabla 2.3 muestra un ejemplo de un cálculo posfijo.

Posfija	Pila (abajo a arriba)	Comentarios
4 1 2 9 3 / * + 5 - *	4 1 2 9 3	Los primeros cinco elementos son operandos
4 1 2 9 3 / * + 5 - *	4 1 2 3	Tomamos 3 y 9, calculamos 9 / 3, insertamos 3
4 1 2 9 3 / * + 5 - *	4 1 6	Tomamos 3 y 2, calculamos 2 * 3, insertamos 6
4 1 2 9 3 / * + 5 - *	4 7	Tomamos 6 y 1, calculamos 1 + 6, insertamos 7
4 1 2 9 3 / * + 5 - *	4 7 5	Un operando
4 1 2 9 3 / * + 5 - *	4 7 5	Tomamos 5 y 7, calculamos 7 - 5, insertamos 2
4 1 2 9 3 / * + 5 - *	4 2	Tomamos 2 y 4, calculamos 4 * 2, insertamos 8
4 1 2 9 3 / * + 5 - *	8	Devolvemos 8 como respuesta

Tabla 2.3: Ejemplo de cálculo posfijo

c. Conversión infija a posfija con el algoritmo del patio de maniobras en $O(n)$

Sabiendo que las expresiones posfijas son más eficientes, en términos de cálculo, que las infijas, muchos compiladores convierten las expresiones infijas del código fuente (son las que utilizan la mayoría de los lenguajes de programación[25]) en posfijas. Para utilizar la calculadora posfija que hemos visto antes, necesitamos ser capaces de convertir expresiones infijas en posfijas con eficiencia. Un algoritmo posible es el llamado 'patio de maniobras', inventado por Edsger Dijkstra (el inventor del algoritmo de Dijkstra, sección 4.4.3).

El algoritmo del patio de maniobras tiene un cierto parecido al de emparejamiento de delimitadores, que hemos visto antes, y a la calculadora posfija. También utiliza una pila, inicialmente vacía. Leemos la expresión de izquierda a derecha, con un elemento cada vez. Si encontramos un operando, lo mostramos inmediatamente. Si encontramos un delimitador de apertura, lo insertamos en la pila. Si encontramos un delimitador de cierre, extraeremos los elementos superiores de la pila, hasta encontrar un delimitador de apertura (pero no lo mostramos). Si encontramos un operador, seguimos mostrando la salida, extrayendo el elemento superior de la pila, si tiene igual o mayor precedencia que el operador, o hasta que encontremos un delimitador de apertura, después insertamos el operador en la pila. Al final, seguiremos mostrando la salida y extrayendo el elemento superior de la pila, hasta que esta quede vacía.

Como cada uno de los n elementos se procesa una sola vez, y todas las operaciones en una pila tienen un coste $O(1)$, el algoritmo del patio de maniobras se ejecuta en $O(n)$.

La tabla 2.4 muestra un ejemplo de ejecución del algoritmo del patio de maniobras.

---

[25]Un lenguaje de programación que utiliza expresiones prefijas es Scheme.

Infija	Pila	Posfija	Comentarios
$\underline{4}$*(1+2*(9/3)-5)		4	Salida inmediata
$\underline{4}$*(1+2*(9/3)-5)	*	4	Insertar en la pila
4*$\underline{(}$1+2*(9/3)-5)	*(	4	Insertar en la pila
4*($\underline{1}$+2*(9/3)-5)	*(	41	Salida inmediata
4*(1$\underline{+}$2*(9/3)-5)	*(+	41	Insertar en la pila
4*(1+$\underline{2}$*(9/3)-5)	*(+	412	Salida inmediata
4*(1+2$\underline{*}$(9/3)-5)	*(+*	412	Insertar en la pila
4*(1+2*$\underline{(}$9/3)-5)	*(+*(	412	Insertar en la pila
4*(1+2*($\underline{9}$/3)-5)	*(+*(	4129	Salida inmediata
4*(1+2*(9$\underline{/}$3)-5)	*(+*(/	4129	Insertar en la pila
4*(1+2*(9/$\underline{3}$)-5)	*(+*(/	41293	Salida inmediata
4*(1+2*(9/3$\underline{)}$-5)	*(+*	41293/	Mostrar solo '/'
4*(1+2*(9/3)$\underline{-}$5)	*(-	41293/*+	Mostrar '*', después '+'
4*(1+2*(9/3)-$\underline{5}$)	*(-	41293/*+5	Salida inmediata
4*(1+2*(9/3)-5$\underline{)}$	*	41293/*+5-	Mostrar solo '-'
4*(1+2*(9/3)-5)$\underline{\;}$		41293/*+5-*	Vaciar la pila

Tabla 2.4: Ejemplo de ejecución del algoritmo del patio de maniobras

Ejercicio 2.2.6.1*

¿Qué ocurre si, en su lugar, recibimos operaciones prefijas? ¿Cómo podemos evaluar una operación prefija en $O(n)$?

Ejercicios de programación

Ejercicios de programación que utilizan estructuras de datos lineales con bibliotecas:

Manipulación de *arrays* unidimensionales, medios

1. Nivel básico: *Kattis - jollyjumpers* * — etiquetas booleanas unidimensionales para comprobar [1..n-1], también disponible en UVa 10038 - Jolly Jumpers
2. **UVa 12150 - Pole Position** * — manipulación sencilla
3. **UVa 12356 - Army Buddies** * — similar a la eliminación en listas doblemente enlazadas, pero también podemos utilizar un *array* unidimensional para la estructura de datos subyacente
4. **UVa 13181 - Sleeping in hostels** * — hallar el espacio más grande entre dos X, casos límite en los extremos
5. *Kattis - baloni* * — uso inteligente de un *array* unidimensional de histogramas para descomponer los tiros como se pide
6. *Kattis - downtime* * — *array* unidimensional, utilizar un operación del estilo del árbol de Fenwick para consulta de punto de actualización de rango
7. *Kattis - greedilyincreasing* * — basta con manipulación de *array* unidimensional, no es el problema DP-LIS

Adicionales UVa: *00414, 00482, 00591, 10050, 11192, 11496, 11608, 11875, 12854, 12959, 12996, 13026*.
Adicionales Kattis: *erase*.

Manipulación de *arrays* unidimensionales, difíciles

1. Nivel básico: **UVa 10978 - Let's Play Magic** *   *array* unidimensional de cadenas
2. **UVa 11222 - Only I did it** *   usar varios *arrays* unidimensionales
3. **UVa 12662 - Good Teacher** *   manipulación de *array* unidimensional, fuerza bruta
4. **UVa 13048 - Burger Stand** *   usar *array* booleano unidimensional, simular
5. *Kattis - divideby100* *   procesamiento de *array* unidimensional de caracteres grande, con cuidado
6. *Kattis - mastermind* *   manipulación de *array* unidimensional para contar r y s
7. *Kattis - pivot* *   problema estático de consulta del mínimo/máximo de rango , una condición especial permite resolverlo en $O(n)$ mediante *arrays* unidimensionales

    Adicionales UVa: *00230, 00394, 00467, 00665, 00946, 11093, 11850.*

    Adicionales Kattis: *astro, flippingpatties, inverteddeck, physicalmusic, piperotation, queens, rockband, traffic, upsanddownsofinvesting.*

    Otros: ver también tabla de direccionamiento directo (sección 2.3.2).

Manipulación de *arrays* bidimensionales, fáciles

1. Nivel básico: *Kattis - epigdanceoff* *   contar el número de CC en una rejilla bidimensional, existe una solución más sencilla: contar el número de columnas vacías más uno
2. **UVa 11581 - Grid Successors** *   simular el proceso
3. **UVa 12187 - Brothers** *   simular el proceso
4. **UVa 12667 - Last Blood** *   *arrays* unidimensionales y bidimensionales para almacenar el estado de los envíos
5. *Kattis - flowshop* *   manipulación interesante de *arrays* bidimensionales
6. *Kattis - imageprocessing* *   manipulación interesante de *arrays* bidimensionales
7. *Kattis - nineknights* *   comprobaciones en *arrays* bidimensionales, 8 direcciones

    Adicionales UVa: *00541, 00585, 10703, 10920, 11040, 11349, 11835, 12981.*

    Adicionales Kattis: *compromise, thisaintyourgrandpascheckerboard.*

Manipulación de *arrays* bidimensionales, difíciles

1. Nivel básico: *Kattis - 2048* *   es un problema de manipulación de *arrays* bidimensionales, utilizar la simetría con rotaciones de 90 grados para reducir 4 casos a 1
2. **UVa 00466 - Mirror Mirror** *   funciones principales: rotación y reflejo
3. **UVa 11360 - Have Fun with Matrices** *   hacer lo que se pide
4. **UVa 12291 - Polyomino Composer** *   hacer lo que se pide, algo tedioso
5. *Kattis - flagquiz* *   *array* de *array* de cadenas, cuidado, puede haber duplicados
6. *Kattis - funhouse* *   manipulacón de *arrays* bidimensionales, tener en cuenta la actualización de la dirección
7. *Kattis - rings2* *   manipulación de *arrays* bidimensionales más compleja, formato de salida especial

    Adicionales UVa: *00101, 00434, 00512, 00707, 10016, 10855, 12398.*

    Adicionales Kattis: *apples, falcondive, keypad, prva, tetris.*

Ordenación, fáciles

1. Nivel básico: *Kattis - basicprogramming2* *   un bonito problema sobre aplicaciones de ordenación básicas
2. **UVa 10107 - What is the Median? ***   hallar la mediana de una lista *creciente*/dinámica de enteros, podemos utilizar varias llamadas a `nth_element` de `algorithm`
3. **UVa 12541 - Birthdates ***   LA 6148 - HatYai12, `sort`, más joven + más viejo
4. **UVa 12709 - Falling Ants ***   LA 6650 - Dhaka13, aunque la historia del problema es complicada, tiene una solución muy sencilla con la rutina `sort`
5. *Kattis - height ***   simulación de ordenación de inserción
6. *Kattis - mjehuric ***   una simulación directa de ordenación de burbuja
7. *Kattis - sidewayssorting ***   `stable_sort` u ordenación de campos múltiples de columnas en un *array* bidimensional, ignorar mayúsculas/minúsculas

Adicionales UVa: *00400, 00855, 10880, 10905, 11039, 11588, 11777, 11824, 12071, 12861, 13113.*
Adicionales Kattis: *closingtheloop, cups, judging.*

Ordenación, difíciles

1. Nivel básico: *Kattis - sortofsorting ***   `stable_sort` u ordenación de campos múltiples
2. **UVa 01610 - Party Games ***   LA 6196 - MidAtlanticUSA12, mediana
3. **UVa 10258 - Contest Scoreboard ***   ordenación de campos múltiples, utilizar `sort`, similar a UVa 00790
4. **UVa 11321 - Sort Sort and Sort ***   cuidado con el módulo negativo
5. *Kattis - classy ***   ordenar utilizando una función de comparación modificada, algo de procesamiento de cadenas
6. *Kattis - dyslectionary ***   ordenar la cadena original invertida, formato de salida
7. *Kattis - musicyourway ***   `stable_sort`, función de comparación personalizada

Adicionales UVa: *00123, 00450, 00790, 10194, 10698, 11300.*
Adicionales Kattis: *addemup, booking, chartingprogress, dirtydriving, gearchanging, includescoring, lawnmower, longswaps, retribution, zipfsong.*
Otros: ver también ordenación *dinámica* con cola de prioridad/bBST (`set`/`map`) (secciones 2.3.1, 2.3.3), árbol de estadísticos de orden (sección 2.3.4), algoritmo de búsqueda binaria que requiere ordenación previa (sección 3.3.1) y algoritmo voraz que implica ordenación (sección 3.4).

Algoritmos de ordenación especiales

1. Nivel básico: **UVa 11462 - Age Sort ***   problema de ordenación por cuentas estándar
2. **UVa 00612 - DNA Sorting ***   necesita `stable_sort` en $O(n^2)$
3. **UVa 11495 - Bubbles and Buckets ***   necesita ordenación por mezcla en $O(n \log n)$
4. **UVa 13212 - How many inversions? ***   necesita ordenación por mezcla en $O(n \log n)$
5. *Kattis - bread ***   índice de inversión, difícil de deducir
6. *Kattis - magicsequence ***   ordenación *radix* en base personalizada para evitar TLE
7. *Kattis - mali ***   ordenación por cuentas de dos *arrays*, emparejamiento voraz del mayor+menor en ese punto

Adicionales UVa: *00299, 10327.*
Adicionales Kattis: *excursion, froshweek, gamenight, sort, ultraquicksort.*

Manipulación de bits

1. Nivel básico: **UVa 11933 - Splitting Numbers** * — ejercicio sencillo de bits
2. **UVa 10264 - The Most Potent Corner** * — manipulación intensa de máscaras de bits
3. **UVa 12571 - Brother & Sisters** * — calculo previo de las operaciones AND
4. **UVa 12720 - Algorithm of Phil** * — observar el patrón en esta variante de conversión de binario a decimal, implica aritmética modular
5. *Kattis - bitbybit* * — cuidado con los casos límite de AND y OR
6. *Kattis - deathstar* * — se puede resolver mediante manipulación de bits
7. *Kattis - snapperhard* * — manipulación de bits, encontrar el patrón, hay una versión más sencilla en *Kattis - snappereasy* *

Adicionales UVa: *00594, 00700, 01241, 10469, 11173, 11760, 11926.*

Adicionales Kattis: *bits, hypercube, iboard, zebrasocelots.*

Otros: IOI 2011 - Pigeons (más sencillo con manipulación de bits).

Big Integer[26]

1. Nivel básico: **UVa 10925 - Krakovia** * — suma y división de *Big Integer*
2. **UVa 00713 - Adding Reversed ...** * — utilizar `reverse()` de `StringBuffer`
3. **UVa 10523 - Very Easy** * — suma, multiplicación y potenciación de *Big Integer*
4. **UVa 11879 - Multiple of 17** * — *Big Integer*: módulo, división, resta, igualdad
5. *Kattis - primaryarithmetic* * — no es un problema de *Big Integer* sino una simulación de suma básica
6. *Kattis - simpleaddition* * — la cuestión de A+B con *Big Integer*
7. *Kattis - wizardofodds* * — si K es mayor que 350 la respuesta es evidente, en caso contrario comprobar si $2^K \geq N$

Adicionales UVa: *00424, 00465, 00619, 00748, 01226, 01647, 10013, 10083, 10106, 10198, 10430, 10433, 10464, 10494, 10519, 10992, 11448, 11664, 11821, 11830, 12143, 12459, 12930.*

Adicionales Kattis: *disastrousdoubling, generalizedrecursivefunctions, threepowers.*

Pila

1. Nivel básico: *Kattis - evenup* * — utilizar `stack` para resolver este problema
2. **UVa 00514 - Rails** * — utilizar `stack` para simular el proceso
3. UVa 01062 - Containers — LA 3752 - WorldFinals Tokyo07, simulación con `stack`, la respuesta máxima es 26 pilas, existe solución en $O(n)$
4. **UVa 13055 - Inception** * — un bonito problema para `stack`
5. *Kattis - pairingsocks* * — simulación usando dos pilas, hacer lo que se pide
6. *Kattis - restaurant* * — simulación con concepto basado en pilas, poner los platos en la pila 2 (LIFO), mover 2→1 para invertir el orden, tomar de la pila 1 (FIFO)
7. *Kattis - throwns* * — usar pila de las posiciones de los huevos para ayudar en la operación de deshacer, cuidado con los casos límite que implican operaciones de módulo

Adicionales UVa: *00127, 00732, 10858.*

Adicionales Kattis: *dream, reversebinary, symmetricorder, thegrandadventure.*

Otros: ver también pilas implícitas en llamadas recursivas a funciones y la siguiente categoría.

Problemas especiales de pila

1. Nivel básico: **UVa 00551 - Nesting a Bunch of ...** *   emparejamiento de delimitadores, usar `stack`
2. **UVa 00673 - Parentheses Balance** *   similar a UVa 00551, clásico
3. **UVa 00727 - Equation** *   problema de conversión infija a posfija
4. **UVa 11111 - Generalized Matrioshkas** *   emparejamiento de delimitadores con alguna sorpresa
5. *Kattis - bungeebuilder* *   uso inteligente de pilas, pasada lineal, variante de emparejamiento de delimitadores
6. *Kattis - circuitmath* *   problema de calculadora posfija
7. *Kattis - delimitersoup* *   emparejamiento de delimitadores, `stack`

Lista/Cola/*Deque*

1. Nivel básico: *Kattis - joinstrings* *   todas las operaciones '+' deben ser en $O(1)$
2. **UVa 10172 - The Lonesome Cargo ...** *   utilizar tanto `queue` como `stack`
3. **UVa 11988 - Broken Keyboard ...** *   problema extraño de listas enlazadas
4. **UVa 12108 - Extraordinarily Tired ...** *   simulación con N colas
5. *Kattis - integerlists* *   usar *deque* para la eliminación rápida de los primer (normal) y último (lista invertida) elementos, usar `stack` para invertir la lista final
6. *Kattis - sim* *   usar `list` y su iterador
7. *Kattis - teque* *   todas las operaciones se deben realizar en $O(1)$

    Adicionales UVa: *00246, 00540, 10935, 11797, 12100, 12207.*

    Adicionales Kattis: *backspace, ferryloading3, ferryloading4, foosball, server, trendingtopic.*

    Otros: ver también `queue`/`deque` en BFS (secciones 4.2.3, 4.4.2 y en el Volumen II) y `deque` en algunas variantes de la ventana corredera, también en el Volumen II.

2.3 Estructuras de datos no lineales con bibliotecas integradas

En algunos problemas, el almacenamiento lineal no es la mejor forma de organizar los datos. Resulta más rápido operar con las implementaciones eficientes de estructuras de datos no lineales que aparecen a continuación, lo que acelera los algoritmos que dependen de ellas.

Por ejemplo, si necesitamos ordenar claves *dinámicas*[27] en base a prioridades, `priority_queue` de la STL de C++ proporcionará un rendimiento de complejidad $O(\log n)$ en las operaciones de encolado/desencolado, empleando unas pocas líneas de código (que tendrás que escribir), mientras que almacenar la misma información en un *array* estático puede requerir una complejidad $O(n)$, y el código a implementar será más largo. Igualmente, si queremos gestionar una colección dinámica de pares clave → valor, utilizar `map` de la STL de C++[28] nos entregará un rendimiento de $O(\log n)$ en las operaciones de inserción, búsqueda y eliminación, con un código muy breve, mientras que almacenar la misma información en un *array* estático de `struct`, implicará operaciones en $O(n)$ y más código a programar.

---

[26]Se puede ver el cambio de tendencia. Hay muchos más problemas en UVa (anteriores a 2010) que implican *Big Integer* que en Kattis (posteriores a 2010).

[27]El contenido de una estructura de datos dinámica se modifica frecuentemente por medio de operaciones de inserción, eliminación y actualización.

[28]También podemos usar `unordered_map`, de la STL de C++, que tiene un rendimiento más rápido, de $O(1)$, si no es necesario que las claves estén ordenadas.

2.3.1 Montículo binario (cola de prioridad)

Bibliotecas:
STL de C++: `priority_queue`.
Java: `PriorityQueue`.
Python: `heapq`.
OCaml: módulo `Set` (ver detalles en la sección 2.3.3).

Introducción rápida

El montículo binario (máximo) es un método para organizar información en un árbol. A lo largo de esta sección, cuando hablemos de montículo, lo estaremos haciendo del montículo binario (máximo). El montículo es también un árbol binario como el árbol de búsqueda binaria (BST, tratado en la sección 2.3.3), con la diferencia de que debe ser un árbol *completo*[29]. Los árboles binarios completos se pueden almacenar, de forma eficiente, en un *array* compacto de un índice, de tamaño $n + 1$ (una casilla adicional para facilitar la implementación), lo que resulta preferible a una representación de un árbol explícito. Por ejemplo, el *array* A = {-, 90, 19, 36, 17, 3, 25, 1, 2, 7} es la representación en un *array* compacto de la figura 2.4, ignorando el índice 0. Podemos desplazarnos desde un índice (vértice) i determinado a su padre, hermano izquierdo o hermano derecho, utilizando una manipulación de índices sencilla: $\lfloor \frac{i}{2} \rfloor$, $2 \times i$ y $2 \times i + 1$, respectivamente. Esta forma de navegación se puede acelerar con técnicas de desplazamiento de bits (ver la sección 2.2): i >> 1, i << 1 e (i << 1) + 1, respectivamente.

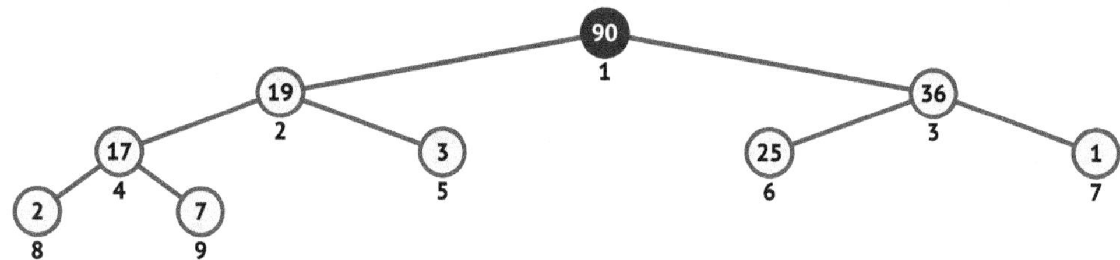

Figura 2.4: Ejemplo de un montículo binario (máximo) con su elemento máximo (90) destacado

El montículo se sustenta en la propiedad de montículo: en cada subárbol con raíz en x, los elementos a su izquierda y los subárboles a su derecha son menores (o iguales) que x (ver la figura 2.4). Esto resulta ser también una aplicación del concepto 'divide (reduce) y vencerás' (ver la sección 3.3). Dicha propiedad garantiza que la cumbre (o raíz) del montículo es siempre el elemento máximo. En (la implementación básica de) un montículo no existe el concepto de 'búsqueda'. En su lugar, el montículo permite la extracción (eliminación) rápida del elemento máximo con `ExtractMax()` y la inserción de nuevos elementos con `Insert(v)`, pudiendo lograrse ambos fácilmente en $O(\log n)$, realizando un recorrido de la raíz a una hoja o de una hoja a la raíz, mediante operaciones de intercambio que mantengan la propiedad del montículo (máximo), siempre que sea necesario (para más información, consultar [5, 3, 48, 9] o VisuAlgo).

---

[29]Un árbol binario completo es aquel en el que cada nivel, con la posible excepción del último, está rellenado completamente. También deben estar rellenados todos los vértices del último nivel, de izquierda a derecha.

Tipo de dato abstracto de cola de prioridad y sus implementaciones en bibliotecas

El montículo es una estructura de datos muy útil en el modelado de un tipo de datos abstracto de cola de prioridad, donde se puede extraer el elemento con mayor prioridad (el elemento máximo) mediante `ExtractMax()`, y se puede añadir a la cola un nuevo elemento v mediante `Insert(v)`, ambos en estructuras de montículo eficientes[30] en tiempo $O(\log n)$. La implementación[31] de `priority_queue` se encuentra en la biblioteca `queue` de la STL de C++ (en `PriorityQueue` de Java o en `heapq` de Python).

Las operaciones más habituales de `priority_queue` de la STL de C++ incluyen `push()`, `pop()`, `top()` (obtener el elemento mayor de la cola de prioridad) y `empty()`.

La cola de prioridad es un componente importante de algoritmos como los de Prim (y Kruskal), para el problema del árbol de expansión mínimo (MST) (ver la sección 4.3), Dijkstra para el problema del camino más corto de origen único (SSSP) (ver la sección 4.4.3) y la búsqueda A* (ver el Volumen II).

Ordenación parcial y ordenación por montículos

Esta estructura de datos tiene también uso para realizar el `partial_sort` incluido en la biblioteca `algorithm` de la STL de C++. Una implementación posible[32] consiste en procesar los elementos, de uno en uno, y crear un montículo máximo[33] de k elementos, eliminando el elemento mayor cuando su tamaño supere k (k es el número de elementos solicitado por el usuario). Se pueden obtener los k elementos más pequeños en orden descendente, al eliminar de la cola del montículo máximo los elementos restantes. Como cada operación de extracción de la cola supone $O(\log k)$, `partial_sort` tiene una complejidad de tiempo $O(n \log k)$[34]. Cuando $k = n$, este algoritmo es equivalente a una ordenación por montículos. Hay que tener en cuenta que, aunque la complejidad de tiempo de una ordenación por montículos es también $O(n \log n)$, estas suelen ser más lentas que las ordenaciones *quick*, ya que las operaciones con montículos acceden a información almacenada en índices alejados y, por ello, no aprovechan bien la caché.

Operaciones `UpdateKey(claveVieja, claveNueva)` y `RemoveKey(clave)`

Existen dos operaciones adicionales posibles del tipo de datos abstracto de la cola de prioridad que, en la actualidad, *no están* soportadas directamente por `priority_queue` de la STL de C++ (ni por `PriorityQueue` de Java).

---

[30]Existen, en teoría, estructuras de montículo más rápidas (y complejas), pero nuestros experimentos sugieren que tendremos que aceptar un rendimiento de $O(\log n)$ en la mayoría de problemas relacionados con colas de prioridad.

[31]La `priority_queue` predeterminada de la STL de C++ es un montículo máximo (la extracción de la cola toma los elementos en orden descendente de la clave), mientras que el `PriorityQueue` predeterminado de Java es un montículo mínimo (tomando los elementos en orden ascendente de la clave). Como consejo, cabe mencionar que un montículo máximo compuesto de números se puede transformar fácilmente en un montículo mínimo (y viceversa), convirtiendo esos números en negativos. Esto se debe a que el orden de un conjunto de números se invertirá cuando sus valores se transforman en los negativos correspondientes. En este libro se pueden encontrar muchos ejemplos de este método. Sin embargo, si la cola de prioridad se utiliza para almacenar *enteros con signo de 32 bits*, se producirá un desbordamiento si se transforma -2^{31}, ya que $2^{31} - 1$ es el valor máximo que puede alcanzar ese tipo de datos.

[32]La implementación alternativa de `partial_sort` se realiza creando el montículo (mínimo) en $O(n)$ y, después, eliminando los k elementos más pequeños del mismo en $O(k \log n)$, con una complejidad de tiempo total de $O(n + k \log n)$.

[33]El `partial_sort` predeterminado nos devuelve los k elementos más pequeños en orden ascendente.

[34]Quizá te hayas dado cuenta de que, en la complejidad $O(n \log k)$, esa k es el tamaño de la salida y n el de la entrada. Esto significa que el algoritmo es 'sensible' a la salida, ya que su tiempo de ejecución no depende únicamente de la entrada, sino también de los elementos que queramos obtener.

La primera de ellas es UpdateKey(claveVieja, claveNueva), que permite que el elemento del montículo máximo claveVieja (que puede estar situado en cualquier punto del montículo, no necesariamente en la raíz) se actualice a claveNueva, que puede ser menor o mayor que el anterior. El algoritmo de Dijkstra necesita de esta operación adicional (ver la sección 4.4.3 para una explicación detallada).

La segunda operación es RemoveKey(clave), que permite la eliminación del elemento clave del montículo (que puede estar en cualquier punto del mismo, no necesariamente en la raíz).

Hay diversas formas de implementar eficientemente, en $O(\log n)$, estas dos operaciones. Puedes encontrar la solución más sencilla en la sección 2.3.3.

Si tienes interés en conocer más detalles del funcionamiento del montículo binario (máximo), puedes visitar su visualización en VisuAlgo, donde encontrarás representaciones del mismo y sus operaciones. A continuación, incluimos la URL para la visualización del montículo binario y código fuente de ejemplo de varias operaciones con colas de prioridad.

VISUALGO https://visualgo.net/en/heap

C++	ch2/nonlineards/priority_queue.cpp
Java	ch2/nonlineards/priority_queue.java
Python	ch2/nonlineards/priority_queue.py
OCaml	ch2/nonlineards/priority_queue.ml

Ejercicio 2.3.1.1

En este libro no trataremos los conceptos elementales de operaciones con montículos. En su lugar, utilizaremos una serie de preguntas para comprobar tu comprensión de los conceptos de montículo. Te aninamos a que visites https://visualgo.net/en/heap mientras respondes a esta cuestión.

1. Con la figura 2.4 como montículo inicial, muestra los pasos de Insert(26).

2. Después de responder a la pregunta anterior, muestra los pasos de ExtractMax().

3. Después de responder a las dos preguntas anteriores, muestra los pasos realizados por la ordenación por montículos (realiza operaciones ExtractMax() sucesivas hasta que el montículo esté vacío).

Ejercicio 2.3.1.2

¿Es la estructura representada por un *array* compacto basado en 1 (ignorando el índice 0), ordenada de forma descendente, un montículo máximo?

Ejercicio 2.3.1.3*

Demuestra o rechaza esta afirmación: "el segundo elemento más grande en un montículo máximo, con $n \geq 3$ elementos distintos, siempre es uno de los hijos directos de la raíz". Siguiente pregunta: ¿qué hay del tercer elemento más grande? ¿Cuáles son las ubicaciones potenciales del tercer elemento más grande en un montículo máximo?

Ejercicio 2.3.1.4*

Demuestra o rechaza esta afirmación: "el elemento más pequeño de un montículo máximo con $n \geq 3$ elementos diferentes siempre será una de las hojas".

Ejercicio 2.3.1.5*

Dado un *array A* compacto, basado en 1, que contiene n enteros ($1 \leq n \leq 100K$) con la garantía de que se satisface la propiedad del montículo máximo, mostrar los elementos de A que son mayores que un entero v. ¿Qué algoritmo es el mejor para ello?

Ejercicio 2.3.1.6*

Dado un *array* no ordenado S formado por n enteros distintos ($2k \leq n \leq 100K$), encontrar los k enteros mayores y menores ($1 \leq k \leq 32$) de S en $O(n \log k)$. Para este ejercicio, asumimos que un algoritmo $O(n \log n)$ *no es* aceptable.

Ejercicio 2.3.1.7*

Supón que solo necesitamos la operación `DecreaseKey(claveVieja, claveNueva)`, es decir, una operación de `UpdateKey` donde la actualización *siempre* hace que `claveNueva` sea menor que `claveVieja`. ¿Podemos utilizar una técnica más sencilla que si tenemos que permitir casos generales de actualización? Consejo: utiliza eliminación perezosa, técnica que veremos en nuestro código de Dijkstra, en la sección 4.4.3.

¿Hay una forma mejor de implementar una cola de prioridad, si todas las claves son enteros dentro de un rango pequeño, por ejemplo, [0..100]? Queremos un rendimiento de entrada y salida de la cola de $O(1)$. Si la respuesta es afirmativa, ¿cómo? Si es que no, ¿por qué? ¿Y si el rango es solo [0..1]?

2.3.2 Tabla de *hash*

Bibliotecas:
STL de C++: `unordered_map`/`unordered_set`/`unordered_multimap`/`unordered_multiset`.
Java: `HashMap`/`HashSet`/`HashTable`.
Python: `dict`/`set` (o las llaves {}).
OCaml: módulo `Hashtbl`.

Tipo de datos abstracto de tabla y vistazo rápido a los conceptos de tabla de *hash*

La tabla de *hash*[35] es una estructura de datos no lineal y eficiente para implementar un tipo de datos abstracto de tabla que necesita una inserción, búsqueda/recuperación/actualización o eliminación de claves muy rápida, en $O(1)$ (esperado), *si las claves no necesitan estar ordenadas.*

Los componentes más importantes de una tabla de *hash* son una buena función *hash* y un buen mecanismo de resolución de colisiones. Diseñar una función *hash* con un buen rendimiento de $O(1)$ para objetos complejos, como pares, tuplas, clases, etc., suele ser complicado[36]. Pero, afortunadamente, C++ (desde C++11), Java, Python y OCaml cuentan con un buen soporte si la información y las claves son tipos de datos estándar, como enteros o cadenas. Salvo que la función *hash* sea perfecta, podrían producirse colisiones, es decir, dos (o más) claves distintas podría acabar teniendo el mismo índice. Es necesario resolverlo. Existen numerosos mecanismos bien conocidos para resolver colisiones, como técnicas de direccionamiento abierto (como *hash* doble) o cerrado (como encadenamiento separado, mostrado en la figura 2.5).

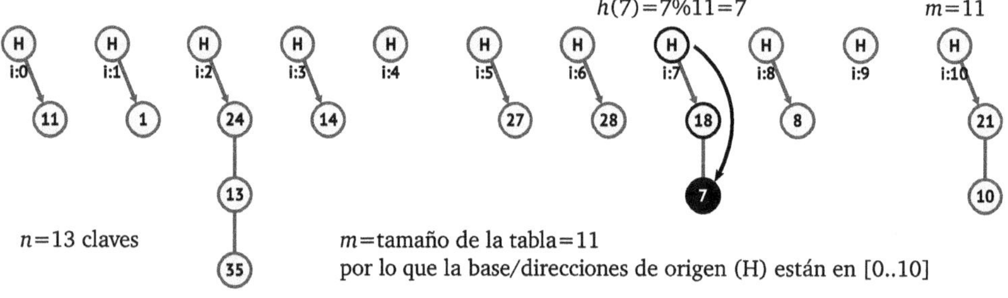

Figura 2.5: Búsqueda de clave 7 en tabla de *hash* con $m = 11$ y usando encadenamiento separado

---

[35]Es frecuente que, en las entrevistas de trabajo tecnológicas, aparezcan preguntas relacionadas con ella.
[36]Aunque si es muy fácil comparar esos objetos complejos entre sí, podemos usar un BST equilibrado (sección 2.3.3).

Si quieres conocer más detalles sobre los conceptos básicos de las tablas de *hash*, puedes visitar la sección correspondiente de VisuAlgo, donde encontrarás la visualización de las técnicas de resolución de colisiones en una tabla de *hash*.

VISUALGO https://visualgo.net/en/hashtable

Soluciones de biblioteca

En el ámbito de la programación competitiva, no solemos escribir nuestras implementaciones de tablas de *hash*. En su lugar, usamos soluciones de biblioteca. C++ (desde C++11), cuenta con `unordered_set` y `unordered_map`. La diferencia entre ambas es sencilla: `unordered_map` almacena pares de datos clave → satélite[37], mientras que `unordered_set` solo almacena las claves. Utilizaremos `unordered_map` cuando necesitemos asignar claves a información satélite y *no sea necesario que las claves estén ordenadas*. Por otro lado, `unordered_set` resultará apropiado cuando necesitemos una comprobación eficiente de la existencia de cierta clave y *no sea necesario que las claves estén ordenadas*.

Entre las operaciones habituales con `unordered_set` de la STL de C++ se encuentran `insert()`, `find()`, `count()` (normalmente para comprobar si la frecuencia de una clave es 0 (no existe) o 1 (existe) en el conjunto (no ordenado)[38]), `erase()` y `clear()`. Las operaciones más típicas del `unordered_map` de la STL de C++ son similares, aunque se use más el operador `[]`.

Es cierto que `map` o `set` de la STL de C++, que veremos en la sección 2.3.3, suelen ser lo bastante rápidas, ya que el tamaño típico de la entrada de un problema (de un concurso de programación) no suele superar $1M$. Dentro de estos límites, la expectativa de rendimiento[39] de $O(1)$ de las tablas de *hash* y el rendimiento de $O(\log n)$ de los BST equilibrados, donde $n \leq 1M$, no serán muy diferentes. Sin embargo, en aquellos problemas donde el tiempo sea crítico y el orden de las claves no tenga importancia, el pequeño ahorro del tiempo de ejecución (un factor de $O(\log n)$) que ofrecen las tablas de *hash* puede resultar útil. Para ilustrarlo, un simple cambio de `set<int>` a `unordered_set<int>` en la solución del problema UVa 11849 - CD (también disponible en Kattis - cd) recorta el tiempo de ejecución a la mitad, desde $\approx 0,8$ segundos a $\approx 0,4$.

En la mayoría de los problemas de concursos de programación, los límites del tamaño de entrada están indicados claramente. Por lo tanto, podemos aventurar, sin excesivo margen de error, el número máximo de elementos M que estarán, al mismo tiempo, en la tabla de *hash*. Así, podemos configurar inicialmente la tabla para que tenga un tamaño aproximado[40] de $2 \times M$, para reducir la cantidad de recálculos de los *hashes* y mantener el factor de carga de la tabla dentro de un 'rango óptimo'. En C++, utilizamos el constructor alternativo de `unordered_set`/`unordered_map` que especifica el `bucket_count` inicial, o invocamos el método `reserve(tamaño)`.

---

[37]La información satélite hace referencia a cualquier dato que quieras almacenar en la estructura de datos. La información satélite *no forma parte* de la *estructura* en la estructura de datos, sino que lo hace su clave asociada. La información satélite se mueve junto a su clave cuando esta es reorganizada por la estructura de datos subyacente. Para entenderlo con una analogía: la clave es el planeta Tierra y su información satélite es la Luna que la orbita, tanto la Tierra como la Luna orbitan juntas alrededor del Sol.

[38]En un conjunto no puede haber elementos duplicados. Si nos resultan necesarios, deberíamos utilizar `unordered_multimap` o `unordered_multiset` de la STL de C++.

[39]El peor rendimiento de las tablas de *hash* es de $O(n)$, pero resulta muy difícil crear casos de prueba que puedan provocar esa situación, especialmente cuando la tabla de *hash* inicial tiene un tamaño adecuado.

[40]El tamaño adicional que necesita una tabla de *hash* para una mejora de rendimiento depende de su implementación. `HashMap` de Java tiene un factor de carga predeterminado de 0,75, es decir, si conocemos el número máximo de elementos M, debemos establecer el valor inicial de la tabla de *hash* a $\approx 1,33 \times M$.

Tabla de direccionamiento directo

No siempre es necesario utilizar una estructura de datos de tabla de *hash* compleja. Algunos problemas de los concursos de programación se puede resolver utilizando la variante más sencilla de las tablas de *hash*, la 'tabla de direccionamiento directo' (DAT).

Se puede definir la DAT como una tabla de *hash* en la que las propias claves son los índices, o donde la 'función *hash*' es la función de identidad (no hay colisiones). Por ejemplo, podríamos tener que asignar todos los caracteres ASCII [0..255] a valores de clave enteros, por ejemplo, 'a' → 3, 'W' → 10, ..., 'I' → 13, etc. En esta situación, no necesitaremos ni map, ni unordered_map, de la STL de C++, ni cualquier otra forma de *hash*, ya que la propia clave (el valor del carácter ASCII [0..255]) es única y suficiente para determinar el índice apropiado de un *array* de tamaño 256.

Los casos más comunes en los que podría ser aplicable la técnica de la DAT son aquellos en los que las claves serán las letras del alfabeto inglés (solo minúsculas/MAYÚSCULAS [0..25] o ambas [0..51]), los caracteres del ADN ('A', 'C', 'G' y 'T'), dígitos (binarios [0..1], octales [0..7], decimales [0..9] o hexadecimales [0..15]), días de la semana ([0..6])/mes ([0..27/28/29/30])/año ([0..364/365]) y otras que encontrarás a medidas que resuelvas más problemas que impliquen a este tipo de estructura de datos especial.

Mostramos algunas de estas operaciones de tabla de *hash* en el código de ejemplo.

C++	ch2/nonlineards/unordered_map_unordered_set.cpp
Java	ch2/nonlineards/unordered_map_unordered_set.java
Python	ch2/nonlineards/unordered_map_unordered_set.py
OCaml	ch2/nonlineards/unordered_map_unordered_set.ml

Ejercicio 2.3.2.1

En este libro no trataremos los principios de las técnicas de resolución de colisiones y operaciones con tablas de *hash*. En su lugar, planteamos una serie de cuestiones para comprobar tu comprensión de los conceptos de las tablas de *hash*, especialmente la técnica del direccionamiento cerrado (encadenamiento separado), que es, seguramente, la utilizada en unordered_map/unordered_set de la STL de C++. Te animamos a que visites https://visualgo.net/en/hashtable mientras resuelvas este ejercicio.

1. Con la figura 2.5 como tabla de *hash*, con $m = 11$ celdas (se asume que la función es una de las habituales como, por ejemplo, h(clave) = clave%m)) y $n = 13$ claves, mostrar los pasos realizados por Search(8), Search(35) y Search(77).

2. Después de responder a la pregunta anterior, mostrar los pasos realizados por Insert(77), Insert(13) y Insert(19), de forma sucesiva.

3. Después de responder a las dos preguntas anteriores, mostrar los pasos realizados por Remove(9), Remove(7) y Remove(13), de forma sucesiva.

Ejercicio 2.3.2.2

Hay quien ha sugerido que es posible almacenar los pares clave $\rightarrow$ valor en un *array ordenado* de `struct`, de forma que se pueda utilizar búsqueda binaria en $O(\log n)$. ¿Este método es factible? Si no, ¿dónde está el problema?

Ejercicio 2.3.2.3

Tenemos M **cadenas.** N de ellas son únicas ($N \leq M$). ¿Qué estructura de datos no lineal, de las vistas en esta sección, deberías usar si tienes que indexar (etiquetar) las M cadenas, utilizando enteros del rango `[0..N-1]`? El criterio de indexación es el siguiente: la primera cadena debe tener el índice 0, la siguiente cadena diferente el 1 y, así, sucesivamente. Sin embargo, si encontramos una cadena que ya había aparecido, debemos asignarle el mismo índice que a su copia anterior. Una aplicación de esta tarea es la de construir un grafo de conexiones entre una lista de ciudades, formada por cadenas, y una lista de vuelos entre dichas ciudades (ver la sección 2.4.1). Una forma de resolverlo es asignar índices enteros a los nombres de las ciudades, como se pide en este ejercicio.

Ejercicio 2.3.2.4*

Hemos mencionado que el uso de `unordered_set<int>` de la STL de C++, 10 caracteres más largo, en vez de `set<int>`, reduce a, aproximadamente, la mitad el tiempo de ejecución necesario para resolver el problema Kattis - cd (también disponible en UVa 11849 - CD) *sin realizar ningún otro cambio*. Realiza experimentos similares con otros problemas del Online Judge, donde no sea necesario que las claves estén ordenadas y estén formadas por tipos de datos sencillos, como enteros o cadenas, para los que ya existan funciones de *hash* integradas y eficientes. ¿Notas mejorías similares en el tiempo de ejecución?

Ejercicio 2.3.2.5*

Hemos comentado en la sección que obtener un *hash* de un objeto complejo puede ser difícil. Sin embargo, existe un método sencillo para obtener un *hash* de un par de enteros que representen a una celdilla (r, c) de un *array* bidimensional de tamaño $N \times M$. La pregunta: ¿cómo obtenemos un *hash* de un par de enteros?

Perfiles de los inventores de estructuras de datos

John William Joseph Williams (1929-2012) fue un científico de la computación británico que, en 1964, inventó la ordenación por montículos y la estructura de datos de montículo binario.

2.3.3 Árbol de búsqueda binaria equilibrado (bBST)

Bibliotecas:
STL de C++: `map/set/multiset/multimap`.
Java: `TreeMap/TreeSet`.
Python: actualmente no cuenta con soporte para BST equilibrado.
OCaml: módulo `Map/Set` (inmutable).

Introducción rápida

El árbol de búsqueda binaria (BST) es otra forma de organización de datos en un estructura de árbol. En cada subárbol con raíz en x, se mantiene la siguiente propiedad: los elementos del subárbol izquierdo de x son menores que x, y los elementos del subárbol derecho de x son mayores (o iguales) que x. Esto es, en esencia, una aplicación de la estrategia del "divide y vencerás" (ver también la sección 3.3). Organizar los datos de esta forma (ver la figura 2.6), permite realizar las operaciones `search(clave)`, `insert(clave)`, `findMin()/findMax()`, `successor(clave)/predecessor(clave)` y `remove(clave)` en $O(\log n)$ ya que, en el peor de los casos, bastarán $O(\log n)$ operaciones para realizar un barrido desde la raíz a las hojas (para más información, consultar [5, 3, 48, 9]). Sin embargo, esta afirmación solo es válida si el BST está equilibrado.

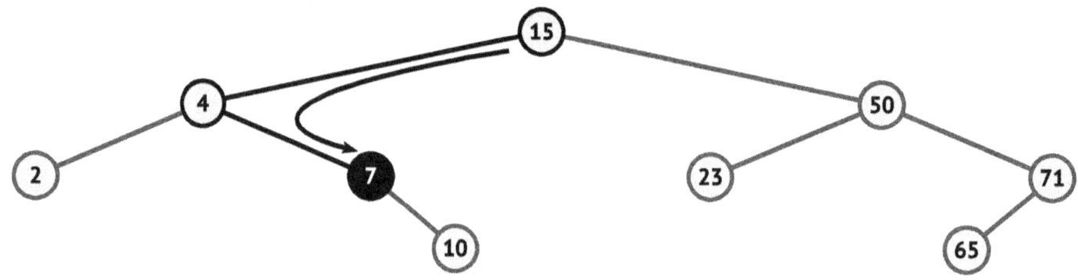

Figura 2.6: Ejemplo de búsqueda de una clave (7) en un BST equilibrado (bBST)

Árbol de búsqueda binaria equilibrado (bBST) y sus soluciones de biblioteca

La implementación *libre de errores* de un BST equilibrado, como el Adelson–Velskii Landis (AVL)[41] o el rojo–negro (RB)[42], resulta una tarea tediosa y difícil de conseguir durante la duración de

---

[41]El árbol AVL fue el primer BST autoequilibrado que se inventó. Los árboles AVL consisten en, básicamente, un BST tradicional con una propiedad añadida: las alturas de los dos subárboles de cualquier vértice de un árbol AVL pueden tener una diferencia *máxima* de uno. Las operaciones de reequilibrado (rotaciones) se realizan (cuando es necesario) durante las inserciones y las eliminaciones, para mantener esta propiedad invariable, conservando así un árbol mayormente equilibrado.

[42]El árbol rojo–negro es otro BST autoequilibrado, en el que cada vértice tiene un color: rojo o negro. En los árboles RB, el vértice raíz, los vértices hoja y todos los hijos de los vértices rojos son negros. Todo camino sencillo desde un vértice

---

un concurso de programación (salvo que cuentes de antemano con una biblioteca de código, ver la sección 2.3.4). Por suerte, la STL de C++ tiene `map` y `set`[43] (Java tiene `TreeMap` y `TreeSet`), que son, *normalmente,* implementaciones del árbol RB, lo que garantiza que la mayoría de las operaciones del BST, como inserción, búsqueda o eliminación, se realizan en tiempo $O(\log n)$[44]. Al dominar estas dos clases de la STL de C++ (o sus correspondientes en Java), puedes ahorrar mucho tiempo durante los concursos.

Ordenación con árbol

Como las claves de un bBST están ordenadas, su enumeración, de menor a mayor, resultará en una relación de claves ordenadas[45]. En algunos problemas de programación, que puedan requerir que la salida sea única y esté ordenada, podemos utilizar `set` (o `map`) de la STL de C++ para almacenar la salida y, posteriormente, enumerar todas sus claves, que habrán quedado 'auto ordenadas' por el bBST incorporado. Esta solución resulta excesiva (salvo que haya habido actualizaciones/inserciones/eliminaciones frecuentes de las claves), pues también es posible, y más rápido, almacenar la salida en un `vector` y ejecutar la función `sort` antes de mostrarla (eliminando los duplicados adyacentes para garantizar que los elementos sean únicos).

Si estás interesado en conocer más detalles de árbol de búsqueda binaria, o su variante equilibrada (árbol AVL), puedes visitar la sección de visualización del mismo en VisuAlgo, donde podrás ver el árbol BST/AVL y sus operaciones.

VISUALGO https://visualgo.net/en/bst

C++	ch2/nonlineards/map_set.cpp
Java	ch2/nonlineards/map_set.java
OCaml	ch2/nonlineards/map_set.ml

Uso de un bBST como tipo de datos abstracto para una cola de prioridad eficiente

Es posible utilizar un bBST (como `set`/`multiset` de la STL de C++) para implementar un tipo de datos abstracto de cola de prioridad eficiente, que hemos tratado en la sección 2.3.1. Podemos añadir una nueva clave a la cola, insertándola en un bBST (`insert(clave)`) en tiempo $O(\log n)$. También podemos identificar el elemento con la clave más pequeña (prioridad) buscando el que sea mínimo (esté más a la izquierda) en el bBST (`begin()`). De paso, también podemos identificar la clave más grande *del mismo* bBST buscando su elemento mayor (más a la derecha, `rbegin()`). Esto hace que, en esencia, un bBST sea una cola de prioridad *dinámica mínimo-máximo* eficiente, más potente[16] que el tipo de datos abstracto de cola de prioridad estándar.

---

hasta cualquiera de sus hojas contiene *el mismo número de vértices negros.* A través de las inserciones y las eliminaciones, un árbol RB mantendrá estas características invariadas para conservar el equilibrio.

[43]Si existen elementos duplicados, deberíamos utilizar `multimap` o `multiset` en su lugar.

[44]Únicamente debes utilizar `map`/`set` si necesitas que las claves estén ordenadas, en caso contrario la opción preferida debe ser `unordered_map`/`unordered_set`, debido a que la complejidad de tiempo de las operaciones (inserción/búsqueda/eliminación) sobre `map`/`set` es de $O(\log n)$, mientras que la *expectativa* para `unordered_map`/`unordered_set` es de $O(1)$, salvo que se produzcan colisiones graves del *hash*, en cuyo caso se convierte en $O(n)$. Pero la realidad de que se produzcan este tipo de colisiones es altamente improbable en problemas de concursos de programación.

[45]El contenido de una tabla de *hash*, tratada en la sección 2.3.2, suele estar mezclado, por lo que iterar sobre sus claves no devuelve un orden con sentido, salvo que nuestra intención sea, en realidad, la de procesar todas las claves.

[46]Un inconveniente es que `set` de la STL de C++ es más lento, por un factor constante (aunque despreciable en la mayoría de los problemas de concursos), que `priority_queue`, debido a su funcionalidad más generalista.

Una vez que sabemos esto, podemos implementar con eficiencia las dos operaciones adicionales del tipo de datos abstracto de la cola de prioridad, mencionadas en la sección 2.3.1. La operación `UpdateKey(claveVieja, claveNueva)` ahora se realizará mediante las operaciones `remove(claveVieja)` e `insert(claveNueva)` en el bBST. Este paso se realiza en tiempo $O(2 \times \log n)$, que sigue siendo $O(\log n)$. La operación `RemoveKey(clave)`, donde `clave` es cualquier clave de la cola de prioridad, se convierte, simplemente, en `remove(clave)` en el bBST, que también consume $O(\log n)$.

Árbol de estadísticos de orden: operaciones `rank(v)` y `select(k)`

Es posible aumentar un bBST (añadir información adicional a cada vértice), para que permita dos operaciones adicionales, `rank(v)` y `select(k)`. La operación `rank(v)` busca la clave `v` dentro del bBST y muestra su clasificación de entre todas las claves (normalmente contando desde 1, siendo `rank(clave-más-pequeña) = 1` y `rank(clave-más-grande) = n`). Por su parte, `select(k)` recupera la clave con clasificación `k` (`select(1) = clave-más-pequeña` y `select(n) = clave-más-grande`).

Sin embargo, hay un pequeño problema. Si utilizamos las implementaciones de biblioteca (como `set`/`map` de la STL de C++), resulta difícil o, más bien, imposible aumentar (añadir información adicional) el bBST. Trataremos esta cuestión en más detalle en la sección 2.3.4.

Ejercicio 2.3.3.1

En este libro no trataremos la parte más elemental de las operaciones con BST. En su lugar, utilizaremos una serie de subtareas para comprobar que entiendes los conceptos relacionados. Usaremos la figura 2.6 como *referencia inicial* en todas, excepto en la 2. Te animamos a que utilices `https://visualgo.net/en/bst` para completar este ejercicio.

1. Muestra los pasos dados por `search(71)`, `search(7)` y `search(22)`.

2. Comenzando con un BST *vacío*, muestra los pasos dados por `insert(15)`, `insert(4)`, `insert(50)`, `insert(2)`, `insert(7)`, `insert(23)`, `insert(71)`, `insert(10)` e `insert(65)`, uno detrás de otro. ¿Qué obtenemos?

3. Muestra los pasos dados por `findMin()` (y `findMax()`).

4. Indica el *recorrido inorden* de este BST. ¿Está la salida ordenada?

5. Indica los recorridos *preorden*, *postorden* y *orden de nivel* de este BST.

6. Muestra los pasos dados por `successor(50)`, `successor(10)` y `successor(71)`. Lo mismo para `predecessor(23)`, `predecessor(7)` y `predecessor(71)`.

7. Muestra los pasos dados por `remove(65)` (una hoja), `remove(71)` (un vértice interno con un hijo) y `remove(15)` (un vértice interno con dos hijos), uno detrás de otro.

¿Qué estructura de datos no lineal utilizarías si tienes que trabajar con las tres siguientes operaciones dinámicas: 1) muchas inserciones, 2) muchas eliminaciones y 3) muchas peticiones de datos ordenados? ¿Y si eliminamos el criterio de ordenación del punto 3?

Ejercicio 2.3.3.3*

Supón que tienes una referencia a la raíz R de un árbol binario T, que contiene n vértices. Puedes acceder a los vértices izquierdo, derecho y padre, así como a su clave, a través de su referencia. Resuelve cada una de las siguientes tareas con los mejores algoritmos que se te ocurran, y analiza sus complejidades de tiempo. Asumimos los siguientes límites: $1 \leq n \leq 200K$, por lo que las soluciones $O(n^2)$ son, teóricamente, inviables.

1. Comprueba si T es un BST.

2*. Muestra los elementos de T dentro de un rango $[a..b]$, en orden ascendente.

3*. Muestra el contenido de las *hojas* de T, en *orden descendente*.

Ejercicio 2.3.3.4*

Se sabe que el recorrido inorden (ver también la sección 4.6.2) de un BST estándar (no necesariamente equilibrado) devuelve los elementos ordenados y se ejecuta en $O(n)$. ¿Devolverá también el siguiente código los elementos del BST ordenados? ¿Se puede conseguir que se ejecute en un tiempo total de $O(n)$, en vez de en $O(\log n + (n-1) \times \log n)$ $= O(n \log n)$? Y, si es así, ¿cómo?

```
int x = findMin(); cout << x << "\n";
for (int i = 1; i < n; ++i) {          // ¿este bucle es O(n log n)?
  int x = successor(x); cout << x << "\n";
}
```

Ejercicio 2.3.3.5*

Conociendo la versatilidad de un BST equilibrado (bBST), ¿deberíamos utilizarlo para cubrir todas nuestras necesidades de asignación de claves a valores, ordenación (con la ordenación con árbol) y cola de prioridad?

2.3.4 Árbol de estadísticos de orden

Dos problemas relacionados

El problema de selección es el problema de encontrar el elemento k-ésimo más pequeño[47] de un *array* de n elementos. Otro nombre para el problema de selección es el de estadísticos de orden. De ahí que el elemento mínimo (más pequeño) sea el estadístico de orden primero, el máximo (más grande) el estadístico de orden n-ésimo, y la mediana el estadístico de orden $\frac{n}{2}$ (hay 2 medianas si n es par, pero podemos combinar ambos casos con (A[n/2] + A[(n-1)/2]) / 2).

El problema de clasificación es el opuesto al de selección. Si v es el elemento k-ésimo más pequeño de un *array*, es decir, Select(k) = v, entonces la clasificación de v es k, dicho de otro modo, Rank(v) = k. Las operaciones Select y Rank están soportadas por la estructura de datos del árbol de estadísticos de orden (que se puede implementar de varias maneras).

El problema de selección se utiliza como ejemplo de referencia en la introducción del capítulo 3. En esta sección, trataremos el problema de selección sobre datos estáticos y sus soluciones, antes de presentar el árbol de estadísticos de orden, que puede resolver tanto el problema de selección como el de clasificación de forma eficiente.

Soluciones al problema de selección con datos estáticos

Casos especiales: $k = 1$ y $k = n$

Buscar los elementos mínimo ($k = 1$) o máximo ($k = n$) de un *array* arbitrario se puede hacer con $n - 1$ comparaciones: establecemos el primer elemento como respuesta temporal y, después, comparamos esta respuesta con el resto de $n - 1$ elementos, de uno en uno, y mantenemos el más pequeño (o el más grande, según cuál estemos buscando). Por último, informamos de la respuesta. $\Omega(n)$ es el límite inferior, es decir, no podemos hacerlo mejor. Aunque este problema es sencillo para $k = 1$ o $k = n$, encontrar el resto de estadísticos de orden, forma general del problema de selección, es más complicado.

Algoritmo en $O(n^2)$

Un algoritmo ingenuo para encontrar el elemento más pequeño k-ésimo es el siguiente: encontrar el elemento más pequeño, 'descartarlo' (por ejemplo, estableciéndolo a un 'valor más grande de relleno'), y repetir el proceso k veces. Cuando k se acerca a 1 (o a n), este algoritmo en $O(kn)$ se puede seguir tratando como $O(n)$, es decir, consideramos k una 'constante pequeña'. Sin embargo, el peor caso es cuando tenemos que encontrar la mediana ($k = \frac{n}{2}$), donde este algoritmo se ejecuta en $O(\frac{n}{2} \times n) = O(n^2)$.

Algoritmo en $O(n \log n)$

Un algoritmo mejor consiste en ordenar primero (dicho de otra forma, procesar previamente) el *array* en $O(n \log n)$. Una vez hecho esto, podemos encontrar el elemento más pequeño k-ésimo

---

[47]Encontrar el elemento k-ésimo más grande es equivalente a encontrar el $(n\text{-}k+1)$-ésimo más pequeño.

en $O(1)$, devolviendo el contenido del índice $k - 1$ (indexación desde 0) del *array* ordenado. La parte principal de este algoritmo es la fase de ordenación. Asumiendo que tengamos un buen algoritmo de ordenación, en $O(n \log n)$, el tiempo de ejecución total será de $O(n \log n)$.

Algoritmo con expectativa de $O(n)$

Un algoritmo, incluso mejor, para el problema de selección, lo encontramos aplicando el paradigma de divide y vencerás. La idea clave surge de utilizar el algoritmo de partición en $O(n)$ (la versión aleatorizada) de la ordenación *quick*, como subrutina.

Un algoritmo de partición aleatorizada `RandomizedPartition(A, l, r)`, particiona un rango dado `[l..r]` del *array A*, en torno a un pivote (aleatorio). El pivote $A[p]$ es un elemento de A, donde $p \in$ `[l..r]`. Después de la partición, se colocan todos los elementos $< A[p]$ antes del pivote, y todos los elementos $\geq A[p]$ después. Se devuelve el índice final q del pivote. Este algoritmo de partición aleatorizada se puede ejecutar en $O(n)$.

Después de realizar q = `RandomizedPartition(A, 0, n-1)`, se colocará a todos los elementos $\leq A[q]$ antes del pivote y, por ello, $A[q]$ estará en su estadístico de orden correcto, que es $q + 1$. Después, solo hay 3 posibilidades:

1. $q + 1 = k$, $A[q]$ es la respuesta deseada. Devolvemos este valor y detenemos la ejecución.

2. $q + 1 > k$, la respuesta deseada está en la partición izquierda, es decir, en $A[0..q - 1]$.

3. $q + 1 < k$, la respuesta deseada está en la partición derecha, es decir, en $A[q + 1..n - 1]$.

Este proceso se puede repetir recursivamente en un rango más pequeño del espacio de búsqueda, hasta que encontremos la respuesta que necesitamos. A continuación, mostramos un fragmento de código C++ que implementa este algoritmo:

```cpp
int QuickSelect(int A[], int l, int r, int k) {   // expectativa O(n)
  if (l == r) return A[l];
  int q = RandPartition(A, l, r);                  // también O(n)
  if (q+1 == k)
    return A[q];
  else if (q+1 > k)
    return QuickSelect(A, l, q-1, k);
  else
    return QuickSelect(A, q+1, r, k);
}
```

C++	ch2/nonlineards/QuickSelect.cpp
Java	ch2/nonlineards/QuickSelect.java
Python	ch2/nonlineards/QuickSelect.py
OCaml	ch2/nonlineards/QuickSelect.ml

Este algoritmo `QuickSelect` se ejecuta con una expectativa de tiempo de $O(n)$, y es muy improbable que llegue a su peor caso de $O(n^2)$, ya que utiliza un pivote aleatorio en cada paso.

El análisis completo incluye probabilidad y expectativa de valores. El lector interesado puede encontrarlo en otras fuentes, como [5].

Un análisis simplificado, pero no riguroso, consiste en asumir[48] que QuickSelect divide el *array* en otros dos de igual tamaño a cada paso, y que n es una potencia de 2. Por ello, ejecuta RandPartition en $O(n)$ en la primera ocasión, en $O(\frac{n}{2})$ en la segunda, en $O(\frac{n}{4})$ en la tercera y, finalmente, en $O(1)$ en la iteración $1 + \log_2 n$. El coste de QuickSelect viene determinado, principalmente, por el coste de RandPartition, ya que el resto de pasos de QuickSelect son $O(1)$. Por ello, el coste total es de $O(n + \frac{n}{2} + \frac{n}{4} + \cdots + \frac{n}{n}) = O(n \times (\frac{1}{1} + \frac{1}{2} + \frac{1}{4} + \cdots + \frac{1}{n})) \leq O(2n) = O(n)$.

Solución de biblioteca para el algoritmo con expectativa de $O(n)$

La STL de C++ incluye la función nth_element en <algorithm>. Esta función implementa el algoritmo con expectativa de $O(n)$ que hemos visto. A día de hoy, no somos conscientes de que esta función tenga una equivalente en Java/Python/OCaml.

Tanto QuickSelect como nth_element pueden llegar a intercambiar elementos del *array* original A para establecerlos en su forma "más ordenada" (debido al uso de RandPartition). En ocasiones este efecto colateral no es deseado, por lo que deberemos empezar por copiar el *array* original A en otro, en tiempo $O(n)$.

Árbol de estadísticos de orden con datos dinámicos

Procesamiento previo en $O(n \log n)$ y algoritmo en $O(\log n)$ utilizando un BST equilibrado

Todas las soluciones para el problema de selección presentadas hasta el momento, asumían que el *array* dado era estático y no cambiaba entre cada consulta del elemento más pequeño k-ésimo. Sin embargo, si el contenido del *array* puede variar con frecuencia, es decir, se añade un nuevo elemento, se elimina uno existente o se modifica algún valor, las soluciones mencionadas son poco eficientes.

Cuando los datos subyacentes son dinámicos, necesitamos utilizar un árbol de búsqueda binaria *equilibrado* (ver la sección 2.3). En primer lugar, insertamos los n elementos en un BST equilibrado, en tiempo $O(n \log n)$. También aumentamos (añadimos información) sobre el tamaño de cada subárbol con raíz en cada vértice, para poder consultar el tamaño de cada subárbol en $O(1)$, con independencia de las actualizaciones (inserción/eliminación) que se puedan producir. De esta forma, podemos encontrar el elemento más pequeño k-ésimo en tiempo $O(\log n)$, mediante la comparación de k con q, el tamaño del subárbol izquierdo de la raíz:

1. Si $q + 1 = k$, entonces la raíz es la respuesta deseada. Devolvemos este valor y detenemos la ejecución.

2. Si $q + 1 > k$, la respuesta deseada está dentro del subárbol izquierdo de la raíz.

3. Si $q + 1 < k$, la respuesta deseada está dentro del subárbol derecho de la raíz, y buscaremos el elemento más pequeño $(k - q - 1)$-ésimo en él. Este ajuste de k es necesario para garantizar que la respuesta es correcta.

---

[48]Existe una extensión de este algoritmo: selección con peor caso de $O(n)$, que realiza la partición en torno a una mediana aproximada del *subarray* actual. Se puede consultar en [5].

Este proceso, que es similar al del algoritmo con expectativa de $O(n)$ para el problema de selección estático, se puede repetir recursivamente hasta que encontremos la respuesta buscada. Como la comprobación del tamaño de un subárbol se puede hacer en $O(1)$, si hemos añadido la información correcta al BST, el tiempo de ejecución, en el peor de los casos, será de $O(\log n)$, desde la raíz hasta la hoja más profunda del BST equilibrado.

Gracias a este aumento, que añade información sobre el tamaño del subárbol, podemos resolver el problema de clasificación fácilmente. Para determinar la clasificación de un valor v dado, buscamos v en el BST equilibrado y verificamos los siguientes puntos:

1. Si v es igual a la raíz del subárbol actual (hemos encontrado v), la clasificación es igual al tamaño del subárbol izquierdo más uno (la raíz).

2. Si v es menor que la raíz del subárbol actual, su clasificación se puede determinar continuando con la búsqueda en el subárbol izquierdo.

3. Si v es mayor que la raíz del subárbol actual, su clasificación de puede determinar continuando con la búsqueda en el subárbol derecho y, después, sumando el tamaño del subárbol izquierdo más uno (la raíz) a la respuesta final.

Sin embargo, como tenemos que añadir información al BST equilibrado, este algoritmo no puede utilizar los tipos `map`/`set` incorporados a la STL de C++ (o `TreeMap`/`TreeSet` en Java), ya que su funcionalidad no puede ser modificada. Por lo tanto, tendremos que escribir nuestra propia rutina de BST equilibrado (por ejemplo, un árbol AVL o rojo–negro, lo que incrementa el tiempo de programación, como se puede observar en el código de ejemplo) y, por ello, un problema de selección y/o clasificación con *datos dinámicos* puede ser extremadamente difícil de resolver si no se conocen soluciones alternativas como el árbol de Fenwick (sección 2.4.3) o las PBDS que veremos a continuación.

VISUALGO https://visualgo.net/en/avl

C++	ch2/nonlineards/AVL.cpp
Java	ch2/nonlineards/AVL.java

Estructuras de datos basadas en políticas (PBDS), solo para C++

El compilador g++ de GNU también permite el uso de estructuras de datos basadas en políticas (PBDS), que no forman parte de la biblioteca estándar de C++ (lo que hace que queden un tanto ocultas en comparación a la STL, más popular). Las utilizaremos para resolver con facilidad los problemas de selección y clasificación. Utilizaremos un ejemplo para explicar esta solución de biblioteca:

```cpp
#include <bits/stdc++.h>
using namespace std;

#include <bits/extc++.h>                    // PBDS
using namespace __gnu_pbds;
```

```cpp
typedef tree<int, null_type, less<int>, rb_tree_tag,
            tree_order_statistics_node_update> ost;

int main() {
  int n = 9;
  int A[] = { 2, 4, 7,10,15,23,50,65,71};        // como en el capítulo 2
  ost tree;
  for (int i = 0; i < n; ++i)                     // O(n log n)
    tree.insert(A[i]);
  // O(log n) select
  cout << *tree.find_by_order(0) << "\n";         // 1-más pequeña = 2
  cout << *tree.find_by_order(n-1) << "\n";       // 9-más pequeña/grande = 71
  cout << *tree.find_by_order(4) << "\n";         // 5-más pequeña = 15
  // O(log n) rank
  cout << tree.order_of_key(2) << "\n";           // índice 0 (clasificación 1)
  cout << tree.order_of_key(71) << "\n";          // índice 8 (clasificación 9)
  cout << tree.order_of_key(15) << "\n";          // índice 4 (clasificación 5)
  return 0;
}
```

C++   ch2/nonlineards/pbds.cpp

Ejercicio 2.3.4.1*

El código de ejemplo anterior asume que el árbol contiene enteros distintos. ¿Qué deberíamos hacer si hubiese duplicados?

Perfiles de los inventores de estructuras de datos

Rudolf Bayer (nacido en 1939) ha sido profesor (emérito) de informática en la Universidad Técnica de Munich. Inventó el árbol rojo–negro (RB) utilizado en map/set de la STL de C++.

Georgii Adelson–Velskii (1922-2014) fue un matemático y científico de la computación soviético. Junto con Evgenii Mikhailovich Landis, inventó el árbol AVL en 1962.

Evgenii Mikhailovich Landis (1921-1997) fue un matemático soviético. El nombre del árbol AVL es un acrónimo de los apellidos de sus dos inventores: Adelson–Velskii y el propio Landis.

Ejercicios de programación que se resuelven con una biblioteca de estructuras de datos no lineales:

Cola de prioridad

1. Nivel básico: *Kattis - numbertree* *   no es directamente un problema de cola de prioridad, pero la estrategia de indexación es similar a la indexación del montículo binario
2. **UVa 01203 - Argus** *   LA 3135 - Beijing04, simulación de `priority_queue`
3. **UVa 11997 - K Smallest Sums** *   ordenar las listas, combinar ambas utilizando `priority_queue` para mantener la suma K-ésima menor en todo momento
4. **UVa 13190 - Rockabye Tobby** *   similar a UVa 01203, utilizar cola de prioridad, utilizar el identificador del medicamento como método de desempate
5. *Kattis - jugglingpatterns* *   simulación de cola de prioridad, comprensión lectora
6. *Kattis - knigsoftheforest* *   simulación de cola de prioridad después de ordenar las entradas por año
7. *Kattis - stockprices* *   simulación de cola de prioridad, tanto máxima como mínima

Adicionales Kattis: *alehouse, clinic, guessthedatastructure, janeeyre, rationalsequence2, rationalsequence3.*
Otros: ver también el uso de `priority_queue` en algunos problemas de ordenación (sección 2.2.1), voraces (sección 3.4), ordenaciones topológicas (sección 4.2.2), algoritmos de Kruskal[49] (sección 4.3.2), Prim (sección 4.3.3), Dijkstra (sección 4.4.3), y los algoritmos de búsqueda A* (en el Volumen II).

Tabla de direccionamiento directo (DAT), ASCII

1. Nivel básico: **UVa 00499 - What's The Frequency ...** *   claves ASCII
2. **UVa 10260 - Soundex** *   DAT para asignación de código A-Z *soundex*
3. **UVa 11340 - Newspaper** *   claves ASCII
4. **UVa 11577 - Letter Frequency** *   claves A-Z
5. **UVa 12626 - I (love) Pizza** *   claves A-Z
6. *Kattis - alphabetspam* *   contar las frecuencias de caracteres en minúsculas, mayúsculas y espacios
7. *Kattis - quickbrownfox* *   pangrama, conteo de frecuencia de 26 caracteres

Adicionales UVa: *00895, 10008, 10062, 10252, 10293, 10625, 12820.*

Tabla de direccionamiento directo (DAT), otros

1. Nivel básico: **Kattis - princesspeach** *   DAT, pasada lineal
2. **UVa 01368 - DNA Consensus String** *   por cada columna j, hallar el carácter con mayor frecuencia entre todas las columnas j-ésima de todas las m cadenas de ADN
3. **UVa 11203 - Can you decide it ...** *   contar la frecuencia de x/y/z
4. **UVa 12650 - Dangerous Dive** *   utilizar un *array* booleano unidimensional para cada persona
5. *Kattis - bookingaroom* *   solo 100 habitaciones, utilizar *array* booleano unidimensional
6. *Kattis - busnumbers* *   solo 1000 números de autobús, utilizar *array* booleano unidimensional
7. *Kattis - freefood* *   solo hay 365 días en un año

Adicionales UVa: *00755.*
Adicionales Kattis: *floppy, hardware, relocation.*

Tabla de *hash*, `set`

1. Nivel básico: *Kattis - cd* *
   `unordered_set` es más rápido que `set` en este caso, o utilizar una combinación modificada pues la entrada está ordenada, también disponible en UVa 11849 - CD
2. **UVa 10887 - Concatenation of ... ***
   usar el algoritmo en $O(MN)$, concatenar todos los pares de cadenas y almacenarlos en un `unordered_set`, informar del tamaño del conjunto
3. **UVa 12049 - Just Prune The List ***
   manipular `unordered_multiset`
4. **UVa 13148 - A Giveaway ***
   podemos almacenar todas las respuestas precalculadas (que recibimos) en un `unordered_set`
5. *Kattis - esej* *
   utilizar `unordered_set` para evitar duplicados
6. *Kattis - greetingcard* *
   utilizar `unordered_set`, buena pregunta, pista clave: solo hay 12 vecinos
7. *Kattis - shiritori* *
   pasada lineal, utilizar `unordered_set` para mantener un registro de las palabras que se han mencionado

Adicionales Kattis: *bard, boatparts, deduplicatingfiles, engineeringenglish, everywhere, icpcawards, iwannabe, keywords, nodup, oddmanout, pizzahawaii, proofs, securedoors, whatdoesthefoxsay.*

Tabla de *hash*, fáciles

1. Nivel básico: *Kattis - recount* *
   utilizar `unordered_map`, conteo de frecuencias
2. **UVa 00902 - Password Search ***
   leer carácter por carácter, contar frecuencia de palabras
3. **UVa 11348 - Exhibition ***
   utilizar `unordered_map` y `unordered_set` para contar la frecuencia, comprobar que son únicos
4. **UVa 11629 - Ballot evaluation ***
   utilizar `unordered_map`
5. *Kattis - competitivearcadebasketball* *
   utilizar `unordered_map`
6. *Kattis - conformity* *
   utilizar `unordered_map` para contar las frecuencias de las permutaciones ordenadas de 5 identificadores, también disponible en UVa 11286 - Conformity
7. *Kattis - grandpabernie* *
   utilizar `unordered_map` más `vector` (ordenado)

Adicionales UVa: *00484, 00860, 10374, 10686, 12592.*
Adicionales Kattis: *babelfish, costumecontest, election2, haypoints, marko, metaprogramming, rollcall, variablearithmetic.*

Tabla de *hash*, difíciles

1. Nivel básico: *Kattis - conversationlog* *
   utilizar estructura de datos combinada: `unordered_map`, `set` y `vector` (ordenado)
2. **UVa 00417 - Word Index ***
   generar todas las palabras por fuerza bruta hasta una profundidad de 5 y asignarles índices adecuados, añadirlas a un `unordered_map`
3. **UVa 10145 - Lock Manager ***
   utilizar `unordered_map` y `unordered_set`
4. **UVa 11860 - Document Analyzer ***
   utilizar `unordered_set` para obtener cadenas únicas y `unordered_map` con barrido lineal para obtener la respuesta
5. *Kattis - addingwords* *
   utilizar `unordered_map`
6. *Kattis - awkwardparty* *
   utilizar `unordered_map` para máximo y mínimo, informar de la diferencia mayor

7. *Kattis - basicinterpreter* *   la versión difícil de Kattis - variablearithmetic, tedioso, hay que tener cuidado, escribir la cadena entre comillas dobles

Adicionales UVa: *10132, 11917*.

Adicionales Kattis: *iforaneye, magicalcows, minorsetback, parallelanalysis, recenice, snowflakes*.

BST equlibrado, `set`

1. Nivel básico: **UVa 10815 - Andy's First Dictionary** *   utilizar `set` y `string`, salida ordenada
2. **UVa 00978 - Lemmings Battle** *   simulación, utilizar `multiset`
3. **UVa 11136 - Hoax or what** *   utilizar `multiset`
4. **UVa 13037 - Chocolate** *   podemos utilizar `set` o un *array* ordenado
5. *Kattis - bst* *   simular $[1..N]$ inserciones en BST especial mediante `set`
6. *Kattis - candydivision* *   completar las búsqueda de 1 a $\sqrt{N}$, insertar todos los divisores en un `set` para tener ordenación automática y eliminar duplicados
7. *Kattis - compoundwords* *   utilizar `set` con intensidad, iterador

Adicionales UVa: *00501, 11062*.

Adicionales Kattis: *caching, ministryofmagic, missinggnomes, orphanbackups, palindromicpassword, raceday, raidteams*.

Otros: ver también la ordenación en la sección 2.2.1.

BST equilibrado, `map`

1. Nivel básico: *Kattis - doctorkattis* *   cola de prioridad máxima con actualizaciones frecuentes (increaseKey), utilizar `map`
2. **UVa 10138 - CDVII** *   utilizar `map` para asignar platos a facturas, tiempos de entrada y posición, salida ordenada
3. **UVa 11308 - Bankrupt Baker** *   utilizar `map` y `set`
4. **UVa 12504 - Updating a ...** *   utilizar `map`, cadena a cadena, ordenación necesaria
5. *Kattis - administrativeproblems* *   utilizar varios `map` ya que la salida (de nombres de espías) debe estar ordenada, cuidado con los casos límite
6. *Kattis - kattissquest* *   utilizar `map` de colas de prioridad, existe otra solución
7. *Kattis - srednji* *   ir a izquierda y derecha de B, utilizar una estructura de datos rápida como `map` para determinar el resultado rápidamente

Adicionales UVa: *00939, 10420*.

Adicionales Kattis: *baconeggsandspam, cakeymccakeface, fantasydraft, hardwoodspecies, notamused, opensource, problemclassification, warehouse, zoo*.

Otros: ver también la ordenación en la sección 2.2.1.

Árbol de estadísticos de orden

1. Nivel básico: **UVa 10909 - Lucky Number** *   implica selección dinámica, utilizar PBDS, árbol de Fenwick o BST equilibrado aumentado
2. *Kattis - babynames* *   problema de clasificación dinámico, utilizar dos PBDS
3. *Kattis - continuousmedian* *   problema de selección dinámico, específicamente los valores de la mediana, PBDS ayuda

| 4. *Kattis - cookieselection* * | asignación de enteros grandes hasta 600 000, utilizar PBDS o árbol de Fenwick con la operación `select(mediana)` |
| 5. *Kattis - gcpc* * | problema de clasificación dinámico, PBDS ayuda |

2.4 Estructuras de datos con nuestras propias bibliotecas

A día de hoy, las estructuras de datos importantes que se mencionan en esta sección no tienen todavía soporte integrado en la STL de C++ o Java, ni en las bibliotecas estándar de Python y OCaml. Por ello, en aras de la competitividad, los concursantes deberán preparar implementaciones libres de errores para trabajar con ellas. En esta sección, trataremos las ideas clave y aportaremos ejemplos de implementaciones para su uso.

2.4.1 Grafo

Un grafo es una estructura ubicua, que aparece en muchos problemas de las ciencias de la computación. En su forma básica, un grafo ($G = (V, E)$) es, sencillamente, un conjunto de vértices (V) y aristas (E, que almacena la información de conectividad entre los vértices en V). Más adelante, en los capítulos 3, 4, 8 y 9 (estos dos últimos en el Volumen II), trataremos muchos problemas y algoritmos importantes relativos a los grafos. Para prepararnos, observaremos tres métodos básicos (existen otras estructuras de datos para almacenar grafos, pero son menos habituales) para representar un grafo G con V vértices y E aristas[50].

La matriz de adyacencia AM

Normalmente tiene la forma de un *array* bidimensional (ver la parte inferior izquierda de la figura 2.7). Tiene soporte nativo en la STL de C++ y en Java. Utilizaremos `list` de `list` en Python y `t array array` en OCaml.

En los problemas (de concursos) que implican grafos, normalmente conocemos el número de vértices V. Si V es lo suficientemente pequeño, podemos construir una 'tabla de conectividad' creando un *array* bidimensional estático (una matriz cuadrada): `int AM[V][V]`. Esto tiene una complejidad *espacial*[51] de $O(V^2)$. Para un grafo no ponderado, establecemos `AM[u][v]` a un valor distinto de cero (normalmente 1), si existe una arista entre los vértices *u-v*, o a cero en caso contrario[52]. En el caso de los grafos ponderados, establecemos `AM[u][v] = peso(u, v)` si existe

---

[49]Este es otro método para implementar la ordenación de aristas en el algoritmo de Kruskal. La implementación (en C++) que incluimos en la sección 4.3.2, utiliza un paso de procesamiento previo con `vector` y `sort`, en vez de `priority_queue` (ordenación por montículos).

[50]La notación más apropiada para la cardinalidad de un conjunto S es $|S|$. Sin embargo, en este libro, aumentaremos habitualmente el significado de V y E para indicar también $|V|$ y $|E|$, dependiendo del contexto.

[51]Diferenciamos entre las complejidades de *espacio* y de *tiempo* de las estructuras de datos. La complejidad de *espacio* es una medida asintótica de los requisitos de memoria de una estructura de datos, mientras que la complejidad de *tiempo* lo es del tiempo necesario para ejecutar un algoritmo determinado o realizar una operación en la propia estructura de datos.

[52]Asumimos que no existen aristas de peso 0 en un grafo típico. En caso de que las hubiese, basta con utilizar cualquier valor alternativo que esté disponible.

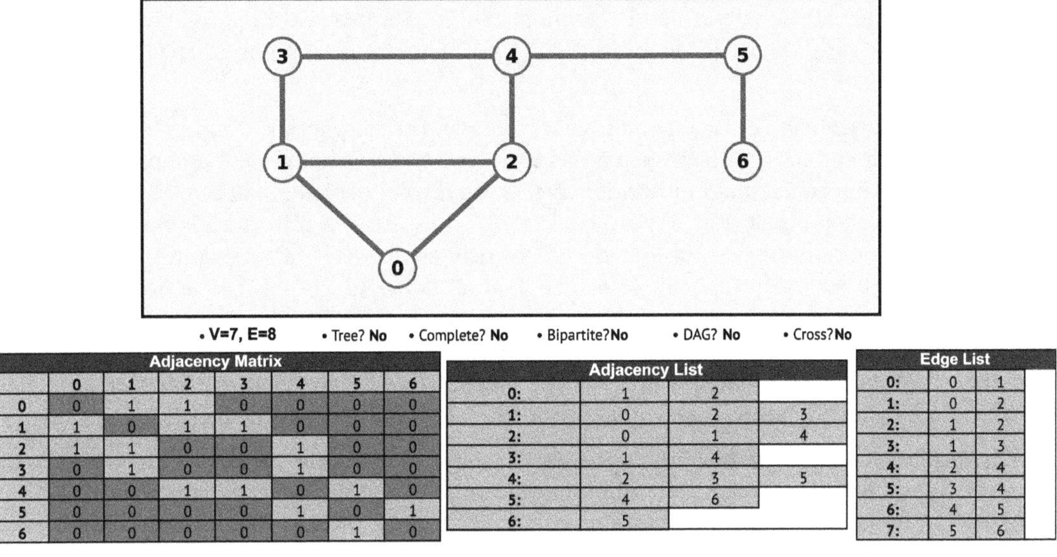

Adjacency Matrix

	0	1	2	3	4	5	6
0	0	1	1	0	0	0	0
1	1	0	1	1	0	0	0
2	1	1	0	0	1	0	0
3	0	1	0	0	1	0	0
4	0	0	1	1	0	1	0
5	0	0	0	0	1	0	1
6	0	0	0	0	0	1	0

Adjacency List

0:	1	2	
1:	0	2	3
2:	0	1	4
3:	1	4	
4:	2	3	5
5:	4	6	
6:	5		

Edge List

0:	0	1
1:	0	2
2:	1	2
3:	1	3
4:	2	4
5:	3	4
6:	4	5
7:	5	6

Figura 2.7: Visualización de la estructura de datos de un grafo no dirigido y no ponderado

una arista entre los vértices *u-v* con peso(u, v), y a cero en caso contrario. Una matriz de adyacencia (estándar) no se puede utilizar para almacenar grafos múltiples[53] que permitan la existencia de varias aristas entre el mismo par de vértices. En un grafo sencillo sin bucles, la diagonal principal de la matriz solo contendrá ceros, es decir, AM[u][u] = 0, $\forall u \in [0..V-1]$.

La matriz de adyacencia es una buena solución si debemos consultar frecuentemente la conectividad de dos vértices en un *grafo denso pequeño*. Sin embargo, su uso no es recomendable en un *grafo disperso grande,* ya que ocuparía demasiado espacio ($O(V^2)$) y causaría que demasiadas celdas del *array* bidimensional quedasen vacías (valor cero). En el entorno competitivo resulta inasumible, normalmente, utilizar matrices de adyacencia cuando el *V* dado es mayor que ≈ 5000. Otra desventaja de una matriz de adyacencia es que requiere un tiempo de $O(V)$ para enumerar la lista de vecinos de un vértice *u*, lo que es una operación muy común en muchos algoritmos, aunque dicho vértice tenga muy pocos vecinos. A continuación, veremos una representación más compacta y eficiente de un grafo, la lista de adyacencia.

La lista de adyacencia AL

Normalmente, tiene la forma de un vector de vector de parejas (ver la parte inferior central de la figura 2.7).

Utilizando la STL de C++: vector<vii> AL, donde vii se define como:

```
typedef pair<int, int> ii; typedef vector<ii> vii;
```

En Java: ArrayList<ArrayList<IntegerPair>> AL. IntegerPair es una clase sencilla de Ja-

---

[53]La mayoría de los problemas de programación que implican grafos suelen tratar de grafos sencillos. Estos no tienen bucles consigo mismos ni varias aristas entre el mismo par de vértices. Estas propiedades simplifican la mayoría de problemas de grafos.

va que contiene un par de enteros en la forma `pair<int, int>`. Para Python proponemos: `AL = defaultdict(list)`, donde los valores de `list` están agrupados en pares. En OCaml: `(int * int) list array`.

En la lista de adyacencia `AL`, tenemos un `vector` de `vector` de parejas, donde almacenamos la lista de vecinos de cada vértice u como parejas de 'información de la arista'. Cada pareja contiene dos unidades de información, el índice del vértice vecino y el peso de la arista. Si el grafo no es ponderado, basta con almacenar el peso como 0, 1 o descartar la información[54] por completo. La complejidad de espacio de una lista de adyacencia es de $O(V + E)$, porque si hay E aristas bidireccionales en un grafo (sencillo), la lista solo almacenará $2E$ parejas de 'información de aristas'. Como, normalmente, E es mucho más pequeño que $V \times (V - 1)/2 = O(V^2)$ (el número máximo de aristas en un grafo sencillo completo), las listas de adyacencia suelen resultar más eficientes, en relación al espacio utilizado, que las matrices de adyacencia. Además, se puede utilizar una lista de adyacencia para almacenar un grafo múltiple con facilidad.

Con las listas de adyacencia también podemos enumerar la lista de vecinos de un vértice v de forma eficiente. Si v tiene k vecinos, tal enumeración tendrá un coste en tiempo de $O(k)$. Normalmente, aunque no siempre, la lista de vecinos se muestra ordenada por número de vértice ascendente. Como esta es una de las operaciones más comunes en la mayoría de algoritmos de grafos, se recomienda el uso de listas de adyacencia como primera elección para la representación de grafos. Salvo que se indique lo contrario, la mayoría de los algoritmos de grafos tratados en este libro utilizarán listas de adyacencia.

La lista de aristas EL

Normalmente, tiene la forma de un `vector` de 3-tuplas (ver la figura 2.7).

Utilizando la STL de C++: `vector<tuple<int, int, int>> EL`. La opción natural en Java es `Vector<IntegerTriple> EL`. `IntegerTriple` es una clase que contiene una 3-tupla de enteros, como antes `tuple<int, int, int>`. Utilizando Python: `EL = []`. Las aristas son 3-tuplas[55], normalmente `(w, u, v)`, es decir, el peso `w` más los dos extremos `u` y `v`. Utilizando OCaml: `(int * int * int) list`.

En una lista de aristas `EL`, almacenamos una lista de todas las E aristas, siguiendo algún tipo de orden. En los grafos dirigidos, almacenamos las aristas bidireccionales dos veces, una por cada dirección. La complejidad en espacio es $O(E)$. Esta representación de grafos resulta muy útil para el algoritmo de Kruskal para MST (sección 4.3.2), donde se debe ordenar la colección de aristas no dirigidas[56] por peso ascendente. Sin embargo, almacenar información del grafo en la lista de aristas complica muchos algoritmos que requieren la enumeración de las aristas incidentes a un vértice.

Si estás interesado en explorar más detalles sobre estas tres estructuras de datos de grafos clásicas, te invitamos a visitar la sección de visualización de estructuras de datos para grafos en VisuAlgo, donde podrás ver la matriz de adyacencia, la lista de adyacencia y la lista de aristas de cualquier grafo de entrada (pequeño), ya sea dirigido, no dirigido, ponderado o no ponderado.

---

[54]Para simplificar la explicación, asumiremos que siempre existe el segundo atributo en todas las implementaciones de grafos que incluimos en el libro, aunque no se utilice. El lector es libre de modificar esta técnica de implementación.

[55]Si el grafo es no ponderado, se puede descartar `w`.

[56]Los objetos `pair` de C++ y `tuple` de Python son muy fáciles de ordenar. El criterio de ordenación predeterminado consiste en colocar el primer elemento y, después, el segundo, para deshacer empates. En Java, podemos escribir nuestra propia clase `IntegerPair/IntegerTriple`, que implemente `Comparable`.

En esa visualización, proporcionamos muchos grafos de ejemplo con diferentes propiedades (no dirigidos/dirigidos, no ponderados/ponderados, árbol/bipartito/DAG/completo, disperso/denso, etc.). Muchos de esos ejemplos también se utilizan en este libro. A continuación, incluimos las URL para la visualización de las estructuras de datos de grafos y el código de ejemplo.

VISUALGO https://visualgo.net/en/graphds

C++	ch2/ourown/graph_ds.cpp
Java	ch2/ourown/graph_ds.java
Python	ch2/ourown/graph_ds.py
OCaml	ch2/ourown/graph_ds.ml

Etiquetas de vértices que no están $\in [0..V-1]$

Hasta ahora, hemos asumido que todos los vértices están etiquetados correctamente, es decir, con índices enteros pertenecientes a un rango de tipo [0..V-1]. Si, en su lugar, los vértices del grafo estuviesen identificados por cadenas, como podría ser el caso de un grafo de conexiones aéreas entre dos ciudades denominadas por sus nombres (dos cadenas), necesitaremos trabajar un poco más.

La primera idea es utilizar `unordered_map` para vincular esas cadenas a enteros de un rango [0..$V-1$] (ver el **ejercicio 2.3.2.3**), y proceder de forma normal.

Pero también podemos emplear `unordered_map<string, vector<string>>` AL. Esta implementación, aunque más ágil en su programación, es ligeramente más lenta que la anterior de índices enteros.

Almacenamiento de grafos especiales

Cuando debemos almacenar grafos especiales (más en la sección 4.6), podría existir la posibilidad de utilizar una estructura de grafos *más sencilla* para hacerlo. La siguiente lista recoge algunos métodos:

1. El grafo es un árbol no ponderado con raíz (secciones 2.4.2 y 4.6.2). Una de las formas más sencillas de almacenar una estructura de árbol no ponderado es la utilizada en la estructura de conjuntos disjuntos para unión–buscar, de la sección 2.4.2, y en el árbol de expansión DFS/BFS/MST/SSSP, del capítulo 4. El vértice i solo debe almacenar un dato, su vértice padre, es decir, p[i]. Por lo tanto, nos bastará utilizar un *array* sencillo p, de tamaño V, para almacenar el árbol no ponderado.

2. El grafo es un árbol binario completo (con vértices ponderados). Hemos visto en la sección 2.3.1 que una estructura de árbol binario completo, con V vértices, se puede almacenar eficazmente en un *array* de tamaño $V + 1$ (ignorando el índice 0), partiendo del nivel superior y hasta el inferior, desde el vértice más a la izquierda hasta el más a la derecha de cada nivel. Más adelante, reutilizaremos la misma idea para la estructura de datos de árbol de segmentos (en la sección 2.4.4).

3. El grafo no ponderado es muy pequeño ($1 \leq V \leq 62$). En el caso de un grafo no ponderado pequeño, con $1 \leq V \leq 5000$, podemos utilizar una estructura de matriz de adyacencia. Si

el grafo es *muy* pequeño, con $1 \leq V \leq 62$, podríamos incluso *comprimir* las filas de ceros y unos de la matriz de adyacencia y transformarlas en máscaras de bits (utilizando enteros de 64 bits, como `long long`). De esta forma, solo necesitaremos un *array* unidimensional `AM`, de tamaño V vértices, y cada `AM[i]` almacenará una máscara de bits que identificará a los vecinos del vértice `i`. Como esta lista de vecinos es una máscara de bits, son aplicables todas las operaciones de bits que hemos visto en la sección 2.2.3, es decir, podemos eliminar todas las aristas salientes de un vértice `i` estableciendo `AM[i] = 0`, crear todas las aristas salientes estableciendo `AM[i] = (1<<V)-1`, complementar el grafo invirtiendo todos los bits de cada fila de `AM`, etc. Utilizaremos esta técnica en el Volumen II.

4. El grafo no ponderado ($V \leq 200K$) es denso ($E = (V \times (V\text{-}1)/2) - L, L \leq 10K$). Si tenemos un grafo no ponderado relativamente grande, y sabemos que es denso, puede resultar beneficioso invertir nuestro proceso mental y almacenar la información de las L aristas que *no estén* presentes, en una tabla de *hash* llamada `INEXISTENTES`. Es decir, empezamos por asumir que nuestro grafo es completo y no ponderado y, si una de las aristas que queramos recorrer se encuentra en `INEXISTENTES`, sabremos que, en realidad, tal arista no aparece en el grafo original.

Grafo implícito

En ocasiones *no es* necesario almacenar los grafos en un estructura de datos de grafos o generarlos explícitamente para que se pueda operar con ellos. Son los llamados grafos *implícitos*. Los encontrarás en los siguientes capítulos. Algunos de los tipos existentes son:

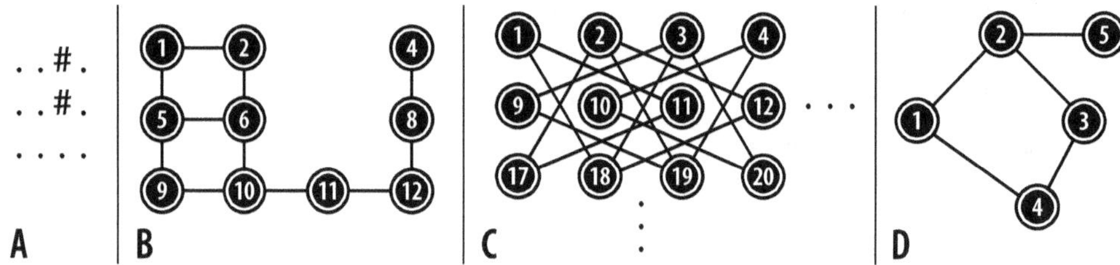

Figura 2.8: Ejemplos de grafos implícitos

1. Navegación de un mapa de una rejilla bidimensional (ver la figura 2.8.A). Los vértices son las celdas de la rejilla bidimensional, donde '.' representa tierra y '#' representa un obstáculo. Es posible determinar las aristas con facilidad: hay una arista entre dos celdas adyacentes si comparten un borde N/S/E/O[57] y si ambas son '.' (ver la figura 2.8.B).

2. El grafo de los movimientos del caballo de ajedrez, en un tablero 8×8. Los vértices son las casillas del tablero. Dos casillas tienen una arista entre ellas si difieren por dos posiciones horizontalmente y una verticalmente (o viceversa). En la figura 2.8.C se muestran las primeras tres filas y cuatro columnas de un tablero de ajedrez (se excluyen muchos vértices y aristas). Hay más detalles sobre los movimientos del caballo en la sección 4.4.2.

3. Un grafo contiene N vértices (`[1..N]`) y existe una arista entre dos vértices i y j si, y solo si, $(i + j)$ es un número primo. En la figura 2.8.D se muestra un grafo de ese tipo con $N = 5$.

---

[57]Otras variantes presentan 8 direcciones: N/NE/E/SE/S/SO/O/NO.

Siempre que encontremos un grafo implícito procuraremos evitar almacenarlo en una estructura de datos explícita (aunque podríamos) y, en su lugar, ejecutaremos nuestro algoritmo para grafos 'al vuelo', es decir, determinaremos qué vértice o arista debemos procesar a continuación en el momento de ejecución del algoritmo.

Ejercicio 2.4.1.1

Si la matriz de adyacencia de un grafo (simple) tiene la propiedad de que es igual a su transpuesto, ¿qué implica esto?

Ejercicio 2.4.1.2*

Dado un grafo (simple), representado por una matriz de adyacencia, realiza las siguientes tareas de la forma más eficiente. Una vez que hayas descubierto cómo hacerlo con matrices de adyacencia, repite la tarea con listas de adyacencia y listas de aristas.

1. Cuenta el número de vértices V y aristas dirigidas E (asumiendo que una arista bidireccional equivale a dos aristas dirigidas) del grafo.

2*. Cuenta los grados de entrada y salida de un vértice v determinado.

3*. Realiza una transposición del grafo (invierte la dirección de las aristas).

4*. Crea el complemento del grafo.

5*. Comprueba si el grafo es completo K_n. Nota: un grafo completo es un grafo simple no dirigido en el que *cada pareja* de vértices distintos está conectada por una sola arista.

6*. Comprueba si el grafo es un árbol (conexo no dirigido con $E = V - 1$ aristas).

7*. Comprueba si el grafo es en estrella S_k. Nota: un grafo en estrella S_k, es un grafo bipartito completo $K_{1,k}$. Un árbol con un único vértice interno y k hojas.

8*. Elimina del grafo una arista (u, v) dada.

9*. Actualiza el peso de una arista (u, v) dada, sustituyendo w por w'.

Ejercicio 2.4.1.3*

Crea las representaciones de matriz de adyacencia, lista de adyacencia y lista de aristas de los grafos mostrados en las figuras 4.1 (sección 4.2.2) y 4.8 (sección 4.2.10). Consejo: utiliza la herramienta de visualización de estructuras de datos de grafos de VisuAlgo.

Dado un grafo (simple) con una representación (matriz de adyacencia/AM, lista de adyacencia/AL o lista de aristas/EL), *conviértela* en otra representación de la forma más eficiente posible. Tenemos seis conversiones posibles: AM → AL, AM → EL, AL → AM, AL → EL, EL → AM y EL → AL.

Investiga otros métodos posibles de representación de grafos, diferentes a los ya tratados, especialmente para almacenar grafos especiales.

En esta sección, hemos asumido que los vecinos de un vértice aparecen representados por su número de vértice creciente en la lista de adyacencia (la matriz de adyacencia viene a obligar esa ordenación mientras que en la lista de aristas no existe el concepto de vecinos). ¿Qué ocurre si los vecinos no aparecen en orden creciente del número de vértice en la entrada, pero nosotros los preferimos ordenados para nuestros cálculos? ¿Cuál es la mejor implementación que se te ocurre?

Continuando con la pregunta anterior, ¿es *siempre* buena idea almacenar los números de vértice en *orden creciente* en la lista de adyacencia?

Piensa en una situación en la que podría resultar útil usar *simultáneamente* dos (o más) estructuras de datos para un mismo grafo.

2.4.2 Conjuntos disjuntos para unión–buscar

Motivación

El conjunto disjunto para unión–buscar (UFDS) es una estructura de datos utilizada para modelar una colección de *conjuntos disjuntos*, con la capacidad de determinar de forma eficiente, en $\approx O(1)$, a qué conjunto pertenece un elemento (o si dos elementos pertenecen al mismo conjunto) y para combinar dos conjuntos disjuntos en un conjunto mayor. Esta estructura de datos también se puede utilizar para resolver problemas de búsqueda de componentes conexos en un grafo no dirigido (secciones 4.2.4 y 4.3.2). Inicializamos cada vértice en un conjunto disjunto separado, después enumeramos las aristas y uniones del grafo cada dos vértices/conjuntos disjuntos conectados por una arista. A continuación, podremos comprobar fácilmente si dos vértices pertenecen al mismo componente/conjunto. El número de conjuntos disjuntos que se pueden seguir con facilidad también denota el número de componentes conexos del grafo no dirigido.

Estas operaciones, aparentemente sencillas, no están incorporadas de forma *eficiente* al `set` de la STL de C++, al `TreeSet` de Java al `set` de Python o al `Set` de OCaml, que no están diseñados con este propósito. Recorrer completamente cada `set` en un `vector` y buscar a cuál pertenece determinado elemento tiene un coste muy elevado. Tampoco será eficiente el `set_union` de la STL de C++ (en `algorithm`), aunque combina dos conjuntos en *tiempo lineal*, ya que todavía tendremos que lidiar con la mezcla del contenido del `vector` de `set`. Para realizar estas operaciones con eficacia, necesitamos una estructura de datos mejor, el UFDS.

Las ideas básicas

La innovación principal de esta estructura de datos la encontramos en la elección de un elemento 'padre' representativo de un conjunto. Si podemos asegurarnos de que cada conjunto está representado por un único elemento, determinar si dos elementos pertenecen al mismo conjunto se vuelve mucho más sencillo: el elemento 'padre' representativo se puede utilizar como un tipo de identificador del conjunto. Para lograrlo, el conjunto disjunto para unión–buscar crea una estructura conceptual en árbol[58], donde los conjuntos disjuntos forman un bosque. Cada árbol corresponde a un conjunto disjunto. Queda determinada la raíz del árbol como el elemento representativo de un conjunto. Por lo tanto, el identificador del conjunto de un elemento se puede obtener, de forma sencilla, siguiendo la cadena de padres, hasta alcanzar la raíz del árbol y, como cada árbol solo puede tener una raíz, este elemento representativo se puede utilizar como el identificador único del conjunto.

Para llevar a cabo esta tarea de forma eficiente, almacenamos el índice del elemento padre y (el límite superior de) la altura del árbol de cada conjunto (`vi p` y `vi rank` en nuestra implementación). Recuerda que `vi` es nuestro atajo para un vector de enteros. `p[i]` almacena el padre inmediato del elemento `i`. Si el elemento `i` es el representativo de un determinado conjunto disjunto, entonces `p[i] = i`, es decir, se refiere a sí mismo. `rank[i]` determina (el límite superior de) la altura del árbol con raíz en el elemento `i`. Utilizamos `rank[i]` para ayudar a que los árboles se mantengan relativamente pequeños, como veremos a continuación.

En esta sección utilizaremos 5 conjuntos disjuntos {0, 1, 2, 3, 4} para ilustrar el uso de esta estructura de datos. Inicializaremos la estructura de forma que cada elemento sea un conjunto disjunto en sí mismo, con rango 0, y el padre de cada elemento será, inicialmente, él mismo, como se ilustra en la figura 2.9. A medida que el árbol va creciendo, mostraremos el rango actual de los valores de los vértices con rango > 0. Cada arista (`p[i]`, `i`) del árbol, implica que el padre del vértice `i` es `p[i]`. En la visualización, `p[i]` está situado por encima de `i` en el eje y.

---

[58]En realidad implementaremos el UFDS utilizando `vector`, de ahí que la estructura en árbol sea solo conceptual.

(0)   (1)   (2)   (3)   (4)

Figura 2.9: Estado inicial: 5 conjuntos disjuntos = 5 árboles aislados/vértices individuales

Operación de UFDS: `findSet(i)` en $O(1)$

La función `findSet(i)` se limita a llamar a `findSet(p[i])` recursivamente, para hallar el elemento representativo de un conjunto, y devuelve `findSet(p[i])` si `p[i]` `!=` `i`, o `i` en otro caso.

Existe una técnica capaz de acelerar en gran medida la función `findSet(i)`: la compresión de caminos. Siempre que encontremos el elemento representativo (raíz) de un conjunto disjunto, siguiendo la cadena de aristas 'padre' desde un elemento dado, podemos hacer que el 'padre' de *todos los elementos* recorridos apunte directamente a la raíz. Cualquier llamada posterior a `findSet(i)` relativa a los elementos implicados, resultará en el recorrido de una única arista. Este método modifica la estructura del árbol (para hacer que `findSet(i)` sea más eficiente), pero conserva la construcción real del conjunto disjunto.

Podemos ver esta 'compresión de caminos' en la figura 2.10 (muestra el resultado de 4 llamadas a diferentes operaciones `unionSet(i, j)`, que se verán después en la figura 2.11). Podemos ver que `p[0]` = 1, sin embargo 1 no es la raíz. Esto es una referencia *indirecta* al (verdadero) elemento representativo del conjunto, es decir, `p[0]` = 1 y `p[1]` = 3, donde 3 es la auténtica raíz del árbol. La función `findSet(i)` puede necesitar de más de un paso para recorrer la cadena de aristas 'padre' hasta la raíz, especialmente cuando dicha cadena es larga (ver la parte superior de la figura 2.10). Sin embargo, una vez hallado el elemento representativo (por ejemplo, 'x') de ese conjunto, *comprimirá el camino* estableciendo `p[i]` = x ∀ i a lo largo de la cadena. En este ejemplo, `findSet(0)` establece `p[0]` = 3 *directamente*. Por lo tanto, las siguientes llamadas a `findSet(i)` se ejecutarán en solo $O(1)$ (ver la parte inferior de la figura 2.10). Esta es la estrategia que recibe el nombre de 'compresión de caminos'. Una vez realizada tal compresión, `rank[3]` = 2 ya no reflejará la *altura real* del árbol. Por este motivo, `rank` solo indica el *límite superior* de esa altura real. No nos molestaremos en actualizar estos valores de `rank`, ya que resulta muy costoso y solo son útiles como 'guía heurística' en las operaciones `unionSet(i, j)`.

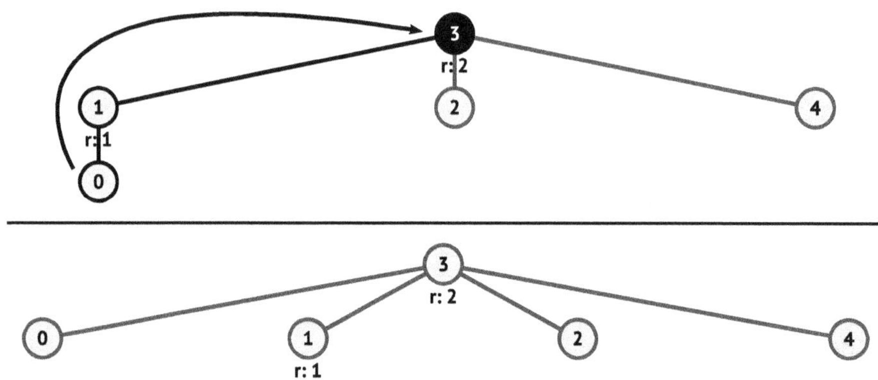

Figura 2.10: Arriba: `findSet(0)` – Abajo: la compresión de caminos resultante

La técnica de compresión de caminos utilizada en la función `findSet(i)`, combinada con la heurística 'unión por clasificación' de la operación `unionSet(i, j)`, hace que las M llamadas a operaciones `findSet(i)` (y también a `findSet(i)` integrado dentro de `unionSet(i, j)`) se ejecuten en un tiempo amortizado de $O(M \times \alpha(n))$, lo que resulta extremadamente eficiente. En el caso de la programación competitiva, donde n es razonablemente pequeño ($n \leq 1M$), podemos tratar a la *función inversa de Ackermann* $\alpha(n)$ como una operación constante en $O(1)$.

Operación de UFDS: `isSameSet(i, j)` en $O(1)$

En la parte inferior de la figura 2.11, `isSameSet(0, 4)` muestra otra operación de esta estructura de datos. La función `isSameSet(i, j)` realiza las llamadas `findSet(i)` y `findSet(j)`, ambas en $O(1)$, y comprueba si ambas se refieren a mismo elemento representativo. Si lo hacen, entonces tanto i como j pertenecen al mismo conjunto. En este caso, podemos ver que `findSet(0) = findSet(p[0]) = findSet(1) = 1` no es igual a `findSet(4) = findSet(p[4]) = findSet(3) = 3`. Por lo tanto, indicamos que los elementos 0 y 4 pertenecen a conjuntos disjuntos *diferentes*.

Si, en la misma figura, preguntamos `isSameSet(2, 4)` en su lugar, el resultado devuelto será *verdadero*, pues `findSet(2) = findSet(p[2]) = findSet(3) = 3` es igual a `findSet(4)`, es decir, 2 y 4 pertenecen al *mismo* conjunto disjunto.

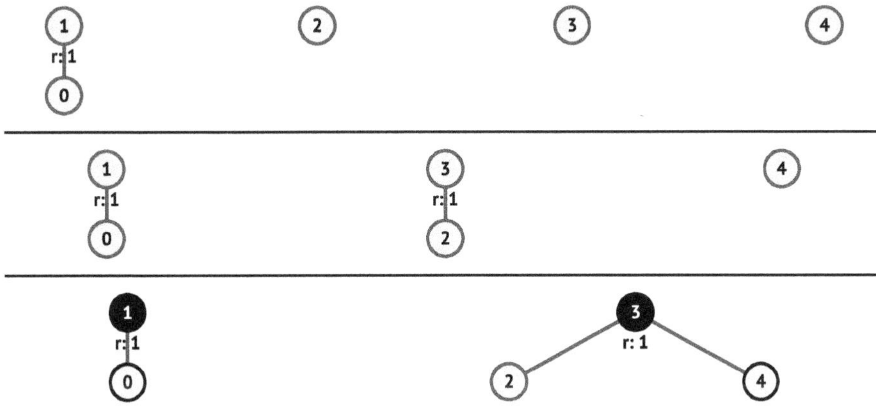

Figura 2.11: `unionSet(0, 1)` $\rightarrow$ `(2, 3)` $\rightarrow$ `(4, 3)` e `isSameSet(0, 4)`

Operación de UFDS: `unionSet(i, j)` en $O(1)$

Para unir un conjunto disjunto que contiene el elemento i con otro conjunto disjunto *diferente*, que contiene el j (digamos que `x = findSet(i)`, `y = findSet(j)` y `x != y`), hacemos que el padre de un elemento representativo de uno de los conjuntos disjuntos, llamado x, sea el elemento representativo del otro conjunto disjunto, que llamaremos y (es decir, establecemos `p[x] = y`). Esta operación tiene el efecto de combinar los dos árboles, anteriormente disjuntos, en un árbol más grande en la estructura de datos UFDS. Así, `unionSet(i, j)` causará que los elementos i, j y el resto de miembros de los conjuntos anteriormente disjuntos tengan el mismo elemento representativo, ya sea directa o indirectamente.

Con el fin de hacer que el árbol resultante sea lo más bajo posible, utilizaremos la información contenida en `vi rank`, para asegurarnos de que `rank[x] ≤ rank[y]`, en caso contrario, primero intercambiamos x e y.

Si `rank[x] < rank[y]`, entonces y, el elemento representativo del conjunto disjunto de *rango más alto* (*probablemente* un árbol más alto), será el nuevo padre del conjunto disjunto de *rango más bajo* (*probablemente* un árbol más bajo), *manteniendo* con ello el rango del árbol combinado resultante.

Si `rank[x]` == `rank[y]`, podemos elegir arbitrariamente cualquiera de ellos como nuevo padre, e incrementar el rango de la raíz resultante. En nuestra implementación, establecemos `p[x]` = y y, en este caso, realizamos `++rank[y]`.

Esta es la heurística de 'unión por rango', ya que los valores de `rank` no siempre reflejan las alturas actuales de los árboles, sino el *límite superior* de las alturas anteriores.

En la parte superior de la figura 2.11, `unionSet(0, 1)` establece `p[0]` y `rank[1]` iguales a 1.

En la parte central de la figura 2.11, `unionSet(2, 3)` establece `p[2]` a 3 y `rank[3]` a 1.

En la parte inferior de la figura 2.11, llamamos a `unionSet(4, 3)`, obtenemos `rank[findSet(4)]` = `rank[4]` = 0, que es menor que `rank[findSet(3)]` = `rank[3]` = 1, con lo que establecemos `p[4]` = 3, *sin cambiar* la altura del árbol resultante (`rank[3]` = 1 no cambia). Este es un ejemplo de cómo funciona la heurística de 'unión por rango'. Mediante esta heurística se minimiza el camino tomado desde cualquier vértice al elemento representativo siguiendo la cadena de aristas 'padre'. Podemos demostrar que el uso de esta heurística de 'unión por rango' sin la técnica de 'compresión de caminos' (o sin ninguna llamada a `findSet(i)`, con lo que no se comprime ningún camino) resultará en un árbol que no será más alto que $O(\log n)$. Si realizamos la operación inversa, es decir, si establecemos `p[3]` = 4, crearemos un árbol más alto, con `rank[4]` = 2, lo que ralentizará futuras operaciones `findSet(i)`.

Para concluir, llamamos a `unionSet(0, 3)`. `p[0]` = x = 1 (y `rank[1]` = 1) y `p[3]` = y = 3 (y también `rank[3]` = 1). Como ambos árboles tienen el mismo rango (o consideramos que tienen la misma 'altura'), establecemos `p[1]` = 3 y actualizamos `rank[3]` = 2. De esta forma, obtendremos como resultado el árbol que aparece en la parte superior de la figura 2.10.

Otras operaciones de UFDS y nuestras implementaciones

Implementaremos la estructura de datos UFDS mediante programación orientada a objetos (OOP), para una mayor facilidad de integración con cualquier código que la pueda necesitar, como el algoritmo MST de Kruskal (ver la sección 4.3.2). El constructor admite el tamaño inicial de los conjuntos disjuntos (*N*) y se limita a inicializar los `vector p` y `rank` con sus valores correspondientes.

También podemos añadir otras dos características sencillas al UFDS (que se pueden eliminar del código si no resultan necesarias). La primera es `numDisjointSets()`, que devuelve el número de conjuntos disjuntos que hay actualmente en la estructura de datos UFDS. Simplemente añadimos un contador interno llamado `numSets`, que se establece inicialmente a *N* y se va reduciendo por uno cada vez que se ejecute con éxito la función `unionSet(i, j)`.

La segunda es `sizeOfSet(i)`, que devuelve el número de elementos (incluyendo a i) que tiene el conjunto que contenga al elemento i. Podemos crear un `vi setSetsize` adicional, además de `vi p, rank`, e inicializar todos los valores a 1. Igual que antes, cada vez que se ejecute con éxito la función `unionSet(i, j)`, sumamos los tamaños de los dos conjuntos y almacenamos la información[59] en el elemento representativo del conjunto combinado.

---

[59]La idea es extensible, pues el conjunto representativo puede almacenar otros atributos diferentes al tamaño.

```cpp
#include <bits/stdc++.h>
using namespace std;

typedef vector<int> vi;

class UnionFind {                                // estilo OOP
private:
  vi p, rank, setSize;                           // vi p es la clave
  int numSets;
public:
  UnionFind(int N) {
    p.assign(N, 0); for (int i = 0; i < N; ++i) p[i] = i;
    rank.assign(N, 0);                           // aceleración opcional
    setSize.assign(N, 1);                        // característica opcional
    numSets = N;                                 // característica opcional
  }

  int findSet(int i) { return (p[i] == i) ? i : (p[i] = findSet(p[i])); }
  bool isSameSet(int i, int j) { return findSet(i) == findSet(j); }
  int numDisjointSets() { return numSets; }      // opcional
  int sizeOfSet(int i) { return setSize[findSet(i)]; } // opcional

  void unionSet(int i, int j) {
    if (isSameSet(i, j)) return;                 // i y j comparten conjunto
    int x = findSet(i), y = findSet(j);          // hallar ambos elementos
    if (rank[x] > rank[y]) swap(x, y);           // x 'más bajo' que y
    p[x] = y;                                    // establecer x bajo y
    if (rank[x] == rank[y]) ++rank[y];           // aceleración opcional
    setSize[y] += setSize[x];                    // combinar los tamaños en y
    --numSets;                                   // la unión reduce numSets
  }
};
int main() {
  UnionFind UF(5); // crear 5 conjuntos disjuntos
  printf("%d\n", UF.numDisjointSets()); // 5
  UF.unionSet(0, 1);
  printf("%d\n", UF.numDisjointSets()); // 4
  UF.unionSet(2, 3);
  printf("%d\n", UF.numDisjointSets()); // 3
  UF.unionSet(4, 3);
  printf("%d\n", UF.numDisjointSets()); // 2
  printf("isSameSet(0, 3) = %d\n", UF.isSameSet(0, 3)); // 0 (falso)
  printf("isSameSet(4, 3) = %d\n", UF.isSameSet(4, 3)); // 1 (verdadero)
  for (int i = 0; i < 5; ++i) // 1 para {0, 1} y 3 para {2, 3, 4}
    printf("findSet(%d) = %d, sizeOfSet(%d) = %d\n",
           i, UF.findSet(i), i, UF.sizeOfSet(i));
  UF.unionSet(0, 3);
```

```
48    printf("%d\n", UF.numDisjointSets()); // 1
49    for (int i = 0; i < 5; ++i) // 3 para {0, 1, 2, 3, 4}
50      printf("findSet(%d) = %d, sizeOfSet(%d) = %d\n",
51              i, UF.findSet(i), i, UF.sizeOfSet(i));
52    return 0;
53  }
```

Para mejorar tu comprensión de esta estructura de datos, te invitamos a que visites la sección sobre visualización de conjuntos disjuntos para unión–buscar en VisuAlgo, donde podrás observar la propia estructuras de datos, así como sus operaciones. Podrás especificar una secuencia de operaciones `findSet(i)` y `unionSet(i, j)`, para obtener los árboles UFDS resultantes.

VISUALGO https://visualgo.net/en/ufds

C++	ch2/ourown/unionfind_ds.cpp
Java	ch2/ourown/unionfind_ds.java
Python	ch2/ourown/unionfind_ds.py
OCaml	ch2/ourown/unionfind_ds.ml

Ejercicio 2.4.2.1

Dados N conjuntos disjuntos: {0, 1, 2, ..., N-1}, diseña una secuencia de operaciones `unionSet(i, j)` que resulte en un árbol lo más bajo posible. Ten en cuenta que se utiliza la heurística 'unión por rango'.

Ejercicio 2.4.2.2

Dados N conjuntos disjuntos: {0, 1, 2, ..., N-1}, diseña una secuencia de operaciones `unionSet(i, j)` que resulte en un árbol donde `rank` = $\log_2(N)$. ¿Es posible crear un árbol donde `rank` > $\log_2(N)$? Ten cuenta que se utiliza la heurística 'unión por rango'.

Ejercicio 2.4.2.3

Dados N conjuntos disjuntos: {0, 1, 2, ..., N-1}, diseña una secuencia de operaciones `unionSet(i, j)` y `findSet(i)` que resulte en un árbol con la menor altura posible. Ten en cuenta que, esta vez, la heurística 'unión por rango' *no se utiliza*, pero sí se podría emplear la técnica de 'compresión de caminos'.

Ejercicio 2.4.2.4

La implementación mostrada en esta sección utiliza un bucle recursivo `p[i] == i` para identificar si el elemento `i` es el representativo del conjunto. ¿Podemos evitar utilizar el bucle recursivo para que nuestro grafo UFDS sea un grafo sencillo?

2.4.3 Árbol de Fenwick (binario indexado)

Motivación

El **árbol de Fenwick**, también conocido como **árbol binario indexado** (BIT), fue inventado por *Peter M. Fenwick* en 1994 [14]. En este libro nos referiremos a él como árbol de Fenwick, en vez de como BIT, para diferenciarlo de las *manipulaciones de bits* normales. Un árbol de Fenwick es una estructura de datos muy útil para implementar *tablas de frecuencia acumulada dinámicas*. Supongamos que tenemos diferentes puntuaciones de exámenes[60] de n = 11 estudiantes $s = \{2, 4, 5, 6, 5, 6, 8, 6, 7, 9, 7\}$, donde estas son *valores enteros* en el rango `[1..m=10]`. La tabla 2.5 muestra la frecuencia de cada puntuación de examen individual $\in$ `[1..m=10]`, y la frecuencia acumulada de las puntuaciones en el rango `[1..i]`, indicadas por `cf[i]`, es decir, la suma de las frecuencias de las puntuaciones 1, 2, ..., i.

Índice/ Puntuación	Frecuencia f	Frecuencia acumulada `cf`	Comentario
0	-	-	Índice 0 ignorado (valor centinela)
1	0	0	`cf[1] = f[1] = 0`, caso base
2	1	1	`cf[2] = cf[1]+f[2] = 0+1 = 1`
3	0	1	`cf[3] = cf[2]+f[3] = 1+0 = 1`
4	1	2	`cf[4] = cf[3]+f[4] = 1+1 = 2`
5	2	4	`cf[5] = cf[4]+f[5] = 2+2 = 4`
6	3	7	`cf[6] = cf[5]+f[6] = 4+3 = 7`
7	2	9	`cf[7] = cf[6]+f[7] = 7+2 = 9`
8	1	10	`cf[8] = cf[7]+f[8] = 9+1 = 10`
9	1	11	`cf[9] = cf[8]+f[9] = 10+1 = 11`
$10 = m$	0	$11 = n$	`cf[10] = cf[9]+f[10] = 11+0 = 11`

Tabla 2.5: Ejemplo de tabla de frecuencia acumulada

La tabla de frecuencias acumuladas se puede utilizar también como solución al problema de la consulta de suma de rango (RSQ)[61], ya que almacena `RSQ(1, i)` $\forall i \in$ `[1..m]` donde `m` es el índice/puntuación[62] entero más grande. En el ejemplo anterior, `m = 10`, `RSQ(1, 1) = 0`, `RSQ(1, 2) = 1`, ..., `RSQ(1, 6) = 7`, ..., `RSQ(1, 8) = 10`, ..., y `RSQ(1, 10) = 11` (no olvidemos que `RSQ(1,m) = n`). Podemos obtener la respuesta de la RSQ de un rango arbitrario `RSQ(i, j)` cuando $i > 1$ utilizando un principio sencillo de inclusión–exclusión: `RSQ(1, j) - RSQ(1, i-1)`. Por ejemplo, `RSQ(4, 6) = RSQ(1, 6) - RSQ(1, 3) = 7 - 1 = 6`.

---

[60]Las puntuaciones no tienen por qué estar ordenadas.

[61]La `RSQ(i, j)` de un *array* `A` es la suma de `A[i] + A[i+1] + ... + A[j]`.

[62]Hay que diferenciar entre n = el número de datos de puntuación y m = el entero más grande entre los n datos.

Si las frecuencias son *estáticas*, una tabla de frecuencia acumulada, como la mostrada en la tabla 2.5, se puede calcular de forma eficiente con un simple bucle $O(m)$. En primer lugar, establecemos `cf[1] = f[1]`. Después, para $i \in$ `[2..m]`, calculamos `cf[i] = cf[i - 1]+f[i]`. Veremos más sobre frecuencias acumuladas (suma de prefijos) en la sección 3.5.2. Sin embargo, cuando las frecuencias son actualizadas repetidas veces (incrementadas o decrementadas, cambiadas a un valor específico o reiniciadas a 0) y se realizan numerosas RSQ después, es mejor utilizar una estructura de datos *dinámica*.

Las ideas básicas

En vez de utilizar un árbol de segmentos (sección 2.4.4) para resolver este problema de RSQ, podemos implementar, en su lugar, un árbol de Fenwick, que es *mucho más sencillo* (puedes comparar el código fuente de ambas implementaciones, el de esta sección y el de la sección 2.4.4). Esta es, quizá, una de las razones por las que el árbol de Fenwick se incluye en la actualidad en el temario de la IOI [16]. Las operaciones en un árbol de Fenwick son, además, extremadamente eficientes, ya que utilizan técnicas rápidas de manipulación de bits (ver la sección 2.2).

En esta sección, usaremos asiduamente la función `LSOne(S)` (que es, en realidad, `((S) & -(S))`), dándole un nombre que coincida con el utilizado en el artículo original [14]. En la sección 2.2 hemos visto que la operación `((S) & (-S))` nos devuelve el bit menos significativo de `S`. Por ejemplo, `LSOne(90) = LSOne((1 011 0$\underline{1}$0)$_2$) = ($\underline{1}$0)$_2$ = 2`.

El árbol de Fenwick[63] se implementa, típicamente, como un *array* (nosotros utilizamos un `vector`, por su flexibilidad en el tamaño). Este árbol está indexado por los *bits* de sus claves *enteras*[64]. Estas claves enteras entran dentro del rango fijo `[1..m]`, no utilizando[65] el índice 0. En un concurso de programación, `m` se puede acercar a $\approx 1M$, de forma que el árbol de Fenwick deberá cubrir el rango `[1..1M]`, lo que es suficientemente grande para la mayoría de los problemas (de concursos) habituales. En la tabla 2.5 anterior, las puntuaciones `[1..10]` son las claves enteras en el *array* correspondiente, con tamaño `m = 10` y con `n = 11` datos de puntuación.

Pongamos que el *array* del árbol de Fenwick se llama `ft`. A partir de ahí, el elemento correspondiente al índice `i` del árbol de Fenwick `ft` es el responsable de los elementos del rango `[(i-LSOne(i)+1)..i]` del *array* de frecuencias `f`, es decir `ft[i]` almacena la frecuencia acumulada de los elementos `{i-LSOne(i)+1, i-LSOne(i)+2, i-LSOne(i)+3, ..., i}` de `f`. En la figura 2.12, la parte superior muestra el árbol de consulta (o interrogación) del árbol de Fenwick, donde el valor de `ft[i]` aparece en el círculo sobre el índice `i`, y el rango `[i-LSOne(i)+1..i]` en los rangos destacados. Podemos ver que `ft[4] = 2` es responsable del rango `[(4-4+1)..4]` `= [1..4]` de `f`, `ft[6] = 5` es responsable del rango `[(6-2+1)..6] = [5..6]` de `f`, `ft[7] = 2` lo es de `[(7-1+1)..7] = [7..7]`, `ft[8] = 10` igualmente de `[(8-8+1)..8] = [1..8]`, etc[66]. La parte inferior de la figura 2.12 muestra el *array* de frecuencias `f` en bruto para cada índice `i`.

---

[63]Como en los casos del 'árbol' UFDS y el 'árbol de segmentos', implementamos la estructura de datos como un *array*, siendo los 'árboles' un ámbito conceptual.

[64]Recordemos que cada entero (no negativo) tiene una representación binaria única.

[65]Hemos decidido seguir la implementación original de [14], que ignora el índice 0, para facilitar una comprensión más sencilla de las operaciones de manipulación de bits del árbol de Fenwick. Esto se debe a que el índice 0 no tiene ningún bit activado. Por ello, la operación `i +/- LSOne(i)`, devuelve `i` cuando `i = 0`, y provocaría un bucle infinito si el programador no ha sido cuidadoso con este caso límite clásico en la implementación del árbol de Fenwick. El índice 0 se utiliza también como condición de terminación en la función `rsq` de nuestra implementación.

[66]No es objeto de este libro detallar por qué esta disposición funciona y, en su lugar, mostraremos que permite realizar operaciones de actualización y RSQ eficientes en $O(\log m)$. Si el lector está interesado, le recomendamos nuevamente la lectura de [14].

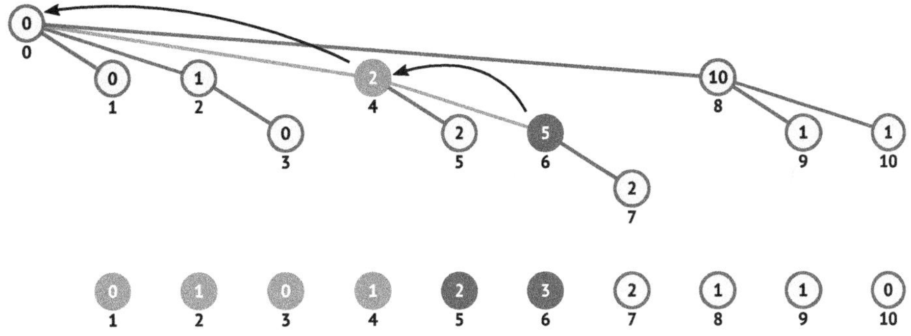

Figura 2.12: Ejemplo de `rsq(6)` en un árbol de Fenwick (interrogación/consulta)

Operación: `rsq(j)` en $O(\log m)$

Con una disposición así, si queremos obtener la frecuencia acumulada entre `[1..j]`, es decir `rsq(j)`, nos basta con sumar `ft[j]`, `ft[j']`, `ft[j"]`, …, hasta que el índice j sea 0. Esta secuencia de índices se obtiene al restar el bit menos significativo, mediante la expresión de manipulación de bits `j' = j-LSOne(j)`. La iteración de esta manipulación de bits *elimina* el bit menos significativo de j en cada paso. Como el entero j solo tiene $O(\log j)$ bits, `rsq(j)` se ejecuta en tiempo $O(\log m)$, cuando `j = m`.

En la figura 2.12, `rsq(6) = ft[6]+ft[4] = 5+2 = 7`. Vemos que los índices 4 y 6 son responsables de los rangos `[1..4]` y `[5..6]`, respectivamente. Al combinarlos, calculamos el rango completo de `[1..6]`. Los índices 6, 4 y 0 están relacionados en su forma binaria: b = 6_{10} = $(11\underline{0})_2$ se puede transformar en b' = 4_{10} = $(1\underline{0}0)_2$ y, posteriormente, en b" = 0_{10} = $(000)_2$.

Operación: `rsq(i, j)` en $O(\log m)$

Teniendo `rsq(j)` disponible, obtener la frecuencia acumulada entre los índices `[i..j]`, donde $1 \leq i \leq j \leq m$, es sencillo, basta con evaluar `rsq(i, j) = rsq(j)-rsq(i-1)`, otro principio de inclusión–exclusión. Por ejemplo, si queremos calcular `rsq(4, 6)`, es suficiente con devolver `rsq(6)-rsq(3) = (5+2)-(0+1) = 7-1 = 6`. Una vez más, esta operación se ejecuta en tiempo $O(2\times\log j) \approx O(\log m)$, cuando `j = m`. La figura 2.13 muestra el valor de `rsq(3) = ft[3]+ft[2] = 0+1 = 1`. Combina las figuras 2.12 y 2.13 para realizar el cálculo de `rsq(4, 6)`.

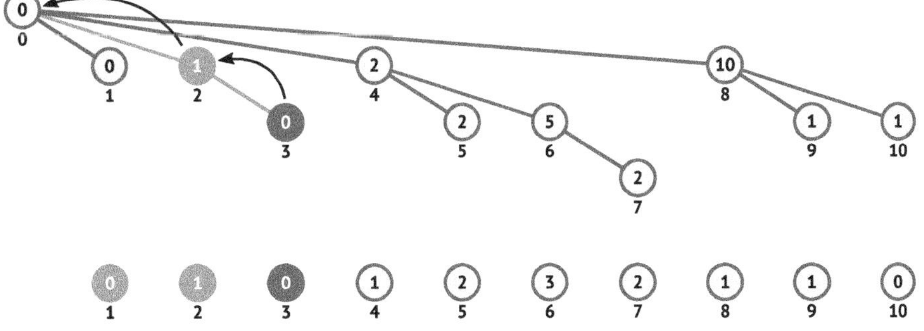

Figura 2.13: Ejemplo de `rsq(3)` en un árbol de Fenwick (interrogación/consulta)

Operación: `update(i, v)` **en** $O(\log m)$

Cuando actualizamos el valor del elemento en el índice i sumando v a su valor (sabiendo que v puede ser positivo o negativo), es decir, cuando llamamos a `update(i, v)`, debemos actualizar `ft[i]`, `ft[i']`, `ft[i"]`, ..., hasta que este índice supere a m, porque estos son los índices afectados. Esta secuencia de índices se obtiene con la siguiente expresión de manipulación de bits iterativa: `i' = i+LSOne(i)`. Desde cualquier i entero, la operación `update(i, v)` realizará un máximo de $O(\log m)$ pasos hasta que i > m, incluso si i = 1 desde el principio.

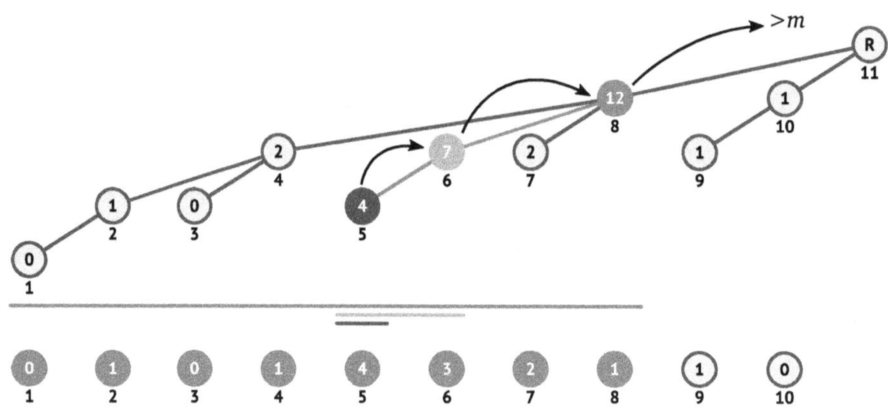

Figura 2.14: Ejemplo de `update(5, 2)` en un árbol de Fenwick (actualización)

En la parte superior de la figura 2.14, vemos el árbol de actualización del árbol de Fenwick, donde las aristas indican la cadena de vértices que deben ser actualizados. Por ejemplo, `update(5, 2)` afectará (sumará +2) a ft en los índices i = 5_{10} = $(101)_2$, i' = $(101)_2$ + $(001)_2$ = $(110)_2$ = 6_{10} e i" = $(110)_2$ + $(010)_2$ = $(1000)_2$ = 8_{10}, a través de la expresión mostrada antes.

Implementación básica

La implementación básica del árbol de Fenwick es breve y concisa. De hecho, el código puede memorizarse con facilidad. Esta versión básica asume que las claves son enteros pertenecientes al rango $[1..m]$.

Si las claves enteras incluyen el índice 0, podemos resolverlo sumando 1 a todos los índices, es decir, el índice $1/i/m$ del árbol de Fenwick corresponde, en realidad, al índice original $0/i - 1/m - 1$ en el *array*.

Si las claves son números de coma flotante, pero de precisión fija y pequeña, como en las puntuaciones de exámenes de la tabla 2.5, que son s = {`5.5`, `7.5`, `8.0`, `10.0`} (es decir, se permite un 0 o un 5 después del punto decimal) o s = {`5.53`, `7.57`, `8.10`, `9.91`} (se permiten dos dígitos), nos basta con convertir esos números de coma flotante de precisión fija en enteros, y trabajar con estos. En el primer caso, podemos multiplicar cada número por 2. En el segundo, tendremos que multiplicarlos por 100. Evidentemente, esta estrategia incrementará de forma notable el rango de claves, pero las claves con valores distintos a cero estarán dispersas.

En el caso de que haya un rango de claves muy extenso, pero solo n ($1 \leq n \leq M$) claves tengan frecuencia, es decir, las puntuaciones de la tabla 2.5 sean s = {`1K`, `1M`, `1B`, `1G`}, podemos utilizar una técnica de compresión de datos (ver la sección 3.2.3). Necesitaremos la ayuda de una estructura de datos de mapeo adicional, por ejemplo `unordered_map`, para asignar (comprimir) esos números enormes en n índices diferentes $[1..n]$ y, después, operar con el árbol de Fenwick con normalidad.

```cpp
#define LSOne(S) ((S) & -(S))                        // la operación clave

typedef vector<int> vi;

class FenwickTree {                                  // el índice 0 no se usa
private:
  vi ft;
public:
  FenwickTree(int m) { ft.assign(m+1, 0); }          // crear FT vacío
  int rsq(int j) {                                   // devuelve RSQ(1, j)
    int sum = 0;
    for (; j; j -= LSOne(j))
      sum += ft[j];
    return sum;
  }
  int rsq(int i, int j) { return rsq(j) - rsq(i-1); } // inc/exclusión
  // actualiza el valor del elemento i-ésimo por v (+/inc o -/dec)
  void update(int i, int v) {
    for (; i < (int)ft.size(); i += LSOne(i))
      ft[i] += v;
  }
};
```

Operación: `build(`*array*`-de-frecuencia f)` en $O(n + m)$

Hay muchas más cosas que podemos hacer con un árbol de Fenwick.

Podemos construir un árbol de Fenwick a partir de un *array* de datos en bruto que contenga n elementos, realizar una pasada lineal en $O(n)$ para crear un *array* de frecuencias con m claves/índices enteros y, después, llamar a `update(i, f[i])` $\forall i \in [1..m]$. Si lo hacemos así, emplearemos $O(n + m \log m)$ operaciones.

Sin embargo, es posible mejorarlo (un poco). Una vez que tengamos el *array* de frecuencias con m claves/índices enteros, nos basta con establecer `ft[i] += f[i]` y comprobar si su padre en el árbol de actualización del árbol de Fenwick sigue estando dentro del rango. Si es así, también actualizamos el padre. Lo realizamos secuencialmente $\forall i \in [1..m]$. Esta construcción es algo más rápida, en concreto utilizará $O(n + m)$ operaciones, ya que solo realizaremos el trabajo de actualización necesario.

Operación: `select(`rango k`)` en $O(\log^2 m)$

El árbol de Fenwick soporta una operación adicional que puede hacerlo útil para consultas de estadísticos de orden (ver más detalles en la sección 2.3.4): hallar el índice/clave i más pequeño tal que la frecuencia acumulada del rango $[1..i] \geq k$. Por ejemplo, podríamos necesitar determinar el índice/clave/puntuación i mínimo de la tabla 2.5, de forma que haya, al menos, $k = 7$ estudiantes dentro del rango [1..i] (índice/puntuación 6 en este caso). Esta operación se denomina `select(rango k)`. La operación inversa de obtener la clasficación de un valor v, es decir, `rank(valor v)` es trivial, ya que nos basta con llamar a `rsq(v)`.

Como las frecuencias acumuladas está ordenadas, podemos utilizar la *búsqueda binaria*. En la sección 3.3.1, conoceremos la técnica de 'búsqueda binaria de la respuesta' (BSTA). En síntesis, comprobaremos el índice central $i = m/2$ del rango inicial [1..m] y veremos si `rsq(1, i)` es menor que k (probaremos un i más grande mediante búsqueda binaria) o no (probaremos un i más pequeño mediante búsqueda binaria). La complejidad de tiempo resultante es de $O(\log m \times \log m) = O(\log^2 m)$, ya que necesitamos $O(\log m)$ para la búsqueda binaria y cada consulta es otra operación en el árbol de Fenwick en $O(\log m)$.

Árbol de Fenwick de consulta de punto y actualización de rango (RUPQ)

El nombre completo del árbol de Fenwick más conocido, y que hemos utilizado hasta ahora, es árbol de Fenwick de actualización de punto (actualización del valor de un solo índice) y consulta (suma) de rango (PURQ).

Para otras aplicaciones, podríamos necesitar realizar una *actualización de rango* (actualización de los valores dentro de un rango dado [bajo..alto], incrementados en el mismo valor v) y consulta de punto (RUPQ). Por ejemplo, dados varios intervalos de rangos pequeños (las cajas de las figura 2.15), determinar el número de intervalos que incluyen a un solo índice i (el índice subrayado en la figura mencionada). En la figura 2.15, (b, c, d, e), añadimos cuatro intervalos con rangos: [14-18], [12-16], [4-7] (este intervalo no incluye el índice $i = 14$) y [7-14]. Si consultamos el número de intervalos en los que se encuentra el índice $i = 14$, antes y después de la inserción de un intervalo, obtendremos la respuesta 0, 1, 2, 2, 3 (como se observa en la figura 2.15, (a, b, c, d, e), respectivamente).

```
          1111111111222222222233
          1234567890123456789012345678901
          ..............................=0   (a)
          ..............[11111]..............=1   (b)
          ............[11222]11..............=2   (c)
          ...[1111]....1122211..............=2   (d)
          ...111[211112232211]..............=3   (e)
```

Figura 2.15: Ejemplo de RUPQ: las consultas de punto $i = 14$ están <u>subrayadas</u>

Evidentemente, recorrer con un bucle cada índice i del rango [bajo..alto] y después llamar a `update(i, v)` puede tener un coste de hasta $O(n \log n)$ por consulta, ya que el rango puede llegar a tener un tamaño [1..n]. No resulta muy deseable. Por suerte, en su lugar podemos modificar ligeramente el árbol de Fenwick básico.

Operaciones: `range_update(ui, uj, v)` **en** $O(\log m)$ **y** `point_query(i)` **en** $O(\log m)$

Podemos utilizar el árbol de Fenwick PURQ de la siguiente manera, para `range_update(ui, uj, v)`, solo realizamos dos llamadas de actualización de punto en $O(\log m)$: `update(ui, v)` y `update(uj+1, -v)`. Para `point_query(i)`, nos basta con devolver la `rsq(i)` del árbol de Fenwick PURQ estándar, también en tiempo $O(\log m)$.

```
          1111111111222222222233
          1234567890123456789012345678901
          ...............................=0   (a)
          ...............1....X...........=1   (b)
          .............1.1..X.X...........=2   (c)
          ...1...X...1.1..X.X.............=2   (d)
          ...1..1X...1.1X.X.X.............=3   (e)
```

Figura 2.16: Ejemplo de RUPQ: *X* indica -1, las consultas de punto $i = 14$ están subrayadas

En la figura 2.16, demostramos el funcionamiento de este árbol de Fenwick RUPQ. En (b, c, d, e), añadimos gradualmente 4 intervalos. Para el rango [14-18], añadimos +1 en el índice 14 y -1 en el índice 18+1 = 19. Realizamos un proceso similar en los otros 3 rangos [12-16], [4-7] y [7-14]. Si ahora consultamos el número de intervalos que incluyen al índice $i = 14$, mediante una llamada a `rsq(1, 14)`, obtendremos la respuesta correcta $1 + 1 + (-1) + 1 + 1 = 3$ (ver (e) en la figura 2.16).

Árbol de Fenwick de consulta de rango y actualización de rango (RURQ)

Pero, ¿qué ocurre si lo que necesitamos es realizar *tanto* actualizaciones de rango como consultas de rango de forma eficiente? Por ejemplo, en la figura 2.17 tenemos añadidos los mismos 4 rangos. Si preguntamos cuál es el `rsq(11, 14)`, como en la figura 2.17.(e), deberemos responder rápidamente que $1 + 2 + 2 + 3 = 8$.

```
          1111111111222222222233
          1234567890123456789012345678901
          ...............................=0   (a)
          ..............11111.............=5   (b)
          ...........1122211.............=4   (c)
          ...1111....1122211.............=4   (d)
          ...111211112232211.............=8   (e)
```

Figura 2.17: Ejemplo de RURQ: las consultas de rango están subrayadas

Existe otro uso audaz del árbol de Fenwick, que le permite realizar esas operaciones RURQ en $O(\log m)$. Para ello, mantenemos *dos* árboles de Fenwick, uno es la variante RUPQ, de la que ya hemos hablado, y el otro es un árbol de Fenwick PURQ normal, que nos ayudará a almacenar los valores del factor de cancelación. A continuación, los detalles.

Operaciones: `range_update(ui, uj, v)` **en** $O(\log m)$ **y** `rsq(i, j)` **en** $O(\log m)$

Recordemos que la `rsq(i, j)` estándar se puede calcular fácilmente mediante el principio de inclusión–exclusión `rsq(i, j) = rsq(1, j) - rsq(1, i-1)`, por lo que debemos centrarnos en `rsq(1, j)`.

Recordemos también que, en la variante RUPQ, un `range_update(ui, uj, v)` se puede dividir en dos actualizaciones de prefijos: `update(ui, v)` y `update(uj+1, -v)`.

Dicho esto, ¿cómo afectará un `range_update(ui, uj, v)` al valor de una `rsq(1, j)`? Comenzamos utilizando `rupq.range_update(ui, uj, v)`, para incrementar en v los valores en `[ui, ui+1, ..., uj]`. Para simplificar el cálculo de `rsq(1, j)`, asumiremos que cada índice anterior a j ha cambiado a un valor igual al de j, y corregiremos los 'errores' mediante cancelación, por lo que establecemos `rsq(1, j) = rupq.point_query(j)*j - factor_de_cancelación`. Nos encontraremos con tres casos que se explican en la figura 2.18, donde realizamos la operación `range_update(3, 5, 1)`:

```
1234567
.......=0    (a)
..111..=0    (b)
..111..=2    (c)
..111..=4    (d)
```

Figura 2.18: Explicación de RURQ: las consultas de rango están subrayadas

1. Si $j < ui$, entonces `rsq(1, j)` no se ve afectado. Debido a que la actualización de rango comienza en ui, lo que no alcanza a un índice $j < ui$. Por lo tanto, `rsq(1, j) = rupq.point_query(j)*j` es correcto y `factor_de_cancelación = 0`. En la figura 2.18 no es necesario cancelar nada para $j < 3$, es decir, `rsq(1, 1) = rupq.point_query(1)*1 = 0*1 = 0`, `rsq(1, 2) = rupq.point_query(2)*2 = 0*2 = 0` (ver la figura 2.18.(b)), ya que ninguno de los dos está afectado por la operación `range_update(3, 5, 1)`.

2. Si $ui \leq j \leq uj$, entonces `rsq(1, j)` se modifica por los valores $v \times (j - ui + 1)$ o $(v \times j) - (v \times (ui - 1))$. `rsq(1, j) = rupq.point_query(j)*j` ya calcula $(v \times j)$. Pero debemos restarle $(v \times (ui - 1))$, ya que los índices $[1..ui\text{-}1]$ no se actualizan. Aquí es donde el segundo árbol de Fenwick, PURQ, nos sirve de ayuda. Establecemos `factor_de_cancelación = purq.update(ui, v*(ui-1))`. En la figura 2.18, para $3 \leq j \leq 5$, debemos cancelar $1 \times (3 - 1) = 2$ unidades, es decir, `rsq(1, 3) = rupq.point_query(3)*3 - 2 = 1*3 - 2 = 1`, `rsq(1, 4) = rupq.point_query(4)*4 - 2 = 1*4 - 2 = 2` (ver la figura 2.18.(c)) y `rsq(1, 5) = rupq.point_query(5)*5 - 2 = 1*5 - 2 = 3`, ya que los tres se ven afectados por la operación `range_update(3, 5, 1)`.

3. Si $j > uj$, entonces `rsq(1, j)` se modifica por una constante $v \times (uj - ui + 1)$ o $(v \times uj) - (v \times (ui - 1))$. Nuevamente, `rsq(1, j) = rupq.point_query(j)*j` ya calcula $(v \times j)$. Pero ahora debemos restar $(v \times (ui - 1))$ a la respuesta, y sumarle $(v \times uj)$, ya que los índices $[1..ui\text{-}1]$ y $[uj+1..j]$ no se actualizan. Ya hemos establecido `factor_de_cancelación = purq.update(ui, v*(ui-1))` con anterioridad pero, al hacerlo, el factor de cancelación se ha excedido en $[uj+1..j]$. Así, establecemos `factor_de_cancelación = purq.update(uj+1, -v*uj)` para deshacer el valor anterior del factor y obtener la respuesta correcta en los tres casos. En la figura 2.18, para $j > 5$, necesitamos cancelar $1 \times (3 - 1) + -1 \times 5 = -3$ unidades, es decir, `rsq(1, 6) = rupq.point_query(6)*7 - (-3) = 0*6 + 3 = 3` (ver la figura 2.18.(d)), ya que está afectado por la operación `range_update(3, 5, 1)`.

La implementación completa

La versión básica del árbol de Fenwick PURQ soporta operaciones de actualización tanto de RSQ (consulta de rango) como de punto, en espacio $O(m)$ y tiempo $O(\log m)$, por cada actualización de RSQ/punto, para un conjunto n dado de claves enteras y rangos en $[1..m]$. En la implementación completa, añadimos un constructor alternativo ligeramente más complejo para el *array* de frecuencias, la operación `select(k)` en $O(\log^2 m)$ y las variantes RUPQ y RURQ del árbol de Fenwick.

Incluimos nuestra implementación completa en C++. Es un poco más larga que la versión básica, pero podrás eliminar las secciones que no te resulten necesarias, para aligerar el código.

```cpp
1   #include <bits/stdc++.h>
2   using namespace std;
3
4   #define LSOne(S) ((S) & -(S))                   // la operación clave
5
6   typedef long long ll;                            // para mayor flexibilidad
7   typedef vector<ll> vll;
8   typedef vector<int> vi;
9
10  class FenwickTree {                              // el índice 0 no se usa
11  private:
12    vll ft;                                        // el FT interno es un array
13  public:
14    FenwickTree(int m) { ft.assign(m+1, 0); }      // crear un FT vacío
15
16    void build(const vll &f) {
17      int m = (int)f.size()-1;                      // f[0] siempre es 0
18      ft.assign(m+1, 0);
19      for (int i = 1; i <= m; ++i) {                // O(m)
20        ft[i] += f[i];                              // sumar este valor
21        if (i+LSOne(i) <= m)                         // i tiene padre
22          ft[i+LSOne(i)] += ft[i];                   // sumarlo al padre
23      }
24    }
25
26    FenwickTree(const vll &f) { build(f); }         // crear FT basado en f
27
28    FenwickTree(int m, const vi &s) {               // crear FT basado en s
29      vll f(m+1, 0);
30      for (int i = 0; i < (int)s.size(); ++i)       // convertir primero
31        ++f[s[i]];                                   // en O(n)
32      build(f);                                      // en O(m)
33    }
34
35    ll rsq(int j) {                                 // devuelve RSQ(1, j)
36      ll sum = 0;
```

```cpp
37      for (; j; j -= LSOne(j))
38        sum += ft[j];
39      return sum;
40    }
41
42    ll rsq(int i, int j) { return rsq(j) - rsq(i-1); } // inc/exclusión
43
44    // actualiza valor del elemento i-ésimo en v (puede ser +/inc o -/dec)
45    void update(int i, ll v) {
46      for (; i < (int)ft.size(); i += LSOne(i))
47        ft[i] += v;
48    }
49
50    int select(ll k) {                          // O(log^2 m)
51      int lo = 1, hi = ft.size()-1;
52      for (int i = 0; i < 30; ++i) {            // 2^30 > 10^9, suele valer
53        int mid = (lo+hi) / 2;                  // BSTA
54        (rsq(1, mid) < k) ? lo = mid : hi = mid; // ver la sección 3.3.1
55      }
56      return hi;
57    }
58  };
59
60  class RUPQ {                                  // variante RUPQ
61  private:
62    FenwickTree ft;                             // usar internamente PURQ FT
63  public:
64    RUPQ(int m) : ft(FenwickTree(m)) {}
65    void range_update(int ui, int uj, ll v) {
66      ft.update(ui, v);                         // [ui, ui+1, .., m] +v
67      ft.update(uj+1, -v);                      // [uj+1, uj+2, .., m] -v
68    }                                           // [ui, ui+1, .., uj] +v
69    ll point_query(int i) { return ft.rsq(i); } // rsq(i) es suficiente
70  };
71
72  class RURQ  {                                 // variante RURQ
73  private:                                      // necesita dos FTs de ayuda
74    RUPQ rupq;                                  // un RUPQ y
75    FenwickTree purq;                           // un PURQ
76  public:
77    RURQ(int m) : rupq(RUPQ(m)), purq(FenwickTree(m)) {} // inicialización
78    void range_update(int ui, int uj, ll v) {
79      rupq.range_update(ui, uj, v);             // [ui, ui+1, .., uj] +v
80      purq.update(ui, v*(ui-1));                // -(ui-1)*v antes de ui
81      purq.update(uj+1, -v*uj);                 // +(uj-ui+1)*v después de uj
82    }
83    ll rsq(int j) {
```

```cpp
84      return rupq.point_query(j)*j -            // cálculo inicial
85            purq.rsq(j);                        // factor de cancelación
86    }
87    ll rsq(int i, int j) { return rsq(j) - rsq(i-1); } // estándar
88  };
89
90
91  int main() {
92    vll f = {0,0,1,0,1,2,3,2,1,1,0};                  // el índice 0 siempre es 0
93    FenwickTree ft(f);
94    printf("%lld\n", ft.rsq(1, 6)); // 7 => ft[6]+ft[4] = 5+2 = 7
95    printf("%d\n", ft.select(7)); // índice 6, rsq(1, 6) == 7, que es >= 7
96    ft.update(5, 1); // actualizar demostración
97    printf("%lld\n", ft.rsq(1, 10)); // ahora es 12
98    printf("=====\n");
99    RUPQ rupq(10);
100   RURQ rurq(10);
101   rupq.range_update(2, 9, 7); // índices en [2, 3, .., 9] actualizados por +7
102   rurq.range_update(2, 9, 7); // igual que el rupq
103   rupq.range_update(6, 7, 3); // índices 6 y 7 actualizados por +3 (10)
104   rurq.range_update(6, 7, 3); // igual que el rupq
105   // idx = 0 (sin uso) | 1 | 2 | 3 | 4 | 5 | 6 | 7 | 8 | 9 |10
106   // val = -           | 0 | 7 | 7 | 7 | 7 |10 |10 | 7 | 7 | 0
107   for (int i = 1; i <= 10; i++)
108     printf("%d -> %lld\n", i, rupq.point_query(i));
109   printf("RSQ(1, 10) = %lld\n", rurq.rsq(1, 10)); // 62
110   printf("RSQ(6, 7) = %lld\n", rurq.rsq(6, 7)); // 20
111   return 0;
112 }
```

Para mejorar tu comprensión de esta estructura de datos, te recomendamos que visites la visualización del árbol de Fenwick en VisuAlgo, donde podrás ver esta estructura de datos de árbol de Fenwick en funcionamiento, junto a sus operaciones. Puedes especificar tu propio *array* de frecuencia f, realizar varias RSQ, actualizaciones de punto, consultas de punto y actualización de rango (RUPQ), consultas de rango y actualización de rango (RURQ) y, después, observar el árbol de Fenwick resultante.

VISUALGO https://visualgo.net/en/fenwicktree

C++   ch2/ourown/fenwicktree_ds.cpp
Java   ch2/ourown/fenwicktree_ds.java
Python   ch2/ourown/fenwicktree_ds.py
OCaml   ch2/ourown/fenwicktree_ds.ml

La operación `select(k)` del árbol de Fenwick se puede implementar, en realidad, en $O(\log m)$, en vez de en $O(\log^2 m)$, como se ha descrito en esta sección. ¿Cómo?

Extiende el árbol de Fenwick unidimensional a uno bidimensional.

En la sección 2.4.4, que veremos a continuación, estudiaremos otra estructura de datos para responder a la consulta de mínimo/máximo de rango. Muestra cómo utilizar el árbol de Fenwick para responder a la consulta de mínimo/máximo de rango con *prefijo* dinámico.

No hemos tratado en esta sección si es posible utilizar el árbol de Fenwick para casos de eliminación/inserción. Muestra cómo implementar `delete(i)` (eliminación del valor i en un árbol de Fenwick existente). Implementa tambien `insert(i)` (inserción de un valor i que todavía no existe en el árbol de Fenwick, es decir, `rsq(i, i) = 0`). ¿Qué elementos debes asumir para que la inserción funcione?

2.4.4 Árbol de segmentos

Motivación

En la anterior sección 2.4.3 y en esta que comienza, trataremos dos estructuras de datos que pueden responder, de forma eficiente, a consultas de rangos *dinámicos* en los que la información es *actualizada* y consultada frecuentemente. Una de esas consultas de rango la encontramos en el problema de buscar el valor mínimo en un *array* dentro del rango `[i..j]`. Esta cuestión se conoce como el problema de la consulta de mínimo de rango (RMQ)[67,68].

Por ejemplo, si tenemos un array `A` de tamaño $n = 7$, como el que aparece a continuación, `RMQ(1, 3) = 13`, ya que el índice 13 contiene el elemento mínimo entre `A[1]`, `A[2]` y `A[3]`. Para

---

[67]El problema de la consulta opuesta, de máximo de rango, es idéntico a este.

[68]También se puede utilizar un árbol de segmentos para responder a una consulta de *suma* de rango (`RSQ(i, j)`). Sin embargo, el árbol de Fenwick, visto en la sección 2.4.3, resulta en una estructura de datos más sencilla para este problema. Por lo tanto, en esta sección 2.4.4, nos concentraremos en la RMQ.

---

comprobar tu comprensión de la RMQ, verifica que en este *array* A RMQ(3, 4) = 15, RMQ(0, 0) = 18, RMQ(0, 1) = 17, RMQ(4, 6) = 11 y RMQ(0, 6) = 11.

Array	Valores	18	17	13	19	15	11	20
A	Índices	0	1	2	3	4	5	6

Para simplificar la explicación, haremos que A tenga el tamaño de una potencia de 2. Como $n = 7$, añadimos el valor A[7] = ∞ que no utilizaremos (lo expresamos como 99) y que no modificará los valores de RMQ(i, j) para ningún par (i, j). Ahora tenemos que $n = 8$, que es una potencia de 2.

Array	Valores	18	17	13	19	15	11	20	$\infty = 99$
A	Índices	0	1	2	3	4	5	6	7

Existen varias formas de resolver el problema de la RMQ. Un algoritmo trivial consiste en iterar el *array* desde el índice i hasta j, e informar del que tiene el valor mínimo, pero esto se ejecuta en tiempo $O(n)$ por consulta, por lo que si n es grande y hay muchas consultas, es inviable.

Si la información es *estática*, es decir, los datos permanecen inalterados desde su creación, podemos utilizar una estructura de datos de tabla dispersa con procesamiento previo de programación dinámica en $O(n \log n)$ y $O(1)$ por RMQ, que trataremos en el Volumen II. Pero si la información es *dinámica*, las técnicas de procesamiento previo en $O(n \log n)$ utilizadas en la estructura de datos tabla dispersa resultan muy costosas.

Las ideas básicas

En esta sección, respondemos al problema de la RMQ dinámica en un *array* A con un árbol de segmentos st, que es otra forma de organizar datos en un árbol binario. Existen varias formas de implementar el árbol de segmentos. La nuestra utiliza el mismo concepto que el *array* compacto con índice a partir de 1 del montículo binario, donde utilizamos vi (nuestro atajo para vector<int>) st para representar el árbol binario. El índice 1 (no utilizamos el 0) es la raíz, y los hijos izquierdo y derecho del índice p son $2 \times p$ y $(2 \times p) + 1$, respectivamente (consultar la sección 2.3, sobre el montículo binario). El valor de st[p] es el valor RMQ del segmento asociado al índice p.

La raíz del árbol de segmentos representa al segmento completo [0, n-1]. Para cada segmento [L, R] almacenado en el índice p, donde L != R, dicho segmento se divide en [L, (L+R)/2] (almacenado en $2 \times p$) y [(L+R)/2+1, R] (almacenado en $(2 \times p) + 1$). Seguimos dividiendo los segmentos hasta que cada uno incluya únicamente un índice del *array*, es decir L = R.

Operación del árbol de segmentos: build en $O(n)$ a partir de un *array* A

Cuando L = R, es evidente que st[p] = L (o R). En caso contrario, construiremos, de forma recursiva, el árbol de segmentos, comparando el valor mínimo de los subsegmentos izquierdo y derecho, y actualizando st[p] para que contenga el valor más pequeño.

Este proceso queda implementado en la rutina void build(int p, int L, int R). Esta rutina, build, crea hasta $O(1 + 2 + 4 + 8 + \cdots + 2^{\log_2 n}) = O(2 \times n)$ segmentos (más pequeños) y, en consecuencia, se ejecuta en $O(n)$. Si n es una potencia de 2, el árbol de segmentos resultante es un árbol binario perfecto, con $\log n$ niveles y $2 \times n - 1$ vértices, que se puede almacenar en un `vi st` de tamaño $2 \times n$ (sacrificando el índice 0). Sin embargo, como no podemos garantizar que n sea una potencia de 2 de forma general, necesitaremos convertirlo a la siguiente potencia de 2, utilizando la fórmula $2^{\lceil (\log_2(n)) \rceil}$, y estableceremos el tamaño de `st` en $2 \times 2^{\lceil (\log_2(n)) \rceil}$, para evitar el error de que el índice supere el límite. Para nuestra implementación, utilizamos una complejidad de espacio flexible de $O(4n) = O(n)$, que siempre es mayor que el resultante de la fórmula $2 \times 2^{\lceil (\log_2(n)) \rceil}$.

Para el *array* de ejemplo A, el árbol de segmentos correspondiente se muestra en las figuras 2.19 y 2.20, donde la información del segmento (vértice p: [índice izquierdo i de A, índice derecho j de A], abreviado como p:[L,R]), aparece debajo de cada vértice/círculo p del árbol de segmentos, mientras que su valor `st[p]` se muestra dentro del vértice/círculo.

Operación del árbol de segmentos: RMQ(i, j) en $O(\log n)$

Con el árbol de segmentos ya preparado, se puede responder a una RMQ en $O(\log n)$. La respuesta para RMQ(i, i) es trivial, basta con devolver la propia i. Sin embargo, para el caso general RMQ(i, j), son necesarias más comprobaciones. Definimos una función privada int RMQ(int p, int L, int R, int i, int j), y la función pública RMQ(i, j) comienza con RMQ(1, 0, n-1, i, j), es decir, tratando de hallar RMQ(i, j) a partir del segmento raíz [L=0, R=n-1] (índice $p = 1$).

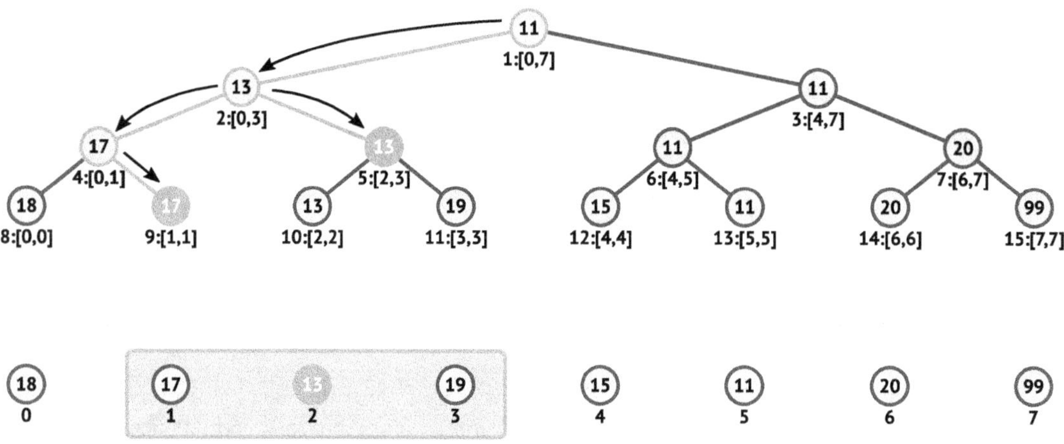

Figura 2.19: Árbol de segmentos de A = {18, 17, 13, 19, 15, 11, 20, ∞} y RMQ(1, 3) = 13

Tomemos como ejemplo la consulta RMQ(1, 3). El proceso mostrado en la figura 2.19 es el siguiente: comenzamos desde la raíz (índice 1), que representa el segmento 1:[0,7]. No podemos usar el mínimo almacenado del segmento 1:[0,7] = st[1] = 11 como respuesta de RMQ(1, 3), ya que es el valor mínimo de un segmento más grande[69] que el rango deseado en RMQ(1, 3). Partiendo de la raíz, solo tenemos que ir al subárbol izquierdo, ya que la raíz del derecho representa al segmento 3:[4,7], que está fuera[70] del rango deseado en RMQ(1, 3).

---

[69]Se dice que el segmento p:[L,R] es más grande que el rango de consulta [i, j] (y, por lo tanto, debe ser dividido) si [L, R] no está ni fuera ni dentro del rango de consulta (ver las otras notas al pie).

[70]Se dice que el segmento p:[L,R] está fuera del rango de consulta [i, j] si i > j.

Ahora, nos encontramos en la raíz del subárbol izquierdo (índice 2), que representa al segmento
2:[0,3]. Este segmento 2:[0,3] sigue siendo más grande que la RMQ(1, 3) buscada. De hecho,
RMQ(1, 3) se interseca *tanto* con el subsegmento izquierdo 4:[0,1] como el derecho 5:[2,3]
del segmento 2:[0,3], por lo que tenemos que explorar *ambos* subárboles (subsegmentos).

El segmento izquierdo 4:[0,1] de 2:[0,3] no se encuentra aún dentro del rango buscado de
RMQ(1, 3), por lo que se hace necesaria otra división. Desde el segmento 4:[0,1], nos movemos
a la derecha al segmento 9:[1,1], que ahora está dentro[71] del rango buscado de de RMQ(1, 3).
En este punto, sabemos que RMQ(1, 1) = st[9] = A[1] = 17 y podemos devolver este valor
como resultado. El segmento derecho 5:[2,3] de 2:[0,3] está dentro del RMQ(1, 3) solicitado.
Gracias al valor almacenado dentro de este vértice, sabemos que RMQ(2, 3) = st[5] = 13. *No
es necesario* seguir recorriendo el árbol. De esta forma, nos encontramos de vuelta en la llamada
al segmento 2:[0,3], y tenemos que a = RMQ(1, 1) = 17 y b = RMQ(2, 3) = 13. Por tanto,
tenemos que RMQ(1, 3) = mín(a, b) = mín(17, 13) = 13. Esta es la respuesta definitiva que
se devolverá a la raíz.

Vamos a fijarnos en otro ejemplo: RMQ(4, 7). La ejecución, como se muestra en la figura 2.20 es
la siguiente: comenzamos desde el segmento raíz 1:[0,7]. Como es mayor que el rango buscado
en RMQ(4, 7), nos desplazamos a la derecha, al segmento 3:[4,7], ya que 2:[0,3] queda fuera.
Como este segmento 3:[4,7] representa exactamente a RMQ(4, 7), basta devolver el índice del
elemento mínimo almacenado en este vértice, que es 11. Por lo tanto RMQ(4, 7) = st[3] = 11.

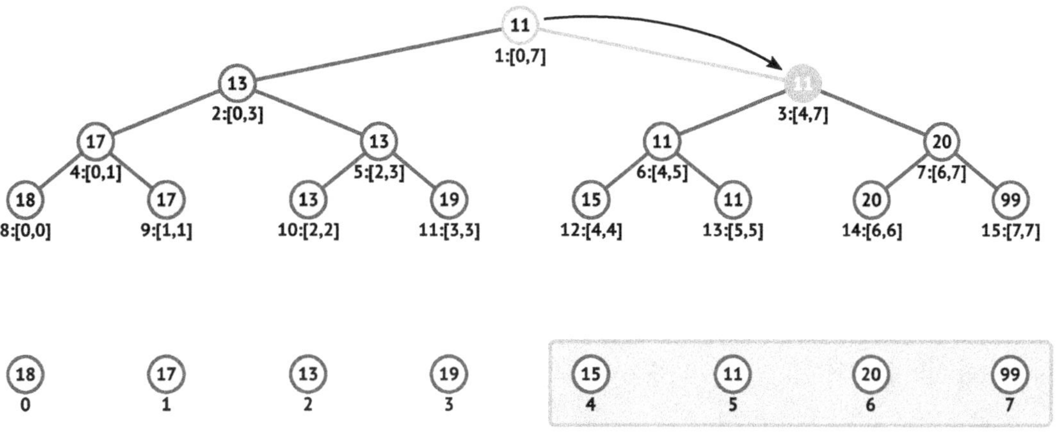

Figura 2.20: Árbol de segmentos de A = {18, 17, 13, 19, 15, 11, 20, ∞} y RMQ(4, 7) = 11

La forma en que está estructurada la información, nos ayuda a evitar recorrer las partes no necesarias del árbol. Cada consulta implicará a un máximo de cuatro vértices por nivel, y tenemos un
máximo de $\log n$ niveles. Por lo tanto, el coste total es de $O(4\log n) = O(\log n)$. Por ejemplo: en
RMQ(1, 6) tenemos una mitad del camino tal y como se describe en la figura 2.19, combinado
con este camino 'espejo': 1:[0,7] → 3:[4,7] → 6:[4,5] (retrocede una vez) → 7:[6,7] →
14:[6,6] (retrocede tres veces hasta la raíz). Dado que $a = 13$ (RMQ(1, 3)) y $b = 11$ (RMQ(4,
6)), entonces RMQ(1, 6) = mín(a, b) = mín(13, 11) = 11. Vemos que se ha accedido a cuatro vértices (índices {4, 5, 6, 7}) en el penúltimo nivel del árbol de segmentos.

---

[71]Se dice que el segmento p:[L,R] está dentro del rango de consulta [i, j] si L ≥ i && R ≤ j.

Operación del árbol de segmentos: actualización de punto update(i, i, v) **en** $O(\log n)$

Repetimos que, si el *array* A es estático, utilizar un árbol de segmentos para resolver el problema de la RMQ es *excesivo*, ya que la estructura de datos de tabla dispersa es más apropiada.

El árbol de segmentos es útil cuando el *array* subyacente A se actualiza habitualmente (es dinámico). Existen dos tipos de actualizaciones posibles: actualización de un solo punto (índice i único), o actualización de un rango (varios índices de [i..j]). Comenzaremos con la actualización de punto.

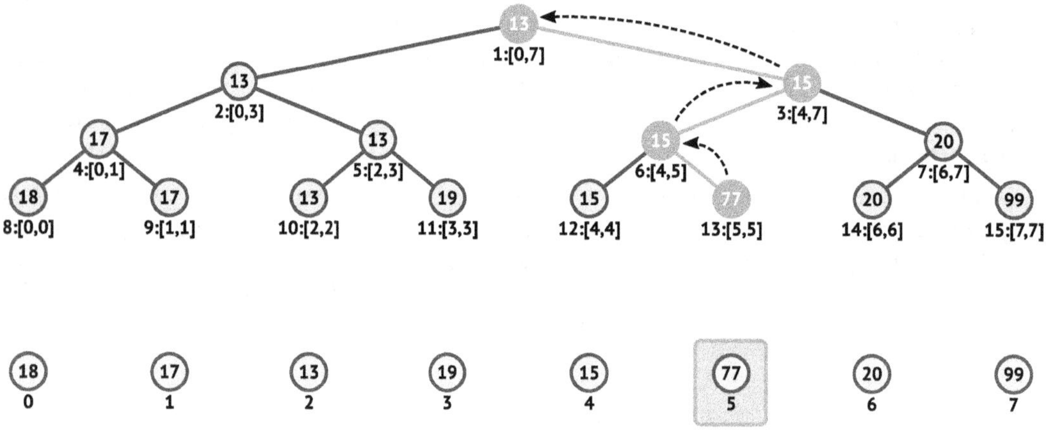

Figura 2.21: Actualización de A a {18, 17, 13, 19, 15, **77**, 20, ∞}

Por ejemplo, si A[5] cambia de 11 a 77, solo tenemos que actualizar los vértices a lo largo del camino de la hoja a la raíz en $O(\log n)$. La ruta es: 13:[5,5] (ahora st[13] = 77) → 6:[4,5] (st[6] = 15 ya que ahora mín(15, 77) = 15) → 3:[4,7] (st[3] = 15 ya que ahora mín(15, 20) = 15) → 1:[0,7] (st[1] = 13 ya que ahora mín(13, 15) = 13) en la figura 2.21.

En nuestra implementación, como ya tenemos la actualización de rango update(i, j, v), podemos simular la actualización de punto update(i, j, v) estableciendo j = i.

Por hacer una comparación, la solución de tabla dispersa presentada en el Volumen II requiere otro procesamiento previo, con coste $O(n \log n)$, para actualizar la estructura, por lo que no resulta eficiente en las actualizaciones dinámicas.

Operación del árbol de segmentos: actualización de rango update(i, j, v) **en** $O(\log n)$

En algunas aplicaciones puede ser necesario actualizar los valores de un rango [i..j] de un *array* A a *un mismo* nuevo valor v. Si únicamente conocemos el método de actualización de punto update(i, i, v) en $O(\log n)$, acabaremos ejecutando un algoritmo en $O(n \log n)$, ya que el rango [i..j] podría llegar a tener un tamaño de [0..n-1]. Por suerte, existe una solución mejor, mediante el uso de la técnica de **propagación perezosa**[72]. La propagación perezosa es similar a una operación RMQ, en el sentido de que también visita un máximo de $(\log n)$ vértices. Pero, en esta ocasión, en vez de realizar consultas, se limita a actualizar el vértice que representa un rango que está dentro del rango actualizado y, después, retrocede.

---

[72]Esta técnica perezosa aparecerá varias veces a lo largo del libro y su estudio es muy interesante.

La actualización de rango se entiende mejor con un ejemplo: vamos a asumir que queremos actualizar los valores A[0..3] de la figura 2.21, desde los anteriores {18, 17, 13, 19}, y establecerlos todos en 30 (A[5] sigue siendo 77). Solo tendremos que actualizar un máximo de $O(\log n)$ vértices a lo largo de los caminos afectados. En este caso, nos basta con un único camino, como se ve en la figura 2.22: 1:[0,7] → 2:[0,3] (st[2] = 30, ya que ahora A[0] = A[1] = A[2] = A[3] = 30), pero este vértice está marcado como perezoso, ya que *todavía* no ha propagado esta información. Retrocedemos inmediatamente a → 1:[0,7] (st[1] = 30 ahora es mín(30, 77) = 30). Si realizamos una llamada a RMQ(0, 3), recorreremos 1:[0,7] → 2:[0,3] (st[2] = 30) e informaremos, inmediatamente, de que el valor es 30, aunque *todavía* no hemos procesado los índices {4, 5, 8, 9, 10, 11} del árbol de segmentos.

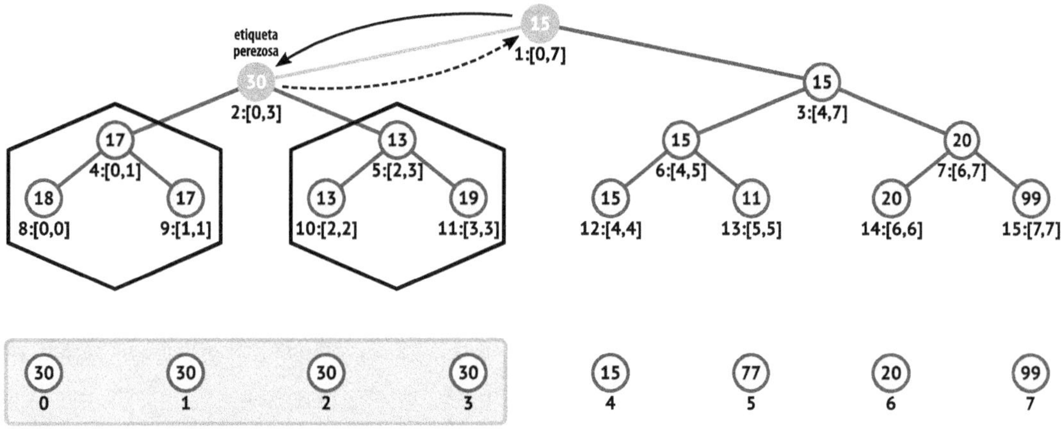

Figura 2.22: Actualización de A a {**30, 30, 30, 30**, 15, 77, 20, ∞}

A continuación, ilustraremos todos los detalles de la propagación perezosa. Asumimos que queremos actualizar los valores A[3] de la figura 2.22 desde el 30 anterior (todavía no propagado) a 7, por lo que solo necesitaremos actualizar un máximo de $O(\log n)$ vértices a lo largo de los caminos afectados. Puedes ver los caminos de la figura 2.23.

El camino es: 1:[0,7] → 2:[0,3] (*propaga* la etiqueta perezosa hacia abajo a sus dos hijos 4:[0,1], ahora st[4] = 30 y 5:[2,3]), después continúa a → 5:[2,3] (temporalmente st[5] = 30, *propaga* nuevamente la etiqueta perezosa a sus dos hijos 10:[2,2], finalmente actualizamos A[2] = st[10] = 30, y 11:[3,3] → 11:[3,3], donde ya A[3] = st[11] = 7) y, por último, retrocede hasta la raíz, actualizando los valores RMQ de st[5], st[2] y st[1] al valor correcto de 7.

Como el comportamiento de esta actualización de rango es similar a la RMQ, podemos concluir que también se ejecuta en tiempo $O(\log n)$, lo que es más rápido que realizar llamadas múltiples a la actualización de puntos individuales.

La implementación

A continuación, incluimos nuestra implementación del árbol de segmentos, que incluye la consulta de mínimo de rango (RMQ) y la actualización de rango con la técnica de propagación perezosa. Para que esta implementación pueda resolver el problema de la consulta de máximo de rango, basta con modificar la función conquer.

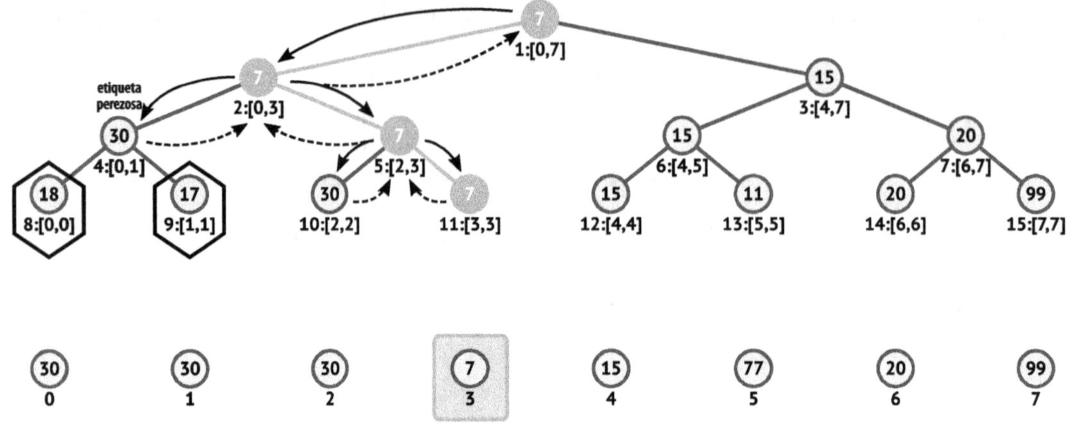

Figura 2.23: Actualización de A a {30, 30, 30, 7, 15, 77, 20, ∞}

```cpp
#include <bits/stdc++.h>
using namespace std;

typedef vector<int> vi;

class SegmentTree {                               // estilo OOP
private:
  int n;                                          // n = (int)A.size()
  vi A, st, lazy;                                 // los arrays

  int l(int p) { return  p<<1; }                  // ir al hijo izquierdo
  int r(int p) { return (p<<1)+1; }               // ir al hijo derecho

  int conquer(int a, int b) {
    if (a == -1) return b;                        // caso límite
    if (b == -1) return a;
    return min(a, b);                             // RMQ
  }

  void build(int p, int L, int R) {               // O(n)
    if (L == R)
      st[p] = A[L];                               // caso base
    else {
      int m = (L+R)/2;
      build(l(p), L  , m);
      build(r(p), m+1, R);
      st[p] = conquer(st[l(p)], st[r(p)]);
    }
  }
```

```cpp
  void propagate(int p, int L, int R) {
    if (lazy[p] != -1) {                                 // tiene etiqueta perezosa
      st[p] = lazy[p];                                   // [L..R] tiene mismo valor
      if (L != R)                                        // no es una hoja
        lazy[l(p)] = lazy[r(p)] = lazy[p];               // propagar hacia abajo
      else                                               // L == R, un solo índice
        A[L] = lazy[p];                                  // actualizar esto
      lazy[p] = -1;                                      // borrar etiqueta perezosa
    }
  }

  int RMQ(int p, int L, int R, int i, int j) {    // O(log n)
    propagate(p, L, R);                                  // propagación perezosa
    if (i > j) return -1;                                // inviable
    if ((L >= i) && (R <= j)) return st[p];              // segmento encontrado
    int m = (L+R)/2;
    return conquer(RMQ(l(p), L  , m, i          , min(m, j)),
                   RMQ(r(p), m+1, R, max(i, m+1), j          ));
  }
  void update(int p, int L, int R, int i, int j, int val) { // O(log n)
    propagate(p, L, R);                                  // propagación perezosa
    if (i > j) return;
    if ((L >= i) && (R <= j)) {                          // segmento encontrado
      lazy[p] = val;                                     // actualizar esto
      propagate(p, L, R);                                // propagación perezosa
    }
    else {
      int m = (L+R)/2;
      update(l(p), L  , m, i          , min(m, j), val);
      update(r(p), m+1, R, max(i, m+1), j          , val);
      int lsubtree = (lazy[l(p)] != -1) ? lazy[l(p)] : st[l(p)];
      int rsubtree = (lazy[r(p)] != -1) ? lazy[r(p)] : st[r(p)];
      st[p] = (lsubtree <= rsubtree) ? st[l(p)] : st[r(p)];
    }
  }

public:
  SegmentTree(int sz) : n(sz), st(4*n), lazy(4*n, -1) {}

  SegmentTree(const vi &initialA) : SegmentTree((int)initialA.size()) {
    A = initialA;
    build(1, 0, n-1);
  }

  void update(int i, int j, int val) { update(1, 0, n-1, i, j, val); }

  int RMQ(int i, int j) { return RMQ(1, 0, n-1, i, j); }
```

```cpp
78  };
79
80  int main() {
81    vi A = {18, 17, 13, 19, 15, 11, 20, 99};        // hacer n potencia de 2
82    SegmentTree st(A);
83
84    printf("              idx    0, 1, 2, 3, 4, 5, 6, 7\n");
85    printf("              A is {18,17,13,19,15,11,20,oo}\n");
86    printf("RMQ(1, 3) = %d\n", st.RMQ(1, 3));        // 13
87    printf("RMQ(4, 7) = %d\n", st.RMQ(4, 7));        // 11
88    printf("RMQ(3, 4) = %d\n", st.RMQ(3, 4));        // 15
89
90    st.update(5, 5, 77);                            // actualizar A[5] a 77
91    printf("              idx    0, 1, 2, 3, 4, 5, 6, 7\n");
92    printf("Now, modify A into {18,17,13,19,15,77,20,oo}\n");
93    printf("RMQ(1, 3) = %d\n", st.RMQ(1, 3));        // queda en 13
94    printf("RMQ(4, 7) = %d\n", st.RMQ(4, 7));        // ahora 15
95    printf("RMQ(3, 4) = %d\n", st.RMQ(3, 4));        // queda en 15
96
97    st.update(0, 3, 30);                            // actualizar A[0..3] a 30
98    printf("              idx    0, 1, 2, 3, 4, 5, 6, 7\n");
99    printf("Now, modify A into {30,30,30,30,15,77,20,oo}\n");
100   printf("RMQ(1, 3) = %d\n", st.RMQ(1, 3));        // ahora 30
101   printf("RMQ(4, 7) = %d\n", st.RMQ(4, 7));        // queda en 15
102   printf("RMQ(3, 4) = %d\n", st.RMQ(3, 4));        // queda en 15
103
104   st.update(3, 3, 7);                             // actualizar A[3] a 7
105   printf("              idx    0, 1, 2, 3, 4, 5, 6, 7\n");
106   printf("Now, modify A into {30,30,30, 7,15,77,20,oo}\n");
107   printf("RMQ(1, 3) = %d\n", st.RMQ(1, 3));        // ahora 7
108   printf("RMQ(4, 7) = %d\n", st.RMQ(4, 7));        // queda en 15
109   printf("RMQ(3, 4) = %d\n", st.RMQ(3, 4));        // ahora 7
110
111   return 0;
112 }
```

Para mejorar tu comprensión de esta estructura de datos avanzada, te recomendamos visitar la visualización del árbol de segmentos de VisuAlgo, donde podrás observar la estructura de datos y sus operaciones. Puedes especificar tu propio *array* A, realizar varias consultas de mínimo/máximo/suma de rango, realizar actualizaciones de rango (recuerda que puede expresar actualizaciones de punto haciendo que L=R) con propagación perezosa y, después, ver el árbol de segmentos resultante.

VISUALGO https://visualgo.net/en/segmenttree

C++	ch2/ourown/segmenttree_ds.cpp
Java	ch2/ourown/segmenttree_ds.java
Python	ch2/ourown/segmenttree_ds.py
OCaml	ch2/ourown/segmenttree_ds.ml

Ejercicio 2.4.4.1

Utilizando un árbol de segmentos similar al del ejercicio anterior, responde a las consultas `RSQ(1, 7)` y `RSQ(3, 8)`. ¿Resulta apropiado este método para resolver el problema si el *array* A no cambia nunca (ver también la sección 3.5.2)? ¿Resulta apropiado este método si el *array* A cambia frecuentemente (ver también la sección 2.4.3?

Ejercicio 2.4.4.2*

Dibuja el árbol de segmentos correspondiente al *array* A = {10, 2, 47, 3, 7, 9, 1, 98, 21}. Responde a RMQ(1, 7) y RMQ(3, 8). Consejo: utiliza la herramienta de visualización de árboles de segmentos de VisuAlgo.

Ejercicio 2.4.4.3*

Modifica la implementación del árbol de segmentos que hemos incluido para que se pueda utilizar en la resolución del problema de la RSQ.

Ejercicio 2.4.4.4*

La operación de actualización (de punto/rango) que hemos visto en esta sección, solo modifica el valor de un índice o de índices consecutivos en el *array* A. ¿Qué ocurre si queremos eliminar valores existentes o insertar nuevos valores en el *array* A? ¿Puedes explicar qué ocurriría con la implementación del árbol de segmentos proporcionada y cómo lo resolverías?

Ejercicio 2.4.4.5*

Resuelve este problema de RSQ dinámica: UVa 12086 - Potentiometers (y otros problemas de RSQ dinámica) utilizando *tanto* el árbol de Fenwick como el árbol de segmentos. ¿Qué solución resulta más fácil de implementar en este caso? Puedes consultar la tabla 2.6 para ver una comparativa de ambas estructuras de datos.

Característica	Árbol de Fenwick	Árbol de segmentos
Construir árbol desde *array*	$O(n + m)$	$O(n)$
RSQ *estática*	Excesivo	Excesivo
RMin/MaxQ dinámicas	Limitado	Sí
RSQ dinámica	Sí	Sí
Complejidad de consulta de rango	$O(\log m)$	$O(\log n)$
Complejidad de actualización de punto	$O(\log m)$	$O(\log n)$
Complejidad de actualización de rango	$O(\log m)$, variante RURQ	$O(\log n)$, perezosa
Longitud del código (básica)	Mucho más corto	Mucho más largo
Longitud del código (completa)	Largo	Largo

Tabla 2.6: Comparativa entre el árbol de Fenwick y el árbol de segmentos

Ejercicios de programación

Ejercicios de programación que utilizan las estructuras de datos tratadas en esta sección:

Problemas de estructuras de datos para grafos

1. Nivel básico: **UVa 11991 - Easy Problem from ...** * — lista de adyacencia
2. **UVa 00599 - The Forrest for the Trees** * — $V - E$ = número de CC, utilizar un `bitset` de tamaño 26 para contar el número de vértices que tienen alguna arista
3. **UVa 10895 - Matrix Transpose** * — transponer la lista de adyacencia
4. **UVa 11550 - Demanding Dilemma** * — estructura de datos de grafo, matriz de incidencia
5. *Kattis - abinitio* * — combinación: lista de aristas en la entrada, matriz de adyacencia como estructura de datos del grafo, lista de adyacencia en la salida (en formato de *hash*), todas las operaciones deben ser en $O(V)$ o mejor
6. *Kattis - chopwood* * — sucesión de Prüfer, utilizar `priority_queue`
7. *Kattis - traveltheskies* * — manipulación de estructuras de datos para grafos, un *array* de listas de adyacencia (una por día), simular el número de personas día a día

Adicionales UVa: *10928.*

Adicionales Kattis: *alphabetanimals, flyingsafely, railroad, weakvertices.*

Otros: ver también muchos más problemas de grafos en los capítulos 4 y 8.

Conjuntos disjuntos para unión-buscar

1. Nivel básico: *Kattis - unionfind* * — UFDS básico, similar a UVa 00793
2. **UVa 01197 - The Suspects** * — LA 2817 - Kaohsiung03, componentes conexos
3. **UVa 01329 - Corporative Network** * — LA 3027 - SouthEasternEurope04, variante interesante de UFDS, modificar la rutina de unión y buscar
4. **UVa 10685 - Nature** * — hallar el conjunto con el elemento más grande
5. *Kattis - control* * — LA 7480 - Singapore15, simulación de UFDS, tamaño del conjunto, número de conjuntos disjuntos
6. *Kattis - ladice* * — tamaño del conjunto, decrementar uno por cada uso
7. *Kattis - almostunionfind* * — nueva operación: mover, idea: no destruir la estructura del *array* padre, también disponible en UVa 11987 - Almost Union-Find

Adicionales UVa: *00793, 10158, 10507, 10583, 10608, 11690.*

Adicionales Kattis: *chatter, forests, more10, swaptosort, tildes, virtualfriends.*

Otros: ver también el algoritmo de Kruskal que utiliza una estructura de datos UFDS en la sección 4.3 y problemas más complejos que implican estructuras de datos eficientes en el Volumen II.

Estructuras de datos relativas a árboles

1. Nivel básico: *Kattis - fenwick* * — árbol de Fenwick básico, utilizar `long long`
2. **UVa 11402 - Ahoy, Pirates** * — árbol de segmentos con actualizaciones *perezosas*
3. **UVa 11423 - Cache Simulator** * — uso inteligente del árbol de Fenwick y un *array* grande, pista importante: presta mucha atención a los límites
4. **UVa 12299 - RMQ with Shifts** * — árbol de segmentos con algunas actualizaciones de punto (no de rango), RMQ
5. *Kattis - justforsidekicks* * — utilizar seis árboles de Fenwick, uno por cada tipo de gema
6. *Kattis - moviecollection* * — LA 5902 - NorthWesternEurope11, no es un problema de pila sino de RSQ dinámica, también disponible en UVa 01513 - Movie collection
7. *Kattis - supercomputer* * — problema sencillo si utilizamos un árbol de Fenwick

Adicionales UVa: *00297, 01232, 11235, 11297, 11350, 12086, 12532.*

Adicionales Kattis: *turbo, worstweather.*

Otros: ver también otros problemas difíciles que implican estructuras de datos eficientes en el Volumen II

Perfiles de los inventores de estructuras de datos

Peter M. Fenwick es profesor asociado honorífico en la Universidad de Auckland. Inventó el árbol binario indexado en 1994 [14] como "tablas de frecuencia acumulada de compresión aritmética". Desde entonces, el BIT ha sido incluido en el temario de la IOI [16] y utilizado en muchos concursos de programación, dada su estructura de datos eficiente y, al mismo tiempo, fácil de implementar.

2.5 Soluciones a los ejercicios no resaltados

Ejercicio 2.2.1.1*: subpregunta 1: los requisitos de ordenación de las edades (enteros) y de la cadena `first_name` son sencillos (orden ascendente), pero necesitamos ordenar los N elementos de forma descendente por la cadena `last_name`, en caso de que las edades sean iguales. No es fácil invertir el orden de una cadena, por lo que tendremos que utilizar una función de comparación propia, como esta:

```cpp
typedef tuple<int, string, string> iss;       // combinar los 3 campos

bool cmp(iss &A, iss &B) {
  auto &[ageA, lastA, firstA] = A;             // descomponer la 3-tupla
  auto &[ageB, lastB, firstB] = B;
```

```
6    if (ageA != ageB) return ageA < ageB;
7    if (lastA != lastB) return lastA > lastB;      // el molesto
8    return firstA < firstB;
9  }
```

Ejercicio 2.2.1.3*: subpregunta 1: ordenar primero S en $O(n \log n)$ y, a continuación, realizar un barrido lineal en $O(n)$, comenzando desde el segundo elemento, para comprobar si un entero y el anterior son iguales. Alternativamente, también podemos utilizar una tabla de *hash*, que es más rápida, y un barrido lineal en $O(n)$. Subpregunta 6: leer el primer párrafo del capítulo 3 y la discusión detallada en el Volumen II. No incluimos las soluciones a las otras subpreguntas.

Ejercicio 2.2.3.1: las respuestas (salvo para las subpreguntas 7 y 8):

1. $S \, \& \, (N - 1)$

2. $(S \, \& \, (S - 1)) == 0$

3. $S \, \& \, (S - 1)$

4. $S \mid (S + 1)$

5. $S \, \& \, (S + 1)$

6. $S \mid (S - 1)$

Ejercicio 2.2.4.1: es posible manteniendo los cálculos intermedios **módulo** 10^6. Elimina los ceros del final (después de cada multiplicación de $n!$ a $(n + 1)!$ se añaden desde ninguno a varios ceros).

Ejercicio 2.2.4.2: es posible. $9317 = 7 \times 11^3$. Descomponemos 25! en factores primos. Después, comprobamos si hay un factor 7 (sí) y tres factores 11 (lamentablemente, no). Por lo tanto, 25! no es divisible por 9317. Como alternativa, se puede utilizar aritmética modular (ver más detalles en el Volumen II).

Ejercicio 2.3.1.1: las respuestas:

1. `Insert(26)`: insertar 26 como subárbol izquierdo de 3, intercambiar 26 con 3, después intercambiar 26 con 19 y parar. Después de la operación, el *array* del montículo máximo A contendrá {-, 90, 26, 36, 17, 19, 25, 1, 2, 7, 3}.

2. `ExtractMax()`: intercambiar 90 (elemento máximo que aparecerá después de ajustar la propiedad de montículo máximo) con 3 (la hoja actual más abajo y más a la derecha o, también, el último elemento del montículo máximo), intercambiar 3 con 36, intercambiar 3 con 25 y parar. El *array* de montículo máximo A contendrá entonces {-, 36, 26, 25, 17, 19, 3, 1, 2, 7} e informamos de que la respuesta es 90.

3. La ordenación por montículos extrae los valores del *array* A en orden no creciente.

Ejercicio 2.3.1.2: sí, comprobar que los índices (vértices) cumplen la propiedad del montículo máximo.

Ejercicio 2.3.2.1: las respuestas:

1. `Search(8)`: ir inmediatamente a la celda $8\%11 = 8$ y hallar 8 al principio de la lista almacenada en la celda 8.

2. `Search(35)`: ir inmediatamente a la celda $35\%11 = 2$ e iterarar dos elementos hacia adelante, para hallar 35 en la lista almacenada en la celda 2.

3. `Search(77)`: ir inmediatamente a la celda $77\%11 = 0$ e iterar una vez hacia adelante, para descubrir que 77 no está en la lista almacenada en la celda 0, por lo tanto 77 no pertenece a la tabla de *hash*.

4. `Insert(77)`: insertar 77 al final de la lista almacenada en la celda $77\%11 = 0$. `Insert(13)`: como `Search(13)` encuentra a 13, no podemos insertarlo duplicándolo en la tabla de *hash*, ya que la implementación predeterminada consiste en mantener un conjunto de enteros no duplicados. `Insert(19)`: insertar 19 al final de la lista almacena en la celda $19\%11 = 8$.

5. `Remove(9)`: `Search(9)` falla, por lo que no hay cambios en la tabla de *hash*. `Remove(7)`: `Search(7)` (hallado en la lista almacenada en la celda $7\%11 = 7$) y eliminarlo. `Remove(13)`: `Search(13)` (hallado en la lista almacenada en la celda $13\%11 = 25$) y eliminarlo.

Ejercicio 2.3.2.2: como la colección es dinámica, encontraremos consultas de inserción y eliminación frecuentes. Una inserción puede, potencialmente, cambiar el orden. Si almacenamos la información en un *array* estático, tendremos que utilizar una iteración $O(n)$ de ordenación, después de cada inserción y eliminación (para eliminar el espacio vacío en el *array*). Ineficiente.

Ejercicio 2.3.2.3: utilizar `unordered_map` de la STL de C++ (`HashMap` en Java) y una variable contador. Esta técnica se emplea con mucha fecuencia en problemas de concursos. Ejemplo:

```
unordered_map<string, int> mapper;
int idx = 0;                              // índice desde 0
for (int i = 0; i < M; ++i) {
  char str[1000]; scanf("%s", &str);
  if (!mapper.count(str))                 // primer encuentro
  // if (mapper.find(str) == mapper.end())   // método alternativo
    mapper[str] = idx++;                  // fijar idx a str, después ++
}
```

Ejercicio 2.3.3.1:

1. `search(71)`: raíz $(15) \rightarrow 50 \rightarrow 71$ (encontrado).
   `search(7)`: raíz $(15) \rightarrow 4 \rightarrow 7$ (encontrado).
   `search(22)`: raíz $(15) \rightarrow 50 \rightarrow 23 \rightarrow$ subárbol izquierdo vacío (no encontrado).

2. En algún momento tendremos el mismo BST de la figura 2.6.

3. Para encontrar el elemento mínimo/máximo, podemos comenzar desde la raíz y desplazarnos a la izquierda/derecha, hasta que demos con un vértice que no tenga subárboles izquierdo/derecho, respectivamente. Este vértice es la respuesta.

4. Obtendremos la salida ordenada: 2, 4, 7, 10, 15, 23, 50, 65, 71. Consulta la sección 4.6.2 si no estás familiarizado con el algoritmo de recorrido de árboles inorden.

5. Preorden: 15, 4, 2, 7, 10, 50, 23, 71, 65. Postorden: 2, 10, 7, 4, 23, 65, 71, 50, 15. Nivel-orden: 15, 4, 50, 2, 7, 23, 71, 10, 65.

6. `successor(50)`: encontrar el elemento mínimo del subárbol con raíz a la derecha de 50, que es el subárbol con raíz en 71. La respuesta es 65.
`successor(10)`: 10 no tiene subárbol derecho, así que debe ser el máximo de algún subárbol. Ese subárbol es el que tiene la raíz en 4. El padre de 4 es 15 y 4 es el subárbol izquierdo de 15. Según la propiedad del BST, 15 debe ser el sucesor de 10.
`successor(71)`: 71 es el elemento más grande y no tiene sucesor.
Nota: el algoritmo para encontrar el predecesor de un vértice es similar.

7. `remove(5)`: basta con eliminar 65, que es una hoja, del BST.
`remove(71)`: como 71 es un vértice interno con un hijo (a la izquierda, 65), no podemos eliminarlo sin más, ya que provocaríamos la desconexión del BST en *dos* componentes. Podemos, en su lugar, reorganizar el subárbol con raíz en el padre de 71 (que es 50), causando que tenga a 65 como su hijo derecho.

8. `remove(15)`: como 15 es un vértice con dos hijos, no podemos eliminarlo sin más, ya que provocaríamos la desconexión del BST en *tres* componentes. Para abordar el asunto, necesitamos encontrar al sucesor de 15 (que es 23) y utilizarlo para sustituir a 15. Entonces, podemos borrar el antiguo 23 del BST (ya no es un problema). Como apunte, también podemos utilizar `predecessor(clave)` en vez de `successor(clave)`, durante `remove(clave)`, en el caso de que la clave tenga dos hijos.

Ejercicio 2.3.3.2: usar `set` de la STL de C++ (o `TreeSet` de Java), ya que es un BST equilibrado con inserciones y eliminaciones dinámicas en $O(\log n)$. Podemos utilizar el recorrido inorden para mostrar la información del BST ordenada (`iterator` de C++, `auto` en C++11, o `Iterator` de Java). Sin embargo, si no es necesario que la información esté ordenada, puede ser mejor utilizar `unordered_set` de la STL de C++ (o `HashSet` de Java), ya que es una tabla de *hash* que soporta inserciones y eliminaciones más rápidas, en $O(1)$.

Ejercicio 2.3.3.3*: en la subtarea 1, ejecutamos un recorrido inorden en $O(n)$ y vemos si los valores están ordenados. No incluimos las soluciones al resto de subtareas.

Ejercicio 2.4.1.1: el grafo no es dirigido.

Ejercicio 2.4.1.2*: subtarea 1: para contar el número de vértices de un grafo: matriz de adyacencia/lista de adyacencia → mostrar el número de filas; lista de aristas → contar el número de vértices distintos en todas las aristas. Para contar el número de aristas de un grafo: matriz de adyacencia → suma del número de todas las entradas distintas de cero en cada fila; lista de adyacencia → suma de la longitud de todas las listas; lista de aristas → basta con mostar el número de filas. También almacenamos y mantenemos los valores de V y E en dos variables adicionales, para no tener que calcularlas cada vez. No incluimos las soluciones al resto de subtareas.

Ejercicio 2.4.2.1: podemos llamar a `unionSet(i, 0)` $\forall i \in [1..N\text{-}1]$. De esta forma, hacemos que el vértice 0 sea la raíz con `rank[0]` = 1 y el resto de vértices estarán directamente bajo el 0. Este es el árbol sencillo más corto posible (un grafo en estrella) en una UFDS de $N > 1$ elementos.

Ejercicio 2.4.2.2: necesitamos agrupar N vértices en $\frac{N}{2}$ árboles de altura (rango) 1, después los agrupamos en $\frac{N}{4}$ árboles de algura (rango) 2, y seguimos hasta que solo tengamos un árbol de altura $\log_2(N)$. La dificultad de crear un árbol muy alto en una estructura de datos UFDS mientras se utiliza la heurística de 'unión por rango', muestra la importancia de esta heurística.

Ejercicio 2.4.2.3: sin la heurística de 'unión por rango', el árbol resultante puede llegar a tener una altura de $N - 1$. Sin embargo, podemos 'aplanar' el árbol y convertirlo en un 'grafo en estrella', como en el ejercicio 2.4.2.1, llamando a `find(i)` $\forall i \in [0..N\text{-}1]$, para comprimir los caminos de todas las i directamente hasta la raíz.

Ejercicio 2.4.2.4: podemos utilizar un valor descartable, como -1, para hacerlo. Es decir, verificamos si `p[i] == -1` para identificar si el elemento i es el representativo del conjunto.

Ejercicio 2.4.3.1: ver la solución en `ch2/ourown/fenwicktree_ds.cpp`.

Ejercicio 2.4.4.1: `RSQ(1, 7) = 167` y `RSQ(3, 8) = 139`.

2.6 Notas del capítulo

Las estructuras de datos básicas de las secciones 2.2 y 2.3 aparecen en prácticamente cualquier libro de texto sobre estructuras de datos y algoritmos. Las referencias a las bibliotecas de C++/Java/Python/OCaml están disponibles en

```
http://en.cppreference.com/w/
https://docs.oracle.com/en/java/javase/11/docs/api/index.html
https://docs.python.org/3/library/
http://caml.inria.fr/pub/docs/manual-ocaml/
```

Aunque, generalmente, se permite el acceso a estas páginas web durante los concursos de programación, sugerimos que trates de dominar la sintaxis de las operaciones más comunes, para minimizar el tiempo de programación.

Una excepción es el *conjunto ligero de booleanos* (la máscara de bits). Esta técnica *poco habitual* no se suele enseñar en los cursos de estructuras de datos y algoritmos, pero es fundamental para un programador competitivo, ya que logra mejoras de velocidad significativas, si se aplica a ciertos problemas. En este libro mencionamos esta estructura de datos en varias ocasiones, por ejemplo, en algunas rutinas iterativas de fuerza bruta y de *backtracking* optimizado (sección 3.2.2 y Volumen II), TSP con DP (sección 3.5.2) y DP con máscara de bits (Volumen II). Todas utilizan máscaras de bits en vez de `vector<boolean>` o `bitset<size>`, debido a su eficiencia. Recomendamos la lectura del libro *"Hacker's Delight"* [59], que trata la manipulación de bits con más detalle.

Indicamos algunas referencias adicionales para las estructuras de datos mencionadas en la sección 2.4. Para grafos, ver [51] y los capítulos 22 a 26 de [5]. Para conjuntos disjuntos para unión–buscar, ver el capítulo 21 de [5]. Para el árbol de Fenwick, ver [27]. Para árboles de segmentos y otras estructuras de datos geométricas, ver [7]. Recordamos que todas nuestras implementaciones de estructuras de datos, tratadas en la sección 2.4, evitan el uso de punteros y, en su lugar, utilizamos *arrays* o vectores.

Con más experiencia, y leyendo el código fuente que hemos incluido, podrás dominar más técnicas en la aplicación de estas estructuras de datos. Dedica tiempo a explorar el código fuente que encontrarás en `https://github.com/stevenhalim/cpbook-code`.

En este libro se tratan más estructuras de datos (y sus técnicas correspondientes), como las específicas para cadenas (***trie/trie* de sufijos/árbol/*array***), **ventana corredera**, **tabla dispersa** y **raíz cuadrada/descomposiciones pesadas–ligeras**. Aun así, existen muchas más que resulta imposible abordar. Si quieres mejorar en los concursos de programación, investiga otras técnicas de estructuras de datos, diferentes a las que hemos incluido. Por ejemplo, los **árboles rojo–negro**, **árboles biselados** o los *treaps* son útiles para ciertos problemas que requieren implementar y aumentar (añadir más información a) BST equilibrados (ver el Volumen II). Los **árboles de intervalos** (que son similares a los árboles de segmentos) y los **árboles** *quad* (para particionar el espacio bidimensional), son también útiles, ya que los conceptos que aportan pueden ayudar a resolver ciertos problemas de los concursos.

Muchas de las estructuras de datos mostradas en el libro se basan en la estrategia 'divide y vencerás' (tratada en la sección 3.3).

Capítulo 3

Paradigmas de resolución de problemas

Si lo único que tienes es un martillo, todo te parece un clavo.
— Abraham Maslow, 1962

3.1 Introducción y motivación

En este capítulo trataremos *cuatro* paradigmas de resolución de problemas, utilizados habitualmente para resolver problemas en los concursos de programación, concretamente, búsqueda completa (fuerza bruta), divide y vencerás, técnica voraz y programación dinámica. Todos los programadores competitivos, incluyendo los concursantes de la IOI y del ICPC, deberían dominar por completo estos métodos de resolución de problemas (además de otros), para ser capaces de abordar cada tipo concreto de problema usando la 'herramienta' apropiada. Triturar *cada* problema con soluciones de fuerza bruta, no es el camino para obtener un buen rendimiento en los concursos. Para ilustrarlo, utilizaremos cuatro tareas sencillas, que incluyen un *array* A que contiene $n \leq 200K$ enteros positivos $\leq 1M$ (por ejemplo, A = {10, 7, 3, 5, 8, 2, 9}, n = 7) para obtener una idea general de lo que ocurre si tratamos de resolver todos los problemas utilizando la fuerza bruta como único recurso:

1. Encuentra los elementos mayor y menor de A *(10 y 2 en el ejemplo)*.
2. Encuentra el elemento k-ésimo menor de A *(si $k = 2$, la respuesta es 3 en el ejemplo)*.
3. Encuentra la distancia máxima g de forma que $x, y \in$ A y $g = |x - y|$ *(8 en el ejemplo)*.
4. Encuentra la subsecuencia creciente más larga de A *({3, 5, 8, 9} en el ejemplo)*.

La solución a la primera tarea es sencilla: leer cada elemento de A y comprobar si es el elemento más grande (o más pequeño) visto hasta el momento. Esta es una solución de **búsqueda completa** de complejidad $O(n)$.

La segunda tarea ya es un poco más difícil. Podemos utilizar la solución anterior para encontrar el valor más pequeño y sustituirlo con un valor grande (por ejemplo, 1M) para 'anularlo'. Después, podemos proceder a buscar nuevamente el valor más pequeño (el segundo más pequeño en el *array* original) y sustituirlo por 1M. Repitiendo este proceso k veces, encontraremos el valor k-ésimo más pequeño. Esta solución funciona, pero si $k = \frac{n}{2}$ (la mediana), utilizando búsqueda completa se ejecutará en $O(\frac{n}{2} \times n) = O(n^2)$. En su lugar, podemos ordenar el *array* A en $O(n \log n)$, devolviendo la respuesta simplemente como A[k-1]. Sin embargo, una solución mejor para un número pequeño de consultas es la de complejidad $O(n)$ mostrada en la sección 2.3.4. Las dos soluciones, de complejidades $O(n \log n)$ y $O(n)$, mencionadas, son del tipo **divide y vencerás**.

Igualmente, en la tercera tarea podemos considerar todas las parejas de enteros x e y posibles de A, comprobando si la distancia entre ellas es la mayor hasta el momento. Este abordaje de búsqueda completa se ejecuta con complejidad $O(n^2)$. Funciona, pero es lento y poco eficaz. Podemos demostrar que g se puede obtener buscando la diferencia entre los elementos menor y mayor de A. Estos dos enteros se pueden localizar con la solución de la primera tarea, con complejidad $O(n)$. Ninguna otra combinación de dos enteros en A puede tener una distancia mayor. Esta es una solución **voraz**.

Para la cuarta tarea, intentar todas las posibles $O(2^n)$ subsecuencias, para encontrar la creciente más larga, no es practicable para todos los $n \leq 200K$. En la sección 3.5.2, veremos una solución sencilla de **programación dinámica**, con complejidad $O(n^2)$ y otra voraz, más rápida, en el orden $O(n \log k)$.

3.2 Búsqueda completa

La técnica de búsqueda completa, conocida también como fuerza bruta o *backtracking* (recursivo), es un método para resolver problemas recorriendo la totalidad (o parte) del espacio de búsqueda, y obtener así la solución requerida. Durante la búsqueda, podemos podar (es decir, decidir no explorar) áreas del espacio de búsqueda, si hemos determinado que no existe la posibilidad de encontrar la respuesta requerida en ellas. De esta forma, al finalizar la búsqueda completa, deberemos obtener la mejor respuesta posible (si es que existe).

Durante un concurso de programación, el concursante *debería* desarrollar una solución de búsqueda completa cuanto sea evidente que no hay otro algoritmo disponible (por ejemplo, es obvio que la tarea de enumerar *todas* las permutaciones de $\{0, 1, 2, \dots, N-1\}$ requiere $\Omega(N!)$ operaciones) o cuando existen algoritmos mejores, pero son *excesivos* si la entrada resulta ser pequeña (el problema en el que hay que responder consultas de mínimo de rango en la sección 2.4.4 se resuelve con un bucle $O(N)$ para cada consulta, siempre que $N \leq 100$).

En el ICPC, la búsqueda completa debería ser la primera solución a considerar, ya que será normalmente fácil de desarrollar y depurar. Hay que tener presente el principio de que conviene buscar soluciones cortas y sencillas. Una solución de búsqueda completa *libre de errores*, no debería recibir *nunca* un veredicto de respuesta incorrecta (WA) en un concurso de programación, ya que explora el espacio de búsqueda *completo*. Pero muchos problemas de programación cuentan con soluciones mejores[1], como se ilustra en la sección 3.1. Por lo tanto, una solución de búsqueda completa puede terminar con un veredicto de tiempo límite superado (TLE). Con el análisis adecuado, se puede determinar el resultado más probable (TLE frente a AC), antes de iniciar la implementación (la tabla 1.4, en la sección 1.3.3, es un buen punto de partida). Si la solución de búsqueda completa es fácil de implementar y tiene posibilidades de ejecutarse dentro del límite de tiempo, debería de ser la opción prioritaria. De esta forma, tendremos tiempo para dedicar a problemas más complejos, en los que la búsqueda completa sea demasiado lenta.

---

[1]Podemos estar seguros de que un buen autor de problemas escribirá una solución de búsqueda completa (extremadamente optimizada) y, después, planteará casos de prueba en los que tenga la certeza de que esa solución obtendrá un veredicto de límite de tiempo superado.

En la IOI necesitarás, normalmente, mejores técnicas de resolución de problemas, ya que las soluciones de búsqueda completa serán recompensadas solo con pequeñas fracciones de la puntuación total correspondiente a la subtarea. En cualquier caso, habrá que tener en cuenta la búsqueda completa, siempre que no se pueda encontrar una solución mejor ya que, al menos, se podrá incrementar la puntuación.

En ocasiones, ejecutar soluciones de búsqueda completa en *pequeños segmentos* de un problema complicado puede ayudarnos a entender su estructura, a través de los patrones que podamos encontrar en su salida (en algunos problemas, es posible *visualizar* un patrón en la solución), lo que nos ayudará a diseñar un algoritmo más rápido. Algunos problemas de combinatoria, que veremos en el Volumen II, se pueden resolver así. Además, la solución de búsqueda completa puede servir como forma de verificar esos *pequeños segmentos*, lo que supone una comprobación adicional de la validez del algoritmo más rápido y, también, más complejo que desarrolles.

Al finalizar la lectura de esta sección, puede que obtengas la impresión de que la búsqueda completa solo es útil para los 'problemas fáciles', y no debería tenerse en cuenta en los 'difíciles'. Esto no es estrictamente cierto. Hay problemas difíciles que solo se pueden resolver mediante algoritmos de búsqueda completa. Algunos de ellos son (pequeños extractos de) problemas *NP-complejos/completos*. Hemos reservado esos problemas para el Volumen II.

En las dos subsecciones siguientes, mostramos varios ejemplos *(fáciles)* de este sencillo, a la vez que desafiante, paradigma. En la sección 3.2.1 se pueden encontrar ejemplos que están implementados de forma *iterativa*. En la sección 3.2.2, los ejemplos son sobre soluciones implementadas *recursivamente* (con *backtracking*). Por último, en la sección 3.2.3, se pueden encontrar algunos consejos para que la solución, especialmente si es de búsqueda completa, tenga más posibilidades de superar el límite de tiempo requerido.

3.2.1 Búsqueda completa iterativa

Búsqueda completa iterativa (dos bucles anidados): UVa 00725 - Division

Enunciado resumido del problema: encontrar y mostrar todas las parejas de números de 5 dígitos que, colectivamente, utilicen los dígitos del 0 al 9 sin repetición, de forma que el primer número dividido por el segundo resulte en un entero N, donde $2 \leq N \leq 79$. Es decir, `abcde/fghij = N`, donde cada letra representa un dígito diferente. El primer dígito de uno de los números puede ser el cero, por ejemplo, con `N = 62`, tenemos `79546/01283 = 62` o `94736/01528 = 62`.

Un análisis rápido nos muestra que `fghij` solo puede encontrarse en el rango de `01234` a `98765`, lo que supone, como mucho, $\approx 100K$ posibilidades. Un límite mejor para `fghij` es el rango `01234` a `98765/N`, lo que serán, como mucho, $\approx 50K$ posibilidades para `N = 2`, y se irán reduciendo a medida que `N` aumente.

Por cada *posible* respuesta `fghij`[2], podemos obtener `abcde` a partir de `fghij×N` y, después, comprobar si los 10 dígitos son diferentes. Esto se implementa a través de un doble bucle anidado con una complejidad temporal, como máximo, de $\approx 50K \times 10 = 500K$ operaciones por cada caso de prueba. No es mucho, por lo tanto, es factible realizar una búsqueda completa iterativa. A continuación, se muestra la parte principal del código (con un truco de manipulación de bits mostrado en la sección 2.2, para determinar que cada dígito es único):

---

[2]Resulta más adecuado iterar sobre `fghij` que sobre `abcde`, para evitar el operador de divisón y trabajar únicamente con enteros precisos. Si iterásemos sobre `abcde`, podría darse un resultado no entero al calcular `fghij = abcde/N`.

```
for (int fghij = 1234; fghij <= 98765/N; ++fghij) {
  int abcde = fghij*N;                        // como hemos visto
  int tmp, used = (fghij < 10000);            // etiquetar si f = 0
  tmp = abcde; while (tmp) { used |= 1<<(tmp%10); tmp /= 10; }
  tmp = fghij; while (tmp) { used |= 1<<(tmp%10); tmp /= 10; }
  if (used == (1<<10)-1)                       // se usan los 10 dígitos
    printf("%05d / %05d = %d\n", abcde, fghij, N);
}
```

C++	ch3/cs/UVa00725.cpp
Java	ch3/cs/UVa00725.java
Python	ch3/cs/UVa00725.py
OCaml	ch3/cs/UVa00725.ml

Existe otro algoritmo, ligeramente más lento, que permuta 10 dígitos abcdefghij y verifica si los cinco primeros, abcde, divididos por los cinco segundos, fghij, es igual a N, que obtendrá un veredicto AC en este problema concreto, ya que $10! \approx 3$ millones.

Búsqueda completa iterativa (muchos bucles anidados): UVa 00441 - Lotto

En los concursos, los problemas que se resuelven con un *único* bucle suelen estar en la categoría de *fáciles*. Los que requieren iteraciones con un anidado doble, como el UVa 00725 - Division, mostrado antes, son algo más complejos, pero no necesariamente difíciles. Los programadores competitivos deben sentirse cómodos escribiendo código con *más de dos* bucles anidados.

Vamos a echarle un vistazo al problema UVa 00441 - Lotto, que se resume así: dados $6 < k < 13$ enteros, enumerar de forma ordenada todos los subconjuntos posibles de tamaño 6 de dichos enteros.

Como el tamaño del subconjunto requerido siempre será de 6, y la salida debe estar ordenada lexicográficamente, la solución más sencilla es utilizar *seis* bucles anidados. Hay que tener en cuenta que, incluso en el caso de prueba más grande[3], donde $k = 12$, estos seis bucles solo producirán $_{12}C_6 = 924$ líneas de salida, lo que es pequeño.

```
for (int i = 0; i < k; i++) scanf("%d", &S[i]);      // k enteros ordenados
for (int a = 0  ; a < k-5; a++)                       // seis bucles anidados
  for (int b = a+1; b < k-4; b++)
    for (int c = b+1; c < k-3; c++)
      for (int d = c+1; d < k-2; d++)
        for (int e = d+1; e < k-1; e++)
          for (int f = e+1; f < k  ; f++)
            printf("%d %d %d %d %d %d\n",S[a],S[b],S[c],S[d],S[e],S[f]);
```

---

[3]A los autores de los problemas les gusta exagerar los límites un poco, indicando $k < 13$ en vez de $k \leq 12$.

Búsqueda completa iterativa (bucles y poda): UVa 11565 - Simple Equations

Enunciado resumido del problema: dados tres enteros A, B y C ($1 \leq A, B, C \leq 10000$), hallar otros tres enteros distintos x, y y z, de forma que $x + y + z = A$, $x \times y \times z = B$ y $x^2 + y^2 + z^2 = C$. La tercera ecuación, $x^2 + y^2 + z^2 = C$, es un buen punto de partida. Asumiendo que C será el valor más próximo a 10000, y que y y z son 1 y 2 (x, y y z tienen que ser distintos), el rango de valores posible para x es $[-100..100]$. Podemos utilizar el mismo razonamiento para obtener un rango similar para y y z. Después, escribiremos la siguiente solución iterativa:

```
1  bool sol = false; int x, y, z;
2  for (x = -100; x <= 100; ++x)                    // ~201^3 ~= 8M operaciones
3    for (y = -100; y <= 100; ++y)
4      for (z = -100; z <= 100; ++z)
5        if ((y != x) && (z != x) && (z != y) &&    // los 3 son diferentes
6            (x+y+z == A) && (x*y*z == B) && (x*x + y*y + z*z == C)) {
7          if (!sol) printf("%d %d %d\n", x, y, z);
8          sol = true;
9        }
```

Cabe mencionar el uso de AND para acelerar la solución, al provocar una comprobación *ligera* de que x, y y z son diferentes entre sí, *antes* de ponernos con las fórmulas. El código anterior cumple con el tiempo límite requerido para este problema, pero podemos hacerlo mejor. También es posible utilizar la segunda ecuación, $x \times y \times z = B$, y asumir que x es el menor de los tres. Deducimos que $x \leq y$ y $x \leq z$, y que $x \times x \times x \leq x \times y \times z = B$ o $x < \sqrt[3]{B}$. El nuevo rango de x será $[-22 \ldots 22]$. Además, podemos seguir podando el espacio de búsqueda, utilizando sentencias condicionales if, para ejecutar solo algunos de los bucles (interiores), o utilizar break/continue para detener u omitir bucles. El código que mostramos a continuación es mucho más rápido que el anterior (son necesarias más optimizaciones para resolver la versión más complicada de este problema, UVa 11571 - Simple Equations - Extreme!!):

```
1  bool sol = false; int x, y, z;
2  for (x = -22; (x <= 22) && !sol; ++x) if (x*x <= C)
3    for (y = -100; (y <= 100) && !sol; ++y) if ((y != x) && (x*x + y*y <= C))
4      for (z = -100; (z <= 100) && !sol; ++z)
5        if ((z != x) && (z != y) &&
6            (x+y+z == A) && (x*y*z == B) && (x*x + y*y + z*z == C)) {
7          printf("%d %d %d\n", x, y, z);
8          sol = true;
9        }
```

C++	ch3/cs/UVa11565.cpp
Java	ch3/cs/UVa11565.java
Python	ch3/cs/UVa11565.py
OCaml	ch3/cs/UVa11565.ml

Búsqueda completa iterativa (permutaciones): UVa 11742 - Social Constraints

Enunciado resumido del problema: hay $0 < n \leq 8$ espectadores en un cine. Se sientan en la primera fila, en n asientos libres consecutivos. Hay $0 \leq m \leq 20$ restricciones de cómo pueden sentarse, por ejemplo, los espectadores **a** y **b** debe estar separados como mucho (o al menos) por **c** asientos. La pregunta es sencilla: ¿cuántas formas posibles de sentarlos existen?

La clave para resolver este problema es darnos cuenta de que debemos explorar **todas** las permutaciones (combinaciones de asientos) posibles. Una vez que hayamos llegado a esta conclusión, podemos deducir esta sencilla solución de 'filtro', de complejidad $O(n! \times m)$. Ponemos un contador a cero y probamos todas las $n!$ permutaciones posibles. Vamos incrementando el contador cada vez que la permutación actual cumpla con todas las m restricciones. Cuando se hayan examinado las $n!$ permutaciones, mostraremos el valor final del contador. Como el máximo de n es 8, y el de m es 20, el caso de prueba más grande solo requerirá $8! \times 20 = 806\,400$ operaciones, lo que es una solución perfectamente viable.

Si nunca has escrito un algoritmo que genere todas las permutaciones de un conjunto de números, puede que todavía no sepas cómo proceder. A continuación, incluimos una solución sencilla en C++, que utiliza `next_permutation`[4].

```cpp
#include <bits/stdc++.h>   // next_permutation de <algorithm> de la STL de C++
// rutina principal
int i, n = 8, p[8] = {0, 1, 2, 3, 4, 5, 6, 7};   // primera permutación
do {                                             // probar las n! permutaciones
  // comprobar cada permutación 'p' en O(m)
}
while (next_permutation(p, p+n));                 // complejidad = O(n! * m)
```

C++	ch3/cs/UVa11742.cpp
Java	ch3/cs/UVa11742.java
Python	ch3/cs/UVa11742.py
OCaml	ch3/cs/UVa11742.ml

Una buena noticia para los usuarios de Python: podemos utilizar `itertools`. Este ejemplo devuelve todas las permutaciones de 7 elementos:

```python
import itertools
p = list(itertools.permutations(range(7)))       # iterar en p
print(len(p))                                     # debería ser 7! = 5040
```

Python	ch3/cs/itertools1.py

---

[4]Podemos comenzar en la primera permutación (ordenada), y después utilizar llamadas iterativas a `next_permutation`, de la STL de C++, para generar la siguiente (segunda) permutación, y repetir el proceso hasta llegar a la permutación $n!$-ésima (orden inverso). De esta forma, exploramos las $n!$ permutaciones posibles de n elementos. Esta es solo una de las múltiples técnicas que generan las $n!$ permutaciones de n elementos.

Búsqueda completa iterativa (subconjuntos): UVa 12455 - Bars

Enunciado resumido del problema[5]: dada una lista l, que contiene $1 \leq n \leq 20$ enteros, ¿existe un subconjunto de la lista l cuya suma tenga como resultado el entero X?

Podemos probar con todos los 2^n subconjuntos posibles, sumar los enteros seleccionados de cada subconjunto con complejidad $O(n)$, y comprobar si el resultado es igual a X. Por lo tanto, la complejidad de tiempo global será de $O(n \times 2^n)$. En el caso de mayor tamaño, donde $n = 20$, esto significa $20 \times 2^{20} \approx 21M$ de operaciones. Aunque es 'grande', resulta viable (por la razón explicada más adelante).

Si nunca has escrito un algoritmo que genere todos los subconjuntos, puede que no tengas claro cómo seguir. Una solución sencilla es utilizar la *representación binaria* de los enteros desde 0 hasta $2^n - 1$, para describir todos los subconjuntos posibles. Si no estás familiarizado con las técnicas de manipulación de bits, puedes consultar la sección 2.2. La solución se puede expresar de forma sencilla en C/C++, como incluimos a continuación (también funciona en Java). Como las operaciones de manipulación de bits son (muy) rápidas, los $21M$ de operaciones necesarias para el caso más grande, se pueden realizar en menos de un segundo.

```
// rutina principal, la variable 'i' (máscara de bits) ya se ha declarado
for (i = 0; i < (1<<n); i++) {       // para cada subconjunto, O(2^n)
  sum = 0;
  for (int j = 0; j < n; j++)         // comprobar pertenencia, O(n)
    if (i & (1<<j))                   // ¿está el bit 'j' activado?
      sum += l[j];                    // si lo está, procesar 'j'
  if (sum == X) break;                // respuesta encontrada
}
```

Esta implementación se puede acelerar por un factor de dos[6] utilizando el método LSOne(S) (más detalles en el Volumen II).

```
// rutina principal, la variable 'i' (máscara de bits) ya se ha declarado
for (i = 0; i < (1<<n); ++i) {       // por cada subconjunto, O(2^n)
  int sum = 0;
  int mask = i;                       // ahora es O(k)
  while (mask) {                      // k es el número de bits activos
    int two_pow_j = LSOne(mask);      // bit menos significativo
    int j = __builtin_ctz(two_pow_j); // 2^j = two_pow_j, obtener j
    sum += l[j];
    mask -= two_pow_j;
  }
  if (sum == X) break;                // respuesta encontrada
}
```

---

[5]También es conocido como el problema de suma de subconjuntos, que es NP-complejo. Ver la sección 3.5.3 y el Volumen II.

[6]Hay $2^n \times n$ bits en las 2^n máscaras de bits posibles de longitud n bits. La mitad de los bits tienen el valor 1, el resto son 0. La implementación de LSOne(S) que hemos visto solo procesa los $\frac{2^n \times n}{2}$ unos y, de ahí, obtenemos una mejora de velocidad de la mitad de tiempo de la implementación estándar, ya que esta itera todos los $2^n \times n$ unos y ceros.

<table>
<tr><td rowspan="4">GitHub</td><td>C++</td><td><code>ch3/cs/UVa12455.cpp</code></td></tr>
<tr><td>Java</td><td><code>ch3/cs/UVa12455.java</code></td></tr>
<tr><td>Python</td><td><code>ch3/cs/UVa12455.py</code></td></tr>
<tr><td>OCaml</td><td><code>ch3/cs/UVa12455.ml</code></td></tr>
</table>

Buenas noticias para los usuarios de Python: nuevamente podemos utilizar `itertools`. El siguiente ejemplo muestra los $2^7 - 1$ subconjuntos posibles de 7 elementos, menos el subconjunto vacío:

```python
import itertools
N = 7
items = list(range(1, N+1))
c = [list(itertools.combinations(items, i)) for i in range(1, N+1)]
c = list(itertools.chain(*c))                   # combinar listas
print(len(c))                                   # debería ser 2^7-1 = 127
```

<table>
<tr><td>GitHub</td><td>Python</td><td><code>ch3/cs/itertools2.py</code></td></tr>
</table>

Problema de Josefo

El problema de Josefo es un problema clásico, en el que, inicialmente, tenemos a n personas formando un círculo, numeradas $1, 2, \ldots, n$. Comenzando con la persona número 1, se salta a cada persona $k - 1$ y se ejecuta y elimina del cículo a cada persona k-ésima. Este proceso de conteo y ejecución se repite, hasta que solo quede una persona, que se salvará (la historia dice que su nombre era Josefo). Por ejemplo, $n = 6$ y $k = 3$, en cuyo caso el orden de ejecución será: 3, 6, 4, 2 y 5, quedando el 1 como único superviviente (dibujar un pequeño *array* circular de tamaño $n = 6$ y simular el proceso).

El problema de Josefo tiene tantas variantes, como, por ejemplo, aquella que no comienza en la persona número 1, o la que busca que el superviviente sea una persona específica $x \in [1..n]$, etc., que no podrían ser incluidas en este libro.

Las instancias más pequeñas del problema de Josefo se pueden resolver con búsqueda completa (iterativa), simulando el proceso de forma sencilla, con ayuda de un *array* cíclico (o una lista enlazada circular).

Sin embargo, algunas de las instancias más grandes necesitan soluciones mejores. A continuación, veremos dos de ellas.

Hay una elegante manera de determinar la posición del último superviviente para $k = 2$, utilizando la representación binaria del número n. Si $n = 1b_1b_2b_3..b_n$, entonces la respuesta es $b_1b_2b_3..b_n1$, es decir, movemos el bit más significativo de n al final, para hacer que sea el menos significativo. De esta forma, el problema de Josefo con $k = 2$ se resuelve en $O(1)$.

En otros casos, digamos que $F(n, k)$ determina la posición del superviviente en un círculo de tamaño n, con la regla de salto k, y numeramos a las personas 0, 1, ..., $n - 1$ (sumaremos 1 a la respuesta final, para cumplir con el enunciado del problema original). Después de que la persona k-ésima muera, el círculo se reduce en un miembro, al tamaño $n - 1$, y la posición del superviviente pasará a ser $F(n\text{-}1, k) + k$ (mód n). Esta relación queda recogida en la ecuación $F(n, k) = (F(n-1, k) + k)\,\%n$. El caso base lo encontramos cuando $n = 1$, donde tenemos $F(1, k) = 0$. Esta recurrencia tiene una complejidad de tiempo de $O(n)$.

Ejercicio 3.2.1.1

Java todavía *no tiene* una función `next_permutation` integrada. Si eres usuario de Java, escribe tu propia rutina de *backtracking* recursivo para generar todas las permutaciones de hasta n objetos ordenados (en cualquier forma).

Ejercicio 3.2.1.2

¿Cómo podemos utilizar la función `next_permutation` de C++ para generar una lista de $^{n}C_{k}$ combinaciones de k objetos elegidos de entre n? No puedes utilizar *backtracking* recursivo.

3.2.2 Búsqueda completa recursiva

Backtracking sencillo: UVa 00750 - 8-Queens Chess Problem

Enunciado resumido de problema: en el ajedrez (con un tablero de 8×8 casillas), es posible colocar ocho reinas de forma que ninguna de ellas pueda atacar a otra. Determinar *todas* las posibilidades de que ocurra esto, con la posición de una de las reinas dada (coordenadas `(a, b)` deben contener una reina). Expresar las posibilidades en orden lexicográfico (ordenadas).

Idea ingenua con $_{64}C_8 \approx 4000M$ posibilidades

La solución más ingenua es enumerar todas las combinaciones de 8 casillas diferentes de las $8 \times 8 = 64$ posibles y comprobar si se pueden colocar en ellas las 8 reinas sin conflictos. Sin embargo, hay $_{64}C_8 \approx 4000M$ posibilidades, por lo que tal aproximación no merece ni un intento.

Idea todavía ingenua con $8^8 \approx 17M$ posibilidades

Una solución mejor, pero todavía ingenua, radica en el hecho de que en cada columna solo puede haber una reina, por lo que podemos proceder a partir de ahí. Esto reduce las posibilidades de los $4000M$ a solo $8^8 \approx 17M$. Sigue siendo una solución que está al límite de lo aceptable. Si escribimos esta búsqueda completa (sin ninguna optimización *ad hoc*), lo más probable es que acabemos con un veredicto de tiempo límite superado (TLE). Podemos utilizar más optimizaciones sencillas, como las descritas a continuación, para seguir reduciendo el espacio de búsqueda.

Idea más rápida con $8! \approx 40K$ posibilidades

Sabemos que no puede haber dos reinas en la misma columna *ni en la misma fila*. Con ello en mente, podemos seguir simplificando el problema original, hasta buscar las *permutaciones* válidas de 8! posiciones en filas. El valor de row[i] describe la posición de la reina en la columna i. Por ejemplo: row = {1, 3, 5, 7, 2, 0, 6, 4}, como muestra la figura 3.1, es una de las soluciones del problema; row[0] = 1 implica que la reina de la columna 0 se encuentra en la fila 1, y así sucesivamente (el índice empieza en 0). Al modelarlo de esta forma, el espacio de búsqueda se *reduce* de $8^8 \approx 17M$ a $8! \approx 40K$. Esta solución ya sería suficientemente rápida, pero podemos hacer (mucho) más.

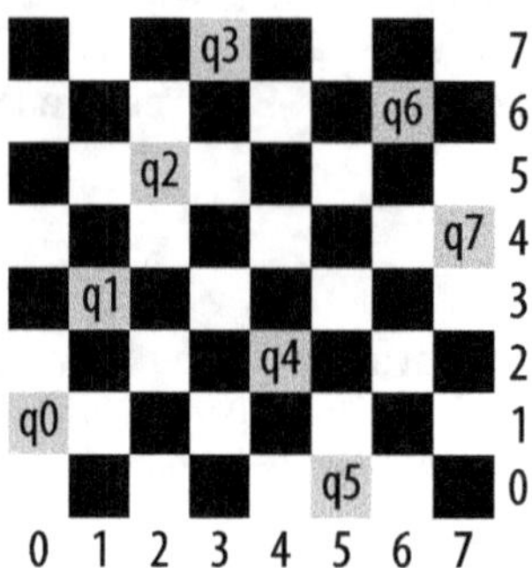

Figura 3.1: 8-reinas

Idea con menos de $8! \approx 40K$ posibilidades

También sabemos que no puede haber dos reinas que compartan diagonales. Pongamos que la reina *A* está en (i, j) y la reina *B* en (k, 1). Se podrán atacar la una a la otra si abs(i-k) == abs(j-1). Esta fórmula significa que las distancias vertical y horizontal entre las dos reinas son iguales, es decir, las reinas *A* y *B* se encuentran en una de las diagonales de la otra.

Una solución de *backtracking recursivo* sitúa a las reinas una por una en las columnas de 0 a 7, teniendo en cuenta las restricciones anteriores. Por último, si se encuentra una solución candidata, se comprueba si, al menos, una de las reinas cumple con los requisitos de la entrada, es decir row[b] == a. Esta solución de complejidad inferior a $O(n!)$, obtendrá un veredicto AC.

A continuación, mostramos nuestra implementación. Si nunca has escrito una solución de *backtracking* recursivo, analízala y, quizá, escríbela en tu propio estilo de programación.

Algunos lectores podrán apreciar la conexión existente entre el *backtracking* recursivo y el algoritmo de recorrido de búsqueda en profundidad (DFS), tratado en la sección 4.2.2.

```cpp
#include <bits/stdc++.h>
using namespace std;

int row[8], a, b, lineCounter;                 // variables globales

bool canPlace(int r, int c) {
  for (int prev = 0; prev < c; ++prev)         // comprobar reinas anteriores
    if ((row[prev] == r) || (abs(row[prev]-r) == abs(prev-c)))
      return false;                            // imposible
  return true;
}

void backtrack(int c) {
  if ((c == 8) && (row[b] == a)) {             // solución candidata
    printf("%2d      %d", ++lineCounter, row[0]+1);
    for (int j = 1; j < 8; ++j) printf(" %d", row[j]+1);
```

```c
17      printf("\n");
18      return;                                          // opcional
19    }
20    for (int r = 0; r < 8; ++r) {                      // probar todas las filas
21      if ((c == b) && (r != a)) continue;              // poda temprana
22      if (canPlace(r, c))                   // ¿se puede colocar aquí una reina?
23        row[c] = r, backtrack(c+1);                    // colocarla y recursión
24    }
25  }
26
27  int main() {
28    int TC; scanf("%d", &TC);
29    while (TC--) {
30      scanf("%d %d", &a, &b); --a; --b;                 // índice comienza en 0
31      memset(row, 0, sizeof row); lineCounter = 0;
32      printf("SOLN       COLUMN\n");
33      printf(" #       1 2 3 4 5 6 7 8\n\n");
34      backtrack(0);                                     // menos de 8! operaciones
35      if (TC) printf("\n");
36    }
37    return 0;
38  }
```

C++	ch3/cs/UVa00750.cpp
Java	ch3/cs/UVa00750.java
Python	ch3/cs/UVa00750.py
OCaml	ch3/cs/UVa00750.ml

Backtracking más complicado: UVa 11195 - Another N-Queens Problem

Enunciado resumido del problema: dado un tablero de ajedrez de $n \times n$ ($3 \leq n \leq 15$), en el que hay casillas bloqueadas (no pueden colocarse reinas en ellas), ¿cuántas formas hay de colocar n reinas, de forma que no puedan atacarse entre ellas? Las casillas bloqueadas *no pueden* utilizarse para proteger a las reinas.

El código de *backtracking* recursivo que hemos mostrado anteriormente, *no es* lo suficientemente rápido para $n = 15$ sin casillas bloqueadas, que es el caso de prueba más complejo posible para este problema. La solución de complejidad *inferior* a $O(n!)$ planteada sigue siendo válida para $n = 8$, pero no para $n = 15$. Tenemos que hacerlo mejor.

El principal problema con el código anterior, es que resulta demasiado lento comprobar si la posición de cada nueva reina es válida, ya que la comparamos con todas las c-1 anteriores (ver la función `bool canPlace(int r, int c)`). Es mejor almacenar la misma información en tres *arrays* de booleanos (utilizaremos `bitset`):

```c
bitset<30> rw, ld, rd;            // para el n = 14 máximo, hay 27 diagonales
```

Inicialmente, todas las n filas (rw), las $2 \times n - 1$ diagonales izquierdas (ld) y las $2 \times n - 1$ diagonales derechas (rd), están sin utilizar (los tres bitset están establecidos como false). Cuando se coloca una reina en una casilla (r, c), marcamos rw[r] = true, para que esta fila no pueda volver a utilizarse. Además, tampoco podrán volver a utilizarse todas las (a, b) donde abs(r-a) = abs(c-b). Hay dos posibilidades si eliminamos la función abs: r-c = a-b y r+c = a+c. Debemos tener en cuenta que r+c y r-c representan los índices de los dos ejes diagonales. Como r-c puede ser negativo, añadimos un *desplazamiento* de n-1 a ambos lados de la ecuación, de forma que r-c+n-1 = a-b+n-1. Si se coloca una reina en la casilla (r, c), marcamos ld[r-c+n-1] = true y rd[r+c] = true, para desactivar las dos diagonales. Con estas estructuras de datos adicionales, y la restricción específica del problema UVa 11195 (board[r][c] no puede ser una casilla bloqueada), podemos modificar nuestro código para convertirlo en:

```
void backtrack(int c) {
  if (c == n) { ++ans; return; }              // una solución
  for (int r = 0; r < n; ++r)                  // probar todas las filas
    if ((board[r][c] != '*') && !rw[r] && !ld[r-c+n-1] && !rd[r+c]) {
      rw[r] = ld[r-c+n-1] = rd[r+c] = true;    // marcar
      backtrack(c+1);
      rw[r] = ld[r-c+n-1] = rd[r+c] = false;   // restaurar
    }
}
```

Hemos añadido una herramienta a VisuAlgo para el aprendizaje de la recursión. Puedes utilizarla para explorar el árbol de recursión de muchas rutinas de *backtracking* recursivo, donde observarás una visualización del árbol de recursión del *backtracking* recursivo, limitado a instancias pequeñas. Puedes escribir una función de recursión válida f(params) en JavaScript, especificar los valores iniciales de params y ejecutarla para ver el árbol de recursión (VisuAlgo impedirá la creación de un árbol de recursión excesivamente grande, que bloquearía el navegador). La figura 3.2 muestra el árbol de recursión del TSP (ver la sección 3.5.2) con $n = 5$ ciudades y comprueba las 4! = 24 permutaciones de 4 ciudades, comenzando en la 0. Hay 24 hojas con varios subproblemas superpuestos, que se pueden acelerar mediante programación dinámica.

VISUALGO https://visualgo.net/en/recursion

Ejercicio 3.2.2.1*

Por desgracia, la solución actualizada utilizando bitset: rw, ld y rd, seguirá obteniendo un veredicto TLE en el problema UVa 11195 - Another N-Queens Problem. Necesitamos acelerar más la solución, utilizando técnicas de máscaras de bits, y otra forma de utilizar las restricciones de las diagonales izquierda y derecha. Esta solución se tratará en el Volumen II. De momento, utiliza la idea presentada y acelera el código de los problemas UVa 00750, 00167 y 11085.

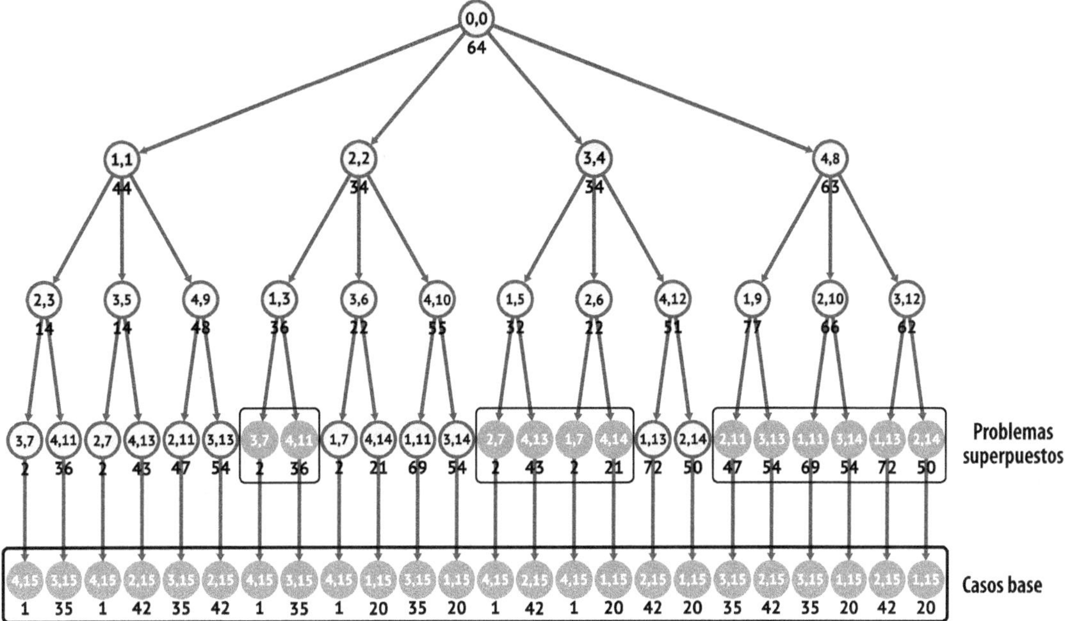

Figura 3.2: Árbol de recursión del TSP con $n = 5$. Ver también la figura 4.42

Ejercicio 3.2.2.2*

¿Qué ocurriría si nos pidiesen escribir una única solución válida para N-reinas, dado N? ¿Y si $3 \leq N \leq N$? ¿O $3 \leq N \leq 1000$? ¿O, incluso, $3 \leq N \leq 100000$?

3.2.3 Consejos sobre búqueda completa

La principal duda al escribir soluciones de búsqueda completa es si serán, o no, capaces de cumplir con el límite de tiempo. Si este fuese de 10 segundos (los jueces en línea no suelen utilizar tiempos tan grandes, por cuestiones de eficiencia) y el programa se ejecuta en ≈ 10 segundos utilizando varios casos de prueba (puede haber más de uno) con el mayor tamaño de entrada especificado en el enunciado y, aun así, el veredicto es TLE, quizá sea una buena idea modificar el 'código crítico'[7] en vez buscar un nuevo algoritmo más rápido y que, quizá, sea difícil de diseñar.

Estos son algunos consejos a tener en cuenta a la hora de diseñar una solución de búsqueda completa para un problema dado, y que podrían ayudar a aumentar las posibilidades de que se ejecute dentro del tiempo permitido. Escribir una buena solución de búsqueda completa es un arte en sí mismo.

---

[7]Se dice que un programa pasa la mayor parte del tiempo ejecutando un 10% de su código, el 'código crítico'.

Consejo 1: filtrar frente a generar

Los programas que examinan muchas (cuando no todas) las soluciones candidatas y seleccionan aquellas que son correctas (o eliminan las incorrectas), se denominan 'filtros'. Por ejemplo, la solución ingenua del problema de las ocho reinas, con complejidad de tiempo $_{64}C_8$ o 8^8, la solución iterativa para los problemas UVa 00725 y UVa 11742, etc. Normalmente, los programas 'filtro' están escritos de forma iterativa.

Los programas que van construyendo gradualmente las soluciones y podan inmediatamente las parciales que no son válidas, se llaman 'generadores'. Por ejemplo, la solución mejorada del problema de las ocho reinas, con su complejidad inferior a $O(n!)$, junto a la comprobación de diagonales. Normalmente, los programas 'generadores' son más sencillos cuando se escriben de forma recursiva, lo que da una mayor flexibilidad a la hora de podar el espacio de búsqueda.

Generalmente, los filtros son más fáciles de programar, pero son lentos en su ejecución, ya que suele ser mucho más difícil podar el espacio de búsqueda iterativamente. Se debe hacer el cálculo (análisis de complejidad), para comprobar si un filtro resulta suficiente o si es mejor implementar un generador.

Consejo 2: podar pronto el espacio de búsqueda impracticable/inferior

Al generar soluciones que utilicen *backtracking* recursivo (ver el consejo anterior), podemos encontrar una solución parcial que nunca nos lleve a la solución completa. Es posible detener ahí el proceso y explorar otras partes del espacio de búsqueda. Por ejemplo: la comprobación diagonal en la solución al problema de las ocho reinas. Vamos a suponer que hemos colocado una reina en `row[0]` = 2. Colocar la siguiente en `row[1]` = 1 o `row[1]` = 3, provocará un conflicto en la diagonal, y colocarla en `row[1]` = 2, lo provocará en la fila. Seguir buscando a partir de cualquiera de estas soluciones imposibles, nunca nos llevará a una solución válida. Por lo tanto, podemos podar las soluciones parciales en ese punto y concentrarnos solo en las que podrían ser viables: `row[1]` = {0, 4, 5, 6, 7}, lo que reduciría el tiempo de ejecución. Como norma general, cuanto antes se pode el espacio de búsqueda, *mejor*.

En otros problemas, podríamos calcular el 'valor potencial' de una solución parcial (y válida). Si el valor potencial es inferior al valor de la mejor solución actual, podemos abandonar la búsqueda.

Consejo 3: utilizar simetrías

Algunos problemas tienen simetrías y deberíamos tratar de aprovecharlas para reducir el tiempo de ejecución. En el problema de las ocho reinas, existen 92 soluciones posibles, pero solo 12 son únicas (o fundamentales/canónicas), ya que hay simetrías rotacionales y lineales. Utilizando este hecho, es posible generar las 12 soluciones únicas y, si es necesario, el total de 92, rotándolas y reflejándolas. Ejemplo: `row` = {7-1, 7-3, 7-5, 7-7, 7-2, 7-0, 7-6, 7-4} = {6, 4, 2, 0, 5, 7, 1, 3}, es el reflejo horizontal de la disposición mostrada en la figura 3.1.

Sin embargo, tenemos que advertir de que, en ocasiones, considerar las simetrías puede complicar el código. En la programación competitiva quizá no sea la mejor idea (nos interesa un código lo más corto posible, para minimizar la posibilidad de cometer errores). Si el beneficio que obtenemos aplicando la simetría no es significativo para resolver el problema, es mejor ignorarlo.

Consejo 4: cálculo previo

A veces resulta útil generar tablas y otras estructuras de datos, que aceleren la búsqueda de un resultado, antes de la propia ejecución del programa. Esto se denomina cálculo previo, en el que se intercambia memoria/espacio por tiempo. Sin embargo, esta técnica no suele ser muy útil en los problemas de concursos de programación más recientes.

Por ejemplo, como sabemos que solo hay 92 soluciones para la versión estándar del problema de las ocho reinas, podemos crear un *array* bidimensional `int solution[92][8]` y llenarlo con las 92 posiciones válidas de las ocho reinas. Es decir, creamos un programa generador (que tardará un tiempo ejecutarse) que complete el *array* bidimensional `solution`. Después, podemos escribir *otro* programa que, simple y rápidamente, muestre las permutaciones correctas que satisfagan los requisitos del problema, a partir de las 92 configuraciones calculadas previamente.

Aunque este consejo no tendrá utilidad en la mayoría de los problemas de búsqueda completa, podrás encontrar, al final de esta sección, una lista con *algunos* ejercicios de programación donde sí que es aplicable.

Consejo 5: intentar resolver el problema hacia atrás

Algunos problemas parecen mucho más sencillos cuando se resuelven 'hacia atrás' [47] (desde un ángulo *menos evidente*), en vez de utilizar un ataque frontal (desde el ángulo más obvio implícito en el enunciado). Hay que estar preparados para las soluciones no convencionales.

Este consejo se entiende mejor con un ejemplo: el problema UVa 10360 - Rat Attack. Imagina un *array* bidimensional (de hasta 1025×1025) que contiene ratas. Hay $n \leq 20\,000$ ratas repartidas por las casillas. Determinar en qué casilla (`x`, `y`) habría que lanzar una bomba de gas para que se maximice el número de ratas muertas, en un cuadrado (`x-d`, `y-d`) a (`x+d`, `y+x`). El valor de d es la potencia de la bomba de gas ($d \leq 50$), ver la figura 3.3.

Una solución inmediata es abordar este problema desde su perspectiva más evidente: lanzar la bomba en cada una de las 1025^2 casillas posibles, y seleccionar la ubicación más efectiva. Por cada casilla bombardeada (`x`, `y`), podemos realizar un barrido de complejidad $O(d^2)$, para contar el número de ratas muertas dentro del área afectada. En el peor de los casos, cuando el *array* tiene tamaño 1025^2 y $d = 50$, esto supondrá $1025^2 \times 50^2 = 2626M$ operaciones. Se superará el límite de tiempo[8].

Otra opción es contemplar el problema al revés: crear un *array* `int killed[1025][1025]`. Para cada población de ratas en la coordenada (`x`, `y`), añadirla a `killed[i][j]`, donde $|i-x| \leq d$ y $|j - y| \leq d$. Esto es debido a que si se coloca una bomba en (`i`, `j`), las ratas en la coordenada (`x`, `y`) morirán. Este proceso previo requiere $O(n \times d^2)$ operaciones. Después, para determinar la posición óptima para el bombardeo, basta con encontrar las coordenadas de la entrada mayor en el *array* `killed`, lo que se puede hacer en 1025^2 operaciones. Esta solución solo requiere $20\,000 \times 50^2 + 1025^2 = 51M$ de operaciones, en el peor caso posible ($n = 20\,000, d = 50$), ≈ 51 veces más rápido que el ataque frontal. Será aceptada por el juez.

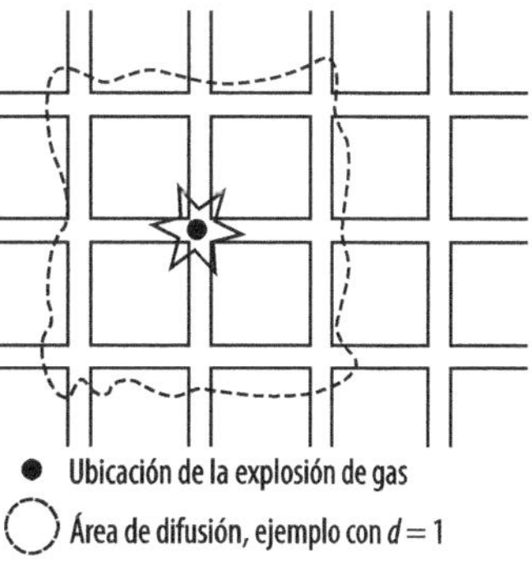

Figura 3.3: UVa 10360 [45]

[8]Aunque una CPU del año 2020 pueda calcular $\approx 100M$ de operaciones en unos pocos segundos, $2626M$ siguen siendo muchas en el ámbito de un concurso.

Consejo 6: compresión de datos

En ocasiones, el límite de entrada de un problema cuya solución esperada por el autor sea la búsqueda completa, se puede 'disfrazar' para que aparente ser mayor y no abordable por una solución de búsqueda completa normal. Pero con una lectura cuidadosa, y algunas pistas (normalmente muy sutiles), del enunciado, es posible reducir (significativamente) el espacio de búsqueda, como en el siguiente ejercicio de la sección 1.3.3:

Dado un conjunto múltiple S de $M = 100K$ enteros, queremos conocer cuántos enteros diferentes podemos formar si tomamos dos números (no necesariamente distintos) de S y los sumamos. El contenido del conjunto múltiple S está formado por números primos no mayores de $20K$.

Si intentamos calcular directamente los $O(M^2)$ pares posibles de enteros, e insertamos sus sumas en una tabla de hash ($O(1)$ por inserción), superaremos el límite de tiempo, ya que $M = 100K$ enteros.

Sin embargo, podemos observar que el conjunto múltiple S solo contiene números primos menores que $20K$. En el Volumen II descubriremos que $\pi(20\,000) = 2262$, es decir, que solo existen 2262 números primos menores que $20K$, aunque el tamaño del conjunto múltiple S pueda llegar a $M = 100K$. Sabiendo esto, realizamos una pasada de compresión de datos en $O(M)$, para asegurarnos de que cada entero presenta un máximo de dos copias, es decir, $N \leq 2 \times 2262$. Después, podremos realizar la verificación de búsqueda completa en $O(N^2)$ que hemos visto antes.

Consejo 7: optimizar el código fuente

Existen muchas técnicas que se pueden utilizar para optimizar el código[9]. Entender cómo funciona y está organizado un ordenador, especialmente el comportamiento de la E/S, la memoria y la caché, puede ayudar a diseñar un mejor código. A continuación, mostramos algunos ejemplos (aunque no se trata de una lista exhaustiva):

1. Una opinión interesada[10]: utilizar C++ en vez de Java (más lento que C++) o Python (más lento que Java). Un algoritmo implementado utilizando C++ se ejecutará, normalmente, más rápido que en Java o Python, en la mayoría de los jueces en línea, incluyendo UVa [45] y Kattis [34]. Algunos concursos de programación, aunque no todos, le dan a los usuarios de Java/Python tiempo adicional para compensar la diferencia de rendimiento (aunque esto no elimina completamente la desventaja).

2. Los usuarios de C/C++ deben utilizar las funciones `scanf/printf` de estilo C, que son más rápidas, en vez de `cin/cout` (o, al menos, establecer `ios::sync_with_stdio(false); cin.tie(NULL);`, aunque sigue siendo más lento).

3. Los usuarios de Java deben utilizar las funciones `BufferedReader/BufferedWriter`, también más veloces, de la siguiente manera:

```java
BufferedReader br = new BufferedReader(                    // acelera
  new InputStreamReader(System.in));
// Nota: después se necesita trocear cadenas y/o procesado de entrada
```

---

[9]La mayoría de las que mencionamos aquí no son apropiadas para la ingeniería de software generalista.

[10]En la actualidad, OCaml no se utiliza de forma generalizada en concursos de programación.

```java
4   PrintWriter pw = new PrintWriter(new BufferedWriter(        // acelera
5     new OutputStreamWriter(System.out)));
6   // PrintWriter nos permite usar la función pw.printf()
7   // no olvides llamar a pw.close() antes de salir del programa de Java
```

4. Utilizar la ordenación *quick* de la STL de C++ `algorithm::sort` (incluído en 'introsort'), con una *expectativa* de complejidad de $O(n \log n)$, pero adecuada para la caché, en vez de la ordenación por montículos, de verdadera complejidad $O(n \log n)$, pero poco adecuada para la caché (sus operaciones raíz-hoja/hoja-raíz requieren muchos índices, lo que le dará pocas ventajas).

5. Acceder a los *arrays* bidimensionales fila por fila, en vez de por columnas, ya que los *arrays* multidimensionales se almacenan por filas en la memoria. Esto aumenta la posibilidad de que se utilice la caché.

6. Utilizar estructuras de datos/tipos de bajo nivel, siempre que no se requiera la funcionalidad adicional de las de alto nivel (o más grandes). Por ejemplo, utilizar un *array* con un tamaño algo superior al del tamaño de entrada máximo, en vez de un `vector` redimensionable. Además, utilizar `int` de 32 bits en vez de `long long` de 64 bits, ya que los enteros de 32 bits son más rápidos en la mayoría de los jueces de 32 bits.

7. En Java, utilizar `ArrayList` (y `StringBuilder`), en vez de `Vector` (y `StringBuffer`), ya que son más rápidos. Los `Vector` y `StringBuffer` de Java son *seguros con hilos*, pero esta característica no es necesaria en los concursos de programación.

8. Declarar la mayoría de las estructuras de datos (especialmente las más pesadas, como los *arrays* grandes) una sola vez en el ámbito global. Reservar suficiente memoria como para hacer frente a la mayor entrada posible del problema. De esta forma, evitaremos pasar estructuras de datos como argumentos de funciones. En los problemas con varios casos de prueba, basta con limpiar el contenido de la estructura de datos antes de abordar cada uno de ellos.

9. Cuando se pueda optar entre escribir el código de forma iterativa o recursiva, elegir la primera. Por ejemplo: la opción iterativa `next_permutation` de la STL de C++, y las técnicas de generación iterativa de subconjuntos utilizando máscaras de bits que se muestran en la sección 3.2.1, son (mucho) más rápidas que sus equivalentes recursivas.

10. El acceso a *arrays* en bucles (anidados) puede ser lento. Si tienes un *array* `A` y accedes frecuentemente al valor de `A[i]` (sin cambiarlo) en bucles (anidados), puede ser ventajoso utilizar una variable local `temp = A[i]` y trabajar con ella en su lugar.

11. Para usuarios de C++: utilizar *arrays* de caracteres de estilo C llevará a una ejecución más rápida que `string` de la STL de C++. Para usuarios de Java/Python/OCaml: hay que tener cuidado con la manipulación de `String`, ya que ese tipo de objetos son inmutables. Es mejor utilizar `StringBuilder` de Java o una lista de Python (y unirla al final).

Busca en internet, o en libros de texto (por ejemplo, [59]), más información sobre cómo acelerar el código. Puedes practicar estas 'habilidades de mejora del código' seleccionando un problema difícil de los jueces UVa o Kattis, donde el tiempo de ejecución de la mejor solución no sea 0,000s. Envía varias versiones de tu solución aceptada, y comprueba las diferencias en el tiempo de ejecución. Adopta aquellas prácticas que, *de forma constante*, supongan un código más rápido.

Por último: utiliza mejores estructuras de datos y algoritmos

No es broma. Utilizar estructuras de datos y algoritmos mejores (si es que existen) siempre superará cualquier optimización[11] mencionada en los consejos 1 a 7. Si estás seguro de que el problema se puede resolver mediante búsqueda completa y que has escrito el código de búsqueda completa más rápido posible, pero todavía obtienes un veredicto TLE, abandona esa solución y piensa en otra que no esté basada en la búsqueda completa. Sin embargo, cuando esto ocurre, seguramente tendrás problemas en tu rendimiento en el concurso.

3.2.4 Búsqueda completa en concursos de programación

La principal fuente de información sobre 'búsqueda completa' de este capítulo, es la plataforma de entrenamiento de USACO [44]. Hemos adoptado el nombre 'búsqueda completa', frente a 'fuerza bruta' (con sus connotaciones negativas), ya que creemos que algunas soluciones de búsqueda completa pueden ser inteligentes y rápidas. Opinamos que el término 'fuerza bruta inteligente' puede resultar un tanto contradictorio.

Si es posible resolver un problema utilizando búsqueda completa, también estará claro cuándo utilizar los métodos de *backtracking* iterativos o recursivos. Los abordajes iterativos se utilizan cuando es posible deducir diferentes estados *con facilidad*, con alguna fórmula relativa a un cierto *contador*, y es necesario comprobar (casi) todos los estados, por ejemplo, explorando todos los índices de un *array*, enumerando (casi) todos los subconjuntos posibles de un pequeño conjunto, generando (casi) todas las permutaciones, etc. El *backtracking* recursivo se utiliza cuando es difícil deducir los diferentes estados con un índice sencillo y/o queremos podar (abundantemente) el espacio de búsqueda, por ejemplo, en el problema de las N reinas. Si el espacio de búsqueda de un problema que se puede resolver por búsqueda completa es grande, las soluciones de *backtracking* recursivo que permitan la poda temprana de secciones inútiles del espacio de búsqueda, son una opción mejor. La poda en búsquedas completas iterativas no es imposible, pero normalmente es complicada.

Una buena forma de mejorar tus habilidades con búsqueda completa, será resolver más problemas de este tipo, para afinar tu intuición sobre el hecho de si un problema es resoluble utilizándola. Hemos incluido, a continuación, una lista de esos problemas, separados en varias categorías.

También trataremos técnicas de búsqueda *más* avanzadas en el Volumen II, por ejemplo utilizando manipulación de bits en el *backtracking* recursivo, búsquedas de estado–espacio más complicadas o encuentro en el medio, y nos familiarizaremos con un tipo de problemas NP-complejo/completo sin ninguna propiedad especial y para los que, seguramente, no exista solución más rápida que la búsqueda completa. Por último, trataremos una clase poco utilizada de algoritmos heurísticos de búsqueda: búsqueda A*, búsqueda de profundidad limitada (DLS), búsqueda de profundidad iterativa (IDS) y A* de profundidad iterativa (IDA*).

Terminamos enumerando algunos aspectos que pueden ayudar a identificar aquellos problemas que se pueden resolver mediante búsqueda completa. Es muy posible que estemos ante un problema de búsqueda completa si el enunciado:

- Nos pide escribir todas las respuestas y el espacio de la solución es tan grande como el espacio de búsqueda.

---

[11]En la ingeniería de software, no es recomendable la optimización prematura.

- Tiene un espacio de búsqueda pequeño (el total de operaciones en el *peor* caso es $< 100M$).

- Tiene un límite de tiempo sospechosamente alto y mucho potencial de poda temprana.

- Se puede calcular previamente.

- Es un problema NP-complejo/completo ya conocido, sin ninguna propiedad especial (ver el Volumen II).

Ejercicios de programación

Ejercicios de programación que se resuelven mediante búsqueda completa:

Se puede realizar cálculo previo

1. Nivel básico: **UVa 00750 - 8 Queens Chess ... *** — problema clásico de *backtracking*, solo hay 92 posiciones posibles de las 8 reinas
2. **UVa 00165 - Stamps *** — también necesita programación dinámica, se puede calcular ya que h y k son pequeños
3. **UVa 10128 - Queue *** — *backtracking* con poda, probar las $N!$ permutaciones que satisfacen el requisito, 13! será TLE, cálculo previo de los resultados
4. **UVa 10276 - Hanoi Tower ... *** — insertar los números de uno en uno, $1 \le N \le 50$
5. *Kattis - cardtrick2 *** — $n \le 13$, podemos simular el proceso utilizando queue y con cálculo previo de las 13 respuestas posibles
6. *Kattis - foolingaround *** — solo hay 379 valores diferentes de N con los que Bob gana, se puede hacer cálculo previo
7. *Kattis - sgcoin *** — podemos ordenar el mensaje por fuerza bruta, hacer cálculo previo de todos los posibles valores de *hash* o hallar una solución en $O(1)$

Adicionales UVa: *00167, 00256, 00347, 00861, 10177, 11085.*

Adicionales Kattis: *4thought, chocolates, lastfactorialdigit, luckynumber, mancala, primematrix.*

Iterativos (dos bucles anidados)

1. Nivel básico: *Kattis - pet *** — problema muy sencillo con bucles anidados bidimensionales
2. **UVa 00592 - Island of Logic *** — idea clave: solo existen $3^5 * 2$ estados posibles, el estado de cada persona y si es de día o de noche
3. **UVa 01588 - Kickdown *** — LA 3712 - NorthEasternEurope06, buen problema de fuerza bruta iterativa, cuidado con los casos límite
4. **UVa 12488 - Start Grid *** — 2 bucles anidados, simular el proceso de adelantamiento
5. *Kattis - blackfriday *** — bucles anidados bidimensionales, conteo de frecuencia
6. *Kattis - closestsums *** — ordenar y hacer emparejamientos en $O(n^2)$, también disponible en UVa 10487 - Closest Sums
7. *Kattis - golombrulers *** — bucles anidados bidimensionales, bucle adicional unidimensional para comprobación

Adicionales UVa: *00105, 00617, 01260, 10041, 10570, 12583, 13018.*

Adicionales Kattis: *8queens, antiarithmetic, bestrelayteam, bikegears, kafkaesque, liga, peg, putovanje, reduction, register, summertrip, telephones, tourdefrance.*

Iterativos (tres o más bucles anidados, fáciles)

1. Nivel básico: **UVa 00441 - Lotto** *   6 bucles anidados, fácil
2. **UVa 00735 - Dart-a-Mania** *   3 bucles anidados, después contar
3. **UVa 12515 - Movie Police** *   3 bucles anidados
4. **UVa 12844 - Outwitting the ... ** *   5 bucles anidados, versión reducida de UVa 10202, realizar observaciones primero
5. *Kattis - cudoviste* *   4 bucles anidados, los bucles interiores son solo 2x2, 5 posibilidades de coches aplastados, saltar área de 2x2 que contiene al edificio
6. *Kattis - npuzzle* *   4 bucles anidados, fácil
7. *Kattis - set* *   4 bucles anidados, fácil

Adicionales UVa: *00154, 00626, 00703, 10102, 10662, 11059, 12498, 12801.*

Adicionales Kattis: *mathhomework, patuljci, safehouses.*

Iterativos (tres o más bucles anidados, difíciles)

1. Nivel básico: **UVa 00386 - Perfect Cubes** *   4 bucles anidados con poda
2. **UVa 10660 - Citizen attention ... ** *   7 bucles anidados, distancia Manhattan
3. **UVa 11236 - Grocery Store** *   3 bucles anidados para a, b, c, deducir d a partir de a, b, c, comprobar si la salida tiene 949 líneas
4. **UVa 11804 - Argentina** *   5 bucles anidados
5. *Kattis - calculatingdartscores* *   6 bucles anidados, comprobar si a*i +b*j + c*k == n
6. *Kattis - lektira* *   2 bucles anidados para verificar los 2 puntos de corte más 1 bucle adicional para realizar la inversión de las palabras
7. *Kattis - tautology* *   probar los $2^5 = 32$ valores con poda, también disponible en UVa 11108 - Tautology

Adicionales UVa: *00253, 00296, 10360, 10365, 10483, 10502, 10973, 11342, 11548, 11565, 11959, 11975, 12337.*

Adicionales Kattis: *goblingardenguards, misa, medals.*

Iterativos (permutación)

1. Nivel básico: **UVa 11742 - Social Constraints** *   probar todas las permutaciones
2. **UVa 00234 - Switching Channels** *   LA 5173 - WorldFinals Phoenix94, usar `next_permutation`, simulación
3. **UVa 01064 - Network** *   LA 3808 - WorldFinals Tokyo07, permutación de hasta 5 mensajes, simulación, atención al término 'consecutivos'
4. **UVa 12249 - Overlapping Scenes** *   LA 4994 - KualaLumpur10, probar todas las permutaciones, algo de coincidencia de cadenas
5. *Kattis - dancerecital* *   probar las $R!$ permutaciones, comparar rutinas adyacentes
6. *Kattis - dreamer* *   probar las 8! permutaciones de dígitos, comprobar si la fecha es válida, mostrar la primera fecha válida
7. *Kattis - veci* *   probar todas las permutaciones, elegir la que sea mayor que X

Adicionales UVa: *00140, 00146, 00418, 01209, 11412.*

Adicionales Kattis: *classpicture, towering, victorythroughsynergy.*

Iterativos (combinación)

1. Nivel básico: **UVa 00639 - Don't Get Rooked** *   generar $2^{4 \times 4} = 2^{16}$ combinaciones y podar
2. **UVa 01047 - Zones** *   LA 3278 - WorldFinals Shanghai05, probar los 2^n subconjuntos de torres a tomar, usar el principio de inclusión–exclusión
3. **UVa 11659 - Informants** *   probar las 2^{20} máscaras de bits y verificar
4. **UVa 12694 - Meeting Room ...** *   LA 6606 - Phuket13, es más seguro obtener las 2^{20} posibilidades por fuerza bruta, una solución voraz también debería ser posible
5. *Kattis - geppetto* *   probar los 2^N subconjuntos de ingredientes
6. *Kattis - squaredeal* *   probar las $3!$ permutaciones de rectángulos y las 2^3 orientaciones de los mismos, verificar las condiciones de las figuras 1.a y 1.b
7. *Kattis - zagrade* *   probar todos los subconjuntos de pares de paréntesis a eliminar

Adicionales UVa: *00435, 00517, 11205, 12346, 12348, 12406, 13103.*
Adicionales Kattis: *buildingboundaries, doubleplusgood, perket.*

Probar todas las respuestas posibles

1. Nivel básico: *Kattis - flexible* *   probar todas las respuestas posibles
2. **UVa 00188 - Perfect Hash** *   3 bucles anidados, probar hasta hallar la respuesta
3. **UVa 00725 - Division** *   probar todas las respuestas posibles
4. **UVa 10908 - Largest Square** *   4 bucles anidados, probar todas las longitudes cuadradas impares
5. *Kattis - communication* *   probar todos los bytes posibles, aplicar la fórmula de la máscara de bits
6. *Kattis - islands* *   probar todos los subconjuntos posibles, podar los que no sean contiguos (solo hay 55 máscaras de bits válidas entre [0..1013]), verificar 'isla'
7. *Kattis - walls* *   probar si la respuesta es 1/2/3/4 o imposible, utilizar hasta 4 bucles anidados

Adicionales UVa: *00102, 00471.*
Adicionales Kattis: *cookingwater, gradecurving, heirsdilemma, owlandfox, parking2, prinova, savingforretirement.*

Simulación matemática (búsqueda completa), fáciles

1. Nivel básico: *Kattis - easiest* *   búsqueda completa, suma de dígitos
2. **UVa 00382 - Perfection** *   hacer divisiones de prueba
3. **UVa 01225 - Digit Counting** *   LA 3996 - Danang07, N es pequeño
4. **UVa 10346 - Peter's Smoke** *   problema de simulación interesante
5. *Kattis - growlinggears* *   física de una parábola, deducción, probar todas las opciones
6. *Kattis - trollhunt* *   fuerza bruta, sencillo
7. *Kattis - videospeedup* *   fuerza bruta, sencillo con bucles, hacer lo que se pide

Adicionales UVa: *00100[12], 00371, 00654, 00906, 01583, 10783, 10879, 11001, 11150, 11247, 11313, 11877, 11934, 12527, 12938, 13059, 13131.*
Adicionales Kattis: *aboveaverage, dicecup, harshadnumbers, socialrunning, sodaslurper, somesum, sumoftheothers, tri, zamka.*

Simulación matemática (búsqueda completa), difíciles

1. Nivel básico: **UVa 00616 - Coconuts, Revisited** *   fuerza bruta hasta $\sqrt{n}$

2. **UVa 11130 - Billiard bounces** *

reflejar la mesa de billar a la derecha (y/o arriba), tratar con una línea recta en vez de con líneas que rebotan

3. **UVa 11254 - Consecutive Integers** *

usar suma de una progresión aritmética, fuerza bruta en todos los valores de r desde $\sqrt{2n}$ hasta 1, detenerse en el primer a válido

4. **UVa 11490 - Just Another Problem** *

hacer que `missing_people` $= 2 * a^2$, `thickness_of_soldiers` $= b$, deducir una fórmula que implique a, b y el S dado

5. *Kattis - crackingrsa* *

algo de teoría de números, se puede resolver mediante búsqueda completa

6. *Kattis - falling* *

modifica la fórmula, búsqueda completa hasta $\sqrt{D}$

7. *Kattis - thanosthehero* *

bucle `for` hacia atrás

Adicionales UVa: *00493, 00550, 00697, 00846, 10025, 10035, 11968, 12290, 12665, 12792, 12895.*
Adicionales Kattis: *disgruntledjudge, houselawn, lipschitzconstant, milestones, repeatingdecimal, robotopia, stopcounting, trick.*

Problema de Josefo

1. Nivel básico: **UVa 00151 - Power Crisis** * — problema de Josefo original
2. **UVa 01176 - A Benevolent Josephus** * — LA 2346 - Dhaka01, caso especial cuando $k = 2$, usar la recurrencia de Josefo, simulación
3. **UVa 10774 - Repeated Josephus** * — caso especial de Josefo repetido cuando $k = 2$
4. **UVa 11351 - Last Man Standing** * — usar el caso general de la recurrencia de Josefo
5. *Kattis - eenymeeny* * — problema de Josefo, n pequeño, basta con simular
6. *Kattis - musicalchairs* * — variante de Josefo, fuerza bruta
7. *Kattis - toys* * — usar el caso general de la recurrencia de Josefo

Adicionales UVa: *00130, 00133, 00305, 00402, 00440, 10015, 10771.*
Adicionales Kattis: *coconut.*

Backtracking recursivo (fáciles)

1. Nivel básico: **UVa 10344 - 23 Out of 5** * — 5 operandos + 3 operadores
2. **UVa 00729 - The Hamming ...** * — generar todas las cadenas de bits
3. **UVa 10576 - Y2K Accounting Bug** * — generar todos, podar, tomar el máximo
4. **UVa 12840 - The Archery Puzzle** * — *backtracking* sencillo
5. *Kattis - goodmorning* * — podemos utilizar *backtracking* para generar todos los números posibles (pequeños) que cumplan con los requisitos
6. *Kattis - natjecanje* * — 4 opciones por cada equipo con un kayak: no hacer nada, pasar a la izquierda (si está dañado), mantener (si está dañado), pasar a la derecha (si está dañado)
7. *Kattis - paintings* * — probar todos las pinturas posibles en base a la preferencia de Catherine, saltar los pares de colores no válidos

Adicionales UVa: *00380, 00487, 00524, 00529, 00571, 00598, 00628, 00677, 00868, 10452, 10503, 10624, 10776, 10950, 11201, 11961.*
Adicionales Kattis: *draughts.*

Backtracking **recursivo (difíciles)**

1. Nivel básico: **UVa 00208 - Firetruck** * LA 5147 - WorldFinals SanAntonio91, *backtracking* con algo de poda
2. **UVa 00222 - Budget Travel** * LA 5161 - WorldFinals Indianapolis93, no se puede utilizar DP pues 'tank' es de coma flotante, utilizar *backtracking*
3. **UVa 00307 - Sticks** * ordenar los palillos por longitud descendente, agrupar longitudes similares, obtener por fuerza bruta el número de palillos, *backtracking* para verificar la validez
4. **UVa 01262 - Password** * LA 4845 - Daejeon10, ordenar columnas de la rejilla, procesar las contraseñas comunes en orden lexicográfico, saltar dos contraseñas similares
5. *Kattis - dobra* * probar los 3^n cambios posibles de '_' (a una vocal, una 'L' y otra consonante que no sea una 'L'), podar los estados no válidos, contar los estados válidos
6. *Kattis - fruitbaskets* * problema de *backtracking* interesante, calcular los números < 200, mostrar todos menos el valor calculado por medio de *backtracking*
7. *Kattis - pagelayout* * algo de geometría, una máscara de bits iterativa de tamaño $O(2^n \times n^2)$ provocará TLE, es necesario utilizar *backtracking* con poda

Adicionales UVa: *00129, 00301, 00331, 00416, 00433, 00565, 10001, 10063, 10094, 10460, 10475, 10582, 11052, 11753.*

Adicionales Kattis: *carvet, primes, solitaire.*

3.3 Divide y vencerás

Divide y vencerás (abreviado como D&C), es un paradigma de resolución en el que un problema se hace más *sencillo* al 'dividirlo' en segmentos más pequeños y solucionando cada uno de ellos. Estos son los pasos:

1. Dividir el problema original, más o menos por la mitad, en *subproblemas*.

2. Encontrar soluciones a cada uno de esos subproblemas, que ahora serán más sencillos.

3. Si es necesario, combinarlas para obtener la solución completa del problema principal.

En las secciones anteriores del libro hemos visto algunos ejemplos de la técnica D&C: diferentes algoritmos de ordenación en $O(n \log n)$ (por ejemplo, *quick*, por mezcla, por montículos, por árbol de búsqueda binaria equilibrado) y búsqueda binaria en la sección 2.2, utilizan este paradigma. La forma en que se organizan los datos en un árbol de búsqueda binaria, montículo, árbol de segmentos y árbol Fenwick en las secciones 2.3, 2.4.4 y 2.4.3, también utiliza D&C.

---

[12]El primer problema del Online Judge trata sobre la conjetura de (Lothar) Collatz.

3.3.1 Usos destacados de la búsqueda binaria

En esta sección, trataremos el paradigma D&C junto al conocido algoritmo de búsqueda binaria. Clasificamos la búsqueda binaria como un algoritmo de 'divide y vencerás', aunque una referencia [38] sugiere que, en realidad, debería estar clasificado como 'reduce (a la mitad) y vencerás', pues lo cierto es que no combina el resultado. Ponemos de relieve este algoritmo porque casi todos los concursantes lo conocen, aunque no muchos son conscientes de que se puede utilizar de formas no evidentes.

Búsqueda binaria: el uso normal

Recordemos que el uso *tradicional* de la búsqueda binaria consiste en buscar un elemento en un *array ordenado y estático*. Comprobamos el elemento central del *array* ordenado para determinar si contiene lo que estamos buscado. Si es así, o si no hay más elementos a considerar, nos detenemos. En caso contrario, podemos decidir si la respuesta se encuentra a la izquierda o a la derecha del elemento central, y seguimos buscando. Como reducimos el espacio de búsqueda a la mitad (en términos binarios) después de cada comprobación, la complejidad de este algoritmo es $O(\log n)$. En la sección 2.2, hemos visto que existen rutinas integradas en las bibliotecas para ejecutar este algoritmo, como por ejemplo `lower_bound` de la STL de C++, `Collections.binarySearch` de Java o `bisect` de Python.

Esta *no* es la única manera de utilizar la búsqueda binaria. El requisito previo para realizar una búsqueda binaria, *una secuencia ordenada estática (en forma de array o vector)*, aparece también en otras estructuras de datos menos comunes, como en un camino de la raíz a una hoja de un árbol (que no será necesariamente binario o completo) que satisfaga la propiedad del *montículo mínimo*. A continuación, tratamos esta variante.

Búsqueda binaria en estructuras de datos no comunes

Este problema original se titula 'My Ancestor' y se utilizó en el concurso ICPC nacional de Tailandia en 2009. Enunciado resumido del problema: dado un árbol (genealógico) ponderado de hasta $N \leq 80K$ vértices, con la característica especial de que *los valores de los vértices crecen de la raíz a las hojas*[13], encontrar el vértice del *antepasado* más cercano a la raíz, comenzando desde un vértice inicial v, que tenga, al menos, un peso P. Tendremos hasta $Q \leq 20K$ de esas consultas *fuera de línea*. Examinemos la parte izquierda de la figura 3.4. Si $P = 4$, entonces la respuesta es el vértice etiquetado como 'B', con un valor de 5, ya que es el antepasado de v más cercano a la raíz 'A', y tiene un valor ≥ 4. Si $P = 7$, entonces la respuesta será 'C', con valor 7. Si $P \geq 9$, no hay respuesta válida, ya que no existe ningún *antepasado* de v con un peso ≥ 9.

La solución ingenua consiste en realizar un barrido lineal de complejidad $O(N)$ por cada consulta: comenzando con el vértice dado v, vamos subiendo por el árbol (genealógico) hasta que encontremos el primer vértice cuyo progenitor directo tenga un valor $< P$, o hasta que lleguemos a la raíz. Si ese vértice tiene un valor $\geq P$, y no es el mismo v, habremos encontrado la solución. Como hay Q consultas, este abordaje se ejecuta en $O(QN)$ (el árbol de entrada puede ser una lista enlazada ordenada de longitud N) y obtendremos un veredicto TLE, ya que $N \leq 80K$ y $Q \leq 20K$.

---

[13]En realidad, esta es una propiedad de montículo (mínimo), aunque no en un árbol binaria, ver la sección 2.3.1.

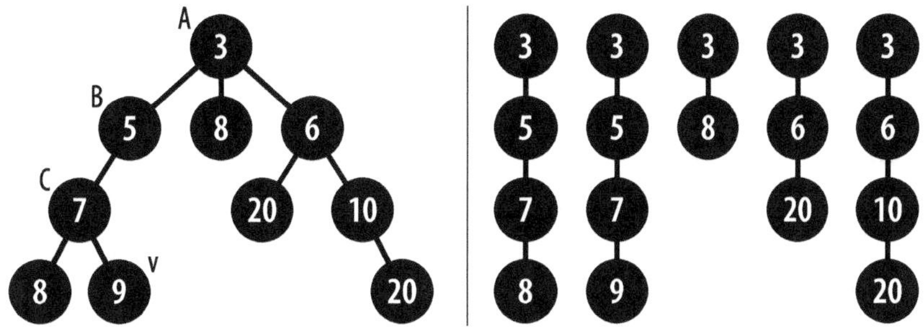

Figura 3.4: My Ancestor (los 5 caminos de la raíz a una hoja están ordenados)

Una solución mejor consiste en almacenar las $20K$ consultas (no tenemos que contestarlas inmediatamente). Recorrer el árbol *una sola vez*, comenzando desde la raíz, utilizando el algoritmo de ordenación previa de recorrido del árbol, con complejidad $O(N)$ (sección 4.6.2). Esta ordenación previa de recorrido del árbol, estará ligeramente modificada para recordar la secuencia 'raíz a vértice actual' parcial, a medida que se ejecuta. El *array* estará siempre ordenado, ya que los vértices junto a la ruta 'raíz a vértice actual' tienen pesos que se incrementan, como vemos en la figura 3.4 (a la derecha). La ordenación previa de recorrido del árbol que aparece a la izquierda de la figura 3.4, resulta en el siguiente *array* ordenado 'raíz a vértice actual' parcial: {{3}, {3, 5}, {3, 5, 7}, {3, 5, 7, 8}, vuelta, {3, 5, 7, 9}, vuelta, vuelta, vuelta, {3, 8}, vuelta, {3, 6}, {3, 6, 20}, vuelta, {3, 6, 10}, y, por último, {3, 6, 10, 20}, vuelta, vuelta, vuelta (hecho)}.

Durante el recorrido de ordenación previa de complejidad $O(N)$, y cuando lleguemos a un vértice consultado, podemos realizar una **búsqueda binaria** de coste $O(\log N)$ (para ser precisos: `lower_bound`) en el *array* de pesos parcial 'raíz a vértice actual', para obtener el antepasado más cercano a la raíz con un valor de, al menos, P, guardando estas soluciones. Por último, podemos realizar una iteración $O(Q)$ sencilla, para mostrar los resultados. La complejidad de tiempo global de este método es $O(N + Q \log N)$, que ahora es admisible.

Método de bisección

Hemos tratado las aplicaciones de la búsqueda binaria para encontrar elementos en secuencias ordenadas estáticas. Sin embargo, el **principio** de la búsqueda binaria[14] también se puede utilizar para encontrar la raíz de una función que podría ser difícil de calcular directamente.

Por ejemplo, puedes comprar un coche con un préstamo que quieres pagar en cuotas mensuales de d dólares en m meses. Supongamos que el valor inicial del coche es v dólares, y que el interés establecido por el banco es del $i\%$ por el remanente a pagar al final de cada mes. ¿Qué cantidad de dinero d debes pagar al mes (con dos dígitos de precisión decimal)? Hay que tener en cuenta que esa cantidad d está calculada *después* de haber aplicado el interés correspondiente a ese mes.

Supongamos que $d = 576,19$, $m = 2$, $v = 1000$ e $i = 10\,\%$. Transcurrido un mes, la deuda será de $1000 \times (1,1) - 576,19 = 523,81$. Después de dos meses, será de $523,81 \times (1,1) - 576,19 \approx 0$. Si solo tenemos los datos $m = 2$, $v = 1000$ e $i = 10\,\%$, ¿cómo podríamos determinar que

---

[14]Utilizamos el término 'principio de la búsqueda binaria' para referirnos al método de D&C de reducir a la mitad el rango de respuestas posibles. El 'algoritmo de búsqueda binaria' (encontrar el índice de un elemento en una cadena ordenada), el 'método de bisección' (encontrar la raíz de una función) y 'buscar la respuesta de forma binaria' (tratado en la siguiente subsección), son variantes de este principio.

$d = 576{,}19$? En otras palabras, hay que encontrar la raíz d de forma que la función de pago de la deuda $f(d)$, dados m, v, i, sea ≈ 0.

Una forma *fácil* de resolver este problema de determinación de una raíz, es utilizar el método de bisección. Elegimos, como punto de partida, un rango razonable. Queremos fijar d dentro del rango [a..b], donde $a = 0{,}01$, ya que tendremos que pagar al menos un céntimo y $b = (1 + i\,\%) \times v$, ya que el momento más temprano en el que podremos completar el pago es $m = 1$, si pagamos exactamente $(1 + i\,\%) \times v$ dólares después del primer mes. En este ejemplo, $b = (1 + 0{,}1) \times 1000 = 1100{,}00$ dólares. Para que funcione el método de bisección[15], debemos asegurarnos de que los valores de la función en los dos extremos del rango real inicial [a..b], es decir, $f(a)$ y $f(b)$, tienen signos opuestos (como resulta cierto en los a y b calculados anteriormente), $f(a)$ es positivo (la cuota $d = a$ es muy pequeña) y $f(b)$ es negativo (la cuota $d = b$ es muy grande), y la función $f(d)$ es monótona[16] (se verifica para la función $f(d)$ anterior).

a	b	$d = \dfrac{a+b}{2}$	estado: $f(d, m, v, i)$	acción
0,01	1100,00	550,005	corto por 54,9895	incrementar d a $\dfrac{a+b}{2}$
550,005	1100,00	825,0025	largo por 522,50525	decrementar d a $\dfrac{a+b}{2}$
550,005	825,0025	687,50375	largo por 233,757875	decrementar d
550,005	687,50375	618,754375	largo por 89,384187	decrementar d
550,005	618,754375	584,379688	largo por 17,197344	decrementar d
550,005	584,379688	567,192344	corto por 18,896078	incrementar d
567,192344	584,379688	575,786016	corto por 0,849366	incrementar d
...	...	...	unas **pocas** iteraciones después ...	...
...	...	576,190476	parar; el error es inferior a ϵ	respuesta $= 576{,}19$

Tabla 3.1: Ejecución del método de bisección en la función de ejemplo

Cabe poner de relieve que el método de bisección solo requiere $O(\log_2((b - a)/\epsilon)$ iteraciones para obtener una respuesta lo suficientemente buena (el error es menor que el umbral de error ϵ que nos podemos permitir). En este ejemplo, el método de bisección solo realiza $\log_2 1099{,}99/\epsilon$ intentos. Utilizando un $\epsilon = $ 1e-9 pequeño, esto supone solo ≈ 40 iteraciones. Incluso utilizando un $\epsilon = $ 1e-15 más pequeño, solo necesitaríamos ≈ 60 intentos. Es evidente que el número de intentos es *pequeño*. El método de bisección es mucho más eficiente en comparación a la evaluación exhaustiva de todos los valores posibles de $d = $ [0,01..1100,00]$/\epsilon$ en el ejemplo propuesto. Nota: el método de bisección se puede escribir como un bucle que prueba los valores de $d \approx 40$ a 60 veces (se puede consultar nuestra implementación más adelante).

Buscar la respuesta de forma binaria (BSTA)

La versión resumida del problema UVa 11935 - Through the Desert dice: imagina que eres un explorador que intenta cruzar un desierto. Puedes utilizar un *jeep* con un depósito de combustible 'suficientemente grande', que inicialmente está lleno. A lo largo del viaje encontrarás diversos eventos como 'conducir' (que consume combustible), 'fugas de gasolina' (que aumenta más el consumo de combustible), 'llegar a una estación de servicio' (que te permite repostar el depósito

---

[15]Los requisitos para el método de bisección (que utiliza el principio de la búsqueda binaria) son ligeramente diferentes a los del algoritmo de búsqueda binaria, que requiere un *array* ordenado.

[16]En matemáticas, se habla de que f es una función monótona si, y solo si, es completamente no creciente o completamente no decreciente, como en la parte izquierda de la figura 3.5.

---

a su capacidad original), 'encontrar a un mecánico' (que repara las fugas) o 'llegar al destino' (final). Tienes que determinar la capacidad *mínima posible* del depósito del vehículo, que te permita llegar al destino. La respuesta debe tener tres dígitos de precisión decimal.

Si conocemos la capacidad del depósito de combustible del *jeep*, estamos ante un problema de simulación. Partiendo del inicio, podemos simular cada evento sucesivo y determinar si el objetivo es alcanzable sin quedarnos sin combustible. El problema está en que no conocemos dicha capacidad, sino que ese es, precisamente, el valor que estamos buscando.

Partiendo del enunciado del problema, podemos calcular que el rango de respuestas posibles está en [0,000..10000,000], con una precisión decimal de tres dígitos. Sin embargo, eso son 10*M* posibilidades. Si las probamos todas, obtendremos un veredicto de TLE.

Por suerte, este problema tiene una propiedad que podemos aprovechar. Supongamos que la respuesta correcta es *x*. Fijar la capacidad del depósito a cualquier valor entre [0,000..x-0,001] *no hará* que el jeep llegue a su destino. Por otro lado, fijar la capacidad en cualquier valor entre [x..10000,000] hará que el jeep llegue al destino, normalmente con algo de combustible sobrante. Esta particularidad *monótona* nos permite buscar la respuesta *x* de forma binaria. Hay que tener en cuenta que la BSTA (en la función booleana monótona can(x), ver la parte derecha de la figura 3.5) es muy similar al método de bisección (o la función monótona más generalista *f*(*x*), ver la parte izquierda de la figura 3.5).

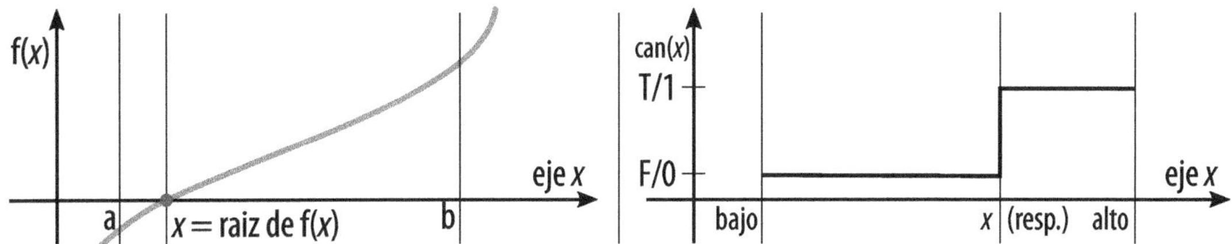

Figura 3.5: Función monótona, I: Bisección – D: BSTA

Podemos utilizar el siguiente código para obtener la solución al problema:

```cpp
const double EPS = 1e-9;                         // esta EPS es ajustable

bool can(double x) {                             // omitimos detalles
  // devolver verdadero si el jeep puede llegar al objetivo con x combustible
  // devolver falso en caso contrario
}

// dentro de int main()
  // Búsqueda binaria de la respuesta (BSTA), después simular
  double lo = 0.0, hi = 10000.0;
  while (fabs(hi-lo) > EPS) {                     // respuesta no encontrada
    double mid = (lo+hi) / 2.0;                   // probar el valor central
    can(mid) ? hi = mid : lo = mid;               // después continuar
  }
  printf("%.3lf\n", hi);                          // tenemos la respuesta
```

Algunos programadores prefieren utilizar un número constante de iteraciones de refinado, en vez de permitir que el número de estas varíe dinámicamente, para evitar errores de precisión al probar si `fabs(hi - lo) > EPS` y, con ello, verse atrapados en un bucle infinito. Los únicos cambios necesarios para implementarlo de esta segunda manera se muestran a continuación. El resto del código será el mismo.

```
double lo = 0.0, hi = 10000.0;
for (int i = 0; i < 50; ++i) {          // log_2(10000/1e-9) ~= 43
  double mid = (lo+hi) / 2.0;           // 50x bucles es suficiente
  can(mid) ? hi = mid : lo = mid;       // operador ternario
}
```

C++	ch3/dnc/UVa11935.cpp
Java	ch3/dnc/UVa11935.java
Python	ch3/dnc/UVa11935.py
OCaml	ch3/dnc/UVa11935.ml

GitHub

Ejercicio 3.3.1.1

Hay una solución alternativa al problema UVa 11935, que no utiliza la técnica de 'buscar la respuesta de forma binaria'. ¿Sabrías decir cuál es?

Ejercicio 3.3.1.2

El ejemplo anterior implica buscar la respuesta de forma binaria cuando la respuesta es un número de coma flotante. Modifica el código para resolver problemas de 'búsqueda de la respuesta de forma binaria' donde la respuesta esté en un *rango de enteros*.

3.3.2 Búsqueda ternaria

Dados una función *unimodal* $f(x)$ y un rango $[L..R]$, hallar una x tal que $f(x)$ sea mínima[17]. Esta función unimodal $f(x)$, en un rango $[L..R]$, se define formalmente de la siguiente manera: $\forall a, b$ con $L \leq a < b \leq x$, tenemos que $f(a) > f(b)$; y $\forall a, b$ con $x \leq a < b \leq R$, tenemos que $f(a) < f(b)$ (es decir, $f(x)$ es estrictamente decreciente y, después, estrictamente creciente). Ver la figura 3.6.

La búsqueda binaria clásica, que hemos visto en la sección 3.3.1, no es aplicable a este problema. Necesitamos otra 'variante' de búsqueda binaria, denominada búsqueda *ternaria*[18].

La idea básica es la siguiente. Mientras que la búsqueda binaria divide el rango en dos mitades y decide cuál de ellas explorar, la búsqueda ternaria lo divide en *tres* partes y determina qué dos

---

[17]Podemos dar la vuelta al problema para hallar una x tal que $f(x)$ sea máxima, invirtiendo los signos de los límites.

[18]Es muy poco habitual encontrar funciones unimodales en concursos de programación, por lo que la búsqueda ternaria tampoco se utilizará con frecuencia.

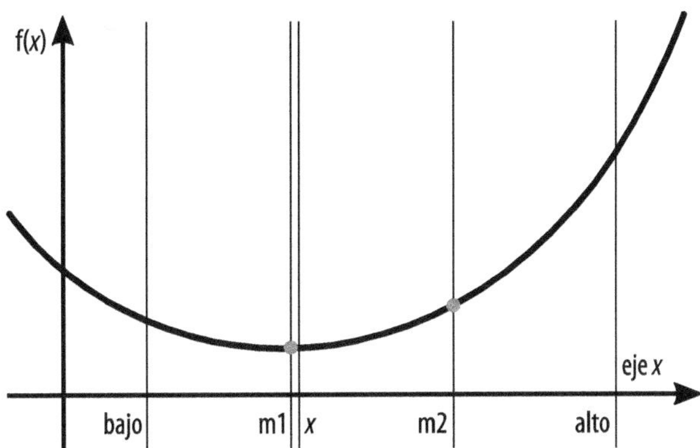

Figura 3.6: Búsqueda ternaria en una función unimodal

tercios explora. Digamos que tenemos una función unimodal $f(x)$ en un rango $[lo..hi]$. Tomemos dos puntos *cualquiera*, $m1$ y $m2$, dentro del rango, de forma que $lo < m1 < m2 < hi$. Sin embargo, por simplicidad y rendimiento, establecemos $delta = (hi - lo)/3{,}0$, $m1 = lo + delta$ y $m2 = hi - delta$, para que $m1$ sea, aproximadamente, $\frac{1}{3}$ de lo y $m2$ sea, aproximadamente, $\frac{1}{3}$ de hi (o $\frac{2}{3}$ de lo). A partir de ahí, tenemos tres posibilidades:

1. Si $f(m1) > f(m2)$, entonces el mínimo no puede encontrarse en el subrango izquierdo $[lo..m1]$ y deberemos seguir explorando el subrango $[m1..hi]$.

2. Si $f(m1) < f(m2)$, entonces está en la situación opuesta a la anterior. En este caso, el mínimo no puede estar en el subrango derecho $[m2..hi]$ y deberemos seguir explorando el subrango $[lo..m2]$. Esta es la situación mostrada en la figura 3.6.

3. Si $f(m1) = f(m2)$, lo que es un caso extraño, la búsqueda ternaria se debería realizar en $[m1..m2]$. Sin embargo, para simplificar el código, asumiremos que $f(m1) \leq f(m2)$ y aplicaremos la segunda opción.

Después de $O(\log(hi - lo))$ pasos, el rango será lo suficientemente pequeño en relación a ϵ y podremos detenernos. Este método es eficiente. Vemos, a continuación, la sección fundamental del código que resuelve el problema Kattis - tricktreat.

```
for (int i = 0; i < 50; ++i) {          // similar a BSTA
  double delta = (hi-lo)/3.0;           // 1/3 del rango
  double m1 = lo+delta;                 // 1/3 alejado de lo
  double m2 = hi-delta;                 // 1/3 alejado de hi
  (f(m1) > f(m2)) ? lo = m1 : hi = m2;  // f es unimodal
}
```

C++	ch3/dnc/tricktreat.cpp
Java	ch3/dnc/tricktreat.java
Python	ch3/dnc/tricktreat.py
OCaml	ch3/dnc/tricktreat.ml

3.3.3 Divide y vencerás en concursos de programación

El paradigma divide y vencerás se utiliza normalmente en algoritmos comunes: búsqueda binaria y sus variantes, búsqueda ternaria, ordenación *quick*, por mezcla, por montículos o de BST equilibrado, y estructuras de datos: montículo binario, árbol de búsqueda binaria (equilibrado), árbol de estadísticos de orden, árbol de Fenwick, árbol de segmentos, etc. Pero, según nuestra experiencia, resulta que el uso más común de divide y vecerás en los concursos de programación se encuentra en el principio de búsqueda binaria. Si quieres tener éxito en los concursos de programación, deberías dedicar tiempo a practicar varias formas de aplicarlo.

Una vez que la técnica de búsqueda de la respuesta de forma binaria (BSTA) te resulte más familiar, te recomendamos consultar el Volumen II, donde hay ejercicios de programación adicionales, que utilizan esta técnica junto con *otro algoritmo* que trataremos más adelante.

Hemos notado que no hay muchos problemas de D&C más allá de nuestra clasificación de búsqueda binaria. La mayoría de las soluciones D&C son relativas a la geometría o específicas de cada problema, por lo que no pueden tratarse en detalle. Sin embargo, encontraremos algunos en otros ámbitos como la potencia de matrices, la BSTA más otros algoritmos, la descomposición en raíces cuadradas/pesada–ligera y el problema del par más cercano.

Ejercicios de programación

Ejercicios de programación que se resuelven utilizando divide y vencerás:

Búsqueda binaria

1. Nivel básico: **UVa 11057 - Exact Sum** * — ordenar, problema de par objetivo
2. **UVa 11621 - Small Factors** * — generar, `sort`, `upper_bound`
3. **UVa 12192 - Grapevine** * — el *array* de entrada está ordenado de forma especial, `lower_bound`
4. **UVa 12965 - Angry Birds** * — ordenar precios de productor/consumidor, la respuesta es uno de los precios mencionados, utilizar búsquedas binarias para contar la respuesta
5. *Kattis - firefly* * — ordenar estalagtitas y estalagmitas por separado, calcular la altura por fuerza bruta, búsqueda binaria de los obstáculos encontrados
6. *Kattis - outofsorts* * — realizar $O(\log n)$ búsquedas binarias en el *array no ordenado* n veces
7. *Kattis - roompainting* * — ordenar las latas de la tienda (se puede utilizar más de una vez), utilizar `lower_bound` para ver qué necesita Joe

Adicionales UVa: *00679, 00957, 10057, 10077, 10474, 10567, 10611, 10706, 10742, 11876.*
Adicionales Kattis: *synchronizinglists.*
Otros: ICPC nacional de Tailandia 2009 - My Ancestor.

Método de bisección y BSTA (fáciles)

1. Nivel básico: *Kattis - carefulascent* * — BSTA y simulación física
2. **UVa 12032 - The Monkey ...** * — BSTA y simulación
3. **UVa 12190 - Electric Bill** * — BSTA y álgebra
4. **UVa 13142 - Destroy the Moon ...** * — BSTA y simulación física
5. *Kattis - freeweights* * — BSTA y simulación, observación matemática
6. *Kattis - monk* * — BSTA y simulación, muy interesante

7. *Kattis - suspensionbridges* *   BSTA y matemáticas, cuidado con el error de precisión
Adicionales UVa: *10341, 11413, 11881, 11935, 12791.*
Adicionales Kattis: *expeditiouscubing, financialplanning, hindex, htoo, rainfall2, slalom2, smallschedule, speed, svada, taxing.*
Otros: IOI 2010 - Quality of Living (BSTA).

Búsqueda ternaria y otros

1. Nivel básico: **UVa 00183 - Bit Maps** *   ejercicio sencillo de D&C
2. **UVa 10385 - Duathlon** *   la función es unimodal, búsqueda ternaria
3. **UVa 11147 - KuPellaKeS BST** *   implementar el D&C recursivo dado
4. **UVa 12893 - Count It** *   convertir el código dado en D&C recursivo
5. *Kattis - a1paper* *   la división de una hoja de papel A1 se ajusta al principio de D&C
6. *Kattis - ceiling* *   LA 7578 - WorldFinals Phuket16, inserción BST más comprobación de igualdad de árboles, también disponible en UVa 01738 - Ceiling Function
7. *Kattis - goingtoseed* *   divide para buscar en cuatro áreas, extensión de búsqueda binaria/ternaria
Adicionales UVa: *00608.*
Adicionales Kattis: *cantor, euclideantsp, jewelrybox, qanat, reconnaissance, sretan, sylvester, tricktreat, zipline.*
Otros: IOI 2011 - Race (D&C), IOI 2011 - Valley (búsqueda ternaria).

3.4 Voraz

Se dice que un algoritmo es voraz si, de forma local, realiza la elección óptima en cada paso, con la esperanza de alcanzar así la solución óptima global. En algunos casos la voracidad funciona, la solución es corta y se ejecuta de forma eficiente. En *muchos* otros, sin embargo, no es así. Como se menciona en otros libros de texto habituales, por ejemplo [5, 35], un problema debe mostrar las dos siguientes propiedades para que un algoritmo voraz funcione:

1. Tiene subestructuras óptimas. La solución óptima al problema contiene soluciones óptimas a los subproblemas.
2. Tiene la propiedad voraz (la cuál es difícil o poco eficiente[19] de demostrar en el entorno de un concurso). Si elegimos la que nos pueda parecer la mejor solución y procedemos a resolver el subproblema restante, llegaremos a la solución óptima. No será necesario reconsiderar nuestras elecciones anteriores.

3.4.1 Ejemplos

Cambio de monedas – versión voraz

Enunciado del problema: dadas una cantidad objetivo de céntimos V y una lista de denominaciones de n monedas, es decir, tenemos `coinValue[i]` (en céntimos) para los tipos de monedas

---

[19]Puede ser más fácil y rápido programar la implementación voraz, normalmente sencilla, y enviar el código para comprobar si resulta aceptado.

$i \in [0..n-1]$, ¿cuál es el número mínimo de monedas que debemos utilizar para representar la cantidad V? Asumimos que tenemos una cantidad ilimitada de monedas de cualquier tipo. Por ejemplo: si $n = 4$, `coinValue` = {25, 10, 5, 1} céntimos[20], y queremos representar $V = 42$ céntimos, podemos utilizar este algoritmo voraz: seleccionamos la moneda de mayor denominación que no supere la cantidad restante, es decir, 42-<u>25</u> = 17 → 17-<u>10</u> = 7 → 7-<u>5</u> = 2 → 2-<u>1</u> = 1 → 1-<u>1</u> = 0, 5 monedas en total. Esta aproximación es óptima.

El problema anterior cuenta con los dos ingredientes necesarios para que el algoritmo voraz tenga éxito:

1. Tiene subestructuras óptimas.

   Hemos visto que, en nuestra búsqueda de la representación de 42 céntimos, hemos utilizado 25+10+5+1+1. Esta resulta ser una solución óptima de 5 monedas al problema original. Las soluciones óptimas a los subproblemas están contenidas dentro de la solución de 5 monedas, de forma que:

   a. Para representar 17 céntimos, podemos utilizar 10+5+1+1 (parte de la solución para 42 céntimos).

   b. Para representar 7 céntimos, podemos utilizar 5+1+1 (también parte de la solución para 42 céntimos), etc.

2. Tiene la propiedad voraz: dada cada cantidad V, podemos restarle de forma voraz la denominación de moneda mayor que no supere en valor a la cantidad V. Se puede demostrar (no lo hacemos por brevedad) que utilizar cualquier otra estrategia no nos llevará a una solución óptima, al menos para este conjunto de denominaciones.

Sin embargo, este algoritmo voraz *no* funciona con *todos* los conjuntos de denominaciones de monedas. Tomemos el ejemplo de {4, 3, 1} céntimos. Para sumar 6 céntimos con este conjunto, el algoritmo voraz utilizará 3 monedas, {4, 1, 1}, en vez de 2, {3, 3}, que es la solución óptima. Volveremos sobre la versión general de este problema más tarde, en la sección 3.5.2 (programación dinámica) y en la sección sobre problemas NP-complejos/completos en el Volumen II.

Balanceo de carga – versión voraz: UVa 410 - Station Balance

Dadas $1 \leq C \leq 5$ estancias, que pueden almacenar 0, 1 o 2 especímenes, si hay $1 \leq S \leq 2C$ especímenes y una lista M de las masas de los S especímenes, determinar en qué estancia deberíamos almacenar cada espécimen para minimizar el 'desequilibrio'. En la figura 3.7 encontramos una explicación visual[21].

Determinamos que $A = (\sum_{j=1}^{S} M_j)/C$, es decir, A es la media de la masa total en cada una de las C estancias.

Determinamos que el desequilibrio $= \sum_{i=1}^{C} |X_i - A|$, es decir, la suma de las diferencias entre la masa total en cada cámara en relación a A, donde X_i es la masa total de los especímenes en la estancia i.

Este problema se puede resolver utilizando un algoritmo voraz pero, para llegar a esa solución, son necesarias algunas observaciones.

---

[20]La presencia ilimitada de la moneda de 1 céntimo nos asegura que podremos obtener cualquier valor.

[21]Ya que $C \leq 5$ y $S \leq 10$, este problema se podría resolver mediante búsqueda completa. Sin embargo, es más sencillo abordarlo utilizando un algoritmo voraz.

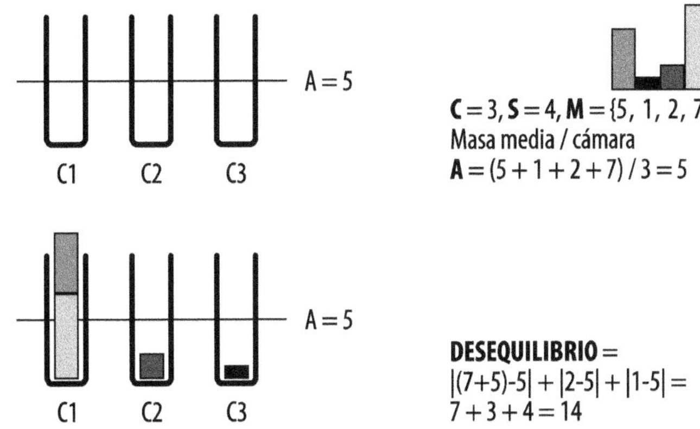

Figura 3.7: Visualización de UVa 00410 - Station Balance

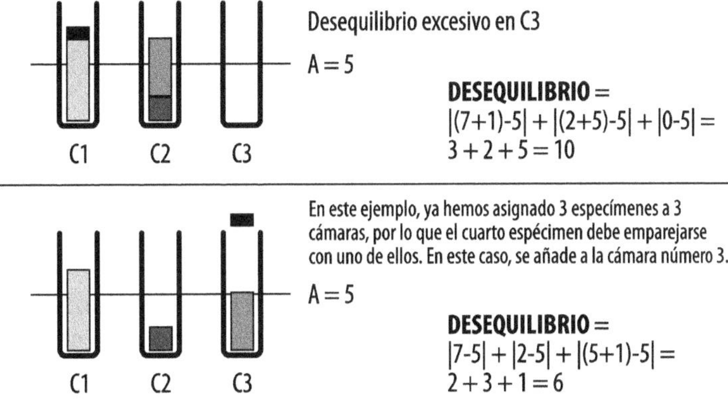

Figura 3.8: UVa 00410 – Observaciones

Observación 1: si existe una estancia vacía, normalmente es beneficioso, y nunca peor, trasladar a un espécimen desde una estancia con dos especímenes a la vacía. En caso contrario, la estancia vacía contribuye al desequilibrio, como se puede ver en la parte superior de la figura 3.8.

Observación 2: si $S > C$, entonces $S - C$ especímenes deben estar emparejados con una estancia que ya contenga otros especímenes. Este es el principio del palomar. Ver la parte inferior de la figura 3.8.

La clave es que la solución a este problema se puede simplificar mediante la ordenación: si $S < 2C$, sumamos $2C - S$ especímenes vacíos de masa 0. Por ejemplo, $C = 3$, $S = 4$, $M = \{5, 1, 2, 7\} \rightarrow C = 3, S = 6, M = \{5, 1, 2, 7, 0, 0\}$. A continuación, ordenamos los especímenes según su masa, de forma que $M_1 \leq M_2 \leq \cdots \leq M_{2C-1} \leq M_{2C}$. En el presente ejemplo, $M = \{5, 1, 2, 7, 0, 0\} \rightarrow \{0, 0, 1, 2, 5, 7\}$. Al añadir especímenes vacíos y ordenarlos, la estrategia voraz resulta más evidente:

- Emparejamos los especímenes con masas M_1 y M_{2C}, y van a la estancia 1.
- Después emparejamos los de masas M_2 y M_{2C-1}, y los ponemos en la estancia 2, etc.

Este algoritmo voraz, conocido como *balanceo de carga*, funciona con esta versión (de emparejamiento) del problema de balanceo de carga[22]. Ver la figura 3.9.

---

[22]El caso general del problema de balanceo de carga es, en realidad, NP-completo.

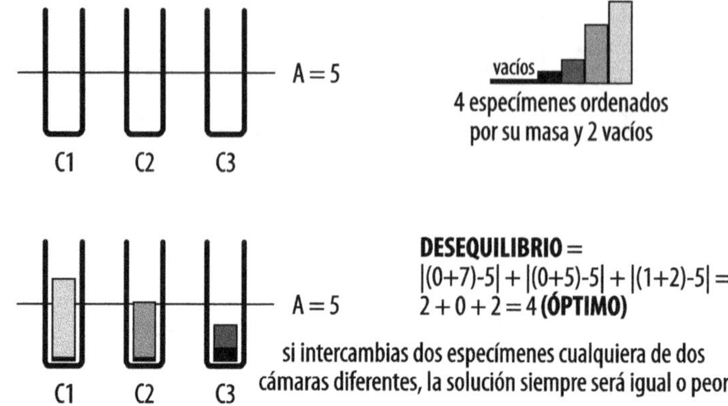

Figura 3.9: UVa 00410 – Solución voraz

Resulta complicado describir las técnicas utilizadas para llegar a esta solución voraz. Encontrar soluciones voraces es un arte, al igual que las soluciones de búsqueda completa requieren de un grado de creatividad. Un consejo: si no encontramos una estrategia voraz evidente, debemos *ordenar* los datos o introducir alguna variante, y volver a evaluar la situación.

Cobertura de intervalos: Kattis - grass/UVa 10382 - Watering Grass

Enunciado resumido del problema: en una franja horizontal de hierba de L metros de largo y W metros de ancho, hay n aspersores instalados. Cada aspersor está centrado verticalmente en la franja. Se nos proporciona la posición, en forma de distancia desde el extremo izquierdo de la línea central, y el radio de operación de cada uno de ellos. ¿Cuál es el número mínimo de aspersores que deben estar funcionando para regar la franja completa de hierba? Límite: $n \le 10000$. Podemos ver una ilustración del problema a la izquierda de la figura 3.10. La respuesta, en este caso, es de 6 aspersores (etiquetados como {A, B, D, E, F, H}). Quedarán 2 aspersores sin usar: {C, G}.

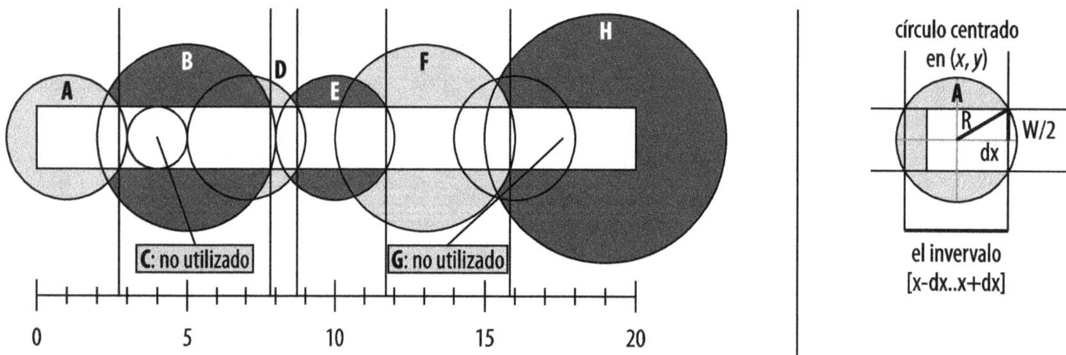

Figura 3.10: UVa 10382 - Watering Grass

No es posible resolver este problema mediante una estrategia de fuerza bruta que explore todos los subconjuntos posibles de aspersores, ya que su número podría ser de hasta 10 000. Sin duda, resulta inabarcable comprobar los $2^{10\,000}$ subconjuntos existentes.

Este problema es, en realidad, una variante del conocido problema voraz llamado *cobertura de intervalos*. Sin embargo, incluye una sencilla variante geométrica. El problema original se ocupa de los intervalos, mientras que este trata de aspersores que tienen círculos de influencia en un área horizontal, en vez de intervalos sencillos. Lo primero que tendremos que hacer es transformar/reducir el problema, para que se parezca más a la cobertura de intervalos tradicional.

En la parte derecha de la figura 3.10, vemos que podemos convertir los círculos y franjas horizontales en intervalos. Podemos calcular dx $= \sqrt{R^2 - (W/2)^2}$. Supongamos que un círculo está centrado en (x, y). El intervalo representado por este círculo es [x-dx..x+dx]. Para entender por qué esta idea funciona, hay que observar que el segmento de círculo adicional más allá de dx, alejado de *x*, no cubre completamente la franja en el área horizontal sobre la que se extiende. Si esta transformación geométrica te plantea dificultades, consulta el Volumen II, en el que se tratan operaciones básicas con *triángulos rectángulos*.

Ahora que hemos transformado el problema original en el problema de cobertura de intervalos, podemos utilizar un algoritmo voraz. En primer lugar, nuestro algoritmo ordena los intervalos por su extremo izquierdo *creciente* y, en caso de que este sea igual, por su extremo derecho *decreciente*. Después, el algoritmo voraz procesa los intervalos de uno en uno. Toma el intervalo que cubra 'lo más a la derecha posible' y que también cubra de forma ininterrumpida desde la zona más a la izquierda hasta la zona más a la derecha de la franja de hierba. Ignora los intervalos que ya estén cubiertos por otros anteriores. Este algoritmo se denomina también de línea de barrido.

En el caso mostrado en la parte izquierda de la figura 3.10, este algoritmo voraz comienza ordenando los intervalos para obtener la secuencia {A, B, C, D, E, F, G, H}. Después, los procesa de uno en uno. Comienza por 'A' (tiene que hacerlo), toma 'B' (conectado al intervalo 'A'), ignora 'C' (ya que está integrado dentro de 'B'), toma 'D' (tiene que hacerlo, ya que 'B' y 'E' no están conectados), toma 'E', toma 'F', ignora 'G' (ya que 'G' no está 'lo más a la derecha posible' y tampoco llega al extremo derecho de la franja de hierba), toma 'H' (ya que está conectado a 'F' y cubre más zona derecha que 'G' llegando, de hecho, más allá del final de la franja de hierba). En total, seleccionamos 6 aspersores: {A, B, D, E, F, H}, que será el mínimo posible para este caso de prueba.

```cpp
sort(sprinkler, sprinkler+n, cmp);          // ordenar los aspersores
bool possible = true;
double covered = 0.0;
int ans = 0;
for (int i = 0; (i < n) && possible; ++i) {
  if (covered > 1) break;                    // hecho
  if (sprinkler[i].x_r < covered+EPS) continue; // en el intervalo anterior
  if (sprinkler[i].x_l < covered+EPS) {      // puede cubrir
    double max_r = -1.0;
    int max_id;
    for (int j = i; (j < n) && (sprinkler[j].x_l < covered+EPS); ++j)
      if (sprinkler[j].x_r > max_r) {         // ir a la derecha para
        max_r = sprinkler[j].x_r;             // hallar intervalo con
        max_id = j;                           // mayor cobertura
      }
    ++ans;
```

```
17      covered = max_r;                        // saltar aquí
18      i = max_id;
19    }
20    else
21      possible = false;
22  }
23  if (!possible || (covered < 1)) printf("-1\n");
24  else                            printf("%d\n", ans);
```

	C++	ch3/greedy/grass_UVa10382.cpp
GitHub	Java	ch3/greedy/grass_UVa10382.java
	Python	ch3/greedy/grass_UVa10382.py

Emparejamiento bipartito (voraz): Kattis - loowater/UVa 1192 - The Dragon of Loowater

Enunciado del problema: hay n cabezas de dragón y m caballeros ($1 \leq n, m \leq 20\,000$). Cada cabeza de dragón tiene un *diámetro* y cada caballero tiene una *estatura*. Un caballero de estatura H puede cortar la cabeza de un dragón D si $D \leq H$. Cada caballero solo le puede cortar la cabeza a un dragón. Dadas las listas de diámetros de las cabezas de dragón y de las estaturas de los caballeros, ¿es posible cortar todas las cabezas de dragón? Si la respuesta es afirmativa, ¿cuál es la estatura mínima total de los caballeros utilizados para cortar las cabezas?

Existen varias formas de resolver este problema, pero vamos a ilustrar una de las más sencillas. Este es un problema de emparejamiento bipartito (que veremos con más detalle en la sección 4.6.3 y en el Volumen II), en el sentido de que debemos emparejar a ciertos caballeros con cabezas de dragón en forma de coste mínimo (ver la parte izquierda de la figura 3.11, antes de la ordenación). Sin embargo, también se puede resolver de forma voraz: cada cabeza de dragón con un diámetro determinado D debe ser cortada por el caballero de *menos estatura H* posible, de forma que $D \leq H$ (ver la parte derecha de la figura 3.11, después de la ordenación).

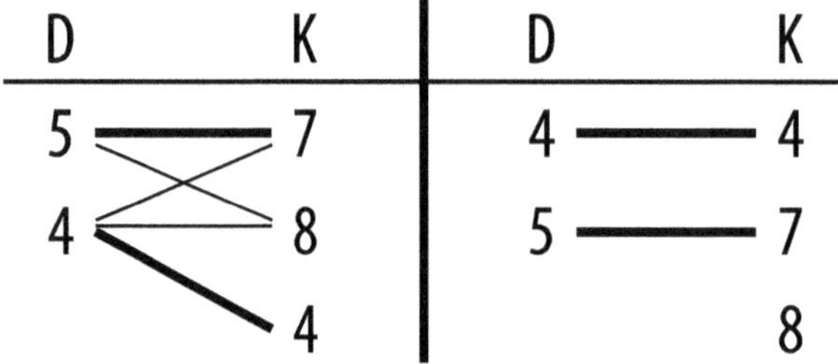

Figura 3.11: Kattis - loowater/UVa 11292 - The Dragon of Loowater

Pero recibiremos la entrada en un orden arbitrario, algo que suelen hacer los autores de los problemas para ocultar la estrategia voraz. Si ordenamos tanto el *array* de diámetros de cabezas head como el de estaturas height en $O(n \log n + m \log m)$, podemos utilizar el siguiente barrido de complejidad $O(\text{máx}(n, m))$ para obtener la respuesta. Aquí tenemos otro ejemplo donde ordenar los datos de entrada puede llevarnos a la estrategia voraz requerida.

```cpp
sort(D.begin(), D.end());          // la ordenación es un paso
sort(H.begin(), H.end());          // previo importante
int gold = 0, d = 0, k = 0;        // ambos arrays ordenados
while ((d < n) && (k < m)) {       // mientras no terminemos
  while ((k < m) && (D[d] > H[k])) ++k;  // hallar al caballero k
  if (k == m) break;               // loowater está acabado
  gold += H[k];                    // pagar esta cantidad de oro
  ++d; ++k;                        // siguientes dragón y caballero
}
if (d == n) printf("%d\n", gold);  // todos los dragones decapitados
else        printf("Loowater is doomed!\n");
```

C++	ch3/greedy/loowater_UVa11292.cpp
Java	ch3/greedy/loowater_UVa11292.java
Python	ch3/greedy/loowater_UVa11292.py
OCaml	ch3/greedy/loowater_UVa11292.ml

GitHub

Cola de prioridad incluida: Kattis - ballotboxes/UVa 12390 - Distributing ...

Enunciado del problema: dadas N ($1 \leq N \leq 500K$) ciudades (a las que debemos asignar, al menos, una urna de votación), la población a_i ($1 \leq a_i \leq 5M$) de cada ciudad i (cada persona puede votar únicamente en la urna asignada en su propia ciudad), y B ($N \leq B \leq 2M$) urnas, distribuir las B urnas entre las N ciudades, de forma que el número máximo de personas asignadas a cada urna sea mínimo.

Por ejemplo, si tenemos $N = 4$ ciudades, de tamaños {120, 2680, 3400, 200}, y $B = 6$ urnas, deberíamos asignarles {1, 2, 2, 1}, respectivamente. De esta forma, las dos ciudades más grandes pueden utilizar sus urnas adicionales para reducir el número de personas asignadas a votar en cada una de ellas de la siguiente manera: {120, 1340+1340, 1700+1700, 200}. Indicamos 1700 para que el número máximo de personas asignadas a una misma urna sea el más eficiente posible.

Debería quedar claro que tendremos que comenzar ordenando, de forma no creciente, las ciudades por su población. La primera urna adicional se la asignaremos a la ciudad *más grande*, con población a_0, para reducir su carga de trabajo de a_0 a $\frac{a_0}{2}$. Sin embargo, ¿cómo asignamos la segunda urna adicional? Si la primera ciudad a_0 tiene *más de doble* de población que a_1, le asignaremos *otra* urna para seguir reduciendo su carga de trabajo de $\frac{a_0}{2}$ a $\frac{a_0}{3}$. Pero, ¿qué hacemos si $a_0 > 3 \times a_1$?

A estas alturas ya nos habremos dado cuenta de que debemos simular este proceso voraz, ya que la información de la *ratio* de urnas de una ciudad i determinada varía a media que vamos asignando nuevas urnas a i. Si reordenamos constantemente estas ratios de las N ciudades, terminaremos por obtener un veredicto TLE, ya que N puede tener un tamaño hasta $500K$. Sin embargo, existe una estructura de datos que nos permite mantener una ordenación dinámica de las N ciudades: la cola de prioridad (ver las secciones 2.3.1 o 2.3.3). La sencilla simulación de esta cola de prioridad voraz es la siguiente:

```cpp
typedef tuple<double, int, int> dii;          // (ratio r, num, den)

// dentro de int main()
  priority_queue<dii> pq;                      // pq máxima
  for (int i = 0; i < N; ++i) {
    int a; scanf("%d", &a);
    pq.push({(double)a/1.0, a, 1});            // incialmente 1 urna/ciudad
  }
  B -= N;                                       // urnas restantes
  while (B--) {                                 // urna extra->ciudad mayor
    auto [r, num, den] = pq.top(); pq.pop();    // ciudad mayor actual
    pq.push({num/(den+1.0), num, den+1});       // reducir su carga de trabajo
  }
  printf("%d\n", (int)ceil(get<0>(pq.top())));  // respuesta final
} // el resto de ciudades en la pq máxima tendrán una ratio igual o inferior
```

Es buen momento para mencionar que los algoritmos de Prim (en la sección 4.3) y Dijkstra (en la sección 4.4) son, en esencia, algoritmos voraces que utilizan una cola de prioridad.

C++	ch3/greedy/ballotboxes_UVa12390.cpp
Python	ch3/greedy/ballotboxes_UVa12390_bsta.py **(BSTA)**

Ejercicio 3.4.1.1*

¿Cuál de los siguientes conjuntos de monedas (todos en céntimos) se pueden resolver utilizando el algoritmo voraz de 'cambio de monedas', tratado en esta sección? Si el algoritmo voraz falla en un conjunto dado de denominaciones de monedas, determina el contraejemplo más pequeño de V céntimos en el que no es óptimo. Consulta [46] para más información sobre la búsqueda de estos contraejemplos.

1. $S_1 = \{10, 7, 5, 4, 1\}$

2. $S_2 = \{64, 32, 16, 8, 4, 2, 1\}$

3. $S_3 = \{13, 11, 7, 5, 3, 2, 1\}$

4. $S_4 = \{7, 6, 5, 4, 3, 2, 1\}$

5. $S_5 = \{21, 17, 11, 10, 1\}$

Existe una solución alternativa (más rápida) para Kattis - ballotboxes/UVa 12390 - Distributing Ballot Boxes, utilizando la búsqueda binaria de la respuesta (BS-TA) que hemos visto en la sección 3.3.1. Estudia el código disponible en `ch3/greedy/ballotboxes_UVa12390_bsta.py` para conocer este otro método.

Otro algoritmo voraz clásico, que utiliza una cola de prioridad en su implementación, es el de construcción del código Huffman [5, 35]. Estudia este algoritmo y trata de resolver el problema Kattis - weather (que trata de código Huffman unido a algunas técnicas matemáticas).

3.4.2 Algoritmos voraces en concursos de programación

En esta sección hemos tratado algunos problemas clásicos que se pueden resolver mediante algoritmos voraces: cambio de monedas (el caso especial), balanceo de carga (el caso especial visto en la sección), cobertura de intervalos, emparejamiento bipartito voraz y un algoritmo voraz que implica una cola de prioridad. Conviene recordar las soluciones (excepción que confirma la regla, pues aquí podemos ignorar lo dicho anteriormente sobre no fiarse excesivamente de la memoria). También hemos visto una estrategia importante de solución de problemas que, normalmente, es aplicable a los problemas voraces: ordenar los datos de entrada (estáticos) o utilizar una cola de prioridad para mantener el orden en datos de entrada (dinámicos), lo que nos ayudará a revelar soluciones ocultas.

En este libro encontraremos otros dos ejemplos clásicos de algoritmos voraces, como son los de Kruskal (ordenación de una lista de aristas estática) y Prim (ordenación dinámica de aristas utilizando una cola de prioridad), para el problema del árbol de expansión mínimo (MST) (ver la sección 4.3) y el algoritmo de Dijkstra (ordenación dinámica creciente de vértices en base a valores de caminos más cortos utilizando una cola de prioridad), para el problema del camino más corto desde un origen único (SSSP) (ver la sección 4.4.3). Existen muchos otros algoritmos voraces conocidos que hemos decidido no abordar, ya que son demasiado 'específicos del problema', y que raramente encontraremos en concursos de programación, como el código Huffman [5, 35], la mochila fraccional [5, 35], algunos problemas de organización de tareas, etc.

Sin embargo, en los concursos de programación actuales (tanto en el ICPC como en la IOI), raramente encontraremos las versiones canónicas de estos problemas clásicos. Utilizar algoritmos voraces para resolver problemas 'no clásicos' conlleva sus riesgos. Un algoritmo voraz normalmente no obtendrá un veredicto TLE, ya que suelen ser bastante rápidos, pero tienen tendencia a encontrarse con un WA[23]. Demostrar que cierto problema 'no clásico' tiene subestructuras óptimas y la propiedad voraz, durante la celebración del concurso, puede resultar complicado o consumir demasiado tiempo, así que el programador competitivo debería guiarse por la siguiente

---

[23]Recordemos que la IOI no penaliza los envíos WA. Si la implementación de la idea voraz no nos va a llevar mucho tiempo, puede tener sentido programarla y verificar su validez haciendo un envío al sistema de evaluación.

regla: si el tamaño de la entrada es 'suficientemente pequeño' para posibilitar una complejidad de tiempo que encaje bien en la búsqueda completa, o bien en la programación dinámica (ver la sección 3.5), será preferible utilizar una de las dos para asegurarnos una respuesta correcta. *Solo* utilizaremos un algoritmo voraz si el tamaño de la entrada que establece el enunciado del problema es demasiado grande para cualquiera de ellas, aun en el mejor de los casos.

Dicho esto, cada vez es más cierto que los autores de problemas intentan establecer los límites al tamaño de la entrada de los problemas en un punto en el que la decisión de utilizar, o no, un algoritmo voraz pueda resultar ambigua, de forma que los concursantes *no puedan* establecer rápidamente cuál es el algoritmo oportuno.

Debemos insistir en que resulta bastante complicado encontrar nuevos problemas voraces diferentes a los clásicos. Por lo tanto, el número de problemas voraces novedosos que encontraremos en la programación competitiva es menor que los que se resuelven mediante búsqueda completa o programación dinámica. Este hecho refuerza nuestros consejos anteriores sobre memorizar las soluciones a algunos problemas clásicos que se resuelven mediante algoritmos voraces.

Ejercicios de programación

Ejercicios de programación que se resuelven con un algoritmo voraz[24]:

Clásicos

1. Nivel básico: **UVa 10020 - Minimal Coverage** * cobertura de intervalos
2. **UVa 01193 - Radar Install... *** LA 2519 - Beijing02, cobertura de intervalos
3. **UVa 11264 - Coin Collector *** variante del cambio de monedas
4. **UVa 12321 - Gas Station *** cobertura de intervalos
5. Kattis - classrooms variante de cobertura de intervalos, varias aulas
6. *Kattis - froshweek2 *** ordenar, similar a UVa 11292, emparejamiento bipartito voraz
7. *Kattis - squarepegs *** convertir cuadrado a círculo, ordenar, emparejamiento voraz

   Adicionales UVa: *00410, 10249, 11389, 12210, 12405.*
   Adicionales Kattis: *avoidland, color, fishmongers, grass, inflation, intervalcover, loowater, messages.*
   Otros: IOI 2011 - Elephants (solución voraz hasta la subtarea 3).

Implican ordenación (o la entrada ya está ordenada), fáciles

1. Nivel básico: **UVa 11369 - Shopaholic ***
2. **UVa 11729 - Commando War ***
3. **UVa 11900 - Boiled Eggs ***
4. **UVa 13109 - Elephants ***
5. *Kattis - icpcteamselection ***
6. *Kattis - minimumscalar ***
7. *Kattis - shopaholic ***

   Adicionales UVa: *10763, 10785, 11269, 12485, 13031.*
   Adicionales Kattis: *acm2, aprizenoonecanwin, akcija, fallingapart, fridge, gettowork, pikemaneasy, planetaris, plantingtrees, redistribution, standings, textmessaging, woodcutting.*

Implican ordenación (o la entrada ya está ordenada), difíciles

1. Nivel básico: **UVa 12673 - Football** *   LA 6530 - LatinAmerica13
2. **UVa 10026 - Shoemaker's Problem** *
3. **UVa 12834 - Extreme Terror** *
4. **UVa 13054 - Hippo Circus** *
5. *Kattis - airconditioned* *
6. *Kattis - birds* *
7. *Kattis - delivery* *
   Adicionales UVa: *10037.*
   Adicionales Kattis: *andrewant, ceremony, dasort, fairdivision, help, intergalacticbidding, trip2007, wffnproof.*

Implican cola de prioridad

1. Nivel básico: *Kattis - ballotboxes* *   también disponible en UVa 12390 - Distributing Ballot Boxes
2. **UVa 01153 - Keep the Customer ...** *
3. **UVa 10954 - Add All** *
4. **UVa 13177 - Orchestral scores** *
5. *Kattis - canvas* *
6. *Kattis - vegetables* *
7. *Kattis - workstations* *
   Adicionales Kattis: *convoy, entertainmentbox, simplification.*

No clásicos, fáciles

1. Nivel básico: **UVa 10656 - Maximum Sum (II)** *
2. **UVa 10340 - All in All** *
3. **UVa 11520 - Fill the Square** *
4. **UVa 12482 - Short Story Competition** *
5. *Kattis - ants* *   también disponible en UVa 10714 - Ants
6. *Kattis - bank* *
7. *Kattis - marblestree* *   también disponible en UVa 10672 - Marbles on a tree
   Adicionales UVa: *10152, 10440, 10602, 10700, 11054, 11532.*
   Adicionales Kattis: *applesack, driver, haybales, horrorfilmnight, pripreme, simplicity, skocimis, teacherevaluation.*

No clásicos, difíciles

1. Nivel básico: **UVa 11491 - Erasing and Winning** *
2. **UVa 10821 - Constructing BST** *
3. **UVa 11583 - Alien DNA** *
4. **UVa 11890 - Calculus Simplified** *
5. *Kattis - dvds* *
6. *Kattis - stockbroker* *
7. *Kattis - virus* *
   Adicionales UVa: *00311, 00668, 10718, 10982, 11157, 11230, 11240, 11330, 11335, 11567, 12124, 12516, 13082.*
   Adicionales Kattis: *cardtrading, logland, playground, wordspin.*
   Otros: ver también los algoritmos de Prim y Kruskal, para resolver el problema del árbol de expansión mínimo (secciones 4.3.2 y 4.3.3) y el algoritmo de Dijkstra para resolver el problema de los caminos más cortos de origen único (sección 4.4.3).

3.5 Programación dinámica

La programación dinámica (abreviado como DP) es, quizá, la técnica de solución de problemas más desafiante de los cuatro paradigmas que tratamos en el presente capítulo. Por ello, asegúrate de dominar los mecanismos tratados hasta ahora antes de leer esta sección. Prepárate también para encontrar infinidad de relaciones recursivas y recurrentes.

Las habilidades clave que debes desarrollar para dominar la DP son aquellas que te ayuden a determinar los *estados* del problema y las relaciones o *transiciones* entre los problemas principales y sus subproblemas. Ya hemos visto estas características en el *backtracking* recursivo (ver la sección 3.2.2). De hecho, los problemas de DP con tamaños de entrada pequeños podrían ser resueltos mediante *backtracking* recursivo[24].

Si eres un recién llegado a la DP, puedes empezar asumiendo que la DP ('de arriba a abajo') es una forma 'inteligente', o 'más rápida', de *backtracking* recursivo. En esta sección, explicaremos las razones por las que la DP es, normalmente, más rápida que el *backtracking* recursivo, en aquellos problemas abordables con ella.

La DP se utiliza principalmente para resolver problemas de *optimización* y de *conteo*[25]. Si encuentras un problema que diga "minimiza esto", "maximiza aquello" o "de cuántas formas se puede hacer lo otro", existe una (alta) probabilidad de que te encuentres ante un problema de DP. La mayoría de estos problemas, en los concursos de programación, solo piden el valor óptimo/total y no la solución óptima, lo que hace que el problema sea más fácil de resolver, al eliminar la necesidad de buscar esa solución mediante *backtracking*. Sin embargo, otros problemas de DP más difíciles también pedirán, de alguna manera, la solución óptima. En esta sección, iremos afinando progresivamente nuestra comprensión de la programación dinámica. Además, en el Volumen II, aprenderemos otros aspectos de las soluciones de DP, en el contexto de problemas NP-complejos/completos.

3.5.1 Ilustración de programación dinámica

Ilustraremos el concepto de programación dinámica mediante un problema de ejemplo, UVa 11450 - Wedding Shopping. El enunciado resumido del problema dice: dadas diferentes opciones de cada prenda de ropa (por ejemplo, 3 modelos de camisa, 2 de cinturón, 4 de zapatos, ...) y un cierto presupuesto *limitado*, nuestra tarea consiste en *comprar un modelo de cada prenda*. No podemos gastar más dinero del que tenemos como presupuesto, pero sí queremos gastar la *máxima cantidad posible*.

La entrada consta de dos enteros $1 \leq M \leq 200$ y $1 \leq C \leq 20$, donde M es el presupuesto y C el número de prendas que debemos comprar, seguido de la información relativa a las C prendas. Para cada prenda g $\in$ [0..C-1], recibiremos un entero $1 \leq K \leq 20$, que indica el número de modelos diferentes de g, seguido de K enteros, que indican el precio de cada modelo $\in$ [1..K] de dicha prenda g.

La salida será un entero que indica la cantidad máxima de dinero que podemos gastar, comprando una prenda de cada, *sin superar el presupuesto*. Si no existe solución porque el presupuesto

---

[24]Si la solución buscada es de DP, un buen autor de problemas utilizará, generalmente, límites los suficientemente grandes como para que los intentos con *backtracking* recursivo (muy optimizados y en un lenguaje de programación rápido, como C++), sigan obteniendo un veredicto de TLE.

[25]Aunque también puede resultar apropiada para problemas de decisión sí/no.

es demasiado pequeño, deberemos devolver el texto "no solution".

Supongamos que tenemos el caso de prueba A, donde $M = 20$ y $C = 3$:

- Precio de los 3 modelos de la prenda g = 0 → 6 4 $\underline{8}$ // *no ordenados en la entrada*

- Precio de los 2 modelos de la prenda g = 1 → 5 $\underline{10}$

- Precio de los 4 modelos de la prenda g = 2 → $\underline{1}$ 5 3 5

En este caso de prueba, la respuesta es 19, que *podría* resultar de la compra de los elementos subrayados (8+10+1). Pero no es única, ya que (6+10+3) y (4+10+5) también son óptimas.

Sin embargo, supongamos que tenemos el caso de prueba B, donde $M = $ **9 (presupuesto limitado)** y $C = 3$:

- Precio de los 3 modelos de la prenda g = 0 → 6 4 8

- Precio de los 2 modelos de la prenda g = 1 → 5 10

- Precio de los 4 modelos de la prenda g = 2 → 1 5 3 5

La respuesta será "no solution" ya que, aunque compremos el modelo más barato de cada prenda, el precio total (4+5+1) = 10 superará nuestro presupuesto de $M = 9$.

Para apreciar mejor la utilidad de la programación dinámica para resolver el problema anterior, comprobemos hasta dónde llegaríamos en este problema en particular utilizando las *otras* técnicas vistas anteriormente.

Técnica 1: voraz (respuesta incorrecta)

Como queremos maximizar el presupuesto que gastamos (inicialmente $b = M$), una idea voraz (hay otras, que también resultarían en WA) consiste en tomar el modelo más caro de cada prenda g que podamos comprar, según nuestro presupuesto. Por ejemplo, en el caso A anterior, podemos elegir el modelo 3 de la prenda $g = 0$, con un precio de 8 (b ahora será $20 - 8 = 12$), después el modelo 2 de la prenda $g = 1$ con un precio de 10 ($b = 12 - 10 = 2$) y, por último, para la prenda $g = 2$ solo podremos elegir el modelo 1, con un precio de 1, ya que el dinero b restante no nos permite adquirir los modelos con precios 3 o 5. Esta estrategia voraz 'funciona' en los casos de prueba A y B que hemos presentado antes, y llega a las mismas soluciones óptimas de (8+10+1) = 19 y "no solution", respectivamente. Es, además, una solución muy rápida[26]: $20 + 20 + \cdots + 20$ hasta un total de $20 \times 20 = 400$ operaciones en el peor de los casos, lo que es un número bajo. Sin embargo, esta estrategia voraz no funcionará en muchos otros casos de prueba, como muestra el siguiente *contraejemplo*[27] (caso de prueba C):

Caso de prueba C con $M = 12$ y $C = 3$:

- 3 modelos de la prenda $g = 0$ → 6 $\underline{4}$ 8

---

[26]No es necesario ordenar los precios para encontrar el más alto, ya que solo tenemos $K \leq 20$ modelos. Una búsqueda de complejidad $O(K)$ es suficiente. Sin embargo, ante límites mayores, la ordenación descendente sí podría suponer un beneficio al ofrecernos una opción de poda temprana.

[27]Para demostrar que un algoritmo voraz no es correcto, nos basta con encontrar *un solo* contraejemplo.

- 2 modelos de la prenda $g = 1 \rightarrow \underline{5}\ 10$

- 4 modelos de la prenda $g = 2 \rightarrow 1\ 5\ \underline{3}\ 5$

La estrategia voraz selecciona el modelo 3 de la prenda $g = 0$ que tiene precio **8** ($b = 12 - 8 = 4$), lo que provoca que no nos quede dinero suficiente para comprar ningún modelo de la prenda $g = 1$, lo que provocaría una respuesta incorrecta de "no solution". Una solución óptima es $\underline{4+5+3} = 12$, lo que emplea todo el presupuesto disponible. Esta solución no es única, ya que $6+5+1 = 12$ también consume todo el dinero.

Técnica 2: divide y vencerás (respuesta incorrecta)

Este problema no se puede resolver utilizando el paradigma de divide y vencerás. Esto es debido a que los subproblemas (explicado en la siguiente subsección de búsqueda completa) no son independientes. Por lo tanto, no son resolubles por separado.

Técnica 3: búsqueda completa (tiempo límite superado)

Ahora veamos si la búsqueda completa (*backtracking* recursivo) puede resolver el problema. Una forma de utilizar *backtracking* recursivo consiste en escribir una función dp(g, b) con dos parámetros: la prenda g que estamos intentando comprar y el presupuesto restante b. Esta función devuelve la respuesta requerida. La pareja *(g, b)* constituye el *estado* del problema. Hay que fijarse en que el orden de los parámetros no influye, es decir, *(b, g)* sería un estado perfectamente válido. Más adelante, en la sección 3.5.3, veremos de forma más detallada cómo seleccionar los estados apropiados para un problema.

Comenzamos con la prenda $g = 0$ (primera prenda) y $b = M$ (el presupuesto inicial). A continuación, probamos con todos los modelos posibles de la prenda $g = 0$ (un máximo de 20). Si seleccionamos el modelo i, restamos su precio de b, y repetimos el proceso de forma recursiva con la prenda $g = 1$ (que también puede tener hasta 20 modelos), etc. Podemos detenernos cuando hayamos elegido el modelo de la última prenda $g = C - 1$. Si el presupuesto restante $b < 0$ antes de llegar a elegir un modelo de la prenda $g = C - 1$, podemos podar esa solución, ya que no es válida. Finalmente, elegiremos la solución que resulte en la menor cantidad no negativa de b, de entre todas las que son válidas. Esto maximizará el dinero gastado, que será $M - b$.

Podemos definir formalmente estas recurrencias (transiciones) de búsqueda completa así:

1. Si $b < 0$ (es decir, si el dinero es negativo), dp(g, b) $= -\infty$ (en la práctica, podemos devolver un valor negativo grande).

2. Si hemos comprado un modelo de la última prenda, es decir, $g = C$, dp(g,b) $= M - b$ (que es el dinero total gastado).

3. El caso general, $\forall modelo \in$ [1..K] de la prenda actual g, dp(g, b) $= máx(dp(g + 1, b - precio[g][modelo]))$. Queremos maximizar este valor (recuerda que los valores no válidos son un negativo grande).

Esta solución es correcta, pero **demasiado lenta**. Vamos a analizar la complejidad de tiempo del peor caso. En el caso de prueba más grande, la prenda $g = 0$ tiene hasta 20 modelos;

la prenda $g = 1$ *también* tiene hasta 20 modelos, y todas las prendas, incluyendo la última $g = 19$, *también* tienen hasta 20 modelos. Por lo tanto, esta búsqueda completa consumirá, en el peor de los casos, $20 \times 20 \times \cdots \times 20$ operaciones, lo que supone $20^{20} \approx 10^{26}$, un número **muy grande**. Si *solo* tenemos como opción esta solución de búsqueda completa, no podremos resolver el problema.

Técnica 4: DP de arriba a abajo (aceptada)

Para resolver este problema, tenemos que utilizar el concepto de DP, ya que se cumplen dos requisitos previos para que esta sea aplicable:

1. Este problema tiene subestructuras óptimas[28]. Podemos verlo ilustrado en la tercera recurrencia de búsqueda completa mencionada anteriormente: la solución del subproblema forma parte de la solución del problema completo. En otras palabras, si elegimos el modelo i de la prenda $g = 0$, para que nuestra selección final sea óptima, las posteriores elecciones para $g = 1$ y siguientes también deberán ser óptimas, con un presupuesto reducido de $M - precio$, donde *precio* es el precio del modelo i.

2. Este problema tiene subproblemas superpuestos. Esta es la característica clave de la DP. El espacio de búsqueda de este problema *no es* tan grande como el cálculo aproximado de 20^{20} que ya hemos mencionado, porque **muchos** de los subproblemas se *superponen*.

Vamos a comprobar si este problema tiene, de hecho, subproblemas superpuestos. Supongamos que tenemos 2 modelos de una determinada prenda g con el *mismo* precio p. En este caso, la búsqueda completa analizará el *mismo* subproblema `dp(g+1, b-p)`, después de seleccionar *cualquiera* de los modelos. Esta situación también se producirá si alguna combinación de b y el precio del modelo elegido provoca que $b_1 - p_1 = b_2 - p_2$ para la misma prenda g. Esto causará, en la solución de búsqueda completa, que el mismo subproblema sea calculado *más de una vez*, lo que es, a todas luces, poco eficiente.

Así pues, ¿cuántos subproblemas *distintos* (o **estados**, en terminología de DP) existen en el problema? No hay más que 20 valores posibles de la prenda g (de 0 a 19) y 201 de b (de 0 a 200). Por tanto, estamos ante un total de $201 \times 20 = 4020$ subproblemas diferentes. Cada subproblema debe ser calculado solo *una vez*. Si podemos garantizar esto, la solución será *mucho más rápida*.

La implementación de esta solución de DP es sorprendentemente sencilla. Si ya tenemos la solución de *backtracking* recursivo (ver las recurrencias, o **transiciones** en términos de DP, que aparecen mencionadas en la técnica de búsqueda completa), podemos implementar la DP **de arriba a abajo** añadiendo estos dos pasos:

1. Añadimos una estructura de datos eficiente que relacione estados con valores. Esa tabla será, en la mayoría de los problemas de DP, un *array* (multidimensional) cuyas dimensiones correspondan a los estados del problema, y la denominaremos tabla `memo`. De esta forma, podemos utilizar rápidamente la indexación del *array* (en $O(1)$)[29] para relacionar

---

[28]Los algoritmos voraces también requieren de subestructuras óptimas, pero en este caso el problema carece de la 'propiedad voraz', lo que lo hace irresoluble de esa manera.

[29]Ver en el Volumen II otras estructuras de datos alternativas y válidas para este propósito.

un estado con su posición correspondiente en el *array*. Inicializaremos esta tabla memo con valores irrelevantes y que no se vayan a utilizar para el problema, como -1.[30]

2. Al principio de la función recursiva, comprobar si un estado ya ha sido calculado:

   a) Si lo ha sido, basta con devolver el valor de la tabla memo de DP, con complejidad de $O(1)$ al utilizar la indexación del *array*. Este es el origen del término *memoización*.

   b) Si no lo ha sido, realizar los cálculos de forma normal (una sola vez) y almacenar el valor obtenido en la tabla memo de DP (también en $O(1)$ gracias a la indexación del *array*), para que en las *llamadas siguientes* a este subproblema (estado) podamos dar una respuesta inmediata.

Analizar una solución básica[31] de DP es sencillo. Si existen M estados distintos, es necesario un espacio de memoria $O(M)$. Si el cálculo de un estado (la complejidad de la transición de DP) necesita $O(k)$ pasos, la complejidad de tiempo global será de $O(Mk)$, ya que la DP garantiza que cada estado se calcule una sola vez. El problema UVa 11450 tiene $M = 201 \times 20 = 4020$ y $k = 20$ (ya que tendremos que iterar sobre 20 modelos de cada prenda g como mucho). Por lo tanto, la complejidad de tiempo será, como máximo, de $4020 \times 20 = 80\,400$ operaciones por cada caso de prueba, lo que resulta muy manejable[32].

A continuación, mostramos nuestro código para ilustrarlo, especialmente para aquellos que nunca hayan programado un algoritmo de DP de arriba a abajo. Estudia el código y verifica que es, de hecho, muy similar al del *backtracking* recursivo que has visto en la sección 3.2.

```cpp
// UVa 11450 - Wedding Shopping - de arriba a abajo
// este código es similar al del backtracking recursivo
// las partes específicas de la DP de arriba a abajo se indican con T->D
// si se comentasen esas líneas, la DP pasaría a ser backtracking

#include <bits/stdc++.h>
using namespace std;

const int MAX_gm = 30;  // hasta 20 prendas y hasta 20 modelos/prenda
const int MAX_M = 210;  // el presupuesto máximo es 200

int M, C, price[MAX_gm][MAX_gm];          // g < 20 y k <= 20
int memo[MAX_gm][MAX_M];                  // g < 20 y b <= 200

int dp(int g, int b) {
  if (b < 0) return -1e9;                 // error, devolver negativo
```

---

[30]Los usuarios de C/C++ pueden utilizar `memset(memo, -1, sizeof memo);`, de la biblioteca `<cstring>`, para establecer todos los valores del *array* memo a -1, con independencia de su tamaño. Para evitar errores innecesarios, se debe utilizar `memset` solo con valores de inicialización especiales, como -1 (para una tabla memo típica de DP) o 0 (para limpiar todos los valores). En la documentación de `memset` se puede consultar qué hace en realidad esta función. Los usuarios de C++ pueden utilizar el método de construcción de `vector`, como en `vector<int> memo(n, -1);`, pero resulta más complejo en el caso de un `vector` multidimensional.

[31]Por básica, nos referimos a "sin optimizaciones específicas que veremos más adelante, tanto en esta sección como en el Volumen II".

[32]El problema UVa 11450 es bastante antiguo. En los concursos de programación más modernos, los problema de DP tendrán un Mk más cercano a $100M$.

```cpp
17    if (g == C) return M-b;                          // hemos terminado
18    // si comentamos la siguiente línea, la DP pasará a ser backtracking
19    if (memo[g][b] != -1) return memo[g][b];         // T->D: memoización
20    int ans = -1;                                    // comenzar con un negativo
21    for (int k = 1; k <= price[g][0]; ++k)           // probar cada modelo k
22      ans = max(ans, dp(g+1, b-price[g][k]));
23    return memo[g][b] = ans;                         // T->D: memoizar respuesta
24  }
25
26  int main() {                                       // fácil de programar
27    int TC; scanf("%d", &TC);
28    while (TC--) {
29      scanf("%d %d", &M, &C);
30      for (int g = 0; g < C; ++g) {
31        scanf("%d", &price[g][0]);                   // guardar k en price[g][0]
32        for (int k = 1; k <= price[g][0]; ++k)
33          scanf("%d", &price[g][k]);
34      }
35      memset(memo, -1, sizeof memo);                 // T->D: inicializar memo
36      if (dp(0, M) < 0) printf("no solution\n");     // comenzar la DP
37      else              printf("%d\n", dp(0, M));
38    }
39    return 0;
40  }
```

Queremos aprovechar esta oportunidad para ilustrar otro estilo utilizado en la implementación de soluciones de DP (solo aplicable a los usuarios de C/C++). En vez de dirigirnos repetidamente a una determinada celda de la tabla memo, podemos utilizar una variable de *referencia* local, para almacenar la dirección de memoria de la celda correspondiente en la tabla, como se puede ver a continuación. Ambos estilos de programación son similares, y la decisión de utilizar uno u otro depende de las preferencias del programador.

```cpp
1  int dp(int g, b) {
2    if (b < 0) return -1e9;                           // comprobar esto primero
3    if (g == C) return M-b;                           // presupuesto no será < 0
4    int &ans = memo[g][b];                            // recordar dirección de memoria
5    if (ans != -1) return ans;
6    for (int k = 1; k <= price[g][0]; ++k)            // probar cada modelo k
7      ans = max(ans, dp(g+1, b-price[g][k]));
8    return ans;                                       // ans == memo[g][b]
9  }
```

C++	ch3/dp/UVa11450_td.cpp
Java	ch3/dp/UVa11450_td.java
Python	ch3/dp/UVa11450_td.py
OCaml	ch3/dp/UVa11450_td.ml

Existe otra forma de implementar una solución de DP, llamada normalmente DP **de abajo a arriba**. Esta es, en realidad, la 'versión auténtica' de DP, ya que la DP era conocida originalmente como 'el método tabular' (técnica de cálculo que utiliza una tabla). Los pasos *básicos* para crear una solución de DP de abajo a arriba son los siguientes:

1. Determinar el conjunto de parámetros necesario que describan, de forma única, el problema (el estado). Este paso es similar al tratado en el *backtracking* recursivo en la DP de arriba a abajo.

2. Si hay N parámetros requeridos para representar el estado, preparar un *array* de N dimensiones (tabla de DP), con una única entrada por estado. Esto es equivalente a la tabla memo de la DP de arriba a abajo. Sin embargo, hay diferencias. En la DP de abajo a arriba, solo será necesario inicializar algunas celdas de la tabla, con valores iniciales conocidos (los casos base). Recuerda que en la DP de arriba a abajo hemos inicializado la tabla recordatoria completamente, utilizando valores irrelevantes (normalmente -1), para indicar que todavía no hemos calculado esos datos.

3. Por último, con los valores de casos base ya introducidos en la tabla, determinar las celdas/estados que pueden rellenarse a continuación (las transiciones). Repetir este proceso hasta que la tabla de DP esté completa. En la DP de abajo a arriba esta parte se logra, normalmente, a través de iteraciones, utilizando bucles (otros detalles más adelante).

En el caso del UVa 11450, podemos escribir la DP de abajo a arriba de la siguiente manera: describimos el estado de un subproblema con dos parámetros, la prenda g y el presupuesto restante b actuales. Esta formulación de los estados es, en esencia, equivalente al estado que hemos utilizado en la DP de arriba a abajo. Los valores de g son los índices de las filas de la tabla de DP y, así, podremos obtener ventaja del mejor aprovechamiento que hace de la caché el acceso a las filas en un *array* bidimensional, ver los trucos mencionados en la sección 3.2.3. A continuación, inicializamos una tabla bidimensional (matriz booleana) `accesible[g][b]`, de tamaño 20×201. Inicialmente, solo estableceremos como activas las celdas/estados accesibles con la compra de alguno de los modelos de la primera prenda $g = 0$ (en la primera fila). Utilizaremos el caso de prueba A, visto anteriormente, como ejemplo. En la parte superior de la figura 3.12, la únicas columnas de la fila 0 que están activas inicialmente son la 12 (de 20 a 8), la 14 (de 20 a 6) y la 16 (de 20 a 4).

A continuación, realizamos un bucle desde la segunda prenda $g = 1$ (segunda fila) hasta la última $g = C - 1 = 3 - 1 = 2$ (tercera y última), en orden creciente (fila a fila). Si `accesible[g-1][b]` es cierto, el siguiente estado `accesible[g][b-p]`, donde p es el precio de un modelo de la prenda actual g, también es accesible, siempre que el segundo parámetro (el valor de $b-p$) no sea negativo. En la parte central de la figura 3.12, vemos que `accesible[0][16]` se propaga a `accesible[1][16-5]` y `accesible[1][16-10]`, cuando se compran los modelos de precios 5 y 10 de la prenda $g = 1$. `accesible[0][12]` resulta en `accesible[1][12-10]`, cuando se compra el modelo de precio 10 de $g = 1$, y así sucesivamente. Repetiremos este proceso, fila por fila, hasta que hayamos terminado.

Por último, podemos encontrar la respuesta en la última fila, donde $g = C - 1$. Buscaremos el estado en esa fila, cuyo índice sea alcanzable y lo más cercano a 0. En la parte inferior de la figura 3.12, la celda `accesible[2][1]` contiene la respuesta. Esto significa que podemos llegar al

---

b ⟶

g	0	1	2	3	4	5	6	7	8	9	10	11	12	13	14	15	16	17	18	19	20
0	0	0	0	0	0	0	0	0	0	0	0	0	1	0	1	0	1	0	0	0	0
1	0	0	0	0	0	0	0	0	0	0	0	0	0	0	0	0	0	0	0	0	0
2	0	0	0	0	0	0	0	0	0	0	0	0	0	0	0	0	0	0	0	0	0

g	0	1	2	3	4	5	6	7	8	9	10	11	12	13	14	15	16	17	18	19	20
0	0	0	0	0	0	0	0	0	0	0	0	0	1	0	1	0	1	0	0	0	0
1	0	0	1	0	1	0	1	1	0	1	0	1	0	0	0	0	0	0	0	0	0
2	0	0	0	0	0	0	0	0	0	0	0	0	0	0	0	0	0	0	0	0	0

g	0	1	2	3	4	5	6	7	8	9	10	11	12	13	14	15	16	17	18	19	20
0	0	0	0	0	0	0	0	0	0	0	0	0	1	0	1	0	1	0	0	0	0
1	0	0	1	0	1	0	1	1	0	1	0	1	0	0	0	0	0	0	0	0	0
2	0	1	1	1	1	1	1	0	1	0	1	0	0	0	0	0	0	0	0	0	0

Figura 3.12: DP de abajo a arriba (las columnas 21 a 200 no aparecen por razón de espacio)

estado ($b = 1$) comprando alguna combinación de las prendas. La respuesta final es, en realidad, $M - b$ o, en este caso, $20 - 1 = 19$. La respuesta será "no solution" si ningún estado de la última fila es accesible (donde accesible[C-1][b] esté activado). Incluimos nuestra implementación del problema para su comparación con la versión 'de arriba a abajo':

```cpp
// UVa 11450 - Wedding Shopping - de abajo a arriba (más rápido)
#include <bits/stdc++.h>
using namespace std;

const int MAX_gm = 30;                         // <= 20 prendas y modelos
const int MAX_M = 210;                         // presupuesto máximo 200

int price[MAX_gm][MAX_gm];                      // g < 20 y k <= 20
bool reachable[MAX_gm][MAX_M];                  // g < 20 y b <= 200

int main() {
  int TC; scanf("%d", &TC);
  while (TC--) {
    int M, C; scanf("%d %d", &M, &C);
    for (int g = 0; g < C; ++g) {
      scanf("%d", &price[g][0]);                 // almacenar k en price[g][0]
      for (int k = 1; k <= price[g][0]; ++k)
        scanf("%d", &price[g][k]);
    }

    memset(reachable, false, sizeof reachable);  // limpiar todo
    // valores inciales (casos base), usando la primera prenda g = 0
    for (int k = 1; k <= price[0][0]; ++k)
      if (M-price[0][k] >= 0)
        reachable[0][M-price[0][k]] = true;
```

```cpp
26
27      int b;
28      for (int g = 1; g < C; ++g)                    // para cada prenda
29        for (b = 0; b < M; ++b) if (reachable[g-1][b])
30          for (int k = 1; k <= price[g][0]; ++k) if (b-price[g][k] >= 0)
31            reachable[g][b-price[g][k]] = true;      // también accesible
32        for (b = 0; b <= M && !reachable[C-1][b]; ++b);
33
34        if (b == M+1) printf("no solution\n");        // última fila no activada
35        else          printf("%d\n", M-b);
36    }
37    return 0;
38 }
```

Escribir soluciones de DP en el estilo de abajo a arriba tiene una ventaja en aquellos problemas en los que solo necesitamos la última fila de la tabla de DP (o, de forma general, la última actualización de todos los estados) para determinar la solución (como en este problema), ya que podemos optimizar el *uso de memoria* de nuestra solución, al sacrificar una dimensión en nuestra tabla de DP. En los problemas de DP más complejos[33] con límites estrictos de memoria, este 'truco para ahorrar espacio' puede resultar útil, aunque la complejidad de tiempo global no se verá afectada.

Volvamos a la figura 3.12. Solo necesitamos almacenar dos filas, la que estemos procesando y la anterior ya procesada. Para calcular la fila 1, solo necesitamos saber qué columnas de la fila 0 están activadas como `accesible`. Para calcular la fila 2, igualmente solo necesitamos conocer las columnas de la fila 1 ya activadas. En general, para calcular cualquier fila g, solo será necesario conocer los valores de la fila $g - 1$. De esta forma, en vez de almacenar una matriz booleana `accesible[g][b]` de tamaño 20×201, nos basta con almacenar `accesible[2][b]` de tamaño 2×201. Podemos aprovechar esta técnica de programación para referirnos a una fila como 'anterior' y a otra como 'actual' (por ejemplo, `ant = 0`, `act = 1`) y, después, intercambiarlas (ahora, `ant = 1`, `act = 0`) según vayamos realizando los cálculos. En este problema concreto, el ahorro de memoria no es significativo, pero en problemas de DP más complejos, por ejemplo donde hubiese miles de modelos de prendas en vez de 20, este ahorro de espacio podría ser importante.

```cpp
 1  // todo lo demás igual que en el código anterior
 2  bool reachable[2][MAX_M];                          // SOLO DOS FILAS
 3
 4  // dentro de int main()
 5    // modificamos un poco el bucle principal en int main
 6    int cur = 1;                                     // empezamos en esta fila
 7    for (int g = 1; g < C; ++g) {                    // para cada prenda
 8      memset(reachable[cur], false, sizeof reachable[cur]); // reiniciamos
 9      for (b = 0; b < M; ++b) if (reachable[!cur][b])
10        for (int k = 1; k <= price[g][0]; ++k) if (b-price[g][k] >= 0)
11          reachable[cur][b-price[g][k]] = true;
```

---

[33]No en este caso, que utilizamos como mera introducción.

```
12      cur = 1-cur;                              // intercambiamos filas
13    }
14
15    for (b = 0; b <= M && !reachable[!cur][b]; ++b);
```

	C++	ch3/dp/UVa11450_bu.cpp
	Java	ch3/dp/UVa11450_bu.java
	Python	ch3/dp/UVa11450_bu.py
	OCaml	ch3/dp/UVa11450_bu.ml

DP de arriba a abajo frente a de abajo a arriba

Aunque ambos estilos utilizan 'tablas', la forma en que se rellena la tabla de DP del método de abajo a arriba es diferente a la tabla *recordatoria* de arriba a abajo. En la DP de arriba a abajo, las entradas de la tabla recordatoria se van rellenando 'a demanda', a través de la propia recursión. En la DP de abajo a arriba, hemos utilizando un 'orden de rellenado de la tabla de DP' correcto para calcular los valores, de forma que ya hemos obtenido anteriormente los datos necesarios para procesar la celda actual. Esta forma de rellenar la tabla, supone que se hace en el orden topológico del DAG implícito (lo veremos explicado con más detalle en la sección 4.6.1), en la estructura de recurrencia. En la mayoría de los problemas de DP, se puede lograr un orden topológico a través de la secuencia adecuada de algunos bucles (anidados).

En la mayoría de las ocasiones, los dos estilos son igualmente eficientes y la decisión de utilizar uno u otro es una cuestión de gustos. Sin embargo, en los problemas de DP más difíciles, un estilo podría ser mejor que el otro. Para ayudarte a entender qué estilo deberías utilizar al enfrentarte a un problema de DP, te recomendamos estudiar las diferencias entre las DP de arriba a abajo y de abajo a arriba que mostramos en la tabla 3.2.

De arriba a abajo	De abajo a arriba
Pros:	**Pros:**
1. Es una evolución natural de la búsqueda completa 2. Calcula los subproblemas solo cuando es necesario (a veces esto es más rápido)	1. Más rápido si hay que volver a visitar muchos subproblemas, ya que no hay sobrecarga por las llamadas recursivas 2. Puede ahorrar memoria con el 'truco de ahorro de espacio'
Contras:	**Contras:**
1. Más lento si hay que volver a visitar muchos subproblemas, debido a la sobrecarga de la llamada a la función (no suele perjudicar en concursos de programación) 2. Si hay M estados, se necesita una tabla de tamaño $O(M)$, lo que puede llevar a un veredicto MLE en algunos problema difíciles (salvo si utilizamos alguna de las estructuras de datos alternativas que veremos en el Volumen II)	1. Para los programadores que prefieren la recursión, este estilo puede no resultar intuitivo 2. Si hay M estados, la DP de abajo a arriba visita y rellena el valor de *todos* los M estados, aunque muchos de ellos no sean necesarios

Tabla 3.2: Tabla de decisión de programación dinámica

Mostrar la solución óptima

Muchos problemas de DP solo piden el valor de la solución óptima (como en el caso del UVa 11450). Sin embargo, muchos concursantes pueden verse desconcertados cuando también se pide la solución óptima misma. Conocemos dos formas de hacerlo.

La primera se utiliza sobre todo en la DP de abajo a arriba (aunque también es aplicable en la DP de arriba a abajo), donde almacenamos la información precedente a cada estado. Si existe más de un precedente óptimo y debemos mostrar todas las soluciones óptimas, podemos almacenarlos en una lista. Una vez tenemos el estado final óptimo, podemos hacer el camino a la inversa, y seguir las transiciones óptimas de cada estado hasta que lleguemos a uno de los casos base. Si el problema pide todas las soluciones óptimas, este mecanismo las mostrará. Sin embargo, la mayoría de autores de problemas suele establecer criterios de salida adicionales, de forma que la solución óptima sea única (para facilitar su evaluación).

Ejemplo: veamos la parte inferior de la figura 3.12. El estado final óptimo es `accesible[2][1]`. El precedente de este es el estado `accesible[1][2]`. Nos desplazamos a `accesible[1][2]`. Ahora veamos la parte central de la figura 3.12. El precedente del estado `accesible[1][2]` es `accesible[0][12]`. A continuación, nos desplazamos a este `accesible[0][12]`. Como ya nos encontramos en uno de los estados base iniciales (en la primera fila), sabemos que una solución óptima es: (20→12) = precio 8, después (12→2) = precio 10, después (2→1) = precio 1. Sin embargo, como se mencionaba antes en el enunciado del problema, podría haber otras soluciones óptimas. Por ejemplo, también podríamos seguir la ruta `accesible[2][1]` → `accesible[1][6]` → `accesible[0][16]`, que representa otra solución óptima: (20→16) = precio 4, después (16→6) = precio 10, después (6→1) = precio 5.

La segunda forma se aplica mayoritariamente a la DP de arriba a abajo, donde utilizamos la potencia de la recursión y la *memoización*, para realizar el mismo trabajo. Utilizando el código de DP de arriba a abajo, mostrado anteriormente en la técnica 4, podemos añadir una función `void print_dp(int g, int b)`, que tenga la misma estructura que `int dp(int g, int b)`, pero que utilice los valores almacenados en la tabla recordatoria, para reconstruir la solución. A continuación, incluimos una implementación de ejemplo (que solo mostrará una solución óptima):

```
void print_dp(int g, b) {                        // función void
  if ((g == C) || (b < 0)) return;               // casos base similares
  for (int k = 1; k <= price[g][0]; ++k)         // ¿modelo k optimo?
    if (dp(g+1, b-price[g][k]) == memo[g][b]) {  // este
      printf("%d - ", price[g][k]);
      print_dp(g+1, b-price[g][k]);              // recursión hasta aquí
      break;
    }
}
```

Ejercicio 3.5.1.1

Para verificar tu comprensión del problema UVa 11450, tratado en esta sección, determina cuál es la salida del siguiente caso de prueba D.

Caso de prueba D con $M = 25$ y $C = 3$:
Precio de los 3 modelos de la prenda $g = 0 \rightarrow 648$
Precio de los 2 modelos de la prenda $g = 1 \rightarrow 106$
Precio de los 4 modelos de la prenda $g = 2 \rightarrow 7315$

Ejercicio 3.5.1.2

¿Es la siguiente formulación de estado dp(g, model), donde g representa la prenda actual y model el modelo actual, apropiada y exhaustiva para el problema UVa 11450?

Ejercicio 3.5.1.3

Los usuarios de Python cuentan con otras herramientas para la implementación de DP de arriba a abajo. Estudia la función @lru_cache de functools.

Ejercicio 3.5.1.4*

Modifica el código de print_dp que hemos incluido para que escriba *todas* las soluciones óptimas al problema UVa 11450.

3.5.2 Ejemplos clásicos

El mencionado UVa 11450 - Wedding Shopping, es un problema de DP no clásico (relativamente sencillo), donde *nosotros mismos* tenemos que determinar los estados de DP y transiciones correctas. Sin embargo, hay muchos otros problemas *clásicos* con soluciones de DP eficientes, es decir, sus estados y transiciones son *conocidos*. Por ello, todo concursante que desee obtener un buen resultado en el ICPC o la IOI, debe dominar esos problemas de DP clásicos y sus soluciones. En esta sección incluimos seis de ellos y sus soluciones. Una vez que hayas entendido los principios básicos de estas soluciones de DP, intenta resolver los ejercicios de programación que enumeran sus *variantes*.

A.1 Suma de rango unidimensional máxima

Enunciado resumido de UVa 00507 - Jill Rides Again: dado un *array* de enteros A, que contiene $n \leq 20K$ enteros distintos de cero, determinar la suma de rango máxima (unidimensional) de A. En otras palabras, encontrar la consulta de suma de rango (RSQ) entre dos índices i y j en [0..n-1], esto es: A[i] + A[i+1] + ... + A[j] (ver las secciones 2.4.3 y 2.4.4).

Algoritmo en $O(n^3)$

Un algoritmo de búsqueda completa que pruebe los $O(n^2)$ pares de i y j, calcule la RSQ(i, j) solicitada en $O(n)$ y, finalmente, elija la máxima, se ejecuta con una complejidad de tiempo de $O(n^3)$. Con el valor de n hasta $20K$, es una solución TLE.

Algoritmo en $O(n^2)$

En la sección 2.4.3 hemos tratado la siguiente estrategia de DP: procesar previamente el *array* A calculando las sumas de prefijos A[i] += A[i-1] $\forall i \in [1..n-1]$, de forma que A[i] contenga la suma de los enteros del *subarray* A[0..i]. Ahora podremos calcular RSQ(i, j) en $O(1)$: RSQ(0, j) = A[j] y RSQ(i, j) = A[j] - A[i-1] $\forall i > 0$, utilizando el principio de inclusión–exclusión. Así[34], el algoritmo de búsqueda completa anterior se ejecuta en $O(n^2)$. Con n hasta $20K$, sigue siendo una táctica TLE.

Algoritmo en $O(n)$

Hay un algoritmo incluso mejor para este problema. A continuación, incluimos la parte principal del algoritmo de Jay Kadane en $O(n)$ (se puede interpretar como voraz o DP) que lo resuelve.

```
1   // dentro de int main()
2     int n = 9, A[] = { 4,-5, 4,-3, 4, 4,-4, 4,-5 };// array de ejemplo A
3     int sum = 0, ans = 0;
4     for (int i = 0; i < n; ++i) {              // rastreo lineal, O(n)
5       sum += A[i];                             // extender vorazmente
6       ans = max(ans, sum);                     // mantener RSQ máxima
7       if (sum < 0) sum = 0;                     // reiniciar la suma
8     }                                          // si es inferior a 0
9     printf("Max 1D Range Sum = %d\n", ans);    // debería ser 9
```

C++	ch3/dp/Max1DRangeSum.cpp
Java	ch3/dp/Max1DRangeSum.java
Python	ch3/dp/Max1DRangeSum.py
OCaml	ch3/dp/Max1DRangeSum.ml

La idea clave del algoritmo de Kadane es mantener una suma constante de los enteros vistos hasta el momento y, de forma voraz, reiniciarlo a 0, si la suma constante resulta en un valor inferior a 0. Esto se debe a que volver a comenzar desde 0 siempre es mejor que continuar desde una suma constante negativa. El algoritmo de Kadane es necesario para resolver este problema UVa 00507, ya que $n \leq 20K$.

También podemos ver el algoritmo de Kadane como una solución de DP. En cada paso tenemos dos opciones: podemos apalancar la suma máxima acumulada anterior, o comenzar un nuevo rango. La variable de DP dp(i) representa, por tanto, la suma máxima de un rango de enteros

---

[34]Sin embargo, si utilizamos una estructura de datos para RSQ dinámica, como los árboles de Fenwick o de segmentos, tratados en la sección 2.4, acabaremos teniendo una complejidad de $O(n^2 \log n)$.

---

que termina con el elemento A[i]. Por ello, la respuesta final es el máximo de todos los valores de dp(i), donde i $\in$ [0..n-1]. Si se permiten rangos de longitud cero, entonces 0 debe considerarse también una respuesta posible. La implementación anterior es, esencialmente, una versión eficiente que utiliza el truco de ahorro de espacio ya mencionado.

A.2 Suma de rango bidimensional máxima

Enunciado resumido de UVa 00108 - Maximum Sum: dada una matriz de enteros cuadrada A $n \times n$ ($1 \leq n \leq 100$), donde cada entero tiene un valor en el rango [-127..127], encontrar una submatriz de A con la suma máxima. Por ejemplo: la matriz 4×4 ($n = 4$) de la tabla 3.3.A, tiene una submatriz 3×2 en la parte inferior izquierda, con la suma máxima de $9 + 2 - 4 + 1 - 1 + 8 = 15$.

Algoritmo en $O(n^6)$

Abordar este problema de forma ingenua, mediante una búsqueda completa, como se muestra a continuación, no funciona, ya que se ejecuta en $O(n^6)$. Un algoritmo así es demasiado lento para el caso de prueba más grande, con $n = 100$.

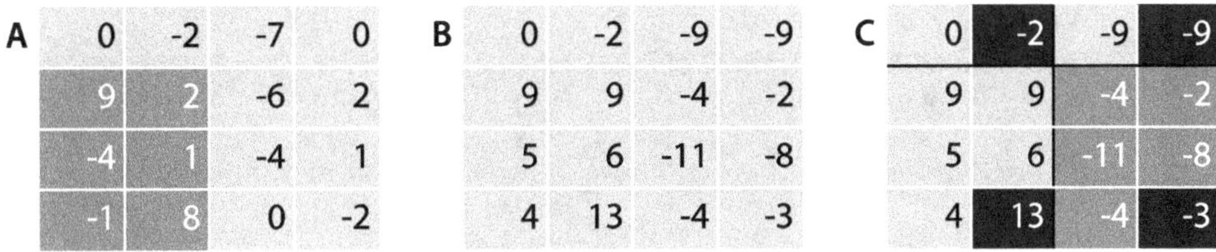

Tabla 3.3: UVa 00108 - Maximum Sum

```
1   int maxSubRect = -127*100*100;              // menor valor posible
2   for (int i = 0; i < n; ++i)
3     for (int j = 0; j < n; ++j)                // coordenada inicial
4       for (int k = i; k < n; ++k)
5         for (int l = j; l < n; ++l) {          // coordenada final
6           int subRect = 0;                     // sumar este subrectángulo
7           for (int a = i; a <= k; ++a)
8             for (int b = j; b <= l; ++b)
9               subRect += A[a][b];
10          maxSubRect = max(maxSubRect, subRect); // aquí está la respuesta
11        }
```

Algoritmo en $O(n^4)$

La solución de la suma de rango unidimensional máxima de la subsección anterior, se puede extender a dos (o más) dimensiones, siempre que el principio de inclusión–exclusión se aplique correctamente. La única diferencia es que, mientras que en la versión unidimensional tratamos con subrangos superpuestos, en la bidimensional lo hacemos con submatrices superpuestas. Podemos convertir la matriz de entrada $n \times n$ en una *matriz de suma acumulada* $n \times n$, donde `A[i][j]` ya no contiene su propio valor, sino la suma de todos los elementos dentro de la submatriz `(0, 0)` a `(i, j)`. Esto se puede hacer de forma simultánea a la lectura de la entrada, y se sigue ejecutando en $O(n^2)$. El siguiente código convierte la matriz cuadrada de entrada (ver la tabla 3.3.A) en una matriz de suma acumulada (ver la tabla 3.3.B).

```
int n; scanf("%d", &n);                             // tamaño de matriz cuadrada
for (int i = 0; i < n; ++i)
  for (int j = 0; j < n; ++j) {
    scanf("%d", &A[i][j]);
    if (i > 0) A[i][j] += A[i-1][j];                // sumar desde arriba
    if (j > 0) A[i][j] += A[i][j-1];                // sumar desde la izquierda
    if (i > 0 && j > 0) A[i][j] -= A[i-1][j-1];     // evitar contar dos veces
  }                                                 // inclusión-exclusión
int maxSubRect = -127*100*100;                      // menor valor posible
for (int i = 0; i < n; ++i)
  for (int j = 0; j < n; ++j)                       // coordenada inicial
    for (int k = i; k < n; ++k)
      for (int l = j; l < n; ++l) {                 // coordenada final
        int subRect = A[k][l];                      // de (0, 0) a (k, l)
        if (i > 0) subRect -= A[i-1][l];            // O(1)
        if (j > 0) subRect -= A[k][j-1];            // O(1)
        if (i > 0 && j > 0) subRect += A[i-1][j-1]; // O(1)
        maxSubRect = max(maxSubRect, subRect);      // aquí está la respuesta
      }
```

Por ejemplo, vamos a calcular la suma de `(1, 2)` a `(3, 3)`. Dividimos la suma en 4 partes y calculamos `A[3][3] - A[0][3] - A[3][1] + A[0][1]` = -3 - 13 - (-9) + (-2) = -9, como está resaltado en la tabla 3.3.C. Con esta formulación de DP en $O(1)$, el problema de la suma de rango bidimensional máxima se puede resolver en $O(n^4)$. Para el caso de prueba más grande del problema UVa 00108, con $n = 100$, obtendremos un veredicto AC.

Algoritmo en $O(n^3)$

Existe una solución en $O(n^3)$, que combina la solución de DP de la suma de rango unidimensional máxima en una de las dimensiones, al tiempo que utiliza la misma idea propuesta por Kadane en la otra, para resolver casos de hasta $n \leq 450$. Esta es la implementación:

```
// dentro de int main()
int n; scanf("%d", &n);                             // tamaño de matriz cuadrada
for (int i = 0; i < n; ++i)
  for (int j = 0; j < n; ++j) {
    scanf("%d", &A[i][j]);
    if (j > 0) A[i][j] += A[i][j-1];                // procesamiento previo
  }
```

```
 8    int maxSubRect = -127*100*100;                    // menor valor posible
 9    for (int l = 0; l < n; ++l)
10      for (int r = l; r < n; ++r) {
11        int subRect = 0;
12        for (int row = 0; row < n; ++row) {
13          // Suma de rango unidimensional máxima en las columnas de esta fila
14          if (l > 0) subRect += A[row][r] - A[row][l-1];
15          else       subRect += A[row][r];
16          // Algoritmo de Kadane en las filas
17          if (subRect < 0) subRect = 0;                // reiniciar si es negativo
18          maxSubRect = max(maxSubRect, subRect);
19        }
20      }
```

C++	ch3/dp/UVa00108.cpp
Java	ch3/dp/UVa00108.java
Python	ch3/dp/UVa00108.py
OCaml	ch3/dp/UVa00108.ml

A partir de estos dos ejemplos, los problemas de sumas de rango unidimensionales y bidimensionales máximas, podemos ver que no todos los problemas de rangos requieren un árbol de Fenwick o de segmentos, tratados en las secciones 2.4.3 y 2.4.4. Los problemas de rangos de entrada estática se pueden resolver muchas veces con técnicas de DP. También conviene mencionar que solucionar los problemas de rangos con técnicas de DP de abajo a arriba resulta totalmente natural, pues el operador ya es un *array* unidimensional o bidimensional. Podríamos escribir una solución recursiva de arriba a abajo, pero no sería tan evidente.

B Subsecuencia creciente máxima (LIS)

Problema: dada una secuencia $\{A[0], A[1], \dots, A[n-1]\}$, determinar su subsecuencia creciente máxima (LIS)[35]. Estas 'subsecuencias' no son, necesariamente, contiguas. Ejemplo: $n = 8$, $A = \{-7, 10, 9, 2, 3, 8, 8, 1\}$. La LIS de longitud 4 es {-7, 2, 3, 8a} (también puede terminar con la segunda copia de 8, es decir, 8b).

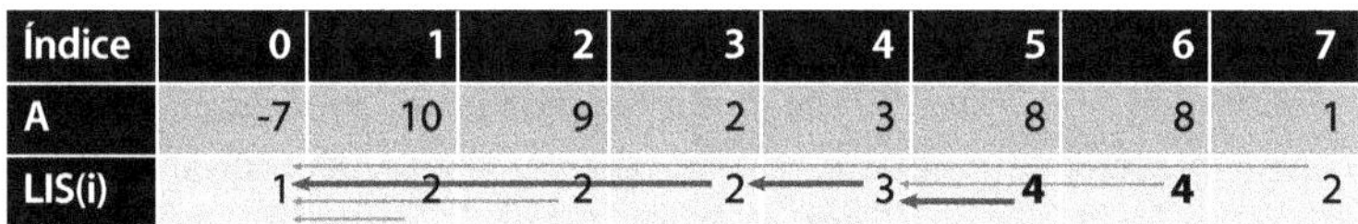

Índice	0	1	2	3	4	5	6	7
A	-7	10	9	2	3	8	8	1
LIS(i)	1	2	2	2	3	4	4	2

Figura 3.13: Subsecuencia creciente máxima

---

[35]Existen otras variantes de este problema, incluyendo la subsecuencia *decreciente* máxima y la subsecuencia *no creciente/decreciente* máxima. Las subsecuencias crecientes se pueden modelar como grafos acíclicos dirigidos (DAG), y encontrar la LIS es equivalente a encontrar los caminos más largos del DAG (ver la sección 4.6.1).

Algoritmo de búsqueda completa en $O(2^n)$

Si vuelves a leer la introducción y motivación de este capítulo (sección 3.1), encontrarás una búsqueda completa ingenua que, sencillamente, enumera todas las subsecuencias posibles de una secuencia con n elementos, para encontrar la creciente máxima. Esto es, evidentemente, demasiado lento, ya que hay $O(2^n)$ posibilidades.

Algoritmo de DP en $O(n^2)$

En vez de probar todas las subsecuencias posibles, vamos a considerar el problema desde otra perspectiva. Podemos escribir el estado de este problema con un único parámetro: i. Así, LIS(i) será el final de la LIS en el índice i. Sabemos que LIS(0) = 1, ya que el primer número en A es, en sí mismo, una subsecuencia. Para i $\geq$ 1, LIS(i) es un poco más complejo. Necesitamos encontrar el índice j, de forma que j < i y A[j] < A[i], y LIS(j) es la máxima. Una vez que tenemos este índice j, sabemos que LIS(i) = LIS(j)+1. Podemos escribir formalmente esta recurrencia como:

```
int memo[MAX_N];                              // MAX_N hasta 10^4

int LIS(int i) {                              // O(n^2) global
  if (i == 0) return 1;                       // no se extiende más
  int &ans = memo[i];
  if (ans != -1) return ans;                  // ya está calculado
  ans = 1;                                    // al menos el propio i
  for (int j = 0; j < i; ++j)                 // aquí O(n)
    if (A[j] < A[i])                          // condición creciente
      ans = max(ans, LIS(j)+1);               // tomar el máximo
  return ans;
}
```

```
// dentro de int main()
  memset(memo, -1, sizeof memo);
  printf("LIS length is %d\n\n", LIS(n-1));   // con DP en O(n^2)
```

La respuesta es el valor mayor de LIS(k), $\forall$k $\in$ [0..n-1]. Sin embargo, si utilizamos el valor centinela A[n] = Inf, cada A[j] $\forall$j $\in$ [0..n-1] se extenderá en una unidad, para llegar a A[n]. Por lo tanto, la respuesta es LIS(n)-1.

Es evidente que hay muchos subproblemas superpuestos en el problema de la LIS, porque para calcular LIS(i), necesitamos calcular LIS(j) $\forall$j $\in$ [0..i-1]. Sin embargo, solo hay n estados distintos, los índices de la LIS que terminan en el índice i, $\forall$i $\in$ [0..n-1]. Como necesitamos calcular cada estado con un bucle $O(n)$, este algoritmo de DP se ejecuta en $O(n^2)$.

Si es necesario, las soluciones de la LIS se pueden reconstruir almacenando la información del predecesor (las flechas en la figura 3.13) y siguiendo las flechas desde el índice k, que contiene el valor más alto de LIS(k). Por ejemplo, LIS(5) es el estado final óptimo. En la figura 3.13, podemos seguir las flechas de la siguiente manera: LIS(5) $\rightarrow$ LIS(4) $\rightarrow$ LIS(3) $\rightarrow$ LIS(0), de forma que la solución óptima (leer hacia atrás) es el índice {0, 3, 4, 5} o {-7, 2, 3, 8a}.

Algoritmo voraz más divide y vencerás en $O(n \log k)$

En la actualidad, los problemas de LIS más recientes son difícilmente resolubles utilizando el algoritmo de DP en $O(n^2)$ que hemos visto. En su lugar, tendremos que utilizar la siguiente solución, que no emplea la programación dinámica: algoritmo voraz más divide y vencerás en $O(n \log k)$ *sensible a la salida*[36] (donde k es la longitud de la LIS), manteniendo un *array* que esté *siempre ordenado* y, por tanto, sea susceptible de una búsqueda binaria.

Digamos que `vi L` y `vi L_id` son *arrays* redimensionables, de forma que `L[i]`/`L_id[i]` representan, respectivamente, el valor final más pequeño y el índice de todas las LIS de longitud `i` encontradas hasta el momento. El tamaño de `L` es k y nunca decrece. Aunque esta definición es un poco complicada, es fácil ver que, si siempre está ordenado, `L(i-1)` será siempre más pequeño que `L(i)`, ya que, por definición, el penúltimo elemento de cualquier LIS (de longitud `i`) es siempre más pequeño que el último. Así, para cada elemento siguiente `A[i]`, podemos hacer una búsqueda binaria en el *array* `L` en $O(\log k)$, para determinar el límite inferior `pos`, la posición donde podemos bien reducir vorazmente el contenido de `L[pos]` a un número inferior que facilite, en el futuro, una secuencia creciente potencialmente más larga, o bien aumentar la LIS en 1 si `pos == k`.

Tengamos en cuenta que el contenido de `L` *no es* la propia LIS. Para facilitar la reconstrucción de la LIS (si se nos pide[37]), también debemos recordar el *array* precedente/padre `vi p` (ver la sección 2.4.1) que se actualiza cada vez que procesamos `A[i]`. Aquí está el código (que será mucho más corto si se elimina el camino de reconstrucción de la solución).

```
1  vi p;                                          // array predecesor
2
3  void print_LIS(int i) {                        // rutina de backtracking
4    if (p[i] == -1) { printf("%d", A[i]); return; }// caso base
5    print_LIS(p[i]);                             // backtracking
6    printf(" %d", A[i]);
7  }
```

```
1  // dentro de int main()
2    int k = 0, lis_end = 0;
3    vi L(n, 0), L_id(n, 0);
4    p.assign(n, -1);
5
6    for (int i = 0; i < n; ++i) {                 // O(n log k)
7      int pos = lower_bound(L.begin(), L.begin()+k, A[i]) - L.begin();
8      L[pos] = A[i];                              // sobreescribir vorazmente
9      L_id[pos] = i;                              // recordar el índice
10     p[i] = pos ? L_id[pos-1] : -1;              // datos del predecesor
11     if (pos == k) {                             // ¿se puede aumentar la LIS?
12       k = pos+1;                                // k = LIS más largo por +1
13       lis_end = i;                              // mantener mejor i final
```

---

[36]Clasificamos este algoritmo de LIS en $O(n \log k)$ ("ordenación del solitario") en la categoría de DP por razones históricas.

[37]El código será mucho más sencillo si no se nos pide este dato.

```
14        }
15    }
16
17    printf("Final LIS is of length %d: ", k);
18    print_LIS(lis_end); printf("\n");
```

C++	ch3/dp/LIS.cpp
Java	ch3/dp/LIS.java
Python	ch3/dp/LIS.py
OCaml	ch3/dp/LIS.ml

Este algoritmo en $O(n \log k)$ es, probablemente, menos intuitivo que el de complejidad $O(n^2)$. Por ello pasamos a describir, paso a paso, el proceso, utilizando el siguiente caso de ejemplo: $n = 11$, $A = \{\underline{-7}, 10, 9, 2a, 3a, 8a, 8b, \underline{1, 2b, 3b, 4}\}$ (añadimos los sufijos 'a' y 'b' para mayor claridad):

- Inicialmente, en A[0] = -7, tenemos L = {-7}.

- Podemos insertar A[1] = 10 en L[1] para tener una LIS de longitud 2, L = {-7, <u>10</u>}.

- Para A[2] = 9, sustituimos L[1], de forma que tengamos una terminación de longitud 2 'mejor': L = {-7, <u>9</u>}. Esta es una estrategia *voraz*. Al almacenar la LIS con un valor final más pequeño, maximizamos nuestra capacidad de extenderla con valores futuros.

- Para A[3] = 2a, sustituimos L[1], para tener una terminación de longitud 2 'todavía mejor': L = {-7, <u>2a</u>}.

- Insertamos A[4] = 3a en L[2] para tener una LIS más larga, L = {-7, 2a, <u>3a</u>}.

- Insertamos A[5] = 8a en L[3] para tener una LIS más larga, L = {-7, 2a, 3a, <u>8a</u>}.

- Para A[6] = 8b, no cambia nada, ya que L[3] = 8a (el mismo valor). L = {-7, 2a, 3a, 8a} sigue igual.

- Para A[7] = 1, mejoramos L[1], para que L = {-7, <u>1</u>, 3a, 8a}. Esto ilustra cómo el *array* L *no es* la LIS de A. Si mantenemos L_id y P, podremos reconstruir la LIS al final. Antes, solo A[3] = 2a apuntaba a A[0] = -7. Ahora A[7] = 1 *también* apunta a A[0] = -7. Este paso es importante, ya que puede haber subsecuencias más largas *en el futuro*, que pueden extender la subsecuencia de longitud 2 en L[1] = 1, como veremos muy pronto.

- Para A[8] = 2b, mejoramos L[2] para que L = {-7, 1, <u>2b</u>, 8a}.

- Para A[9] = 3b, mejoramos L[3] para que L = {-7, 1, 2b, <u>3b</u>}.

- Insertamos A[10] = 4 en L[4] para tener una LIS más larga, L = {-7, 1, 2b, 3b, <u>4</u>}. La respuesta es la longitud final (más larga) del *array* ordenado L al final del proceso (que, en este ejemplo, es 5) y se puede reconstruir utilizando la rutina print_LIS(lis_end) (que aquí resulta en $-7 \rightarrow 1 \rightarrow 2b \rightarrow 3b \rightarrow 4$).

C Mochila 0-1 (suma de subconjuntos)

Problema[38]: dados n elementos, cada uno con su propio valor V_i y peso W_i, $\forall i \in$ [0..n-1], y un tamaño máximo de la mochila S, calcular el valor máximo de los elementos que podemos cargar, si podemos ignorar o elegir[39] un objeto en particular (de ahí el término 0-1, para ignorar o elegir). Asumimos que $1 \leq n \leq 1000, 1 \leq 5 \leq 10\,000$.

Ejemplo: $n = 4$, $V = \{100, 70, 50, 10\}$, $W = \{10, 4, 6, 12\}$, $S = 12$.

- Eligiendo el elemento 0 de peso 10 y valor 100, no podemos llevar otro. No es óptimo.

- Eligiendo el elemento 3 de peso 12 y valor 10, no podemos llevar otro. No es óptimo.

- Eligiendo los elementos 1 y 2 tenemos totales de peso 10 y valor 120. Es el máximo.

Algoritmo en $O(nS)$

Podemos limitarnos a utilizar la función de DP clásica dp(id, remW), donde id es el índice del elemento actual a considerar (desde id = 0 hasta N-1) y remW es el peso restante que todavía podemos añadir a la mochila (desde remW = tamaño inicial S de la mochila hasta 0).

```
1  int dp(int id, int remW) {
2    if ((id == N) || (remW == 0)) return 0;         // dos casos base
3    int &ans = memo[id][remW];
4    if (ans != -1) return ans;                       // ya calculado
5    if (W[id] > remW) return ans = dp(id+1, remW);   // sin opción, saltar
6    return ans = max(dp(id+1, remW),                 // hay opción, saltar
7                     V[id]+dp(id+1, remW-W[id]));    // o tomar
8  }
```

La respuesta se encuentra llamando a dp(0, S). Hay que tener en cuenta los subproblemas superpuestos en este problema de la mochila 0-1. Por ejemplo: después de tomar el elemento 0, e ignorar los elementos 1 y 2, llegamos al estado (3, 2), el tercer objeto (id = 3) con dos unidades de peso restantes (remW = 2). Después de ignorar el elemento 0 y tomar los elementos 1 y 2, también llegamos al mismo estado (3, 2). Veremos una visualización de este DAG recursivo de DP de la mochila 0-1 en la sección 4.6.3. Aunque hay subproblemas superpuestos, solo tenemos $O(nS)$ estados distintos posibles (porque id puede variar entre [0..n-1] y remW puede hacerlo entre [0..S]). Podemos calcular cada uno de esos estados en $O(1)$, de forma que la complejidad de tiempo total[40] de esta solución de DP es $O(nS)$.

Como comentario, indicar que la versión de arriba a abajo de esta solución de DP es, normalmente, más rápida que la versión de abajo a arriba. Esto se debe a que, en realidad, no se visitan todos los estados y, por ello, los estados de DP requeridos son solo un subconjunto (muy pequeño) del espacio completo. Recuerda que la DP de arriba a abajo solo visita *los estados requeridos*, mientras que la de abajo a arriba visita *todos los estados distintos*. En nuestra biblioteca de código fuente incluimos ambas versiones.

---

[38]Este problema también es conocido como el de suma de subconjuntos NP-completo. Tienen un enunciado similar: dado un conjunto de enteros y un entero S, ¿hay un subconjunto (no vacío) cuya suma sea igual a S?

[39]Hay otras variantes de este problema, como el problema de la mochila continua, que tiene una solución voraz.

[40]Si S es tan grande que $nS > 1M$, esta solución de DP no es viable, ni con el truco de ahorro de espacio.

C++	`ch3/dp/UVa10130.cpp`
Java	`ch3/dp/UVa10130.java`
Python	`ch3/dp/UVa10130.py`
OCaml	`ch3/dp/UVa10130.ml`

D Cambio de monedas (CC) – la versión general

Problema: dada una cantidad de céntimos objetivo V y una lista de denominaciones de n monedas, es decir, tenemos `coinValue[i]` (en céntimos, enteros positivos) para los tipos de monedas $i \in$ `[0..n-1]`, ¿cuál es la cantidad mínima de monedas que debemos usar para representar V? Asumimos que tenemos un suministro ilimitado de monedas de cualquier tipo y que $1 \le n \le 1000, 1 \le V \le 10\,000$ (ver también la sección 3.4.1).

Ejemplo 1: $V = 10$, $n = 2$, `coinValue = {1, 5}`; podemos usar:

A. Diez monedas de 1 céntimo $= 10 \times 1 = 10$, monedas usadas $= 10$.

B. Una moneda de 5 céntimos + cinco de 1 céntimo $= 1 \times 5 + 5 \times 1 = 10$, monedas $= 6$.

C. Dos monedas de 5 céntimos $= 2 \times 5 = 10$, monedas usadas $= 2 \rightarrow$ óptimo.

Podemos usar un algoritmo voraz si las denominaciones de las monedas son adecuadas (ver la sección 3.4.1). De hecho, el ejemplo anterior se puede resolver mediante un algoritmo voraz. Sin embargo, para el caso general, tenemos que utilizar DP. Ver el siguiente ejemplo:

Ejemplo 2: $V = 7$, $n = 4$, `coinValue = {1, 3, 4, 5}`. La solución voraz dará como resultado 3 monedas combinadas de forma $5+1+1 = 7$, pero la óptima es 2 monedas (en concreto 4+3).

Algoritmo en $O(nV)$

Solución: utilizar estas relaciones de recurrencia de búsqueda completa para `change(value)`, donde `value` es la cantidad restante de céntimos que debemos representar en monedas:

1. `change(0) = 0`   *// necesitamos 0 monedas para 0 céntimos*

2. `change(<0) = ∞`   *// en la práctica nos sirve un valor positivo grande*

3. `change(value) = min + (1 + change(value-coinValue[i])) ∀i ∈ [0..n-1]`

La respuesta está en el valor devuelto por `change(V)`.

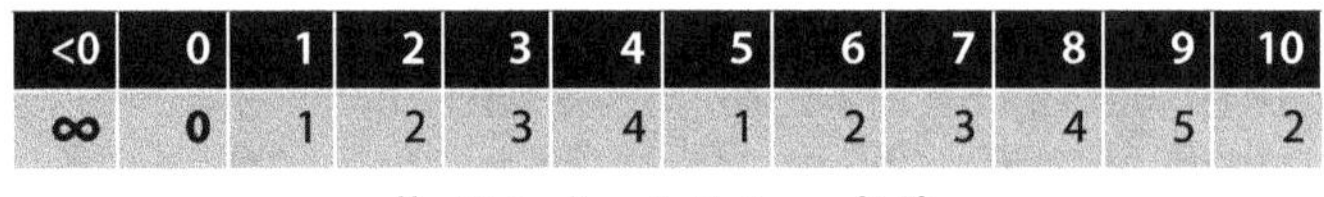

<0	0	1	2	3	4	5	6	7	8	9	10
∞	0	1	2	3	4	1	2	3	4	5	2

Figura 3.14: Cambio de monedas

La figura 3.14 muestra que: `change(0) = 0` y `change(<0) = ∞`: que son los casos base. `change(1) = 1`, de `1 + change(1-1)`, ya que `1 + change(1-5)` es inviable (devuelve ∞). `change(2) = 2`, de 1 + change(2-1), ya que 1 + change(2-5) también es inviable (devuelve ∞). Lo mismo para change(3) y change(4). change(5) = 1, de 1 + change(5-5) = 1 moneda, menor que 1 + change(5-1) = 5 monedas. Y así hasta change(10). La respuesta está en change(V), que es change(10) = 2 en este ejemplo.

Podemos ver que hay muchos subproblemas superpuestos en el problema del cambio de monedas (por ejemplo, tanto change(10) como change(6) requieren el valor de change(5)). Sin embargo, solo hay $O(V)$ estados distintos posibles (ya que value puede variar entre [0..V]). Como necesitamos comprobar n tipos de monedas por estado, la complejidad de tiempo total de esta solución de DP es $O(nV)$[41].

Algoritmo en $O(nV)$ para la variante de conteo

Una variante de este problema consiste en contar *el número de formas (canónicas) posibles* de obtener el valor V céntimos, utilizando una lista de denominaciones de n monedas. En el ejemplo 1 anterior, la respuesta es 3: {A: 1+1+1+1+1 + 1+1+1+1+1, B: 5 + 1+1+1+1+1, C: 5+5}.

Solución: utilizar esta función clásica de DP: dp(type, value), donde value es igual al caso anterior, pero añadimos el parámetro type para emplearlo como el índice del tipo de moneda que estamos valorando. Este parámetro es importante, ya que la solución considera los tipos de monedas de forma secuencial. Una vez que hemos decidido ignorar un cierto tipo de moneda, no deberíamos volver a considerarlo, para evitar contarlo dos veces:

```cpp
int dp(int type, int value) {
  if (value == 0) return 1;                     // una forma, no usar nada
  if ((value < 0) || (type == N)) return 0;     // no válido o hecho
  int &ans = memo[type][value];
  if (ans != -1) return ans;                    // ya se ha calculado
  return ans = dp(type+1, value) +              // ignorar este tipo
               dp(type, value-coinValue[type]); // una más de este tipo
}
```

Solo hay $O(nV)$ estados distintos posibles. Como cada estado se puede calcular en $O(1)$, la complejidad de tiempo total[42] de esta solución de DP es $O(nV)$. La respuesta se encuentra llamando a ways(0, V). Nota: si las denominaciones de las monedas no cambian y hay muchas consultas con diferentes V, podemos *no reiniciar* la tabla recordatoria. Por lo tanto, el algoritmo se ejecutaría en $O(nV)$ la primera vez y bastaría con consultas $O(1)$ las siguientes.

C++	ch3/dp/UVa00674.cpp
Java	ch3/dp/UVa00674.java
Python	ch3/dp/UVa00674.py
OCaml	ch3/dp/UVa00674.ml

---

[41]Si V es tan grande que $nV > 1M$, esta solución de DP no es viable ni con el truco de ahorro de espacio. En el Volumen II, aprenderemos que las complejidades de tiempo de $O(nS)$ para la mochila 0-1 y $O(nV)$ para el cambio de monedas, se denominan 'pseudo polinómicas'.

[42]Si V es tan grande que $nV > 1M$, esta solución de DP no es viable ni con el truco de ahorro de espacio.

E El problema del viajante (TSP)

Problema: dadas n ciudades ($1 \le n \le 19$) y las distancias que separan a cada pareja de ellas, en forma de una matriz simétrica `dist` de tamaño $n \times n$, calcular el coste mínimo de realizar una ruta[43] que comience en cualquier ciudad s, visite las otras $n - 1$ ciudades *exactamente una vez* y, finalmente, vuelva a la ciudad inicial s.

Ejemplo: el grafo mostrado en la figura 3.15 tiene $n = 4$ ciudades. Por lo tanto, tenemos $4! = 24$ posibles rutas (permutaciones de 4 ciudades). Una de las rutas mínimas es `A-B-C-D-A`, con un coste de $20 + 30 + 12 + 35 = 97$ (pero puede haber más de una solución óptima, como los otros $n - 1$ ciclos *simétricos*: `B-C-D-A-B`, `C-D-A-B-C` y `D-A-B-C-D`). Una técnica común para resolver el TSP consiste en fijar un vértice, normalmente A/0 y tener en consideración únicamente las permutaciones de los otros $n - 1$ vértices.

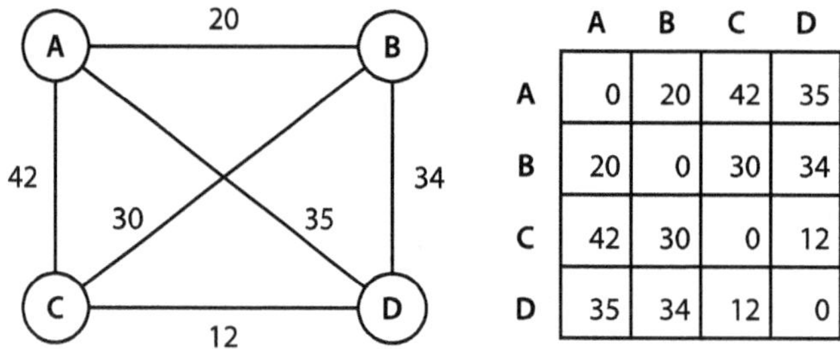

Figura 3.15: Un grafo ponderado completo K_4

Algoritmo de búsqueda completa en $O(n! \times n)$

Una solución de 'fuerza bruta' al TSP (iterativa o recursiva) que pruebe todas las $O((n - 1)!)$ rutas posibles (fijando la ciudad inicial en el vértice A, para aprovechar la simetría) solo resulta efectiva cuando n es un máximo de 12, ya que $11! \approx 40M$. Cuando $n > 12$, esta solución de fuerza bruta obtendría un veredicto TLE en los concursos de programación. Sin embargo, si existen casos de prueba múltiples, el límite para la solución mencionada será, probablemente, de solo $n = 11$.

Algoritmo de DP en $O(2^{n-1} \times n^2)$

Podemos utilizar DP para el TSP, ya que es obvio que el cálculo de las subrutas se superpone, por ejemplo, la ruta $A - B - C$—*mejor secuencia de* $(n - 3)$ *ciudades distintas y vuelve finalmente a A*, está evidentemente superpuesta a la ruta $A - C - B$—*igualmente mejor secuencia de* $(n - 3)$ *ciudades distintas volviendo a A*. Si podemos evitar repetir los cálculos de las longitudes de estas subrutas, podemos ahorrar mucho tiempo. Sin embargo, cada estado distinto en el TSP depende de dos parámetros: la última ciudad/vértice visitada c y algo que no habíamos visto antes, un *conjunto* de ciudades visitadas.

---

[43]Esa ruta se llama camino hamiltoniano y consiste en un ciclo en un grafo no dirigido, que visita cada vértice exactamente una vez y vuelve al vértice inicial. En el Volumen II veremos que el problema del viajante es un problema de optimización NP-complejo.

Hay muchas formas de representar un conjunto. Sin embargo, ya que vamos a pasar esta información del conjunto como parámetro de una función recursiva (si utilizamos DP de arriba a abajo), la representación que utilicemos debe ser ligera y eficiente. En la sección 2.2, hemos visto una opción viable para ello: la *máscara de bits*. Si tenemos $n - 1$ ciudades (ignorando la ciudad inicial A/vértice 0), usamos un entero binario de longitud $n - 1$ (ahorrarnos un bit resultará beneficioso). Si el bit i es '0' (desactivado)/'1' (activado), decimos que este elemento (ciudad) $i + 1$ ha sido visitado o no ha sido visitado, respectivamente. Por ejemplo, mask $= 18_{10} = 10010_2$ implica que los elementos (ciudades) $\{2, 5\}$ *no* han sido visitados[44] todavía. Usamos técnicas rápidas de manipulación de bits, como LSOne(S), para identificar qué bits '1' siguen disponibles[45].

A continuación, incluimos el código de la función clásica de DP dp(u, mask). El parámetro u es el vértice actual. Los bits '1'/activos de mask describen a los vértices disponibles.

```
1   // ¿cuál es el coste mínimo si estamos en un vértice u y hemos visitado los
2   // vértices descritos por el bit desactivado (0) de la máscara?
3   int dp(int u, int mask) {                    // mask = coordenadas libres
4     if (mask == 0) return dist[u][0];          // finalizar la ruta
5     int &ans = memo[u][mask];
6     if (ans != -1) return ans;                 // ya se ha calculado
7     ans = 2000000000;
8     int m = mask;
9     while (m) {                                // hasta O(n)
10      int two_pow_v = LSOne(m);                // pero es rápido
11      int v = __builtin_ctz(two_pow_v)+1;      // desplazar v con +1
12      ans = min(ans, dist[u][v] + dp(v, mask^two_pow_v)); // guardar mínimo
13      m -= two_pow_v;
14    }
15    return ans;
16  }
```

Solo hay $O(2^{n-1} \times n)$ estados distintos, porque hay n ciudades y tenemos que recordar hasta 2^{n-1} ciudades más que han sido visitadas en cada ruta (asumimos que siempre visitamos la ciudad 0). Cada estado se puede calcular en $O(k)$ si utilizamos LSOne(mask), aunque el peor caso es $O(n)$, por lo que la complejidad de tiempo total de esta solución de DP es $O(2^{n-1} \times n^2)$. Esto nos permite resolver hasta[46] $n \approx [18..19]$ ya que $19^2 \times 2^{18} \approx 94M$. No supone una gran mejoría sobre la solución de fuerza bruta, pero si el problema TSP que estamos resolviendo tiene un tamaño de entrada $11 \leq n \leq 19$, la opción evidente es la DP. La respuesta se encuentra llamando a dp(0, (1<<(n-1))-1): empezamos desde la ciudad 0 y asumimos que las $n-1$ ciudades restantes están disponibles/no han sido visitadas (la ciudad 0 siempre se visita al principio). Esta solución de DP para el TSP se conoce como la del algoritmo de Held-Karp [25].

---

[44]Recuerda que en mask los índices empiezan en 0 y se cuentan desde la derecha, por lo que debemos desplazarlos una unidad ya que asumimos que la ciudad A/vértice 0 sí que ha sido visitada.

[45]En este caso, resulta beneficioso establecer que '1' signifique 'todavía no visitado/disponible' y '0' sea 'visitado/no disponible' para obtener la ventaja que nos ofrece la operación rápida LSOne(S).

[46]Como los problemas de concursos de programación requieren, normalmente, soluciones exactas, la solución al TSP con DP que hemos incluido es ya una de las mejores. En la vida real, el TSP se debe resolver, a menudo, con miles de ciudades. Para resolver problemas grandes como este, tenemos métodos no exactos como los que aparecen en [23].

Normalmente, en los concursos de programación, para resolver los problemas TSP con DP es necesario realizar algún tipo de procesamiento previo del grafo, que genere la matriz de distancias `dist`, antes de ejecutar la solución de DP. Veremos estas variantes en la sección sobre descomposición de problemas en el Volumen II.

Las soluciones de DP que implican un conjunto (pequeño) de booleanos, como uno de los parámetros, son generalmente conocidas como técnicas de DP con máscara de bits. Encontraremos más problemas complejos de DP que utilizan esta técnica en la sección sobre DP avanzada en el Volumen II.

Hemos añadido una herramienta para el aprendizaje de DP en la visualización de recursión de VisuAlgo. Esta vez, si la función recursiva llega al mismo estado más de una vez (problema superpuesto), VisuAlgo destacará ese vértice. Además, podemos redibujar el árbol de recursión con esos subproblemas superpuestos como un DAG de recursión. Podemos redibujar la figura 3.2 (árbol de recursión de la recurrencia del TSP con DP) como un DAG de recursión, al no repetir ningún vértice (estado) que ya haya sido calculado y, en su lugar, trazando más de una arista entrante a esos estados superpuestos (ver la figura 4.42). Es más fácil de entender cuando se está viendo, por lo que te invitamos a visitar:

VISUALGO https://visualgo.net/en/recursion

Ejercicio 3.5.2.1

La solución para la consulta de mínimo de rango: `RMQ(i, j)` en *arrays* unidimensionales de la sección 2.4.4, utiliza un árbol de segmentos. Resulta excesivo si el *array* dado es estático y no cambia durante las consultas. Usa una técnica de DP para responder a `RMQ(i, j)` en $O(n \log n)$, con procesamiento previo y una complejidad de $O(1)$ por consulta.

Ejercicio 3.5.2.2

¿Es posible utilizar una técnica de búsqueda completa iterativa, que intente todos los subconjuntos posibles de n elementos, como la que hemos tratado en la sección 3.2.1, para resolver el problema de la mochila 0-1? ¿Por qué?

Ejercicio 3.5.2.3*

Dada una secuencia A de N enteros ($N \leq 200K$), hallar el número mínimo de subconjuntos de secuencias crecientes de A. Por ejemplo, si $A = \{5, 1, 3, 7, 4, 9, 6, 8, 2\}$, la respuesta es 3 subconjuntos de secuencias crecientes, como $\{\{5, 7, 9\}, \{1, 3, 4, 6, 8\}, \{2\}\}$. Diseña un algoritmo eficiente para resolver este problema. Pista: estudia el teorema de Dilworth.

Ejercicio 3.5.2.4*

¿Qué cambios habría que realizar sobre el código mostrado para que la solución del TSP con DP pueda aceptar $n = 20$ (1 caso de prueba) en un segundo?

3.5.3 Ejemplos no clásicos

Aunque los problemas de DP son un tipo muy común, y con una frecuencia de aparición alta en concursos de programación recientes, los problemas de DP clásicos, en sus *formas puras*, ya no aparecen en los ICPC o IOI modernos. Los hemos estudiado para entender la DP, pero debemos aprender a resolver muchos otros problemas de DP no clásicos (que, quizá, pasen a ser clásicos en un futuro cercano) y, así, desarrollar nuestras 'capacidades de DP' durante el proceso. En esta subsección, tratamos otros dos ejemplo no clásicos, añadidos al problema UVa 11450 - Wedding Shopping que hemos visto antes en detalle. También hemos seleccionado algunos problemas de DP no clásicos fáciles, como ejercicios de programación. Una vez que hayas resuelto la mayoría de estos problemas, quedas invitado a conocer los más complicados en otras secciones de este libro, como los de la sección 4.6.1 y varias más relacionadas con la DP.

1. UVa 10943 - How do you add?

Enunciado resumido del problema: dado un entero n, ¿de cuántas formas se pueden sumar K enteros no negativos, menores o iguales a n, para llegar a n? Límites: $1 \leq n, K \leq 100$. Por ejemplo: para $n = 20$ y $K = 2$, hay 21 formas: $0 + 20, 1 + 19, 2 + 18, 3 + 17, ..., 20 + 0$.

En términos matemáticos, el número de formas se puede expresar como $^{(n+k-1)}C_{(k-1)}$ (ver los coeficientes binomiales, que también necesitan DP, en el Volumen II). Utilizaremos este sencillo problema para volver a ilustrar los principios de la programación dinámica que hemos visto en esta sección, especialmente el proceso de deducir los estados oportunos de un problema y las correspondientes transiciones de un estado a otro, dados los casos base.

En primer lugar, debemos determinar los parámetros de este problema, que representarán los distintos estados. En este caso, solo hay dos parámetros, n y K. Por lo tanto, solo hay 4 combinaciones posibles:

1. Si no elegimos ninguno de ellos, no podemos representar un estado. Esta opción se ignora.

2. Si solo elegimos n, no podremos saber cuántos números $\leq n$ se han usado.

3. Si solo elegimos K, no podremos saber el n objetivo de la suma.

4. Por lo tanto, el estado de este problema se representa por una pareja (o 2-tupla) (n, K). El orden de los parámetros es irrelevante, es decir, la pareja (K, n) también es válida.

A continuación, debemos determinar los casos base. Resulta que este problema es muy sencillo cuando $K = 1$. Independientemente de n, sola hay *una forma* de sumar exactamente un número menor o igual a n para obtener n: el propio n. No hay ningún otro caso base para este problema.

Para el caso general, tenemos esta formulación recursiva que no es muy complicada de deducir: en el estado (n, K), donde $K > 1$, podemos dividir n en un número $X \in [0..n]$ y $n - X$, así, $n = X + (n - X)$. Al hacerlo, llegamos al subproblema $(n - X, K - 1)$, es decir, dado un número $n - X$, ¿de cuántas formas se pueden sumar $K - 1$ números menores o iguales a $n - X$, para llegar a $n - X$? Después, podemos sumar todas esas formas.

Estas ideas se pueden expresar como una recurrencia de búsqueda completa `ways(n, K)`:

1. `ways(n, 1) = 1` *// solo podemos usar 1 número para llegar a n, el propio n*

2. `ways(n, K) = ` $\sum_{X=0}^{n}$ `ways(n-X, K-1)` *// sumar todas las formas posibles, recursivamente*

Este problema tiene subproblemas superpuestos. Por ejemplo, en el caso de prueba $n = 1, K = 3$, tiene los siguientes: se llega al estado $(n = 0, K = 1)$ dos veces (ver la figura 4.35 en la sección 4.6.1). Sin embargo, solo hay $n \times K$ estados posibles de (n, K). El coste de calcular cada estado es de $O(n)$. Por lo tanto, la complejidad de tiempo total es $O(n^2 \times K)$. Como $1 \leq n, K \leq 100$, es una técnica viable. La respuesta se encuentra llamando a `ways(n, K)`.

Hay que tener en cuenta que este problema, en realidad, solo necesita el resultado módulo $1M$ (es decir, los 6 últimos dígitos de la respuesta). En el Volumen II se trata el cálculo con aritmética modular.

C++	ch3/dp/UVa10943.cpp
Java	ch3/dp/UVa10943.java
Python	ch3/dp/UVa10943.py
OCaml	ch3/dp/UVa10943.ml

GitHub

2. UVa 10003 - Cutting Sticks

Enunciado resumido del problema: tenemos una vara de longitud $1 \leq l \leq 1000$ a la que se le realizan hasta $1 \leq n \leq 50$ cortes (se dan las coordenadas de los cortes A, en el rango $[0..l]$). El coste de un corte viene determinado por la longitud de la vara. La tarea consiste en encontrar una secuencia de cortes de forma que el coste total sea mínimo.

Ejemplo: $l = 100$, $n = 3$, y las coordenadas de los cortes: $A = \{25, 50, 75\}$ (ya ordenadas)

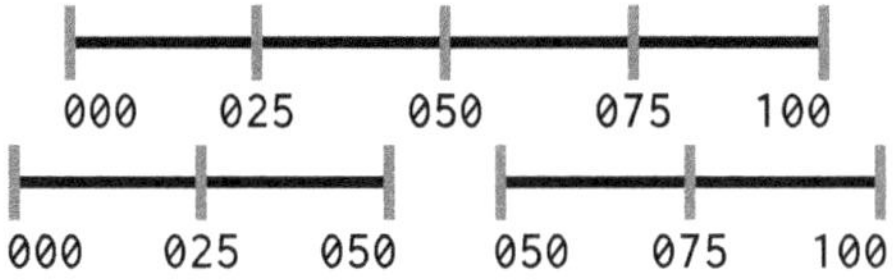

Figura 3.16: Ilustración de Cutting Sticks

Si cortamos de izquierda a derecha, el coste será de 225:

1. El primer corte es en la coordenada 25, coste total hasta el momento = 100.

2. El segundo corte es en la coordenada 50, coste total hasta el momento = 100 + 75 = 175.

3. El tercer corte es en la coordenada 75, coste total final = 175 + 50 = 225.

Sin embargo, la respuesta óptima es 200:

1. El primer corte es en la coordenada 50, coste total hasta el momento = 100 (este corte aparece en la figura 3.16).

2. El segundo corte es en la coordenada 25, coste total hasta el momento = 100 + 50 = 150.

3. El tercer corte es en la coordenada 75, coste total final = 150 + 50 = 200.

¿Cómo abordamos este problema? Una aproximación inicial puede consistir en el siguiente algoritmo de búsqueda completa: probar todos los posibles puntos de corte. Antes de eso, debemos seleccionar una definición de estados adecuada para el problema: los trozos (intermedios). Podemos describir un trozo de la vara a partir de sus dos extremos: izquierdo y derecho. Sin embargo, estos dos valores pueden ser enormes[47] y complicará las solución más tarde, cuando queramos *memoizar* sus valores. Podemos obtener ventaja del hecho de que solo hay $n + 1$ varas más pequeñas después de cortar la vara original n veces. Los extremos de cada uno de los trozos se pueden describir como 0, las coordenadas del corte y l. Por lo tanto, añadimos dos coordenadas más, de forma que A = {0, el A original, y l}, para que podamos describir una vara por los índices de sus extremos en A.

Después, podremos utilizar estas recurrencias para cut(izquierdo, derecho), donde izquierdo y derecho son los índices izquierdo y derecho de la vara con respecto a A. Inicialmente, la vara está descrita por izquierdo = 0 y derecho = n+1, es decir, una vara de longitud [0..l]:

1. cut(i-1, i) = 0, $\forall i \in$ [1..n+1]   *// si izquierdo+1 = derecho donde izquierdo y derecho son los índices en A, tendremos un trozo de vara que ya no hay que dividir más.*

2. cut(izquierdo, derecho) = mín(cut(izquierdo, i)+cut(i, derecho)+(A[derecho]-A[izquierdo])) $\forall i \in$ [izquierdo+1..derecho-1] *// probar todos los puntos de corte posibles y elegir el mejor. El coste de un corte es la longitud del trozo actual, determinado por (A[derecho]-A[izquierdo]). La respuesta se encuentra en* cut(0, n+1)*.*

Ahora, vamos a analizar la complejidad de tiempo. Inicialmente, tenemos n elecciones para los puntos de corte. Una vez que cortamos en un punto determinado, nos quedan $n - 1$ elecciones para el segundo punto de corte. Esto se repite hasta que no nos queda ningún punto de corte. Probar todos los puntos de corte posibles de esta forma nos lleva a un algoritmo $O(n!)$, que es imposible para $1 \leq n \leq 50$.

Sin embargo, este problema tiene subproblemas superpuestos. Por ejemplo, en la figura 3.16, el corte en el índice 2 (punto de corte = 50) resulta en dos estados: (0, 2) y (2, 4). También se puede llegar al mismo estado (2, 4) al cortar en el índice 1 (punto de corte = 25) y, después, cortando en el índice 2 (punto de corte = 50). Por lo tanto, el espacio de búsqueda no es tan grande. Solo hay $(n + 2) \times (n + 2)$ índices izquierdo/derecho posibles, o $O(n^2)$ estados distintos, y se pueden *memoizar*. El tiempo requerido para calcular un estado es $O(n)$. Así, la complejidad de tiempo total (de DP de arriba a abajo) es $O(n^3)$. Como $n \leq 50$, esta solución es viable.

---

[47]Este problema es bastante antiguo. En los concursos de programación modernos, estos valores serán enormes, lo que obligará a los concursantes a representar el estado utilizando otros medios (más pequeños).

Ejercicio 3.5.3.1*

Casi todo el código fuente de esta sección que está disponible en el repositorio de GitHub del libro (https://github.com/stevenhalim/cpbook-code) (LIS, Coin Change, TSP y UVa 10003 - Cutting Sticks) está escrito como DP de arriba a abajo, debido a los gustos de los autores. Reescríbelo utilizando la técnica de DP de abajo a arriba.

Ejercicio 3.5.3.2*

Resuelve el problema de Cutting Sticks en $O(n^2)$. Consejo: usa la aceleración de DP de Knuth–Yao, al verificar que la recurrencia satisface la desigualdad del cuadrángulo (más detalles en el Volumen II). Puedes hacerte una mejor idea estudiando ch3/dp/UVa10003_knuth_td.py .

3.5.4 Programación dinámica en concursos de programación

Las técnicas *básicas* de DP (y voraces) siempre aparecen en los libros de texto de algoritmia más habituales, por ejemplo *'Introduction to Algorithms'* [5], *'Algorithm Design'* [35], *'Algorithms'* [6], etc. En esta sección, hemos visto seis problemas de DP clásicos y sus soluciones. En la tabla 3.4 aparece un breve resumen. Estos problemas de DP clásicos, en caso de que aparezcan en concursos de programación actuales, lo harán seguramente como parte de problemas más grandes y complejos.

	RSQ 1D	RSQ 2D	LIS	Mochila	CC	TSP
Estado	(i)	(i,j)	(i)	(id,remW)	(v)	(pos,mask)
Espacio	$O(n)$	$O(n^2)$	$O(n)$	$O(nS)$	$O(V)$	$O(n2^n)$
Transición	*subarray*	submatriz	todo $j < i$	tomar/ignorar	las n monedas	las n ciudades
Tiempo	$O(n+1)$	$O(n^2+1)$	$O(n^2)$	$O(nS)$	$O(nV)$	$O(2^n n^2)$

Tabla 3.4: Resumen de los problemas de DP clásicos de esta sección

Para ayudar a mantenerte al día con la dificultad creciente y creatividad requeridas para el uso de estas técnicas (especialmente la DP no clásica), recomendamos que trates de resolver problemas de concursos de programación más recientes y consultes sus comentarios/soluciones posteriores al concurso, si es que están disponibles.

En el pasado (década de 1990), un concursante con buenas habilidades en DP se convertía en el 'rey de los concursos de programación', pues los 'problemas decisivos' solían ser de programación dinámica. En la actualidad, dominar la DP es un requisito *básico*. Es imposible obtener un buen resultado en un concurso de programación sin este conocimiento. Sin embargo, debemos seguir recordando al lector de este libro que no se debe afirmar que se conoce la DP solo por memorizar las soluciones de los problemas clásicos. Hay que ser un maestro en el arte de resolver problemas de DP: aprender a determinar los estados (la tabla de DP) que pueden representar de forma única y eficiente los subproblemas y, también, saber rellenar esa tabla de DP, a través de iteraciones de arriba a abajo o de abajo a arriba.

No hay mejor manera de dominar estos paradigmas de resolución de problemas que resolviendo auténticos problemas de concursos de programación. A continuación, incluimos una lista de varios de ellos. Una vez que estés familiarizado con estos, puedes empezar a estudiar los nuevos problemas de DP que han comenzado a aparecer en los concursos de programación recientes.

Ejercicios de programación

Ejercicios de programación que se resuelven mediante programación dinámica:

Suma de rango unidimensional/bidimensional máxima

1. Nivel básico: **UVa 10684 - The Jackpot** *   estándar, algoritmo de Kadane
2. **UVa 00787 - Maximum Sub ...** *   *producto* de rango unidimensional máximo, cuidado con el 0, usar `BigInteger` de Java
3. **UVa 01105 - Coffee Central** *   LA 5132 - WorldFinals Orlando11, consultas de suma de rango bidimensional más avanzadas
4. **UVa 10755 - Garbage Heap** *   suma de rango bidimensional máxima en 2 de las 3 dimensiones, suma de rango unidimensional máxima mediante el algoritmo de Kadane en la tercera dimensión
5. *Kattis - commercials* *   transformar cada entrada con -P, algoritmo de Kadane
6. *Kattis - prozor* *   suma de rango bidimensional con rango fijo, formato de la salida
7. *Kattis - sellingspatulas* *   inicialmente -8 por posición de tiempo, leer información de ventas, suma de rango unidimensional, búsqueda completa

    Adicionales UVa: *00108, 00507, 00836, 00983, 10074, 10667, 10827, 11951, 12640, 13095.*
    Adicionales Kattis: *alicedigital, foldedmap, purplerain, shortsell.*
    Otros: ver más ejemplos en el Volumen II.

Subsecuencia creciente más larga (LIS)

1. Nivel básico: **UVa 00481 - What Goes Up?** *   LIS en $O(n \log k)$ y solución
2. **UVa 01196 - Tiling Up Blocks** ˣ   LA 2815 - Kaohsiung03, ordenar todos los bloques por L[i] creciente, después resolver como el problema de la LIS clásico
3. **UVa 10534 - Wavio Sequence** *   hay utilizar LIS en $O(n \log k)$ dos veces
4. **UVa 11790 - Murcia's Skyline** *   combinación de LIS+LDS, ponderado
5. *Kattis - increasingsubsequence* *   LIS, $n \leq 200$, escribir la solución lexicográficamente menor, similar al 99% a 'longincsubseq'
6. *Kattis - nesteddolls* *   ordenar en una dimensión, teorema de Dilworth, LIS en la otra, también disponible en UVa 11368 - Nested Dolls
7. *Kattis - trainsorting* *   máx(LIS(i)+LDS(i)-1), $\forall i \in [0 \dots n\text{-}1]$, también disponible en UVa 11456 - Trainsorting

Adicionales UVa: *00111, 00231, 00437, 00497, 10131, 10154.*
Adicionales Kattis: *alphabet, longincsubseq, manhattanmornings, studentsko.*

Mochila 0-1 (suma de subconjuntos)

1. Nivel básico: **UVa 10130 - SuperSale** *   problema muy básico de mochila 0-1
2. **UVa 01213 - Sum of Different Primes** *   LA 3619 - Yokohama06, extensión de la mochila 0-1, s: (id, remN, remK) en vez de s: (id, remN)
3. **UVa 11566 - Let's Yum Cha** *   variante de la mochila: duplicar cada *dim sum*, añadir un parámetro para verificar si hemos comprado demasiados platos
4. **UVa 11832 - Account Book** *   DP interesante, d: (id, val), utilizar desplazamiento para los números negativos, t: más o menos, escribir solución
5. *Kattis - knapsack* *   mochila por DP básica, escribir la solución
6. *Kattis - orders* *   variante interesante de la mochila, escribir la solución
7. *Kattis - presidentialelections* *   procesamiento previo para descartar los estados en los que no se puede ganar, cuidado con votantes totales negativos, después mochila con DP estándar

Adicionales UVa: *00431, 00562, 00990, 10261, 10616, 10664, 10690, 10819, 11003, 11341, 11658, 12621.*
Adicionales Kattis: *muzicari, ninepacks.*
Otros: ver también problemas NP-complejos en el Volumen II.

Cambio de monedas (CC)

1. Nivel básico: **UVa 00674 - Coin Change** *   problema de cambio de monedas básico
2. **UVa 00242 - Stamps and ...** *   LA 5181 - WorldFinals Nashville95, búsqueda completa más cambio de monedas con DP
3. **UVa 10448 - Unique World** *   después de recorrer el árbol, puedes reducir el problema original al del cambio de monedas, no es fácil
4. **UVa 11259 - Coin Changing Again** *   parte del problema es el de cambio de monedas con DP con un número limitado de monedas por tipo, inclusión–exclusión
5. *Kattis - bagoftiles* *   contar el número de formas de hacer el cambio de monedas, encuentro en el medio, combinatoria con DP (n elecciones de k) para hallar la respuesta a $a+b$
6. *Kattis - canonical* *   realizar búsqueda completa en el posible rango de contraejemplos, hacer tanto cambio de monedas voraz como por DP
7. *Kattis - exactchange2* *   variación del problema de cambio de monedas, también disponible en UVa 11517 - Exact Change

Adicionales UVa: *00147, 00166, 00357, 10313, 11137.*
Otros: ver también problemas NP-complejos en el Volumen II.

Problema del viajante (TSP)

1. Nivel básico: *Kattis - beepers* *   DP o *backtracking* recursivo con suficiente poda, también disponible en UVa 10496 - Collecting Beepers
2. **UVa 00216 - Getting in Line** *   LA 5155 - WorldFinals KansasCity92, problema TSP con DP, también se puede resolver con *backtracking*

3. **UVa 11795 - Mega Man's Mission** *   variante del TSP con DP, contar caminos en un DAG, DP y máscara de bits, hacer que Mega Buster pertenezca a un 'Robot 0' irrelevante

4. **UVa 12841 - In Puzzleland (III)** *   basta con hallar y escribir el camino hamiltoniano lexicográficamente más pequeño, utilizar TSP con DP

5. *Kattis - bustour* *   LA 6028 - WorldFinals Warsaw12, variante del TSP con DP, también disponible en UVa 01281 - Bus Tour

6. *Kattis - cycleseasy* *   contar el número de rutas hamiltonianas

7. *Kattis - errands* *   asignar nombres de ubicaciones a índices enteros, TSP con DP

Adicionales Kattis: *maximizingyourpay, pokemongogo, race.*

Otros: ver también problemas NP-complejos en el Volumen II.

DP nivel 1

1. Nivel básico: **UVa 10003 - Cutting Sticks** *   s: (l, r)
2. **UVa 10912 - Simple Minded ...** *   s: (longitud, último, suma), t: siguiente carácter
3. **UVa 11420 - Chest of ...** *   s: (anterior, id, bloqnum), bloquear/desbloquear
4. **UVa 13141 - Growing Trees** *   s: (nivel, rama_anterior), t: no dividir en ramas si rama_anterior o dividir (un lado) en caso contrario
5. *Kattis - nikola* *   s: (pos, último_salto), t: saltar adelante o hacia atrás
6. *Kattis - spiderman* *   DP sencilla, subir o bajar, escribir solución
7. *Kattis - ticketpricing* *   LA 6867 - RockyMountain15, ver 11450 tratado en esta sección, problema de la vida real, escribir parte de la solución

Adicionales UVa: *00116, 01261, 10036, 10337, 10446, 10520, 10688, 10721, 10910, 10943, 10980, 11026, 11407, 11450, 11703, 12654, 12951.*

Adicionales Kattis: *keyboardconcert, permutationdescent, weightofwords, wordclouds.*

DP nivel 2

1. Nivel básico: **UVa 12324 - Philip J. Fry ...** *   las esferas $>n$ son inútiles
2. **UVa 00662 - Fast Food** *   s: (L, R, k), que indica la suma de distancia mínima para cubrir los restaurantes en el índice [L..R] con k almacenes restantes
3. **UVa 12862 - Intrepid climber** *   DP unidimensional para calcular el coste del camino desde cada vértice que sube a la cima de la montaña, calcular la respuesta
4. **UVa 12955 - Factorial** *   solo hay 8 factoriales válidos por debajo de 100 000, podemos usar DP, s: (i, suma); t: tomar/permanecer, tomar/mover, no tomar/mover
5. *Kattis - kutevi* *   s: (360 grados enteros)
6. *Kattis - tight* *   s: (i, j), número de palabras apretadas de longitud i que terminan con el dígito j dividido por el número de palabras: $(k + 1)^n$, también disponible en UVa 10081 - Tight words
7. *Kattis - walrusweights* *   *backtracking* con *memoización*

Adicionales UVa: *10039, 10069, 10086, 10120, 10164, 10239, 10400, 10465, 10651, 11485, 11514, 11908.*

Adicionales Kattis: *debugging, drivinglanes, watersheds.*

Ver también el capítulo 4 y otros para encontrar *más* ejercicios de programación relacionados con la DP.

3.6 Soluciones a los ejercicios no resaltados

Ejercicio 3.2.1.1: la solución es un sencillo *backtracking* recursivo con máscara de bits. Puedes ver nuestra implementación en `ch3/cs/UVa11742.java`.

Ejercicio 3.2.1.2: uso interesante de `next_permutation` de la STL de C++, como se puede ver a continuación:

```
int n = 7, k = 3;
vector<int> taken(n, 0);                          // inicialmente ninguno
for (int i = n-k; i < n; ++i) taken[i] = 1;       // se toman las últimas k
do {                                              // iterar C(7, 3) = 35x
  for (int i = 0; i < n; ++i)
    if (taken[i])
      printf("%d ", i);
  printf("\n");
}
while (next_permutation(taken.begin(), taken.end()));
```

Ejercicio 3.3.1.1: este problema se puede resolver sin 'encontrar la respuesta de forma binaria'. Simular el viaje una vez. Solo necesitamos encontrar el mayor requisito de combustible en todo el viaje y hacer que el depósito sea suficiente para ello. Aquellos que tengan más experiencia en matemáticas tratarán de encontrar, en un problema así, esta solución más rápida y elegante, mientras que los más formados en técnicas de programación competitiva utilizarán la técnica BSTA y dependerán de la velocidad del ordenador, ya que el factor adicional $O(\log ans)$ es virtualmente irrelevante.

Ejercicio 3.3.1.2: el siguiente es un código BSTA de ejemplo, cuando la respuesta (más pequeña) reside en un rango entero [lo..hi]:

```
int lo = 0, hi = 1e6;
for (int i = 0; i < 50; ++i) {          // log_2(1e6/1e-9) ~= 49
  int mid = (lo+hi) >> 1;               // un bucle 50x es bastante
  // int mid = lo + (hi-lo) >> 1;       // método alternativo
  can(mid) ? hi = mid : lo = mid;       // operador ternario
}
```

Ejercicio 3.5.1.1: prenda $g = 0$, tomar el tercer modelo (cuesta 8); prenda $g = 1$, tomar el primer modelo (cuesta 10); prenda $g = 2$, tomar el primer modelo (cuesta 7); dinero utilizado = 25. No queda nada. El caso de prueba D también se puede resolver con un algoritmo voraz.

Ejercicio 3.5.1.2: no, esta formulación de estado no funciona. Necesitamos saber cuánto dinero nos queda en cada subproblema, para que podamos determinar si todavía hay suficiente para comprar un determinado modelo de la prenda actual.

Ejercicio 3.5.1.3: puedes ver la implementación en `ch3/dp/UVa11450_td.py`.

Ejercicio 3.5.2.1: la solución utiliza la estructura de datos de tabla dispersa, que veremos en el Volumen II.

Ejercicio 3.5.2.2: la solución de búsqueda completa iterativa para generar y comprobar todos los subconjuntos posibles de tamaño n se ejecuta en $O(n \times 2^n)$. Esto es válido para $n \leq 20$, pero muy lento cuando $n > 20$. La solución de DP de la sección 3.5.2 se ejecuta en $O(n \times S)$. Si S no es muy grande, podemos trabajar con un n muy superior a 20 elementos, mientras que $n \times S < 1M$.

3.7 Notas del capítulo

Un consejo sobre este capítulo: no te limites a memorizar las soluciones descritas (salvo los algoritmos voraces clásicos), sino que debes recordar y asimilar el proceso mental y las estrategias de resolución de problemas que hemos visto. Las buenas habilidades de resolución de problemas son más importantes que las soluciones memorizadas de problemas informáticos bien conocidos, cuando nos encontramos con los problemas (normalmente novedosos) de los concursos de programación.

Muchos problemas del ICPC o la IOI requieren una combinación (ver el Volumen II) de diferentes estrategias. Si tuviésemos que elegir un único capítulo de todo este libro que los concursantes deberían dominar completamente, sin duda sería este, especialmente para el caso de la IOI.

En la tabla 3.5, comparamos las cuatro técnicas de resolución de problemas en relación a su posible resultado, según el tipo de problema que se nos plantea. Tanto en esta tabla como en la lista de ejercicios de programación de esta sección (y los del capítulo 8), podrás ver que hay *más* problemas de búsqueda completa (salvo por los problemas más difíciles del Volumen II) que de DP (con la excepción de los más complejos del Volumen II) y voraces (excepción también los problemas de MST+SSSP del capítulo 4). Los problemas menos comunes son los de divide y vencerás. Por lo tanto, recomendamos al lector que se concentre en mejorar sus habilidades sobre búsqueda completa, DP, algoritmos voraces y D&C, en ese orden.

	Problema de CS	Problema D&C	Problema voraz	Problem de DP
Solución de CS	AC	TLE/AC	TLE/AC	TLE/AC
Solución D&C	WA	AC	WA	WA
Solución voraz	WA	WA	AC	WA
Solución de DP	MLE/TLE/AC	MLE/TLE/AC	MLE/TLE/AC	AC
Frecuencia	Alta	Muy baja	Media-Alta	Alta

Tabla 3.5: Comparativa de técnicas de resolución de problemas (orientativa)

Finalizamos este capítulo incidiendo en que, para algunos problemas de la vida real, especialmente aquellos clasificados como NP-complejos [5], muchas de las técnicas tratadas en esta sección no serán válidas. Por ejemplo, el problema de la mochila 0-1 (suma de subconjuntos), que tiene una complejidad de DP de $O(nS)$, es demasiado lento si S es grande. El problema del cambio de monedas, con una complejidad de DP de $O(nV)$, es demasiado lento si V es grande. El TSP, con complejidad de DP $O(2^{n-1} \times n^2)$, es demasiado lento si n es mayor que 19. Para esos problemas, podemos recurrir a heurísticas o técnicas de búsqueda local, como la búsqueda tabú [23, 22], algoritmos genéticos, optimizaciones de colonia de hormigas, templado simulado, búsqueda de haz, etc. Sin embargo, todas estas búsquedas de tipo heurístico no se incluyen en el temario de la IOI [16] y tampoco suelen usarse en el ICPC.

Capítulo 4

Grafos

Todo el mundo está separado por una media de
≈ seis pasos de cualquier otra persona de la Tierra
— Stanley Milgram
experimento de los seis grados de separación de 1969, [56]

4.1 Introducción y motivación

Muchos problemas de la vida real se pueden ver como problemas de grafos. Algunos tienen soluciones (polinómicas) eficientes[1] y otros todavía no[2] (ver el Volumen II). En este capítulo, relativamente extenso y con muchas figuras, trataremos problemas de grafos[3] que aparecen normalmente en concursos de programación, los algoritmos que los resuelven y las implementaciones *prácticas* de los mismos. Cubriremos temas como el recorrido básico de grafos, árboles de expansión mínimos, rutas más cortas de origen único o de todos los pares y, también, grafos con propiedades especiales. Más adelante, en los capítulos 8 y 9 del Volumen II, veremos flujos de red, emparejamiento de grafos[4] y problemas más complejos.

Este capítulo no está destinado a lectores sin ningún conocimiento sobre teoría de grafos. Al escribirlo, asumimos que el lector *ya está* familiarizado con la terminología de grafos *básica* de la tabla 4.1. Estudiaremos cómo *implementar* y *aplicar* algoritmos de grafos eficientes a los problemas más comunes de los concursos de programación. Por lo tanto, si encuentras algún término desconocido en la tabla 4.1, te recomendamos la lectura de otros libros de referencia como [5, 51] (o consulta en internet), para aclarar su significado.

---

[1]En 1965, Jack Edmonds publicó su famoso artículo *'Caminos, árboles y flores'* [10], en el que describió que los algoritmos con complejidad de tiempo polinómico son algoritmos eficientes.

[2]Muchos problemas de grafos complejos están clasificados como problemas NP-complejos/completos [18]. Si P es realmente $\neq NP$, lo que es una creencia extendida entre muchos científicos de la computación, estamos ante problemas para los que no existe un algoritmo polinómico.

[3]La mayoría de los problemas de grafos que encontramos en concursos de programación tratan sobre grafos *sencillos*, es decir, que no incluyen bucles autorreferenciados ni varias aristas entre el mismo par de vértices. Los grafos no sencillos, como los grafos múltiples, suelen tener soluciones más complicadas y/o casos especiales que los hacen poco apropiados para el entorno de un concurso.

[4]El emparejamiento de grafos es un problema interesante en los concursos de programación. Aunque existen varias soluciones polinómicas para el grafo general [10], el algoritmo es un poco complicado por lo que, en este capítulo, trataremos la versión más sencilla sobre grafos bipartitos especiales en la sección 4.6.3.

Vértices/Nodos	Aristas	Conjunto V; tamaño $|V|$	Conjunto E; tamaño $|E|$	Grafo $G(V, E)$
No/Ponderado	No/Dirigido	Grado de entrada/salida	Disperso/Denso	Componente
Camino	Ciclo	Aislado	Alcanzable	Conexo
Autobucle	Aristas múltiples	Grafo múltiple	Grafo sencillo	Subgrafo
DAG	Árbol/Bosque	Bipartito	Euleriano	Completo
Grafo de rejilla	Grafo de rueda	Grafo de línea	Hamiltoniano	Isomorfismo

Tabla 4.1: Lista de terminología de grafos importante

También damos por hecho que el lector ya conoce las diferentes formas de representación de la información de los grafos, que se ha tratado en la sección 2.4.1. Es decir, utilizaremos directamente conceptos como matriz de adyacencia, lista de adyacencia, lista de aristas o grafo implícito, sin detenernos a definirlos. Si no estás familiarizado con alguna de estas estructuras de datos de grafos, te remitimos, nuevamente, a la sección 2.4.1.

Nuestra observación, en relación a los problemas de grafos aparecidos en ediciones recientes de las fases regionales del ICPC en Asia, así como en las finales mundiales, pone de manifiesto que siempre hay, al menos, un problema de grafos (y, posiblemente, más) entre las cuestiones planteadas. Sin embargo, como la variedad de problemas de grafos es tan amplia, la posibilidad de que aparezca uno de ellos en concreto es pequeña. Así que la pregunta es "¿en cuáles nos centramos?". En nuestra opinión, esta cuestión no tiene una respuesta evidente. Si quieres obtener un buen resultado en el ICPC, no te queda más remedio que estudiar y dominar todas las posibilidades.

En el caso de la IOI, el temario [16] limita las tareas a un subconjunto de los tema tratados en este capítulo. Tiene toda la lógica, pues no se espera que los estudiantes de secundaria, que compiten en la IOI, estén bien formados en muchos algoritmos específicos. Para ayudar a los lectores que deseen tomar parte en la IOI, indicaremos cuándo una sección particular del capítulo queda fuera del temario.

Para ayudar al lector a entender los algoritmos de grafos que veremos en el presente capítulo, hemos construido muchos de ellos en VisuAlgo (`https://visualgo.net`). De hecho, el origen de VisuAlgo fue el de una herramienta de visualización de algoritmos de grafos, antes de que lo ampliásemos para incluir muchas otras estructuras de datos y algoritmos [24]. Invitamos al lector a visitar las diferentes visualizaciones de grafos de VisuAlgo *aportando* sus propios grafos de entrada y observando cómo se desarrolla el algoritmo correspondiente.

Perfiles de los inventores de algoritmos

Robert Endre Tarjan (nacido en 1948) es un científico de la computación estadounidense. Es el descubridor de varios algoritmos de grafos importantes. Sus mayores aportaciones al campo de la programación competitiva son el algoritmo de **búsqueda de componentes fuertemente conexos** en un grafo dirigido y el algoritmo de búsqueda de **puntos de articulación y puentes** en un grafo no dirigido (sección 4.2, junto con otras variantes de la DFS inventadas por él y sus colaboradores [55]). También ha inventado el algoritmo del **ancestro común mínimo fuera de línea**, la estructura de datos de **árbol biselado** y ha analizado la complejidad de tiempo de la estructura de datos de **conjuntos disjuntos para unión–buscar** (sección 2.4.2).

John Edward Hopcroft (nacido en 1939) es un científico de la computación estadounidense. Es profesor de ciencias de la computación en la Cornell University. Hopcroft fue galardonado en 1986 con el Premio Turing, el reconocimiento más prestigioso en su campo y conocido frecuentemente como el 'Nobel de la informática', *ex aequo* con Robert Endre Tarjan, por sus logros fundamentales en el diseño y análisis de algoritmos y estructuras de datos. Junto a su trabajo con Tarjan en grafos planos (y otros algoritmos de grafos, como la **búsqueda de puntos de articulación/puentes utilizando DFS**), también es conocido por el **algoritmo de Hopcroft–Karp**, para la búsqueda de emparejamientos en grafos bipartitos, inventado junto a Richard Manning Karp [26] (ver el Volumen II).

Sambasiva Rao Kosaraju es profesor de ciencias de la computación en la John Hopkins University, donde ha realizado un extenso trabajo en el diseño y análisis de algoritmos paralelos y secuenciales. En 1978 escribió un artículo que describía un método para calcular eficientemente miembros fuertemente conexos de un grafo dirigido, método que pasaría a conocerse como algoritmo de Kosaraju.

4.2 Recorrido de grafos

4.2.1 Introducción y motivación

Supongamos que ya hemos almacenado un grafo en una estructura de datos para grafos de las vistas en la sección 2.4.1 (o que el grafo es implícito). Podemos conocer algunas de las propiedades básicas del grafo, como el tamaño de V, E, la lista de vecinos de un índice u dado, etc. Sin embargo, para obtener información más valiosa, como la conectividad (indirecta) entre dos vértices u y v, el número de componentes conexos (CC) del grafo, etc., necesitaremos recorrerlo/explorarlo.

En primer lugar, debemos decidir por dónde empezamos. En ocasiones puede ser en un vértice arbitrario (que, por comodidad, será habitualmente el primer vértice, o vértice 0) o, quizá, el problema nos obliga a comenzar en un vértice s concreto. Existen dos algoritmos básicos de recorrido de grafos: la búsqueda en profundidad (DFS) y la búsqueda en anchura (BFS). Ambos realizan una tarea similar: partiendo de un vértice u, desplazarse a otro vértice v *no visitado*, siguiendo la arista (u, v). La diferencia es que utilizan estructuras de datos diferentes (una pila, normalmente implícita, en el caso de la DFS y una cola para el BFS) y, con ello, el orden de visita de los vértices es (normalmente[5]) diferente.

4.2.2 Búsqueda en profundidad (DFS)

La búsqueda en profundidad (por comodidad, DFS), es un algoritmo sencillo de recorrido de grafos. Empezando desde un vértice de origen, la DFS recorre primero el grafo en su profundidad. Cada vez que la DFS encuentra una división en ramas (un vértice con más de un vecino), elegirá uno de los vecinos no visitados y visitará su vértice. La DFS repite este proceso, descendiendo en profundidad hasta que llega a un vértice desde el que no puede seguir. Cuando esto ocurre, la DFS 'volverá hacia atrás' y explorará otros vecinos todavía no visitados, si los hay.

---

[5]Necesitaremos construir grafos especiales si queremos que tanto la DFS como la BFS visiten exactamente la misma secuencia de vértices, por ejemplo, un grafo de línea en el que el vértice de origen es uno de sus extremos.

Este comportamiento de recorrido de grafos es de fácil implementación con el código recursivo que incluimos a continuación. Nuestra versión de la DFS utiliza un vector de enteros *global* vi dfs_num, para determinar el estado de cada vértice. En la implementación básica, solo utilizamos vi dfs_num para distinguir entre los 'no visitados' (usaremos un valor constante UNVISITED = -1) y 'visitados' (mediante la constante VISITED = -2). Inicialmente, se establecen como 'no visitados' todos los valores de dfs_num. Después, veremos otros usos que le podemos dar a vi dfs_num[6]. La llamada a dfs(u) comienza la DFS desde un vértice u, lo marca como 'visitado' y, de forma recursiva, se desplazada a cada vecino 'no visitado' v de u (es decir, la arista (u, v) existe en el grafo y dfs_num[v] == UNVISITED).

```cpp
1  enum { UNVISITED = -1, VISITED = -2 };        // etiquetas básicas
2  vi dfs_num;                                    // inicialmente ninguno visitado
3
4  void dfs(int u) {                              // uso normal
5    dfs_num[u] = VISITED;                        // marcar u como visitado
6    for (auto &[v, w] : AL[u])                   // estilo C++17, w ignorada
7      if (dfs_num[v] == UNVISITED)               // para evitar ciclos
8        dfs(v);                                  // visita v recursivamente
9  }
```

En el grafo de ejemplo de la parte izquierda de la figura 4.1, dfs(0), la llamada a la DFS desde el vértice inicial $u = 0$, provocará esta secuencia de visitas: $0 \to 1 \to 2 \to 3 \to 4$ (ver la parte derecha de la figura 4.1). Dicha secuencia es 'en profundidad', es decir, la DFS se desplaza al vértice más profundo posible, partiendo del inicial, antes de viajar por otra rama (en este caso no la hay).

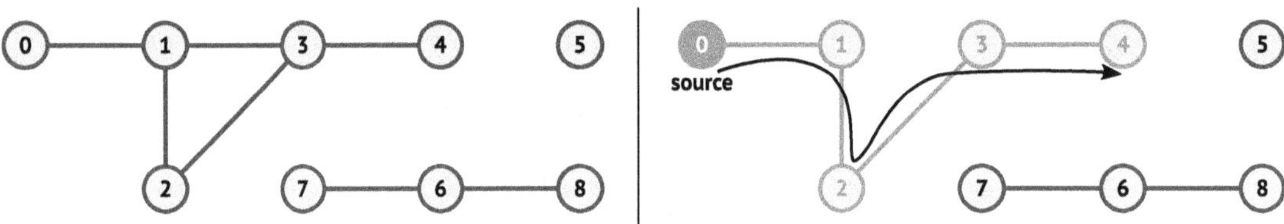

Figura 4.1: I: grafo de ejemplo – D: ejecución de dfs(0) en el mismo grafo

Hay que destacar que esta secuencia depende mucho de la forma en que ordenemos los vecinos de un vértice[7], es decir, la secuencia $0 \to 1 \to 3 \to 4$ (regreso a 3) $\to 2$ sería otra posibilidad.

Una llamada a dfs(u) solo visitará los vértices que estén *conectados* directa o indirectamente a u (son alcanzables). Por eso, los vértices {5, 6, 7, 8} de la figura 4.1 quedan sin visitar (no son alcanzables) después de la llamada a dfs(0). Más adelante, en la sección 4.2.4, ampliaremos esta cuestión para poder explorar el grafo completo, incluso aunque haya múltiples componentes conexos.

La complejidad de tiempo de la DFS (y, en la sección 4.2.3, de la BFS) depende de la estructura de datos utilizada para el grafo. Si el grafo con V vértices y E aristas está almacenado en

---

[6]Si tu intención es la de utilizar únicamente la forma básica de DFS, puedes modificar el código y cambiar vi dfs_num por vector<bool> visited.

[7]Para simplificar esta cuestión, ordenaremos normalmente los vértices en base a su número ascendente. Por ejemplo, en la figura 4.1, el vértice 1 tiene a {0, 2, 3} como vecinos, en ese orden.

una matriz de adyacencia (AM), lista de adyacencia (AL) o lista de aristas (EL), necesitaremos, respectivamente, $O(V)$, $O(k)$ y $O(E)$ para enumerar la lista de vecinos de un vértice (nota: k es el número de vecinos de un vértice). Como tanto la DFS como la BFS exploran todas las aristas salientes de cada uno de los V vértices, su tiempo de ejecución dependen de la velocidad de la estructura de datos subyacente a la hora de enumerarlos. Por lo tanto, las complejidades de tiempo de la DFS y la BFS son $O(V \times V = V^2)$, $O(\text{máx}(V, \sum_{i=0}^{V-1} k_i) = V + E)$ y $O(V \times E = VE)$, para recorrer un grafo almacenado en una AM, AL o EL, respectivamente. Como la AL es la estructura de datos más eficiente para el recorrido de grafos, puede resultar beneficioso empezar convirtiendo los grafos de entrada con forma AM o EL a AL (ver el ejercicio 2.4.1.4*) antes de comenzar el recorrido.

DFS frente a *backtracking* recursivo

El código de la DFS que mostramos aquí es muy similar al del *backtracking* recursivo que vimos antes, en la sección 3.2.2. Al comparar el pseudocódigo de la implementación de *backtracking* típica (aparece a continuación) con el de la DFS mostrado antes, podemos observar que la diferencia principal radica en el etiquetado de los vértices (estados) visitados. El *backtracking* elimina (automáticamente) la etiqueta de vértice visitado (la devuelve al estado anterior), cuando la recursividad vuelve hacia atrás (ya que no hay un vi dfs_num global que guarde un registro del estado de visualización), para permitir que esos vértices (estados) vuelvan a ser visitados *desde otra rama*. Al no volver a visitar vértices de un grafo general (a través de las comprobaciones globales de vi dfs_num), la DFS se ejecuta en $O(V + E)$, mientras que la complejidad de tiempo del *backtracking* es exponencial. En resumen, el *backtracking* explora todas las rutas (hasta $V!$) desde un vértice de origen, mientras que la DFS solo explora una (y muy rápido).

```
void backtrack(estado) {
  for (cada vecino de estado) {              // todas las permutaciones
    if (vecino es un estado terminal) continue;   // caso base (terminación)
    if (vecino es un estado no válido) continue;  // opcional: más velocidad
    backtrack(vecino);
  }
}
```

4.2.3 Búsqueda en anchura (BFS)

La búsqueda en anchura (o BFS) es otro algoritmo de recorrido de grafos. Comenzando en un vértice de origen determinado, la BFS recorrerá el grafo 'a la ancha'. Es decir, visitará todos los vértices que sean vecinos directos del vértice origen (primera capa), los vecinos de los vecinos directos (segunda capa), y así, sucesivamente, capa a capa.

La BFS comienza con la inserción del vértice origen s en una cola, y procesa esta de la siguiente manera: quita el vértice u más alto de la cola, añade todos los vértices vecinos de u a la cola (normalmente los vecinos estarán ordenados según su número de vértice) y los marca como visitados. Con la ayuda de la cola, la BFS visitará el vértice s y todos los vértices del componente conexo que contenga s, capa a capa. El algoritmo BFS también se ejecuta en $O(V + E)$, $O(V^2)$ o $O(VE)$, según esté el grafo representado como una lista de adyacencia, matriz de adyacencia o lista de aristas, respectivamente (la explicación es similar a la del análisis de la DFS).

Implementar una BFS es sencillo con la STL de C++, la API de Java o las bibliotecas estándar de Python y OCaml. Utilizamos queue para ordenar la secuencia de visitas y vector<int> (o vi) dist para registrar si un vértice u ya ha sido visitado (dist[u] ya no será INF), o no (dist[u] seguirá siendo INF), lo que, al mismo tiempo, registra la distancia (número de capa) de cada vértice desde el origen. Esta característica de cálculo de la distancia se utilizará más adelante, para resolver un caso especial del problema de los caminos más cortos de origen único (sección 4.4 y Volumen II).

```
1   // dentro de int main()---sin recursión
2     vi dist(V, INF); dist[s] = 0;        // distancias iniciales
3     queue<int> q; q.push(s);             // comenzar desde origen
4     while (!q.empty()) {
5       int u = q.front(); q.pop();        // cola: capa a capa
6       for (auto &[v, w] : AL[u]) {       // estilo C++17, w ignorada
7         if (dist[v] != INF) continue;    // ya visitado, saltar
8         dist[v] = dist[u]+1;             // establecer dist[v] != INF
9         q.push(v);                       // para la siguiente iteración
10      }
11    }
```

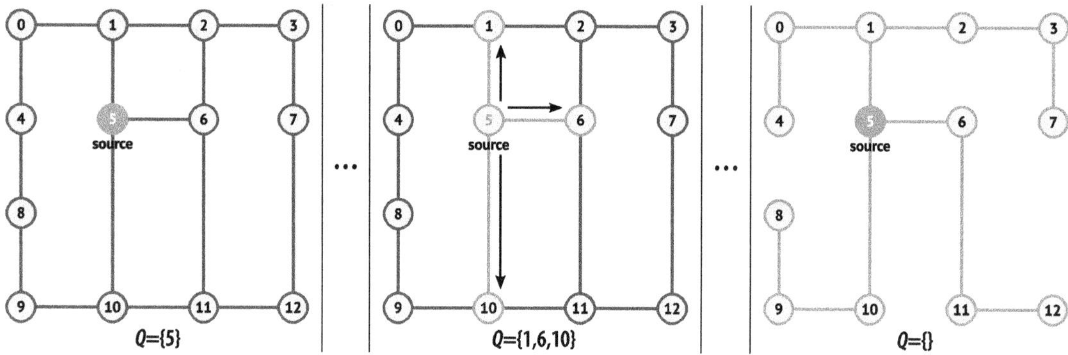

Figura 4.2: Ejemplo parcial de animación de una BFS, ver la animación completa en VisuAlgo

Si ejecutamos la BFS desde el vértice 5 (es decir, el vértice origen $s = 5$) en el grafo conexo no dirigido de la figura 4.2, visitaremos los vértices en el siguiente orden: {5} (vértice de origen, capa 0, ver la parte izquierda de la figura 4.2), {1, 6, 10} (capa 1, ver la parte central de la figura 4.2), {0, 2, 11, 9} (capa 2), {4, 3, 12, 8} (capa 3) y, por último, {7} (capa 4, ver la parte derecha de la figura 4.2, que también forma el árbol de expansión de la BFS y los caminos más cortos del grafo inicial con raíz $s = 5$).

4.2.4 Búsqueda de componentes conexos (grafo no dirigido)

DFS y BFS no son solo útiles para recorrer un grafo (implícito o explícito). También se pueden utilizar para resolver muchos otros problemas de grafos. Los primeros, que mostramos a continuación, se pueden resolver *indistintamente* con DFS o BFS, aunque algunos de los últimos son más propios para DFS exclusivamente.

El hecho de que una sola llamada a dfs(u) (o bfs(u)), desde un vértice de origen u, visite únicamente los vértices que son, de hecho, conexos con (o alcanzables por) u, se puede utilizar para encontrar (y contar el número de) componentes conexos (CC) en un grafo *no dirigido* (en la sección 4.2.10, veremos un problema similar con un grafo *dirigido*). Podemos utilizar el siguiente código para reiniciar la DFS (o BFS) desde uno de los vértices no visitados restantes, para encontrar el siguiente componente conexo. Este proceso se repite hasta que se hayan visitado todos los vértices, y tiene una complejidad de tiempo general de $O(V + E)$, ya que cada vértice y arista se visitan una sola vez, aunque potencialmente llamemos a dfs(u) (o a bfs desde el vértice de origen u) hasta V veces.

```cpp
// dentro de int main()---esta es la solución con DFS
  dfs_num.assign(V, UNVISITED);
  int numCC = 0;
  for (int u = 0; u < V; ++u)                    // para cada u en [0..V-1]
    if (dfs_num[u] == UNVISITED) {               // si esa u no ha sido visitada
      printf("CC %d: ", ++numCC);
      dfs(u);
      printf("\n");
    }
  printf("There are %d connected components\n", numCC);

// Para el grafo de ejemplo de la figura 4.1, la salida será:
// CC 1: 0 1 2 3 4
// CC 2: 5
// CC 3: 6 7 8
// There are 3 connected components
```

GitHub	C++	ch4/traversal/dfs_cc.cpp
	Java	ch4/traversal/dfs_cc.java
	Python	ch4/traversal/dfs_cc.py
	OCaml	ch4/traversal/dfs_cc.ml

Ejercicio 4.2.4.1

¿Cuáles son los números mínimo y máximo de componentes conexos en un grafo no dirigido G con V vértices y E ($0 \leq E \leq V \times (V - 1)/2$) aristas?

Ejercicio 4.2.4.2

El UVa 00459 - Graph Connectivity es, en esencia, este problema de búsqueda de componentes conexos en un grafo no dirigido. Resuélvelo usando la solución DFS anterior. Sin embargo, también podemos usar una estructura de datos de conjuntos disjuntos para unión–buscar (ver sección 2.4.2) o BFS (ver sección 4.2.3) para resolverlo. ¿Cómo?

Dibuja un grafo sencillo no ponderado y no dirigido que tenga, *exactamente*, 7 vértices y 11 aristas, de forma que existan, *exactamente*, 3 componentes conexos. ¿Es posible?

Tienes un grafo no dirigido formado por V vértices, E aristas y la secuencia completa de K vértices distintos que deben ser **eliminados** del grafo *uno detrás de otro* ($1 \leq V, E \leq 200\,000$, $1 \leq K \leq V$). Cada vez que se elimina un vértice, informa del número actual de componentes conexos en el grafo. ¿Puedes resolver este problema en $O(V + E)$ en vez de utilizar la solución evidente, pero extremadamente lenta, en $O(K \times (V + E))$?

4.2.5 Relleno por difusión (grafo de rejilla bidimensional implícito)

La DFS (o BFS) se puede utilizar con fines diferentes a la búsqueda (y conteo) de componentes conexos. Ahora veremos como, con una modificación de la dfs(u) en $O(V+E)$ (también es aplicable a la bfs(u)), podemos *etiquetar* (también denominado en la terminología de las ciencias de la computación como 'colorear') y determinar el tamaño de cada componente. Esta variante es conocida como 'relleno por difusión', y se suele realizar sobre grafos *implícitos* (normalmente rejillas bidimensionales).

```
int dr[] = { 1, 1, 0,-1,-1,-1, 0, 1};              // el orden es:
int dc[] = { 0, 1, 1, 1, 0,-1,-1,-1};              // S/SE/E/NE/N/NO/O/SO

int floodfill(int r, int c, char c1, char c2) {    // devuelve el tamaño del CC
  if ((r < 0) || (r >= R)) return 0;               // rejilla exterior, parte 1
  if ((c < 0) || (c >= C)) return 0;               // rejilla exterior, parte 2
  if (grid[r][c] != c1) return 0;                  // no tiene el color c1
  int ans = 1;                                     // (r, c) tiene el color c1
  grid[r][c] = c2;                                 // para evitar ciclos
  for (int d = 0; d < 8; ++d)
    ans += floodfill(r+dr[d], c+dc[d], c1, c2);    // el código es limpio pues
  return ans;                                      // utilizamos dr[] y dc[]
}
```

Aplicación de ejemplo: UVa 00469 - Wetlands of Florida

Veamos un ejemplo a continuación (UVa 00469 - Wetlands of Florida). El grafo implícito es una rejilla bidimensional en la que los vértices representan las celdas. 'W' indica una celda húmeda y 'L' es tierra. Las aristas son las conexiones entre una celda 'W' y sus celdas 'W' al S/SE/E/NE/N/ NO/O/SO. Esto es, un área húmeda se define como un conjunto de 'celdas conexas' etiquetadas con 'W'. Podemos etiquetar (y, simultáneamente, calcular el tamaño de) un área húmeda, utilizando la función `floodfill` (relleno por difusión). El siguiente ejemplo muestra la ejecución de un relleno por difusión desde la fila 2, columna 1 (con índices comenzando en 0), sustituyendo 'W' por '.'.

Cabe mencionar que tanto Online Judge como Kattis [45, 34] cuentan con un buen número de problemas de relleno por difusión, en el que destaca especialmente un ejemplo: UVa 01103 - Ancient Messages (final mundial del ICPC de 2011). Puede ser una buena idea que el lector trate de resolver unos cuantos problemas de relleno por difusión, de los que aparecen mencionados en esta sección, para dominar completamente la técnica.

```
1   // dentro de int main()
2     // leer rejilla como array global 2D y leer coordenadas (fila, columna)
3     printf("%d\n", floodfill(row, col, 'W', '.')); // tamaño del área húmeda
4   // LLLLLLLLL          LLLLLLLLL
5   // LLWWLLWLL          LL..LLWLL            // El tamaño de los CC
6   // LWWLLLLLL (R2,C1) L..LLLLLL            // con un 'W'
7   // LWWWLWWLL          L...L..LL            // en (R2, C1) es 12
8   // LLLWWWLLL ======> LLL...LLL
9   // LLLLLLLLL          LLLLLLLLL            // Todos estos 'W' conexos
10  // LLLWWLLWL          LLLWWLLWL            // se sustituyen por '.'
11  // LLWLWLLLL          LLWLWLLLL            // después del
12  // LLLLLLLLL          LLLLLLLLL            // relleno por difusión
```

GitHub		
C++	ch4/traversal/UVa00469.cpp
Java	ch4/traversal/UVa00469.java
Python	ch4/traversal/UVa00469.py
OCaml	ch4/traversal/UVa00469.ml

4.2.6 Orden topológico (grafo acíclico dirigido)

El orden topológico de un grafo acíclico dirigido (DAG), consiste en la ordenación lineal de los vértices del DAG, de forma que el vértice u quede situado antes del vértice v, si existe una arista dirigida $u \rightarrow v$ en el DAG (ver la figura 4.3). Todo DAG tiene, al menos, un orden topológico (un DAG similar a una lista enlazada sencilla), posiblemente más de uno y con un máximo de $n!$ órdenes topológicos (un DAG con n vértices y 0 aristas). No es posible la ordenación topológica de un grafo no DAG.

Una aplicación del orden topológico es la búsqueda de una posible secuencia de las asignaturas en las que un estudiante universitario se debe matricular, para completar las materias que permitan su graduación. Cada asignatura tiene una serie de requisitos previos. Estos requisitos nunca son cíclicos, así que se pueden modelar como un DAG. Al ordenar topológicamente el DAG de requisitos previos de una asignatura, el alumno obtendrá la lista lineal de las asignaturas a las que debe asistir, una tras otra, sin incumplir las restricciones de dichos requisitos previos.

Variante de DFS sencilla

Existen varios algoritmos para obtener un orden topológico de un DAG. El más sencillo consiste en modificar ligeramente la implementación de la DFS que hemos mostrado antes, en la sección 4.2.2. Este algoritmo solo mostrará un orden topológico (de los varios posibles) de un DAG determinado. Puedes encontrar otras variantes en los **ejercicios 4.2.6.1** y **4.2.6.2***.

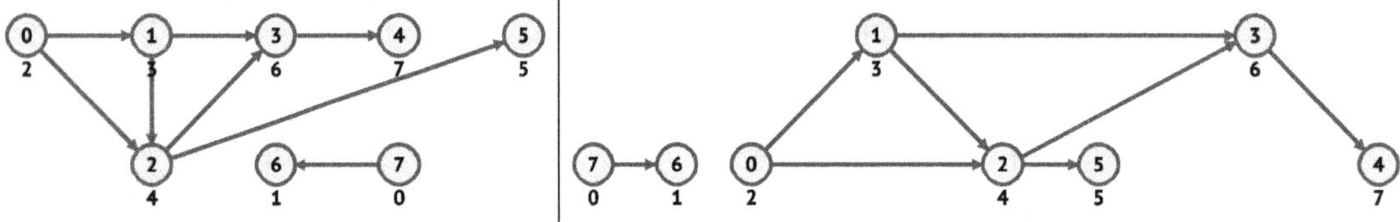

Figura 4.3: I: un DAG – D: el mismo DAG redibujado en su orden topológico

```cpp
void toposort(int u) {
  dfs_num[u] = VISITED;
  for (auto &[v, w] : AL[u])
    if (dfs_num[v] == UNVISITED)
      toposort(v);
  ts.push_back(u);                          // el único cambio
}
```

```cpp
// dentro de int main()
  dfs_num.assign(V, UNVISITED);             // variable global
  ts.clear();                               // variable global
  for (int u = 0; u < V; ++u)               // igual que hallar CC
    if (dfs_num[u] == UNVISITED)
      toposort(u);
  reverse(ts.begin(), ts.end());            // invertir ts o
  for (auto &u : ts)                        // leer el contenido
    printf(" %d", u);                       // de ts hacia atrás
  printf("\n");
// Para el grafo de ejemplo de la figura 4.3, la salida será:
// 7 6 0 1 2 5 3 4
```

GitHub	C++	ch4/traversal/toposort.cpp
	Java	ch4/traversal/toposort.java
	Python	ch4/traversal/toposort.py

En `toposort(u)`, añadimos u al final de una lista (vector) de vértices explorados, *únicamente después* de visitar todos los vértices del subárbol dependiente de u en el árbol de expansión DFS, es decir, los hijos de u, si es que existen. Podríamos decir que esto es un recorrido posterior a la ordenación, en terminología de recorrido de árboles (binarios), y hacerlo satisface el requisito del orden topológico.

Añadimos *u* al *final* del vector, porque `vector` de la STL de C++, `ArrayList` de Java y `list` de Python solo permiten la *inserción eficiente en $O(1)$ desde atrás*. La lista estará en orden inverso, pero podemos solucionarlo invirtiendo, a su vez, la salida. Alternativamente, también podemos utilizar `list` de la STL de C++, `LinkedList` de Java o `deque` de Python, ya que cuentan con *inserción eficiente en $O(1)$ desde adelante*. Sin embargo, por la razón mencionada en el capítulo 2 sobre evitar el uso de la estructura de datos de lista enlazada en la programación competitiva, nos hemos decantado por `vi ts`.

Este sencillo algoritmo para encontrar un orden topológico (válido) se lo debemos a Robert Endre Tarjan. Se ejecuta en $O(V + E)$, como la DFS, ya que hace el mismo trabajo que la DFS original, más una operación constante.

Algoritmo de Kahn

A continuación, incluimos un algoritmo alternativo para hallar un orden topológico (que será, probablemente, distinto al encontrado por la modificación de la DFS que acabamos de ver): el algoritmo de Kahn [33]. Se parece a una 'BFS modificada', aunque la estructura de datos elegida es mucho más flexible (ver el **ejercicio 4.2.6.2***). Algunos problemas, como el UVa 11060 - Beverages, requieren que sea este algoritmo de Kahn, en vez del basado en DFS que hemos visto antes, el que proporcione el orden topológico necesario. En esta ocasión, el problema nos obliga a *priorizar* algunos vértices concretos (con índices bajos). Una estructura de datos de cola de prioridad nos ayudará a satisfacer este requisito.

```cpp
// añadir los vértices con grado de entrada 0 a una cola de prioridad mínima
priority_queue<int, vi, greater<int>> pq;        // cola de prioridad mínima
for (int u = 0; u < N; ++u)
  if (in_degree[u] == 0)                          // siguiente a procesar
    pq.push(u);                                   // primero el índice menor
while (!pq.empty()) {                             // algoritmo de Kahn
  int u = pq.top(); pq.pop();                     // procesar u aquí
  for (auto &v : AL[u]) {
    --in_degree[v];                               // eliminar virtualmente u->v
    if (in_degree[v] > 0) continue;               // no es candidato, saltar
    pq.push(v);                                   // añadir v a pq
  }
}
```

C++	`ch4/traversal/UVa11060.cpp`	
Java	`ch4/traversal/UVa11060.java`	
Python	`ch4/traversal/UVa11060.py`	
OCaml	`ch4/traversal/UVa11060.ml`	

El código de ordenación topológica mostrado antes, solo puede generar *un único* orden topológico válido de los vértices de un DAG. ¿Qué deberíamos hacer si queremos mostrar (o contar) *todos* los órdenes topológicos válidos de los vértices de un DAG?

Si sustituimos la cola de prioridad pq del código anterior con (una cola/una pila/un vector/una tabla de *hash*/un set), ¿sigue siendo válido el algoritmo de Kahn? ¿Por qué o por qué no?

Dibuja un grafo con $V = 7$ vértices y una cantidad cualquiera de aristas *dirigidas*, de forma que haya, exactamente, (a) 840 y (b) 21 órdenes topológicos únicos.

4.2.7 Comprobación de grafo bipartito (grafo no dirigido)

El grafo bipartito es un tipo de grafo especial (que veremos de forma más detallada en la sección 4.6), que cuenta con las siguientes características: el conjunto de vértices V se puede particionar en dos conjuntos disjuntos V_1 y V_2, y todas las aristas no dirigidas $(u, v) \in E$ tienen la propiedad de que $u \in V_1$ y $v \in V_2$. Esto hace que un grafo bipartito no incluya ciclos de longitud impar (ver el **ejercicio 4.2.7.1**).

Un grafo bipartito con n y m vértices en los conjuntos V_1 y V_2, respectivamente, puede seguir siendo un grafo denso. En el **ejercicio 4.2.7.2** se pueden encontrar las características de un grafo bipartito con muchas aristas.

El grafo bipartito tiene importantes aplicaciones, que veremos más adelante, en la sección 4.6.3 y en el Volumen II. En esta subsección, nos limitaremos a comprobar si un grafo es bipartito (se puede colorear con solo dos colores[8]), para resolver problemas como el UVa 10004 - Bicoloring.

Podemos utilizar tanto BFS como DFS para realizar esta comprobación, pero creemos que la BFS resulta más natural. El código BFS modificado, que se muestra a continuación, comienza coloreando el vértice de origen (capa cero) con el valor 0, colorea sus vecinos directos (primera capa) con el valor 1, colorea los vecinos directos de estos últimos (segunda capa) nuevamente con 0, y así sucesivamente, alternando entre 0 y 1, como únicos colores válidos. Si, en algún momento, esto no resulta posible, por ejemplo al encontrar una arista con dos extremos del mismo color, entonces podremos concluir que el grafo dado no es bipartito.

---

[8]En el Volumen II veremos la versión general de este problema, NP-completa, bajo el título de *Coloreado de grafos*.

```cpp
// dentro de int main()
  int s = 0;
  queue<int> q; q.push(s);
  vi color(n, INF); color[s] = 0;
  bool isBipartite = true;                 // etiqueta booleana
  while (!q.empty() && isBipartite) {       // igual que la BFS original
    int u = q.front(); q.pop();
    for (auto &v : AL[u]) {
      if (color[v] == INF) {                // no almacenar distancias
        color[v] = 1-color[u];              // basta guardar dos colores
        q.push(v);
      }
      else if (color[v] == color[u]) {      // u, v tienen el mismo color
        isBipartite = false;                // conflicto de colores
        break;                              // aceleración opcional
      }
    }
  }
```

C++	ch4/traversal/UVa10004.cpp
Java	ch4/traversal/UVa10004.java
Python	ch4/traversal/UVa10004.py
OCaml	ch4/traversal/UVa10004.ml

Ejercicio 4.2.7.1

Demuestra esta afirmación: "un grafo no dirigido es bipartito si, y solo si, no tiene ciclos de longitud impar".

Ejercicio 4.2.7.2

Se determina que un grafo *sencillo* con V vértices es bipartito. ¿Cuál es el número máximo de aristas que puede tener ese grafo?

Ejercicio 4.2.7.3

Demuestra esta afirmación: "un árbol también es un grafo bipartito".

Implementa la comprobación de un grafo bipartito utilizando DFS.

4.2.8 Comprobación de ciclos (grafo dirigido)

Una propiedad del grafo que se suele verificar en los comcursos de programación es si se trata de un grafo con ciclos (cíclico) o sin ellos (acíclico). Un grafo no dirigido es, por su naturaleza, un grafo cíclico, ya que todas sus aristas bidireccionales forman ciclos triviales. Un grafo dirigido que cuente con dos aristas dirigidas entre el mismo par de vértices tiene, igualmente, un ciclo trivial. Por lo tanto, la comprobación de ciclos se define normalmente como la búsqueda de ciclos *no triviales* con longitud de 3 aristas (o más) en un grafo dirigido dado. El grafo acíclico dirigido (DAG) es un tipo de grafo especial que ofrece muchas soluciones eficientes basadas en la ordenación topológica (ver la sección 4.2.6).

Ejecutar una DFS en un grafo conexo/no conexo, genera un *árbol/bosque de expansión* DFS[9], respectivamente. Con la ayuda de un estado adicional del vértice, EXPLORED (que significa visitado *pero todavía no completado*), además de VISITED (visitado *y completado*), podemos utilizar este árbol/bosque de expansión DFS para clasificar las aristas del grafo en tres tipos:

1. Arista de **árbol**: arista que forma parte de un árbol de expansión DFS. Podemos detectarla cuando la DFS se desplaza del vértice u con estado EXPLORED a otro vértice v con estado UNVISITED. De hecho, esta es la condición necesaria para que la DFS avance en su recorrido.

2. Arista **atrás/bidireccional**: arista que forma parte bien de un ciclo no trivial (arista atrás) o trivial (arista bidireccional). Podemos detectarla cuando la DFS se desplaza desde el vértice u con estado EXPLORED a otro vértice v también con estado EXPLORED, lo que implica que el vértice v es un antecesor del vértice u en el árbol de expansión DFS. Si este antecesor v de u es el padre directo de u (esta información se almacena en vi dfs_parent), entonces estamos ante un ciclo trivial provocado por una arista bidimensional. En caso contrario, el ciclo es no trivial. En los concursos de programación, no es raro que se pida hallar, al menos, una arista atrás (ciclo) en un grafo dirigido.

3. Arista **adelante/cruzada** (usadas muy raramente en concursos de programación). Se pueden detectar cuando la DFS se deplaza del vértice u con estado EXPLORED a otro vértice v con estado VISITED.

Las partes izquierda y central de la figura 4.4 muestran un momento de la animación en la llamada a dfs(0) (que no permite llegar a los vértices {5, 6, 7, 8}) sobre el grafo de ejemplo de la figura 4.1. Podemos ver que $0 \rightarrow \underline{1 \rightarrow 2 \rightarrow 3 \rightarrow 1}$ es un (verdadero) ciclo, y clasificamos la arista $3 \rightarrow 1$ como arista atrás, mientras que muchas otras aristas, como $0 \rightarrow 1 \rightarrow 0$, no conforman un ciclo propiamente dicho, sino que son, simplemente, aristas bidireccionales (0-1). En la parte de derecha de la figura 4.4, podemos ver que cuando, más adelante, la DFS vuelve

---

[9]El árbol de expansión de un grafo conexo G es un árbol que se expande por (recubre) todos los vértices de G pero utilizando únicamente un subconjunto de sus aristas. Un grafo no conexo G cuenta con varios componentes conexos. Cada componente tiene sus propios subárboles de expansión. Todos los subárboles de expansión de G, uno por cada componente, forman lo que llamamos bosque de expansión.

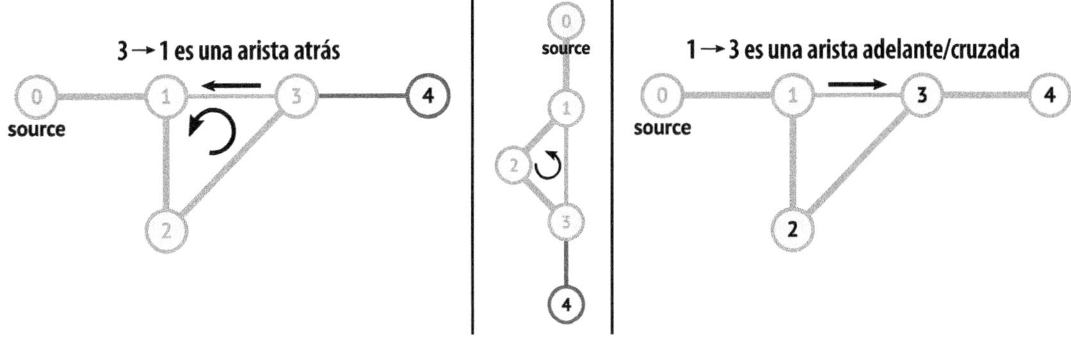

Figura 4.4: `dfs(0)` cuando se ejecuta sobre el primer CC del grafo de la figura 4.1

al vértice 1 y explora la arista 1 → 3, hallará una arista adelante/cruzada. El código de esta
variante de la DFS es el siguiente:

```cpp
void cycleCheck(int u) {                    // comprobar propiedades
  dfs_num[u] = EXPLORED;                     // color u como EXPLORED
  for (auto &[v, w] : AL[u]) {               // estilo C++17, w ignorada
    printf("Edge (%d, %d) is a ", u, v);
    if (dfs_num[v] == UNVISITED) {           // EXPLORED->UNVISITED
      printf("Tree Edge\n");
      dfs_parent[v] = u;                     // arista de árbol u->v
      cycleCheck(v);
    }
    else if (dfs_num[v] == EXPLORED) {       // EXPLORED->EXPLORED
      if (v == dfs_parent[u])                // diferenciarlas
        printf("Bidirectional Edge\n");      // un ciclo trivial
      else
        printf("Back Edge (Cycle)\n");       // un ciclo no trivial
    }
    else if (dfs_num[v] == VISITED)          // EXPLORED->VISITED
      printf("Forward/Cross Edge\n");        // caso raro
  }
  dfs_num[u] = VISITED;                       // color u como VISITED/DONE
}
```

```cpp
// dentro de int main()
dfs_num.assign(V, UNVISITED);
dfs_parent.assign(V, -1);
for (int u = 0; u < V; ++u)
  if (dfs_num[u] == UNVISITED)
    cycleCheck(u);
```

En el caso del grafo no dirigido de ejemplo de la figura 4.1, el análisis es el siguiente: las aristas
(0, 1), (1, 2), (2, 3), (3, 4), (6, 7) y (6, 8) son bidireccionales. La arista 3 → 1 es atrás (parte de
un ciclo) y la arista 1 → 3 es adelante/cruzada.

En el grafo dirigido de ejemplo de la figura 4.7, el análisis es: las aristas $2 \rightarrow 1$ y $6 \rightarrow 4$ son atrás (parte de un ciclo).

Ejercicio 4.2.8.1

¿Cuál es la complejidad de tiempo de la rutina `cycleCheck` que hemos visto? Como se trata de una modificación de la DFS en $O(V+E)$, ¿sigue siendo $O(V+E)$ o es más rápida?

Ejercicio 4.2.8.2

Escribe un caso de prueba con un grafo dirigido pequeño, de forma que una rutina `cycleCheck` que utilice *únicamente* dos estados de vértice (UNVISITED y VISITED) identifique, accidentalmente, un ciclo no trivial (con una arista atrás) en un grafo que, en realidad, es acíclico.

Ejercicio 4.2.8.3*

La rutina `cycleCheck` que hemos visto es una modificación de la DFS. ¿Podemos utilizar una BFS (también modificada) para hacer lo mismo en un grafo no dirigido? ¿O en un grafo dirigido?

4.2.9 Búsqueda de puntos de articulación y puentes (grafo no dirigido)

Problema: dado un mapa de carreteras (grafo no dirigido) con costes de sabotaje asociados a todas las intersecciones (vértices) y carreteras (aristas), sabotear *una única* intersección o *una única* carretera, de forma que la red de carreteras se rompa (desconecte), y hacerlo de la forma menos costosa. Este problema consiste en encontrar el punto de articulación (intersección) o puente (carretera) de menor coste en un grafo no dirigido (mapa de carreteras).

Un 'punto de articulación' se define como *un vértice* en un grafo G, cuya eliminación (todas las aristas incidentes a este vértice también se eliminan) desconecte G. Un grafo que no tenga ningún punto de articulación se denomina 'biconexo'. Igualmente, un 'puente' se define como *una arista* de un grafo G cuya eliminación desconecte G. Estos dos problemas se definen, normalmente, para grafos no dirigidos (son más complejos para grafos dirigidos y su solución requiere otro algoritmo, ver [32]).

Algoritmo ingenuo

A continuación, se describe un algoritmo ingenuo para encontrar puntos de articulación (se puede modificar para encontrar puentes):

1. Ejecutar una DFS (o BFS) en $O(V + E)$, para contar el número de componentes conexos (CC) en el grafo original. Normalmente, la entrada será un grafo conexo, así que esta comprobación nos devolverá un solo componente conexo.

2. Para cada vértice $v \in V$ en $O(V \times (V + E)) = O(V^2 + VE)$:

   a) Cortar (eliminar virtualmente) el vértice v y sus aristas incidentes.

   b) Ejecutar DFS (o BFS) en $O(V + E)$ y ver si el número de CC aumenta.

   c) Si la respuesta es afirmativa, v es un punto de articulación/vértice de corte. Restaurar v y sus aristas incidentes.

Este algoritmo ingenuo llama a DFS (o BFS) $O(V)$ veces, por lo que se ejecuta en $O(V \times (V + E))$ $= O(V^2 + VE)$. Pero *no es* el mejor algoritmo ya que, en realidad, podemos ejecutar una DFS en $O(V+E)$ *una sola vez*, para identificar todos los puntos de articulación y puentes. Esta variante de DFS, expresada por John Edward Hopcroft y Robert Endre Tarjan (ver [55] y el problema 22.2 en [5]), no es más que otra extensión del código de DFS mostrado anteriormente.

Dos atributos más de la DFS: `dfs_num` y `dfs_low`

Ahora, mantenemos dos números más al ejecutar la DFS: `dfs_num(u)` y `dfs_low(u)`. En este caso, `dfs_num(u)` almacena el contador de iteraciones (empezando en 0) cuando se visita el vértice *u por primera vez* (no solo para distinguir UNVISITED de EXPLORED/VISITED).

Digamos que R es el conjunto de vértices que encontramos en el subárbol de expansión DFS con raíz u (incluyendo al propio u). El otro número, `dfs_low(u)`, almacena el menor `dfs_num` de R o el menor `dfs_num` de un vértice que no esté en R y que sea alcanzable por una arista atrás (ver la sección 4.2.8) desde un vértice en R. Al principio, `dfs_low(u) = dfs_num(u)`, cuando se visita el vértice u por primera vez. Después, `dfs_low(u)` solo se puede reducir si la DFS encuentra una arista atrás que conecte un vértice u en R a otro vértice v que no esté en R y que tenga un `dfs_num(v)` menor. Esta actualización también puede influir en otros vértices antecesores de u. No actualizamos `dfs_low(u)` si la arista (u, v) es bidireccional.

Podemos ver la figura 4.5 para mayor claridad. En ella, los valores de `dfs_num` y `dfs_low` se escriben como `dfs_num,dfs_low` debajo de cada vértice. Hay dos grafos no dirigidos a izquierda y derecha. En ambos, ejecutaremos la variante DFS partiendo del vértice 0.

Supongamos que, para el grafo de la parte izquierda de la figura 4.5, la secuencia de visita es 0 (en la iteracion 0) $\rightarrow$ 1 (1) $\rightarrow$ 2 (2) (volvemos a 1) $\rightarrow$ 4 (3) $\rightarrow$ 3 (4) (volvemos a 4) $\rightarrow$ 5 (5). Como en este grafo no hay ninguna arista atrás, al final en todos los casos `dfs_low = dfs_num`.

Ahora, supongamos que, para el grafo de la parte derecha de la figura 4.5, la secuencia de visita es 0 (iteración 0) $\rightarrow$ 1 (1) $\rightarrow$ 2 (2) (volvemos a 1) $\rightarrow$ 3 (3) (volvemos a 1) $\rightarrow$ 4 (4) $\rightarrow$ 5 (5). En este punto del árbol de expansión DFS, hay una arista atrás importante, que forma un ciclo, es decir, la arista 5 $\rightarrow$ 1, que es parte del ciclo no trivial 1 $\rightarrow$ 4 $\rightarrow$ 5 $\rightarrow$ 1. Esto provoca que los vértices 1 (consigo mismo), 4 (indirectamente) y 5 (el vértice que descubre la arista atrás

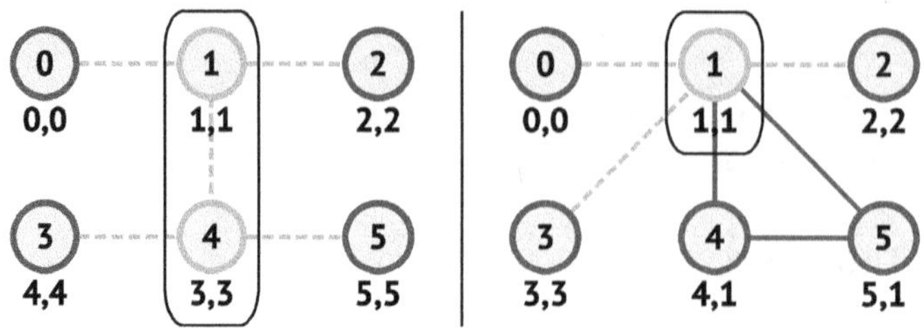

Figura 4.5: Dos atributos adicionales a la DFS: `dfs_num` y `dfs_low`

$5 \to 1$) sean capaces de llegar al vértice 1 (con `dfs_num` 1). Por lo tanto, todos los `dfs_low` de $\{1, 4, 5\}$ son 1.

Uso de la información de `dfs_num` y `dfs_low`

Cuando estamos en un vértice u, con v como su vecino y `dfs_low(v)` $\geq$ `dfs_num(u)`, sabemos que u es un vértice de articulación. Esto se debe a que el hecho de que `dfs_low(v)` *no sea menor* que `dfs_num(u)`, implica que *no hay una arista atrás* desde el vértice v que pueda alcanzar otro vértice w con un `dfs_num(w)` menor que `dfs_num(u)`. Un vértice w con un `dfs_num(w)` menor que el vértice u con `dfs_num(u)`, implica que w es un antecesor de u en el árbol de expansión de la DFS. Esto significa que, para llegar a los antecesores de u desde v, *debemos* pasar por el vértice u. Por lo tanto, eliminar el vértice u desconectará el grafo, es decir, desconecta el vértice u del vértice v.

Sin embargo, existe un **caso especial**: la raíz del árbol de expansión de la DFS (el vértice elegido como inicio de la llamada a la DFS) es un punto de articulación solo si tiene más de un hijo en el árbol de expansión de la DFS (un caso trivial que no es detectado por este algoritmo).

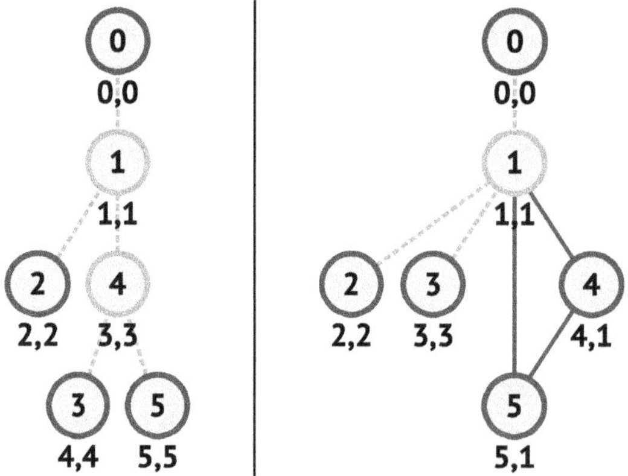

Figura 4.6: Búsqueda de puntos de articulación con `dfs_num` y `dfs_low`

Ver la figura 4.6 para más detalles. Esta figura representa los árboles de expansión de la DFS con raíz en el vértice 0 del grafo de entrada original de la figura 4.5. En el grafo de la parte izquierda de la figura 4.6, los vértices 1 y 4 son puntos de articulación, porque, por ejemplo, en la arista $1 \to 2$, vemos que `dfs_low(2)` $\geq$ `dfs_num(1)` (el vértice 2 solo puede alcanzar al antecesor del vértice 1 mediante el punto de articulación del vértice 1), y en la arista $4 \to 5$, también vemos que $\mathtt{dfs\_low(5)} \geq \mathtt{dfs\_num(4)}$.

En el grafo de la parte derecha de la figura 4.6, solo el vértice 1 es un punto de articulación, porque, por ejemplo, en la arista $1 \to 5$, $\mathtt{dfs\_low(5)} \geq \mathtt{dfs\_num(1)}$. Por otro lado, el vértice 4 no es un punto de articulación, porque, al examinar la arista $4 \to 5$, podemos ver que $\mathtt{dfs\_low(5)} < \mathtt{dfs\_num(4)}$ o, en otras palabras, el vértice 5 *puede* alcanzar al antecesor del vértice 4 (es decir, al vértice 1), no a través del vértice 4, sino utilizando *otro* camino (como $5 \to 1$).

El proceso para encontrar puentes es similar. Cuando $\mathtt{dfs\_low(v)} > \mathtt{dfs\_num(u)}$, entonces la arista (u, v) es un puente (eliminamos la prueba de igualdad '=' al buscar puentes). En la parte izquierda de la figura 4.5, todas las aristas son puentes, ya que estamos ante un árbol. En la parte derecha de la misma figura, casi todas las aristas son puentes, con la excepción de $(1, 4)$, $(4, 5)$ y $(5, 1)$ (de hecho, forman un ciclo). Esto es debido, por ejemplo, a que, en el caso de la arista $(1, 4)$, tenemos $\mathtt{dfs\_low(4)} \leq \mathtt{dfs\_num(1)}$, es decir, aunque eliminásemos esta arista $(1, 4)$, sabríamos con seguridad que el vértice 4 todavía podría alcanzar al vértice 1 utilizando *otro camino*, ya que $\mathtt{dfs\_low(4)} = 1$ (ese otro camino es $4 \to 5 \to 1$). Se incluye el código a continuación:

```cpp
vi dfs_num, dfs_low, dfs_parent, articulation_vertex;
int dfsNumberCounter, dfsRoot, rootChildren;

void articulationPointAndBridge(int u) {
  dfs_num[u] = dfsNumberCounter++;
  dfs_low[u] = dfs_num[u];                           // dfs_low[u]<=dfs_num[u]
  for (auto &[v, w] : AL[u]) {
    if (dfs_num[v] == UNVISITED) {                   // una arista de árbol
      dfs_parent[v] = u;
      if (u == dfsRoot) ++rootChildren;              // caso especial, raíz

      articulationPointAndBridge(v);

      if (dfs_low[v] >= dfs_num[u])                   // para punto de articulación
        articulation_vertex[u] = 1;                  // almacenar esto primero
      if (dfs_low[v] > dfs_num[u])                    // para puente
        printf(" (%d, %d) is a bridge\n", u, v);
      dfs_low[u] = min(dfs_low[u], dfs_low[v]);       // subárbol, actualizar
    }
    else if (v != dfs_parent[u])                      // si es ciclo no trivial
      dfs_low[u] = min(dfs_low[u], dfs_num[v]);       // entonces actualizar
  }
}
```

```cpp
// dentro de int main()
dfs_num.assign(V, UNVISITED); dfs_low.assign(V, 0);
dfs_parent.assign(V, -1); articulation_vertex.assign(V, 0);
dfsNumberCounter = 0;
printf("Bridges:\n");
```

```
6     for (int u = 0; u < V; ++u)
7       if (dfs_num[u] == UNVISITED) {
8         dfsRoot = u; rootChildren = 0;
9         articulationPointAndBridge(u);
10        articulation_vertex[dfsRoot] = (rootChildren > 1); // caso especial
11      }
12
13    printf("Articulation Points:\n");
14    for (int u = 0; u < V; ++u)
15      if (articulation_vertex[u])
16        printf(" Vertex %d\n", u);
```

	C++	ch4/traversal/articulation.cpp
	Java	ch4/traversal/articulation.java
GitHub	Python	ch4/traversal/articulation.py

4.2.10 Búsqueda de componentes fuertemente conexos (grafo dirigido)

Una aplicación más de la DFS es la búsqueda de componentes *fuertemente* conexos en un grafo *dirigido*, por ejemplo en UVa 11838 - Come and Go. Este es un problema diferente al de la búsqueda de componentes conexos en un grafo no dirigido. En la figura 4.7, tenemos un grafo dirigido. Aunque este aparenta tener un componente conexo (la ejecución de dfs(0) alcanza todos sus vértices), en realidad no está fuertemente conexo (por ejemplo, no se puede ir del vértice 1 al 0). En los grafos dirigidos nos interesa más el concepto de 'componente fuertemente conexo (SCC)'. Un SCC se define de la siguiente manera: si elegimos cualquier par de vértices u y v en el SCC, podemos encontrar un camino de u a v y viceversa. En realidad, hay tres SCC en la figura 4.7, como está resaltado con las tres cajas: {0}, {1, 2, 3} y {4, 5, 6, 7}. Si se contraen estos SCC (se sustituyen por vértices mayores), forman un DAG (ver el Volumen II).

Existen, al menos, dos algoritmos conocidos para encontrar los SCC: el de Kosaraju, explicado en [5], y el de Tarjan [55]. En esta sección, utilizaremos ambas versiones. El algoritmo de Kosaraju es más fácil de entender, pero el de Tarjan resulta una extensión natural de lo visto anteriormente sobre búsqueda de puntos de articulación y puentes (también gracias a Tarjan).

Algoritmo de Kosaraju

Para entender cómo funciona el algoritmo de Kosaraju, debemos realizar dos observaciones.

En primer lugar, ejecutar dfs(u) en un grafo dirigido, donde u forma parte de su "SCC más pequeño" (un SCC en el que todas las aristas salientes de los vértices del mismo apuntan únicamente a otros miembros del propio SCC) solo visitará los vértices de ese SCC concreto. Por ejemplo, en la parte izquierda de la figura 4.7, si ejecutamos dfs(4) (o dfs(5), dfs(6), dfs(7)), solo podemos visitar los vértices {4, 5, 6, 7}. Sin embargo, si, por ejemplo, ejecutamos dfs(3), podremos llegar a los vértices {1, 2, 3} *además* de a {4, 5, 6, 7}, debido a la presencia de la arista $3 \rightarrow 4$, que puede provocar 'fugas'. La pregunta radica, entonces, en cómo hallar el "SCC más pequeño".

En segundo lugar, los SCC del grafo dirigido original y los del grafo transpuesto son idénticos.

El algoritmo de Kosaraju combina ambas ideas. Al ejecutar una DFS sobre el *grafo dirigido original*, podemos almacenar los vértices ya explorados en *orden de finalización decreciente* (o postorden, de forma similar a la búsqueda de la ordenación topológica[10] de la sección 4.2.6). Por ejemplo, en la parte izquierda de la figura 4.7, el orden de finalización decreciente de los 8 vértices es $\{0, 1, 3, 4, 5, 7, 6, 2\}$. Resulta que, en el grafo transpuesto, puede ayudarnos a identificar el "SCC más pequeño" (más detalles en [5]).

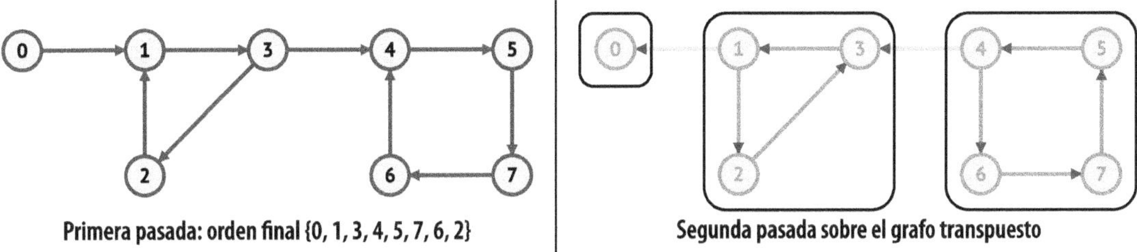

Figura 4.7: Ejecución de dos pasadas del algoritmo de Kosaraju

Al ejecutar dfs(0) en el grafo transpuesto (ver la parte derecha de la figura 4.7), nos quedamos atascados inmediatamente, ya que no hay una arista saliente del vértice 0. Con ello, habremos encontrado nuestro primer (y más pequeño) SCC. Si continuamos con dfs(1), tendremos el siguiente SCC más pequeño $\{1, 2, 3\}$ (debido a que, en esta ocasión, la DFS no recorrerá la arista $1 \rightarrow 0$, pues el vértice 0 ya ha sido visitado, es decir, hemos "eliminado virtualmente" el primer SCC). Ignoramos dfs(3), ya que no hará nada. Por último, si seguimos con dfs(4), tendremos el siguiente SCC más pequeño (que también es el último) $\{4, 5, 6, 7\}$ (ahora la DFS no recorrerá la arista $4 \rightarrow 3$, ya que el vértice 3 ha sido visitado o, dicho de otra forma, hemos vuelto a "eliminar virtualmente" el segundo SCC).

Estas dos pasadas de la DFS son suficientes para hallar los SCC del grafo dirigido original. A continuación, mostramos la sencilla implementación en C++ del algoritmo de Kosaraju.

```cpp
void Kosaraju(int u, int pass) {        // pass = 1 (original), 2 (transposición)
  dfs_num[u] = 1;
  vii &neighbor = (pass == 1) ? AL[u] : AL_T[u];   // referencia para no copiar
  for (auto &[v, w] : neighbor)                     // estilo C++17, w ignorada
    if (dfs_num[v] == UNVISITED)
      Kosaraju(v, pass);
  S.push_back(u);                                    // como la ordenación topológica
}
```

```cpp
// dentro de int main()
  S.clear();                            // primera pasada
  dfs_num.assign(N, UNVISITED);         // almacenar el postorden
  for (int u = 0; u < N; ++u)           // del grafo original
```

---

[10]Pero no estamos, necesariamente, ante una ordenación topológica válida, ya que el grafo dirigido original seguramente será cíclico.

```
5       if (dfs_num[u] == UNVISITED)
6         Kosaraju(u, 1);
7     numSCC = 0;                               // segunda pasada
8     dfs_num.assign(N, UNVISITED);             // explorar los SCC
9     for (int i = N-1; i >= 0; --i)            // en base al resultado
10      if (dfs_num[S[i]] == UNVISITED)         // de la primera pasada
11        ++numSCC, Kosaraju(S[i], 2);          // sobre el grafo transpuesto
12    printf("There are %d SCCs\n", numSCC);
```

Algoritmo de Tarjan

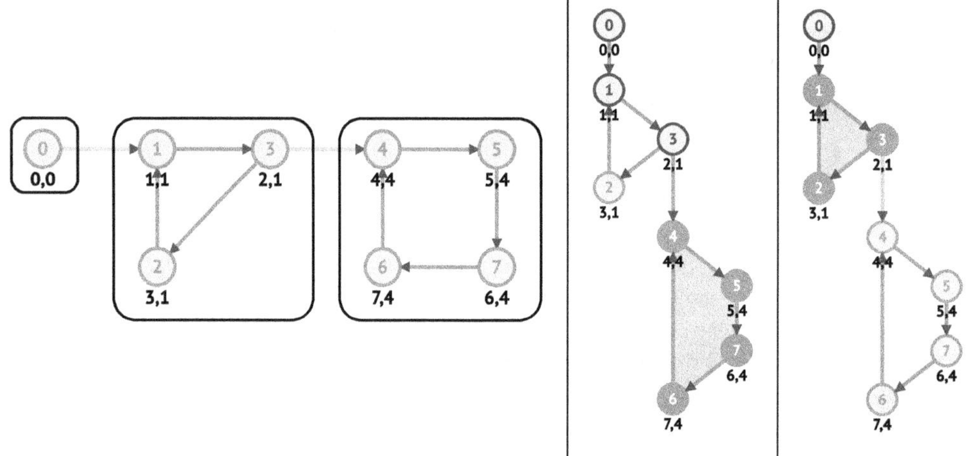

Figura 4.8: I: grafo dirigido – C y D: capturas del árbol de expansión de la DFS

La idea básica del algoritmo de Tarjan es que los SCC forman subárboles en el árbol de expansión de la DFS (comparar el grafo dirigido original y las dos capturas de los árboles de expansión de la DFS en la figura 4.8). Además de calcular dfs_num(u) y dfs_low(u) para cada vértice, añadimos el vértice u al final de una pila S (aquí la pila se implementa mediante vector) y mantenemos la información de qué vértices están siendo explorados, mediante vi visited. La condición para actualizar dfs_low(u) es ligeramente diferente a la del algoritmo DFS anterior, de búsqueda de puntos de articulación y puentes. En este caso, solo los vértices que están marcados como visited (parte del SCC actual) pueden actualizar dfs_low(u). Ahora, si tenemos el vértice u en este árbol de expansión DFS con dfs_low(u) = dfs_num(u), podemos concluir que u es la raíz (el inicio) de un SCC (observar los vértices 0, 1 y 4 en la figura 4.8) y los miembros de esos SCC se pueden identificar obteniendo el contenido actual de la pila S, hasta que volvamos a llegar al vértice u.

En la parte central de la figura 4.8, el contenido de S es $\{0, 1, 3, 2, \underline{4, 5, 7, 6}\}$, cuando el vértice 4 está identificado como la raíz de un SCC (dfs_low(4) = dfs_num(4) = 4), por lo que obtenemos los elementos de S, de uno en uno, hasta que lleguemos al vértice 4, y tendremos este SCC: $\{4, 5, 6, 7\}$. A continuación, en la parte derecha de la figura 4.8, el contenido de S es $\{0, \underline{1, 3, 2}\}$, cuando el vértice 1 sea identificado como la raíz de otro SCC (dfs_low(1) = dfs_num(1) = 1), así que, igualmente, obtendremos los elementos de *S*, de uno en uno, hasta alcanzar el vértice 1, y tendremos el SCC: {1, 2, 3}. Por último, nos quedará un SCC con un solo miembro: {0}.

El siguiente código muestra la implementación en C++ del algoritmo de Tarjan. Este código es, básicamente, una modificación del código DFS estándar. La parte recursiva es similar a la de la DFS y la parte de identificación de los SCC se ejecutará en un tiempo amortizado de $O(V)$, ya que cada vértice solo puede pertenecer a un SCC y, por lo tanto, aparecerá una sola vez. El tiempo de ejecución total de este algoritmo sigue siendo $O(V + E)$.

```cpp
int dfsNumberCounter, numSCC;                  // variables globales
vi dfs_num, dfs_low, visited;
stack<int> St;

void tarjanSCC(int u) {
  dfs_low[u] = dfs_num[u] = dfsNumberCounter;  // dfs_low[u]<=dfs_num[u]
  dfsNumberCounter++;                          // incrementar contador
  St.push(u);                                  // recordar el orden
  visited[u] = 1;
  for (auto &[v, w] : AL[u]) {
    if (dfs_num[v] == UNVISITED)
      tarjanSCC(v);
    if (visited[v])                            // condición de actualización
      dfs_low[u] = min(dfs_low[u], dfs_low[v]);
  }
  if (dfs_low[u] == dfs_num[u]) {              // raíz/inicio de un SCC
    ++numSCC;                                  // al liberarse la recursión
    while (1) {
      int v = St.top(); St.pop();
      visited[v] = 0;
      if (u == v) break;
    }
  }
}
```

```cpp
// dentro de int main()
  dfs_num.assign(V, UNVISITED); dfs_low.assign(V, 0); visited.assign(V, 0);
  while (!St.empty()) St.pop();
  dfsNumberCounter = numSCC = 0;
  for (int u = 0; u < V; ++u)
    if (dfs_num[u] == UNVISITED)
      tarjanSCC(u);
```

C++	ch4/traversal/UVa11838.cpp
Java	ch4/traversal/UVa11838.java
Python	ch4/traversal/UVa11838.py
OCaml	ch4/traversal/UVa11838.ml

4.2.11 Recorrido de grafos en concursos de programación

Es notable que los sencillos algoritmos de recorrido de grafos DFS y BFS tengan tantas variantes interesantes que permitan su uso para resolver varios problemas de grafos, además de los de sus formas básicas de recorridos. Estas variantes puedes aparecer tanto en la IOI (de acuerdo al temario de la IOI de 2020 [16]) como en el ICPC.

Es raro que se pida el uso de DFS (o BFS) *per se* para encontrar componentes conexos en un grafo no dirigido, aunque su variante de relleno por difusión ha sido uno de los tipos de problema más frecuentes *en el pasado*. Nos da la sensación de que el número de problemas (nuevos) de relleno por difusión está disminuyendo.

La ordenación topológica tampoco se utiliza habitualmente de forma independiente, pero es un paso de procesamiento previo muy útil para la 'DP en un DAG (implícito)', ver la sección 4.6.1. La versión más sencilla del código de ordenación topológica es muy fácil de recordar, ya que es una variante simple de la DFS. Su alternativa, el algoritmo de Kahn (que solo añade a la cola vértices con grados de entrada 0) es igual de sencilla y puede resultar importante en algunas aplicaciones de ordenación topológica.

También es bueno recordar soluciones eficientes en $O(V + E)$, para la comprobación de grafos bipartitos, comprobación de ciclos (aristas atrás) y búsqueda de puntos de articulación y puentes pero, como se ve tanto en el Online Judge como en Kattis (y en muchos ICPC regionales asiáticos recientes), ya no se utilizan en muchos problemas.

El conocimiento del algoritmo de SCC de Kosaraju o de Tarjan puede resultar útil para resolver problemas modernos, en los que uno de sus subproblemas implique grafos dirigidos que 'necesiten transformarse' a DAG, mediante ciclos de contracción, ver el Volumen II. El código de biblioteca que mostramos en este libro puede ser un contenido interesante para aquellos concursos de programación que permiten utilizar bibliotecas de código impresas, como el ICPC. Recordemos que el algoritmo de Kosaraju necesita de la rutina de transposición del grafo (o la construcción de dos estructuras de datos de grafos) que se menciona brevemente en la sección 2.4.1 y, también, necesita dos pasadas por la estructura de datos del grafo, mientras que el algoritmo de Tarjan no emplea una rutina de transposición y se basta con una pasada. Sin embargo, afirmamos que ambos algoritmos de búsqueda de SCC son igual de válidos y sirven para resolver muchos (si no todos) de los problemas de SCC incluidos en este libro.

Hay otros problemas de recorrido de grafos que no encajan en las categorías mencionadas y que aparecen bajo el epígrafe "Verdaderamente *ad hoc*". Algunos son extraordinariamente creativos.

Aunque muchos de los problemas de grafos tratados en esta sección se pueden resolver tanto con DFS como con BFS, pensamos que, en bastantes casos, es más fácil hacerlo mediante la primera, recursiva y con menor consumo de memoria. Normalmente, no utilizamos BFS para problemas de recorrido de grafos puro, pero sí para problemas de caminos más cortos de origen único en grafos no ponderados (ver la sección 4.4.2). La tabla 4.2 muestra una comparativa importante entre estos dos populares algoritmos de recorrido de grafos.

	DFS en $O(V + E)$	BFS en $O(V + E)$
Pros	*Normalmente* usa menos memoria, encuentra vértices de corte, puentes, SCC	Puede resolver el SSSP en grafos no ponderados
Contras	No puede resolver el SSSP en grafos no ponderados	*Normalmente* usa más memoria (no es bueno en grafos grandes)
Código	Más fácil de escribir	Un poco más largo

Tabla 4.2: Tabla de decisión de algoritmos de recorrido de grafos

Hemos incluido en VisuAlgo la animación de los algoritmos DFS y BFS, así como (muchas de) sus variantes. Puedes utilizarla para mejorar tu comprensión de la materia, aportando tus propios grafos de entrada y/o vértices de origen, para ver una animación del algoritmo en base a los datos proporcionados.

VISUALGO https://visualgo.net/en/dfsbfs

Ejercicios de programación

Ejercicios de programación relativos al recorrido de grafos:

Búsqueda de componentes conexos

1. Nivel básico: *Kattis - wheresmyinternet* *   comprobar conectividad con el vértice 1
2. **UVa 00459 - Graph Connectivity** *   se resuelve también con UFDS
3. **UVa 11749 - Poor Trade Advisor** *   hallar el CC más grande con el mayor PPA medio, se resuelve también con UFDS
4. **UVa 11906 - Knight in a War Grid** *   DFS/BFS para verificar si el alcanzable, varios casos complicados, cuidado cuando M = 0, N = 0 o = N
5. Kattis - dominoes2   a diferencia de UVa 11504, tratamos los SCC como CC, también disponible en UVa 11518 - Dominos 2
6. *Kattis - reachableroads* *   mostrar el número de CC-1
7. *Kattis - terraces* *   agrupar juntas celdas de altura similar, si no puede fluir hacia cualquier otro componente con altura menor, añadir el tamaño de este CC a la respuesta

Adicionales UVa: *00260, 00280, 10687, 11841, 11902.*

Adicionales Kattis: *cartrouble, daceydice, foldingacube, moneymatters, pearwise, securitybadge.*

Relleno por difusión, fáciles

1. Nivel básico: **UVa 00572 - Oil Deposits** *   contar el número de CC
2. **UVa 00352 - The Seasonal War** *   contar el número de CC, ver UVa 00572
3. **UVa 00871 - Counting Cells in a Blob** *   hallar el mayor tamaño de CC
4. **UVa 11953 - Battleships** *   variante interesante del problema de relleno por difusión
5. *Kattis - amoebas* *   relleno por difusión sencillo
6. *Kattis - countingstars* *   problema de relleno por difusión básico, contar CC
7. *Kattis - gold* *   relleno por difusión con límite de bloqueo adicional, también disponible en UVa 11561 - Getting Gold

Adicionales UVa: *00469, 00657, 00722, 10336, 11244, 11470.*

Adicionales Kattis: *floodit.*

Relleno por difusión, difíciles

1. Nivel básico: **UVa 11094 - Continents** *   relleno por difusión difícil, desplazamiento
2. **UVa 00852 - Deciding victory in Go** *   juego de mesa 'Go'
3. **UVa 01103 - Ancient Messages** *   LA 5130 - WorldFinals Orlando11, pista principal: cada jeroglífico tiene un número único de CC blancos
4. **UVa 11585 - Nurikabe** *   verificador en tiempo polinómico de un rompecabezas Nurikabe NP-completo, el verificador necesita de un uso inteligente del algoritmo de relleno por difusión
5. *Kattis - 10kindsofpeople* *   relleno por difusión inteligente, ejecutar una sola vez para evitar TLE ya que hay muchas consultas
6. *Kattis - coast* *   relleno por difusión inteligente, utilizar un centinela para representar el mar, relleno por difusión desde el mar, contar cruces a tierra
7. *Kattis - islands3* *   relleno por difusión optimista, asumir que todas las C son L

Adicionales UVa: *00601, 00705, 00758, 00776, 00782, 00784, 00785, 10592, 10707, 10946, 11110.*
Adicionales Kattis: *island, vindiagrams.*

Ordenación topológica

1. Nivel básico: *Kattis - builddeps* *   el grafo es acíclico, ordenación topológica con DFS desde el archivo modificado
2. **UVa 00200 - Rare Order** *   ordenación topológica
3. **UVa 00872 - Ordering** *   similar a UVa 00124, usar *backtracking*
4. **UVa 11060 - Beverages** *   algoritmo de Kahn, ordenación topológica con BFS modificado
5. *Kattis - brexit* *   ordenación topológica, reacción en cadena, algoritmo de Kahn modificado
6. *Kattis - conservation* *   algoritmo de Kahn modificado, procesar vorazmente todos los pasos de un laboratorio determinado antes de pasar al otro
7. *Kattis - pickupsticks* *   comprobación de ciclos y ordenación topológica si es un DAG, también disponible en UVa 11686 - Pick up sticks

Adicionales UVa: *00124, 10305.*
Adicionales Kattis: *brexitnegotiations, collapse, digicomp2, easyascab, grapevine, managingpackaging.*
Otros: ver también problemas de DP en DAG (implícitos) en la sección 4.6.1.

Bipartito o comprobación de ciclos

1. Nivel básico: *Kattis - runningmom* *   hallar un ciclo en un grafo dirigido
2. **UVa 10004 - Bicoloring** *   comprobación de grafo bipartito
3. **UVa 10116 - Robot Motion** *   recorrido en grafo *implícito*, comprobación de ciclos
4. **UVa 10505 - Montesco vs Capuleto** *   bipartito, tomar máx(izquierda, derecha)
5. *Kattis - hoppers* *   la respuesta es el número de CC-1, si hay, al menos, un componente bipartito en el grafo, o el número de CC en caso contrario
6. *Kattis - molekule* *   el árbol no dirigido también es bipartito o coloreable con dos colores, colorear con 0 y 1, dirigir todas las aristas de 0 a 1 (o viceversa)
7. *Kattis - torn2pieces* *   construir el grafo a partir de las cadenas, recorrido del origen al destino, verificar si es alcanzable, escribir el camino

Adicionales UVa: *00840, 10510, 11080, 11396.*
Adicionales Kattis: *amanda, ballsandneedles, breakingbad, familydag, pubs.*

Búsqueda de puntos de articulación/puentes

1. Nivel básico: **UVa 00315 - Network** * búsqueda de puntos de articulación
2. **UVa 10765 - Doves and Bombs** * búsqueda de puntos de articulación
3. **UVa 12363 - Hedge Mazes** * LA 5796 - Latin America, transformar la entrada a un grafo de sus puentes, comprobar si b es alcanzable desde a utilizando solo los puentes
4. **UVa 12783 - Weak Links** * búsqueda de puentes
5. *Kattis - birthday* * comprobar si el grafo de entrada contiene algún puente, N es pequeño por lo que una solución poco robusta puede ser aceptada
6. *Kattis - caveexploration* * hallar el tamaño de los componentes biconexos que contengan al vértice 0, identificar los puentes
7. *Kattis - intercept* * puntos de articulación en un DAG de expansión para SSSP, modificación inteligente del algoritmo de Dijkstra

Adicionales UVa: *00610, 00796, 10199.*
Adicionales Kattis: *kingpinescape.*

Búsqueda de componentes fuertemente conexos

1. Nivel básico: **UVa 11838 - Come and Go** * comprobar si el grafo de entrada es un SCC
2. **UVa 00247 - Calling Circles** * SCC y mostrar solución
3. **UVa 11709 - Trust Groups** * hallar el número de SCC
4. **UVa 11770 - Lighting Away** * similar a UVa 11504
5. *Kattis - cantinaofbabel* * construir el grafo dirigido 'can_speak', calcular el SCC más grande de 'can_speak', mantener este SCC más grande
6. *Kattis - dominos* * contar el número de SCC sin arista entrante desde un vértice ajeno a ese SCC, también disponible en UVa 11504 - Dominos
7. *Kattis - equivalences* * contraer el grafo dirigido de entrada en SCC, contar los SCC que tengan grados de entrada/salida = 0, informar del máximo

Adicionales UVa: *01229.*
Adicionales Kattis: *loopycabdrivers, reversingroads, test2.*

Recorrido de grafos *ad hoc*

1. Nivel básico: **UVa 12376 - As Long as I Learn, I Live** * recorrido voraz simulado en un DAG
2. **UVa 00824 - Coast Tracker** * recorrido en un grafo *implícito*
3. **UVa 11831 - Sticker Collector ...** * recorrido en un grafo *implícito*
4. **UVa 12442 - Forwarding Emails** * DFS modificada, grafo especial
5. *Kattis - faultyrobot* * variante interesante de recorrido de grafos
6. *Kattis - promotions* * DFS modificada, grafo especial, DAG, también disponible en UVa 13015 - Promotions
7. *Kattis - succession* * recorrido (hacia arriba) de un DAG familiar, utilizar unordered_map, hacer que el fundador tenga mucha sangre inicial para evitar fracciones

Adicionales UVa: *00118, 00168, 00173, 00318, 00614, 00781, 10113, 10377, 12582, 12648, 13038.*
Adicionales Kattis: *ads, brickwall, droppingdirections, hogwarts2, jetpack, kingofthewaves, silueta.*
Otros: IOI 2011 - Tropical Garden (recorrido de grafo, DFS, implica ciclos).

Perfiles de los inventores de algoritmos

Edward Forrest Moore (1925-2003) fue un profesor de matemáticas y ciencias de la computación estadounidense. (Re)inventó y popularizó el algoritmo de búsqueda en anchura (BFS) en su artículo [41]. En el mismo trabajo, mejoró el algoritmo de Bellman–Ford, convertido en Bellman–Ford–Moore, haciéndolo más rápido.

4.3 Árbol de expansión mínimo (MST)

4.3.1 Introducción y motivación

Problema: dado un grafo conexo, no dirigido y ponderado $G = (V, E)$ (ver la izquierda de la figura 4.9), seleccionar un subconjunto de aristas $E' \subseteq E$ de forma que el grafo $G' = (V, E')$ se mantenga conexo y que el peso total de las aristas seleccionadas E' sea mínimo.

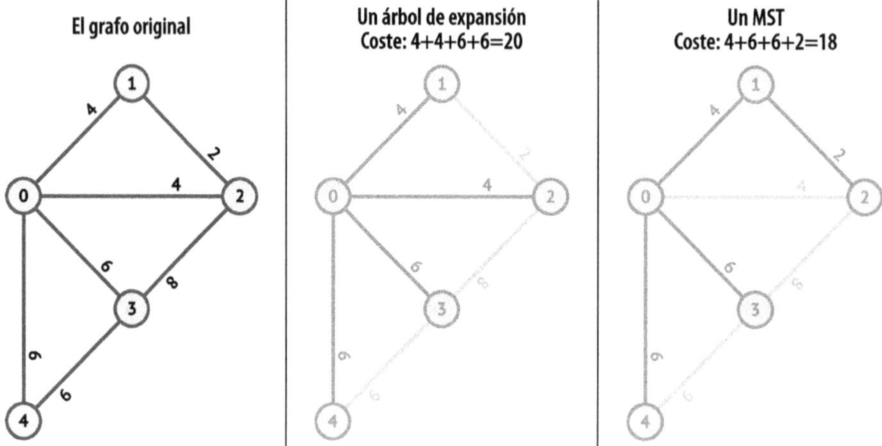

Figura 4.9: Ejemplo de un problema de MST

Para satisfacer el criterio de conectividad, necesitamos, al menos, $V - 1$ aristas que formen un *árbol*, y este árbol, que se debe expandir sobre (cubrir) todos los $V \in G$, es el árbol de expansión. Puede haber varios árboles de expansión válidos en G, ver el centro y la derecha de la figura 4.9, incluyendo los árboles de expansión DFS y BFS que hemos visto en la pasada sección 4.2 o, incluso, árboles de expansión SSSP que veremos posteriormente, en la sección 4.4. Entre los árboles de expansión posibles[11] de G, hay algunos (al menos uno) que satisfacen el criterio de peso mínimo.

Este problema es conocido como el del árbol de expansión mínimo (MST), y tiene muchas aplicaciones prácticas. Por ejemplo, podemos modelar el problema de la construcción de una red de carreteras en pueblos remotos como un problema de MST. Los vértices son los pueblos. Las aristas son las carreteras que se podrían construir entre esos pueblos. El coste de construir una

---

[11]Si el lector está interesado, debería leer el tema del 'teorema del árbol de matrices de Kirchhoff' y cómo contar el número de árboles de expansión de un grafo en tiempo polinómico.

---

carretera que conecte los pueblos i y j es el peso de la arista (i, j). El MST de este grafo es, por lo tanto, la red de carreteras de coste mínimo que conecte todos los pueblos. Los jueces UVa [45] y Kattis [34] cuentan con algunos problemas de MST básicos como, por ejemplo, los UVa 00908, 01174, 01208, 10034, 11631, Kattis - islandhopping, mainspantree, etc.

Este problema de MST se puede resolver utilizando algunos algoritmos bien conocidos, como los de Kruskal y Prim. Ambos son voraces, explicados en muchos libros de texto sobre ciencias de la computación [5, 51, 38, 53, 40, 1, 35, 6]. El peso del MST generado por ambos es único, pero puede haber más de un árbol de expansión con el mismo peso de MST.

4.3.2 Algoritmo de Kruskal

El algoritmo de Joseph Bernard *Kruskal* Jr., comienza ordenando las E aristas en base al peso no decreciente. Esto es fácil de hacer almacenando las aristas en una estructura de datos de lista de aristas (ver la sección 2.4.1) y, luego, ordenando las aristas en base a su peso no decreciente. Después, el algoritmo de Kruskal intenta añadir *vorazmente* cada arista al MST, siempre que esa acción no forme un ciclo. Esta comprobación de los ciclos se lleva a cabo fácilmente, utilizando la estructura de datos ligera de conjuntos disjuntos para unión–buscar (UFDS), tratada en la sección 2.4.2. El algoritmo de Kruskal mantiene, conceptualmente, bosques de árboles (pequeños y, posiblemente, disjuntos) que se combinan, gradualmente, en un MST.

El código es corto, porque hemos separado la implementación de los conjuntos disjuntos para unión-buscar en otra clase. El tiempo de ejecución total de este algoritmo es O(ordenación $+$ intento de añadir cada arista $\times$ coste de las operaciones de unión-buscar) $= O(E \log E + E \times (\approx 1)) = O(E \log E) = O(E \log V^2) = O(2 \times E \log V) = O(E \log V)$.

```cpp
// dentro de int main(), hemos incluido nuestro código de UFDS
  int V, E; scanf("%d %d", &V, &E);
  vector<iii> EL(E);
  for (int i = 0; i < E; ++i) {
    int u, v, w; scanf("%d %d %d", &u, &v, &w);   // leer como (u, v, w)
    EL[i] = {w, u, v};                            // reordenar como (w, u, v)
  }
  sort(EL.begin(), EL.end());                     // ordenar por w, O(E log E)
  // nota: std::tuple cuenta con una función de comparación integrada

  int mst_cost = 0, num_taken = 0;                // ninguna arista tomada
  UnionFind UF(V);                                // los V son conjuntos disjuntos
  // nota: el coste de tiempo de ejecución de UFDS es muy ligero
  for (auto &[w, u, v] : EL) {                     // estilo C++17
    if (UF.isSameSet(u, v)) continue;             // ya están en el mismo CC
    mst_cost += w;                                 // añadir w a esta arista
    UF.unionSet(u, v);                             // enlazarlas
    ++num_taken;                                   // se toma una arista más
    if (num_taken == V-1) break;                   // optimización
  }
  // nota: el número de conjuntos disjuntos debe llegar a 1 para un MST válido
  printf("MST cost = %d (Kruskal's)\n", mst_cost);
```

La figura 4.10 muestra la ejecución parcial del algoritmo de Kruskal sobre el grafo mostrado en la parte izquierda de la figura 4.9. El MST final no es único. En la parte derecha de la figura 4.10 también podemos obtener otro MST con el mismo coste mínimo de 18, sustituyendo la arista $(0, 1)$ por la $(0, 2)$.

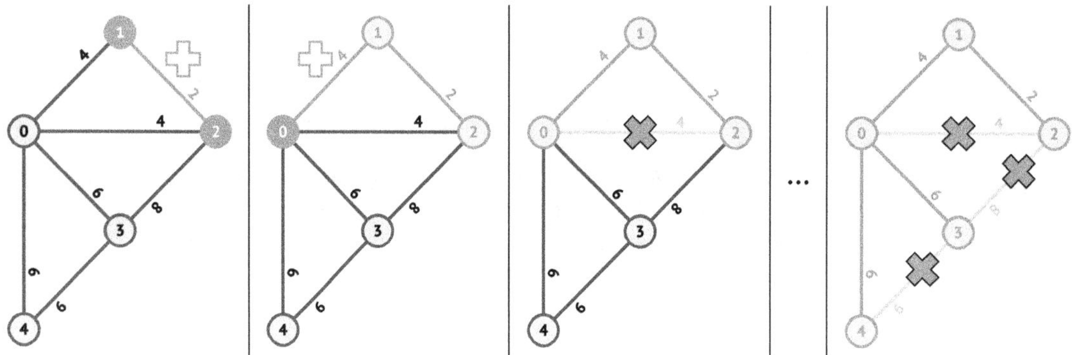

Figura 4.10: Animación del algoritmo de Kruskal para un problema de MST

Ejercicio 4.3.2.1

En el código mostrado, detenemos el algoritmo de Kruskal en el momento en el que ha colocado $V - 1$ aristas en el MST. ¿Por qué esta finalización temprana no afecta al resultado del algoritmo? ¿Hay alguna otra forma de implementar la misma optimización, utilizando la estructura de datos de conjuntos disjuntos para unión–buscar?

4.3.3 Algoritmo de Prim

El algoritmo de Robert Clay *Prim* (o de Vojtěch Jarník), comienza tomando un vértice de inicio (por comodidad, elegiremos el 0), lo etiqueta como 'tomado', y añade una pareja de datos a una cola de prioridad: el peso w y el otro extremo u de la arista $(0, u)$, que todavía no ha sido tomado. Estas parejas se ordenan dinámicamente en la cola de prioridad, en base a su peso creciente y, en caso de empate, por número de vértice creciente. Entonces, el algoritmo de Prim selecciona *vorazmente* la pareja (w, u) del principio de la cola de prioridad, que tiene el menor peso w, si el extremo de esta arista, que es u, no ha sido tomado antes. Esto se hace para evitar ciclos. Si esta pareja (w, u) es válida, entonces el peso w se suma al coste del MST, u se marca como tomado, y la pareja (w', v) de cada arista (u, v) de peso w', que sea incidente a u, se añade a la cola de prioridad, si v no ha sido tomado antes. Este proceso se repite hasta que se vacía la cola de prioridad. El concepto radica en que el algoritmo de Prim hace crecer a un MST (siempre con un solo componente/árbol) desde el vértice inicial hasta que se expande por el grafo completo.

La longitud del código es similar a la del algoritmo de Kruskal, y también se ejecuta en O(procesar cada arista una vez × coste de añadir/quitar de la cola) $= O(E \times \log E) = O(E \log V)$.

```cpp
vector<vii> AL;                          // grafo almacenado en AL
vi taken;                                // para evitar ciclos
priority_queue<ii> pq;          // para seleccionar aristas más cortas
// priority_queue es un montículo máximo, usamos signo - para invertir orden

void process(int u) { // marcar u como tomado y encolar vecinos de u
  taken[u] = 1;
  for (auto &[v, w] : AL[u])
    if (!taken[v])
      pq.emplace(-w, -v);                // ordenar por peso no decreciente
}                                         // después por id creciente
```

```cpp
// dentro de int main() --- asumir que el grafo se almacena en AL, pq vacío
  int V, E; scanf("%d %d", &V, &E);
  AL.assign(V, vii());
  for (int i = 0; i < E; ++i) {
    int u, v, w; scanf("%d %d %d", &u, &v, &w);   // leer como (u, v, w)
    AL[u].emplace_back(v, w);
    AL[v].emplace_back(u, w);
  }
  taken.assign(V, 0);                       // ningún vértice tomado
  process(0);                               // tomar+procesar vértice 0
  int mst_cost = 0, num_taken = 0;          // ninguna arista tomada
  while (!pq.empty()) {                      // hasta O(E)
    auto [w, u] = pq.top(); pq.pop();        // estilo C++17
    w = -w; u = -u;                           // negativo por orden inverso
    if (taken[u]) continue;                   // ya tomado, ignorado
    mst_cost += w;                            // sumar w a esta arista
    process(u);                               // tomar+procesar vértice u
    ++num_taken;                              // tomada 1 arista más
    if (num_taken == V-1) break;              // optimización
  }
  printf("MST cost = %d (Prim's)\n", mst_cost);
```

La figura 4.11 muestra la ejecución parcial del algoritmo de Prim sobre el mismo grafo mostrado en la parte izquierda de la figura 4.9. Compáralo con la figura 4.10, para estudiar las similitudes y diferencias entre ambos algoritmos.

La comprensión (parcial) de la secuencia de imágenes estáticas puede resultar un tanto complicada. Por lo tanto, hemos incorporado la animación de los algoritmos de Kruskal y Prim a VisuAlgo. Puedes utilizarlas para ampliar tus conocimientos sobre estos dos algoritmos de MST, bien mediante nuestros grafos de ejemplo o bien proporcionando tu propio grafo de entrada (grafo ponderado no dirigido) y, después, ver en una animación cómo se comporta el algoritmo seleccionado (Kruskal o Prim) sobre ese grafo en particular.

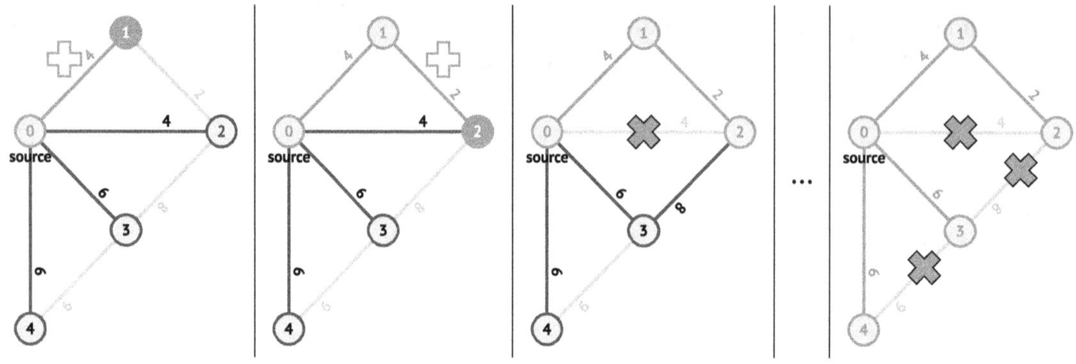

Figura 4.11: Animación del algoritmo de Prim en el grafo de la izquierda de la figura 4.9

VISUALGO https://visualgo.net/en/mst

C++	ch4/mst/prim.cpp
Java	ch4/mst/prim.java
Python	ch4/mst/prim.py
OCaml	ch4/mst/prim.ml

4.3.4 Otras aplicaciones

Hay variantes interesantes del problema del MST. En esta sección, conoceremos algunas de ellas.

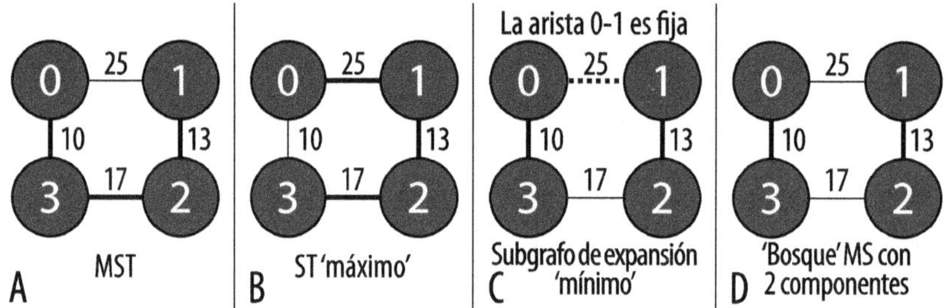

Figura 4.12: De izquierda a derecha: MST, ST 'máximo', SS 'mínimo', 'bosque' MS

Árbol de expansión 'máximo'

Esta es una variante sencilla, donde buscamos el árbol de expansión máximo, en vez del mínimo, por ejemplo: UVa 01234 - RACING (cuidado, porque este problema está redactado de forma que no parece un problema de MST). En la figura 4.12.B, vemos un ejemplo de un árbol de expansión máximo. Compáralo con el MST correspondiente (figura 4.12.A).

La solución a esta variante es muy simple. En el algoritmo de Kruskal, basta con ordenar las aristas en base a su peso *no creciente*. En el algoritmo de Prim, basta con ordenar las aristas utilizan una cola de prioridad *máxima*. También podemos insertar pesos de aristas negativos para invertir el orden.

Subgrafo de expansión 'mínimo'

En esta variante no empezamos con una hoja en blanco. Algunas de las aristas del grafo dado ya han sido determinadas y deben tomarse como parte de la solución, por ejemplo UVa 10147 - Highways. Estas aristas predeterminadas pueden, de entrada, formar un *no árbol*. Nuestra tarea consiste en continuar seleccionando las aristas restantes (si es necesario), para llegar a un grafo conexo con el menor coste posible. El subgrafo de expansión resultante puede no ser un árbol e, incluso si lo es, puede no ser un MST. Por eso hemos escrito el término 'mínimo' entre comillas y utilizado 'subgrafo' en vez de 'árbol'. En la figura 4.12.C, podemos ver un ejemplo donde la arista $(0, 1)$ ya existe. El MST correspondiente es $10 + 13 + 17 = 40$, que omite la arista $(0, 1)$ (figura 4.12.A). Sin embargo, la solución para este ejemplo debe ser $(25) + 10 + 13 = 48$, utilizando la arista $(0, 1)$.

La solución a esta variante es sencilla. Para el algoritmo de Kruskal, comenzamos teniendo en cuenta todas las aristas predeterminadas y sus costes. Después, continuamos ejecutando el algoritmo de Kruskal sobre las aristas libres, hasta que tengamos un subgrafo de expansión (o árbol de expansión). En el caso de Prim, le otorgamos mayor prioridad a las aristas ya establecidas, para asegurarnos de que siempre las tenemos en cuenta junto con sus costes.

'Bosque de expansión' mínimo

En esta variante, queremos formar un bosque de K componentes conexos (K subárboles) de la forma menos costosa, donde conocemos K de antemano por el enunciado del problema, por ejemplo, Kattis - arcticnetwork (también UVa 10369 - Arctic Networks). En la figura 4.12.A, observamos que el MST de este grafo es $10 + 13 + 17 = 40$. Pero si estamos satisfechos con un bosque de expansión de dos componentes conexos, la solución es, simplemente, $10 + 13 = 23$, como muestra la figura 4.12.D. Esto es, omitimos la arista $(2, 3)$, con peso 17, que convertiría, si la utilizásemos, estos dos componentes en un árbol de expansión.

Obtener el bosque de expansión mínimo es sencillo. En el caso del algoritmo de Kruskal, se ejecuta con normalidad. Sin embargo, en cuanto el número de componentes conexos iguale al número predeterminado K, podemos finalizar la ejecución. Para el algoritmo de Prim, lo ejecutamos para obtener el MST y, después, eliminamos de este las $K - 1$ aristas más largas.

Minimax (y maximin)

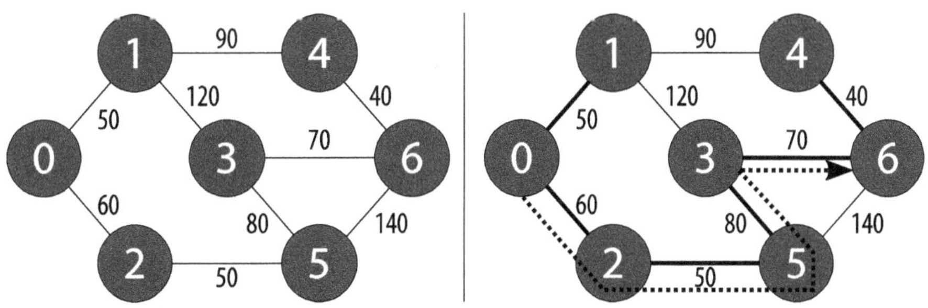

Figura 4.13: *Minimax* (UVa 10048 [45])

El problema del camino *minimax* consiste en encontrar el mínimo del peso máximo de las aristas, de entre todos los posibles caminos entre dos vértices i y j. El coste de un camino de i a j viene determinado por el peso de aristas máximo a lo largo de ese camino. De entre todos los caminos posibles entre i y j, elegir el que tenga el mínimo peso de aristas máximo. El problema inverso, llamado *maximin*, se define de forma similar.

El problema del camino *minimax* entre los vértices i y j, se puede resolver modelándolo como un problema de MST. Partiendo del razonamiento de que el problema prefiere un camino con pesos de aristas individuales bajos, aunque el camino sea más largo en términos de número de vértices/aristas implicados, obtener el MST (usando los algoritmos de Kruskal o Prim) del grafo ponderado dado es un paso correcto. El MST es conexo, lo que asegura que siempre hay un camino entre cualquier par de vértices. La solución del camino *minimax* es, por lo tanto, el peso de aristas máximo a lo largo del único camino entre los vértices i y j de este MST.

La complejidad de tiempo total es O(construir el MST + un recorrido del árbol resultante). Como $E = V - 1$ en un árbol, cualquier recorrido del mismo supone solo $O(V)$. Así, la complejidad de esta técnica es $O(E \log V + V) = O(E \log V)$.

La parte izquierda de la figura 4.13 es un caso de prueba de ejemplo del problema UVa 10048 - Audiophobia. Tenemos un grafo con 7 vértices y 9 aristas. Las 6 aristas elegidas del MST aparecen como líneas más gruesas en la parte derecha de la figura 4.13. Si ahora se nos pide encontrar el camino *minimax* entre los vértices 0 y 6 de la parte derecha de figura 4.13, nos basta con recorrer el MST desde el vértice 0 al 6. Solo hay un camino para ello: $0 \rightarrow 2 \rightarrow 5 \rightarrow 3 \rightarrow 6$. El peso máximo de las aristas que encontremos durante el recorrido es el coste *minimax* solicitado: 80 (debido a la arista $5 \rightarrow 3$).

Segundo mejor árbol de expansión

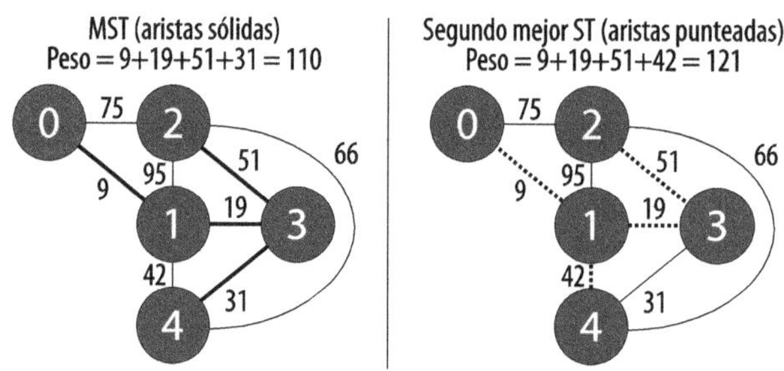

Figura 4.14: Segundo mejor árbol de expansión (de UVa 10600 [45])

Las soluciones alternativas son, en ocasiones, importantes. En el contexto de la búsqueda del MST, quizá no queramos solo el propio MST, sino también el segundo mejor árbol de expansión, en caso de que ese MST no nos sirva como, por ejemplo, en UVa 10600 - ACM contest and blackout. La figura 4.14 muestra el MST (a la izquierda) y el segundo mejor árbol de expansión (a la derecha). Podemos ver que el segundo mejor árbol de expansión es, en realidad, el MST con solo dos aristas diferentes, es decir, se quita una arista del MST y se añade una arista cordal[12] al mismo. Aquí se elimina la arista $(3, 4)$ y se añade la $(1, 4)$.

---

[12]Una arista cordal se define como una arista en un grafo G que no forma parte del MST de G.

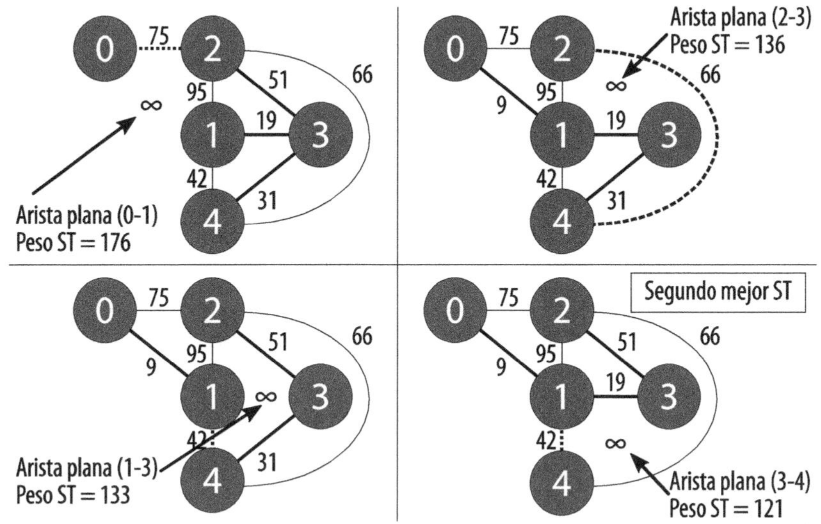

Figura 4.15: Búsqueda del segundo mejor árbol de expansión de un MST

Una solución para esta variante es una modificación del algoritmo de Kruskal: ordenar las aristas en $O(E \log E) = O(E \log V)$, después encontrar el MST utilizando el algoritmo de Kruskal en $O(E)$. A continuación, para cada arista del MST (tiene un máximo de $V - 1$ aristas), marcarla temporalmente para que no pueda ser elegida, entonces intentar encontrar otra vez el MST en $O(E)$, pero ahora *excluyendo* la arista marcada. En este punto, no es necesario volver a ordenar las aristas. El mejor árbol de expansión que encontremos en este proceso, será el segundo mejor para el grafo. La figura 4.15 muestra este algoritmo sobre el grafo dado. Globalmente, este algoritmo se ejecuta en O(ordenar las aristas una vez + encontrar el MST original + encontrar el segundo mejor árbol de expansión) $= O(E \log V + E + VE) = O(VE)$.

Ejercicio 4.3.4.1*

Existen mejores soluciones para el problema del segundo mejor árbol de expansión. Resuelve el problema con una solución que mejore a $O(VE)$. Consejo: puedes usar el ancestro común mínimo (LCA) o conjuntos disjuntos para unión-buscar.

Ejercicio 4.3.4.2*

¿Podemos resolver el problema del segundo mejor árbol de expansión utilizando el algoritmo de Prim? ¿Cuál sería la mejor complejidad de tiempo que podríamos lograr? (comparar con el **ejercicio 4.3.4.1***).

4.3.5 MST en concursos de programación

Para resolver la mayoría de los problemas de MST, en los concursos de programación actuales, podemos depender básicamente de los algoritmos de Kruskal y Prim. Existen otros algoritmos para el MST, pero no son realmente necesarios en el ámbito de la programación competitiva. Los autores prefieren el algoritmo de Kruskal, pues es fácil de entender y se relaciona bien con la estructura de datos de conjuntos disjuntos para unión–buscar (ver la sección 2.4.2), que utilizamos para detectar ciclos. Pero el algoritmo de Prim también es sencillo y solo depende de estructuras de datos integradas (cola de prioridad y *array* booleano).

La intención (y el uso más común) de los algoritmos de Kruskal o Prim, es la de resolver el problema del árbol de expansión mínimo, pero también sirven para la sencilla variante del árbol de expansión 'máximo' (UVa 01234, 10842). Prácticamente todos los problemas de MST de los concursos de programación piden solo el coste MST *único*, y no el propio MST. Esto se debe a que puede haber diferentes MST con el mismo coste mínimo y, normalmente, es complicado escribir un programa de comprobación especial para evaluar las respuestas.

Las otras variantes del MST tratadas en este libro, como el subgrafo de expansión 'mínimo' (UVa 10147, 10397), el 'bosque de expansión' mínimo (UVa 01216, Kattis - arcticnetwork), el segundo mejor árbol de expansión (UVa 10462, 10600) o *minimax/maximin* (UVa 00534, 00544, 10048, 10099, Kattis - millionairemadness, muddyhike) son, ciertamente, muy poco frecuentes.

Hoy día, la tendencia general, en relación a los problemas de MST, es que los autores los escriban de forma que no esté claro que el problema es, en realidad, un problema de MST (por ejemplo UVa 01013, 01216, 01234, 01235, 01265, 10457, Kattis - lostmap). Por lo tanto, la capacidad de modelar el problema dado como un problema de grafos (en este caso, un MST), es decir, la técnica de modelado de grafos, resulta fundamental. Sin embargo, una vez que los concursantes detectan el grafo subyacente y/o la selección voraz de las aristas, el problema se puede convertir en 'fácil'.

También hay variantes de problemas de MST más complejas, que pueden necesitar algoritmos más sofisticados, como el árbol de Steiner (ver el Volumen II), el problema de arborescencia, el MST con limitación de grados, k-MST, etc.

Ejercicios de programación relativos al árbol de expansión mínimo:

Generales

1. Nivel básico: *Kattis - islandhopping* *   MST en un grafo completo pequeño
2. **UVa 11228 - Transportation ... ***   dividir la salida para aristas cortas frente a aristas largas
3. **UVa 11631 - Dark Roads ***   peso de (todas las aristas del grafo - todas las aristas del MST)
4. **UVa 11747 - Heavy Cycle Edges ***   sumar los pesos de las aristas de las cuerdas
5. *Kattis - cats* *   MST estándar
6. *Kattis - lostmap* *   en realidad es un problema de MST estándar
7. *Kattis - minspantree* *   problema de MST estándar, comprobar si se forma un árbol de expansión, también mostrar las aristas de cualquier árbol de expansión en orden lexicográfico

Adicionales UVa: *00908, 01174, 01208, 01235, 11710, 11733.*

Adicionales Kattis: *communicationssatellite, drivingrange, freckles, jurrasicjigsaw, svemir.*

Otros: IOI 2003 - Trail Maintenance (usar MST incremental eficiente).

Variantes

1. Nivel básico: **UVa 10048 - Audiophobia** *   problema de caminos *minimax* clásico
2. **UVa 01013 - Island Hopping ***   LA 2478 - WorldFinals Honolulu02, variante muy interesante del MST
3. **UVa 01265 - Tour Belt ***   LA 4848 - Daejeon10, variante no estándar muy interesante del árbol de expansión 'máximo'
4. **UVa 10457 - Magic Car ***   modelado MST interesante
5. *Kattis - millionairemadness* *   problema de caminos *minimax*
6. *Kattis - muddyhike* *   problema de caminos *minimax*
7. *Kattis - naturereserve* *   algoritmo de Prim desde orígenes múltiples

Adicionales UVa: *00534, 00544, 01160, 01216, 01234, 10099, 10147, 10397, 10462, 10600, 10842.*

Adicionales Kattis: *arcticnetwork, firetrucksarered, inventing, landline, redbluetree, spider, treehouses.*

Perfiles de los inventores de algoritmos

Joseph Bernard Kruskal, Jr. (1928-2010) fue un científico de la computación estadounidense. Su trabajo más conocido relativo a la programación competitiva es el **algoritmo de Kruskal**, que calcula el árbol de expansión mínimo (MST) de un grafo ponderado. Tiene aplicaciones interesantes en la construcción y para *establecer precios* de redes de comunicación.

Robert Clay Prim (nacido en 1921) es un matemático y científico de la computación estadounidense. En 1957, en Bell Laboratories, desarrolló el algoritmo de Prim para resolver el problema del MST. Prim conoció a Kruskal, pues trabajaron juntos en los Bell Laboratories. El algoritmo de Prim ya había sido descubierto por Vojtêch Jarník en 1930, y fue redescubierto de forma independiente por Prim. Por eso el algoritmo de Prim es conocido también como el de Jarník–Prim.

Vojtêch Jarník (1897-1970) fue un matemático checo. Desarrolló el algoritmo de grafos conocido ahora como algoritmo de Prim. Hoy día, gracias a la rápida y extensa difusión de las publicaciones científicas, el algoritmo de Prim se habría atribuido correctamente a Jarník.

4.4 Caminos más cortos de origen único (SSSP)

4.4.1 Introducción y motivación

Problema: dado un grafo *ponderado G* y un vértice de inicio *s*, ¿cuáles son los *caminos más cortos* desde *s* a *todos los otros vértices* de *G*?

Este problema se denomina de *caminos más cortos de origen único* (SSSP) en un *grafo ponderado*. Es un problema clásico dentro de la teoría de grafos y tiene muchas aplicaciones en la vida real. Por ejemplo, podemos modelar como un grafo la ciudad en la que vivimos. Los vértices son los cruces de calles. Las aristas son las calles. El tiempo que toma recorrer una calle es el peso de la arista. Te encuentras en un cruce de calles, ¿cuál es el tiempo mínimo imprescindible para llegar a otro cruce determinado?

Hay algoritmos eficientes para resolver este problema. Si el grafo no es ponderado, podemos utilizar el muy eficiente algoritmo BFS en $O(V + E)$, visto en la sección 4.2.3. Para un grafo ponderado general, la BFS no funciona correctamente y debemos utilizar algoritmos como el de Dijkstra en $O((V + E) \log V)$ o el de Bellman–Ford en $O(VE)$. A continuación, veremos estos algoritmos.

Ejercicio 4.4.1.1*

Demuestra que el camino más corto entre dos vértices *u* y *v* en un grafo *G*, que no tiene ciclos de peso negativo ni de peso cero, debe ser un camino *sencillo* (acíclico). ¿Cuál es el corolario de esta demostración?

Ejercicio 4.4.1.2*

Demuestra que los subcaminos de los caminos más cortos entre *u* y *v* son, a su vez, los caminos más cortos.

Ejercicio 4.4.1.3*

Demuestra o niega que, si solo hay un camino posible desde el vértice *u* al *v*, en un grafo ponderado general, y *u* es alcanzable desde el vértice de origen *s*, entonces el camino más corto de *s* a *v* debe ser $s \to \cdots \to u \to \cdots \to v$.

4.4.2 En grafos no ponderados: BFS

Volvamos a tratar de nuevo lo visto en la sección 4.2.3. El hecho de que la BFS visite los vértices de un grafo capa a capa, desde un vértice origen (ver la figura 4.2), la convierte en la elección natural para resolver los problemas de los SSSP en grafos *no ponderados* (o en los que todas las aristas tienen un peso constante[13] C). En un grafo no ponderado, la distancia entre dos vértices vecinos conectados por una arista es, simplemente, una unidad. Por lo tanto, el número de capas para un vértice u es, precisamente, la longitud del camino más corto desde el origen s hasta ese vértice u. En la figura 4.2, el camino más corto entre el vértice 5 y el vértice 7 es 4, ya que el 7 está en la cuarta capa de la secuencia de visitas de la BFS.

Los SSSP en grafos no ponderamos suponen uno de los problemas de SSSP más habituales en concursos de programación. Se suelen presentar con diferentes aspectos, como veremos a continuación. Debes dominarlos por completo, ya que volveremos a encontrar muchas de estas variantes en los SSSP en grafos ponderados.

Caminos más cortos de origen único y *destino* único (SSSDSP)

Algunos problemas sobre caminos más cortos especifican *tanto* el vértice origen s como el vértice destino/objetivo/desagüe t, es decir, nos liberan de la necesidad de calcular los caminos más cortos desde s a *todos los demás vértices*, permitiéndonos terminar la búsqueda antes de lo habitual.

En un grafo no ponderado, una forma sencilla de mejorar la BFS si tenemos, además, el vértice de destino t, consiste en realizar una comprobación adicional al principio del bucle `while`. Cuando tomamos el primer vértice u de la cola, verificamos si ese vértice u es, también, el vértice de destino t. Si lo es, podemos salir del bucle en ese momento. La complejidad de tiempo en el peor caso seguirá siendo $O(V + E)$, si el vértice de destino t se encuentra en la capa máxima $V - 1$, pero la BFS se detendrá antes si el vértice de destino está, de alguna forma, más cerca del vértice de origen s. Esta estrategia de mejora en la que nos detenemos inmediatamente al encontrar t es totalmente correcta, pues la BFS explora los vértices del grafo no ponderado capa por capa. También funcionará en grafos ponderados con valores no negativos.

Caminos más cortos de *destino* único (SDSP)

Otros problemas de caminos más cortos plantean la siguiente cuestión: en vez de proporcionar un origen único s, obtenemos un vértice de destino único t y se nos pide identificar los caminos más cortos desde > 1 vértices de origen hasta t. En este caso, es mejor pensar a la inversa (recordemos uno de los consejos de la sección 3.2.3). En vez de ejecutar un algoritmo SSSP frontalmente en varios ocasiones, podemos transponer el grafo (invertir el sentido de todas sus aristas) y ejecutar el algoritmo SSSP *una sola vez* convirtiendo el vértice de destino t en el vértice de origen. La técnica también será válida para grafos ponderados.

Caminos más cortos de orígenes múltiples (MSSP)

Algunos problemas de caminos más cortos (aparentemente más complejos) pueden implicar más de un origen. Denominamos a esta variante como caminos más cortos de *orígenes múltiples* (MSSP) y se puede operar en grafos ponderados y no ponderados. En esta ocasión, la transposición del grafo no tienen ningún sentido. Una solución ingenua en grafos no ponderados consiste

---

[13]Podemos sustituir el peso de todas las aristas por unos. Multiplicaremos las respuestas que obtendremos después de ejecutar un algoritmo de SSSP para grafos no ponderados (BFS) por una constante C, para obtener los valores reales.

en llamar a la BFS, solución para los SSSP en grafos no ponderados, *reiteradamente*. Si tenemos K orígenes posibles, una solución así se ejecutará en $O(K \times (V + E))$, lo que resulta bastante lento. Recordemos que $K = O(V)$.

Afortunadamente, esta variante no resulta más complicada que la versión para SSSP. Nos basta con encolar todos los orígenes y establecer dist[s] = 0 para cada s, durante el paso de inicialización *anterior* a la ejecución del bucle normal de la BFS. Como esto supone solo una llamada a la BFS, el tiempo de ejecución seguirá siendo $O(V + E)$. Esta técnica también se puede afrontar imaginando que existe un vértice de *superorigen* (virtual) que está conectado (virtualmente) a todos los vértices de origen con un coste (virtual) de 0 (por lo que estas aristas adicionales de peso 0 no aportan nada a los caminos más cortos reales). Esta técnica también funcionará en grafos ponderados.

Reconstrucción del camino más corto

Algunos problemas de programación nos piden *reconstruir* el camino más corto real desde el vértice de origen s hasta algún otro, y no solo informar de su longitud. Por ejemplo, en la figura 4.2, el camino más corto entre 5 y 7 es $5 \rightarrow 1 \rightarrow 2 \rightarrow 3 \rightarrow 7$. Esta reconstrucción es sencilla si almacenamos las aristas del árbol de expansión del camino más corto. Esto se puede lograr de forma sencilla, utilizando un vector de enteros vi p (ver la sección 2.4.1). Cada vértice v recuerda a su padre u (p[v] = u) en el árbol de expansión del camino más corto. En nuestro ejemplo, los vértices 7/3/2/1 recuerdan, respectivamente, que sus padres son 3/2/1/5. Para reconstruir el camino más corto, podemos hacer una recursión fácil desde el último vértice 7, hasta que encontremos el vértice origen 5. El mecanismo también funcionará en grafos ponderados.

En grafos ponderados 0/1: BFS+*deque*

A continuación mostramos otra variante poco habitual de SSSP en un grafo 'no ponderado'. La denominaremos SSSP en un grafo ponderado 0/1.

Dado un mapa en rejilla de tamaño $R \times C$, como el que se muestra a continuación, determina el camino más corto desde cualquier celda etiquetada como 'A' hasta cualquier celda etiquetada como 'B'. Solo te puedes desplazar por las celdas etiquetadas como '.' en las direcciones N/E/S/O (contadas como *una* unidad) y por las celdas etiquetadas con el alfabeto 'A'-'Z' (contadas como *cero* unidades). ¿Puedes resolverlo en $O(R \times C)$?

```
....................CCCC.     // La respuesta en este caso es 13 unidades
AAAAA...............CCCC.     // Solución: 11 pasos al este desde la A más a la
AAAAA.AAA...........CCCC.     // derecha a la C más a la izquierda en esta fila
AAAAAAAAA....###....CCCC.     // Después, desde la C más a la derecha aquí
AAAAAAAAA...............     // 2 pasos hacia el sur
AAAAAAAAA...............     // hasta
.......DD.............BB     // la B más a la izquierda de esta fila
```

Este problema necesita de la técnica de orígenes múltiples que hemos visto antes (todas las celdas 'A' son los vértices de origen) y, además, tiene pesos diferentes (*pero solo dos*): 0 (para recorrer las celdas con letras) o 1 (para las celdas con '.'). Evidentemente, nos interesa dar prioridad al recorrido de las celdas alfabéticas, ya que esos movimientos son 'gratis'. ¿Quizá deberíamos utilizar la solución general para los SSSP en grafos ponderados de la sección 4.4.3?

Resulta que nos basta con utilizar una *deque* (ver la sección 2.2.5) en vez de una cola. Realizamos las inserciones al *principio/final* de la *deque* si el peso es, respectivamente, 0 o 1. De esta forma, le seguimos dando prioridad a las aristas de peso 0 antes de considerar las de peso 1.

Como también conocemos los vértices de destino (todas las celdas 'B' lo son), podemos detener la BFS en cuanto encontremos la primera celda 'B'.

Solo sustituimos a la cola por una *deque* dentro del código de la BFS y, como las operaciones push_front (no disponible en la cola) y push_back se ejecutan en $O(1)$, la complejidad de tiempo se mantiene en $O(V + E)$, lo que es, en este caso, $O(R \times C)$.

El siguiente código de C++ muestra la BFS para SSSDSP no ponderados con reconstrucción del camino más corto.

```cpp
void printPath(int u) {                          // obtener datos de vi p
  if (u == s) { printf("%d", s); return; }       // caso base, en el origen s
  printPath(p[u]);                               // recursivo
  printf(" %d", u);                              // salida: s -> ... -> t
}
```

```cpp
// dentro de int main(), suponemos que s y t ya están definidas
vi dist(V, INF); dist[s] = 0;                    // aquí INF = 1e9
queue<int> q; q.push(s);
p.assign(V, -1);                                 // p es global
while (!q.empty()) {
  int u = q.front(); q.pop();
  if (u == t) break;                             // añadido: destino t
  for (auto &[v, w] : AL[u]) {                    // estilo C++17, w ignorada
    if (dist[v] != INF) continue;                // ya visitado, ignorar
    dist[v] = dist[u]+1;
    p[v] = u;                                    // añadido
    q.push(v);
  }
}
printPath(t), printf("\n");                       // añadido
```

	C++	ch4/sssp/bfs.cpp
	Java	ch4/sssp/bfs.java
GitHub	Python	ch4/sssp/bfs.py
	OCaml	ch4/sssp/bfs.ml

Movimientos del caballo

En el ajedrez, el caballo se mueve haciendo un recorrido 'en forma de L'. Formalmente, un caballo puede saltar de una casilla (r_1, c_1) a otra (r_2, c_2), en un tablero de $n \times n$, si, y solo si, $(r_1 - r_2)^2 + (c_1 - c_2)^2 = 5$. Una consulta común[14] es el número mínimo de movimientos

---

[14]Otra variante es el camino del caballo: una secuencia de movimientos del caballo en un tablero de ajedrez de $n \times n$ (o en un tablero irregular) tal que la pieza visite cada casilla exactamente una vez. Esta variante es un caso especial del

necesarios para llevar al caballo de una casilla inicial a otra de destino. Puede haber muchas consultas en un mismo tablero de ajedrez.

Si el tablero de ajedrez es pequeño, podemos permitirnos ejecutar una BFS por consulta. Cada casilla tiene un máximo de 8 aristas, conectadas a otras casillas (las que están en los límites del tablero tienen menos). Detenemos la BFS tan pronto como lleguemos a la casilla de destino. Podemos utilizar la BFS en este problema de camino más corto, ya que el grafo no es ponderado. Como hay hasta $O(n^2)$ casillas en un tablero de ajedrez, la complejidad de tiempo total es de $O(n^2 + 8n^2) = O(n^2)$ por consulta, o $O(Qn^2)$ si hay Q consultas.

Sin embargo, la solución anterior no es la más eficiente para resolver el problema. Si el tablero de ajedrez dado es grande y hay varias consultas como, por ejemplo, $n = 1000$ y $Q = 16$, en el problema UVa 11643 - Knight Tour, la técnica anterior tendrá un veredicto de TLE.

Una solución mejor es aprovechar el hecho de que, si el tablero es lo suficientemente grande y elegimos dos casillas aleatorias (r_a, c_a) y (r_b, c_b) en su centro, con el mínimo de movimientos de d pasos entre ellos, desplazar las posiciones de las casillas por un factor constante no alterará la respuesta, es decir, el mínimo de movimientos del caballo desde $(r_a + k, c_a + k)$ y desde $(r_b + k, c_b + k)$, sigue siendo de d pasos, para un factor constante k.

Por lo tanto, podemos ejecutar *una* BFS desde una casilla de origen arbitraria y hacer algunos ajustes en la respuesta. Sin embargo, hay algunos casos límite de los que ocuparse. Encontrarlos puede ser un auténtico problema, y debemos estar preparados para recibir muchos veredictos WA si no los conocemos. Para hacer esta sección interesante, hemos derivado este último paso crucial a un ejercicio. Intenta resolver el problema UVa 11643 después de obtener estas respuestas.

Ejercicio 4.4.2.1*

Busca los casos especiales del UVa 11653 y ocúpate de ellos. Pistas:

1. Casos separados cuando $3 \leq n \leq 4$ y $n \geq 5$.

2. Concéntrate en las casillas de las esquinas y los bordes del tablero.

3. ¿Qué ocurre si las casillas de inicio y destino están demasiado cerca?

4.4.3 En grafos ponderados: Dijkstra

Si el grafo dado tiene aristas de pesos *diferentes*[15], la BFS, sencilla y rápida en $O(V + E)$, no funciona. Esto se debe a que puede haber caminos 'más largos' (en número de vértices y aristas implicados), pero con un peso total menor que los 'más cortos', encontrados por la BFS. Por ejemplo, en la parte izquierda de la figura 4.16, el camino más corto desde el vértice de origen 0 al vértice 3, no es a través de la arista directa $0 \rightarrow 3$, de peso 7 y que encontraría la BFS, sino haciendo el 'desvío' $0 \rightarrow 1 \rightarrow 3$, con un peso total menor de $2 + 3 = 5$ (ver la parte derecha de la figura 4.18).

Para resolver el problema SSSP en un grafo ponderado, utilizamos el algoritmo *voraz* de Edsger

---

problema NP-complejo del camino hamiltoniano, con una solución lineal.

  [15]Hemos visto en la sección 4.4.2 que el problema SSSP con grafos ponderados que tengan un peso constante C en todas sus aristas, o grafos ponderados con aristas de pesos 0/1, se puede resolver mediante BFS.

Wybe *Dijkstra*. Hay muchas formas de implementar este algoritmo clásico, mencionadas en diversos libros de texto, como [5, 35, 6]. De hecho, el artículo original de Dijkstra que describe este algoritmo [8], no menciona una implementación específica. A continuación, presentaremos dos versiones.

En grafos ponderados no negativos: Dijkstra original

El algoritmo de Dijkstra comienza con la misma condición inicial de todos los algoritmos SSSP. Al principio solo conocemos `dist[s]` = 0 (el camino más corto de s al propio s tiene, necesariamente, valor 0), mientras que `dist[u]` = ∞ para el resto de $V - 1$ vértices distintos a s. El algoritmo utiliza una estructura de datos de cola de prioridad (`pq`) con información de vértices en pares (`dist[u]`, u) para mantener una ordenación dinámica por los valores no decrecientes de `dist[u]` (el número de vértice u es único). Insertamos en `pq` V pares de datos correspondientes a los V vértices, lo que implica un consumo de $O(V \log V)$.

A continuación, el algoritmo de Dijkstra procesa vorazmente estos vértices: coloca en primer lugar al vértice con menor `dist[u]` (ver la sección 3.4.1 sobre el algoritmo voraz con `pq` y el **ejercicio 4.4.3.4*** donde se demuestra la validez de esta estrategia). Evidentemente, al principio, el vértice de origen s (con el `dist[s]` = 0 más pequeño posible) será procesado en primer lugar, mientras que el resto (con valores de distancia de camino más corto desconocidos en ese momento) se colocarán detrás en la `pq`. Después, el proceso continúa tratando de relajar cada vecino v de $u = s$. La operación `relax(u, v, w_u_v)` establece `dist[v]` = mín(`dist[v]`, `dist[u]+w_u_v`). Esto abre la posibilidad de que existan caminos más cortos desde el vértice v a otros vértices, ya que los valores de distancia del camino más corto desde el vértice de origen s hasta v, es decir, `dist[v]`, se verán reducidos desde el ∞ inicial a un número (muy) inferior. También actualizaremos (reduciremos) esa información en `pq` y dejaremos que la propia `pq` reordene los vértices en base a los valores no decrecientes de `dist[u]`.

Por desgracia, ni la `priority_queue` de la STL de C++, ni la `PriorityQueue` de Java, ni `heapQ` de Python (que utiliza internamente una estructura de datos de montículo binario) cuentan (todavía) con la capacidad *integrada* de modificar los valores de las claves *después* de que hayan sido insertadas en `pq`. Afortunadamente, podemos solventar esta cuestión utilizando `set` de la STL de C++, `TreeSet` de Java o `Set` de OCaml (que se implementa sobre una estructura de árbol de búsqueda binaria equilibrado). Con estos medios[16], podemos actualizar el valor antiguo (más bajo, con una (`dist[u]`, u) más alta) al nuevo (con una (`dist[u]`, u) más baja), eliminando primero el antiguo ((`dist[u]`, u) más alta) en $O(\log V)$ y, después, volviendo a insertar el nuevo ((`dist[u]`, u) más baja), también en tiempo $O(\log V)$.

El algoritmo de Dijkstra repite el mismo proceso hasta que `pq` queda vacía: toma vorazmente los pares de datos de los vértices (`dist[u]`, u) del principio de `pq` y relaja cada arista saliente $u \rightarrow v$ de u, actualizando (reduciendo) `dist[v]` y el par asociado en `pq`, siempre que la relajación de la arista haya tenido éxito.

Como cada uno de los V vértices y cada una de las E aristas se procesan una sola vez, la complejidad de tiempo global del algoritmo es de $O((V + E) \log V)$. La $O(\log V)$ adicional es debido a las operaciones de `pq` (encolamos/desencolamos V vértices en `pq` y actualizamos (reducimos) los valores de camino más corto un máximo de E veces). No olvidemos que $O(\log E) = O(\log V^2) = O(2 \times \log V) = O(\log V)$.

---

[16]En la actualidad, la biblioteca estándar de Python no cuenta con un equivalente integrado de un BST equilibrado. Por lo tanto, si eres usuario de Python, deberás utilizar la versión modificada de Dijkstra.

Para afianzar tu comprensión de este algoritmo, mostramos un ejemplo, paso a paso, de su ejecución sobre un grafo ponderado pequeño con vértice de origen $s = 0$. Observa cuidadosamente
el contenido de set<ii> pq en cada paso.

1. Figura 4.16, izquierda: al principio, solo sabemos que dist[s] = dist[0] = 0. set<ii>
   pq contiene inicialmente $\{(0, 0), (\infty, 1), (\infty, 2), (\infty, 3), (\infty, 4)\}$.

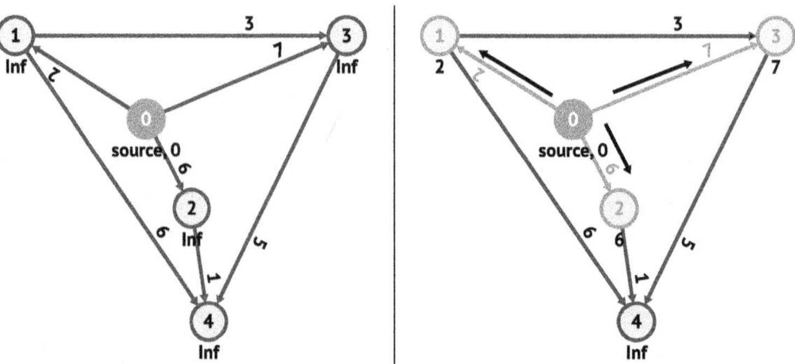

Figura 4.16: Animación de Dijkstra sobre un grafo ponderado (de UVa 00341 [45]), pasos 1 y 2

2. Figura 4.16, derecha: desencolar el par de datos del vértice al principio de pq: (0, 0).
   Relajar las aristas incidentes al vértice 0 para obtener dist[1] = 2, dist[2] = 6 y dist[3]
   = 7. Al hacerlo, actualizamos (reducimos) simultáneamente las claves de set<ii> pq, que
   ahora contiene $\{(2, 1), (6, 2), (7, 3), (\infty, 4)\}$.

3. Figura 4.17, izquierda: desencolar el par de datos del vértice al inicio de pq: (2, 1). Relajar
   las aristas incidentes al vértice 1 para obtener dist[3] = mín(dist[3], dist[1]+w(1,3))
   = mín(7, 2+3) = 5 y dist[4] = 8 y actualizar las claves de set<ii> pq, que ahora contiene $\{(5, 3), (6, 2), (8, 4)\}$. En este momento, la arista $0 \to 3$ no va a formar parte del
   árbol de expansión SSSP con origen $s = 0$.

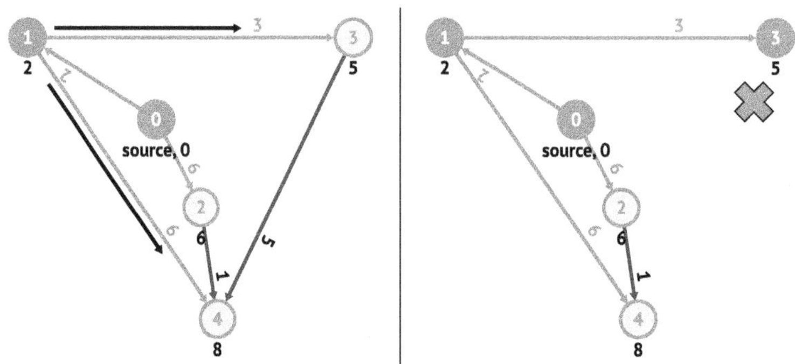

Figura 4.17: Animación de Dijkstra, pasos 3 y 4

4. Figura 4.17, derecha: desencolamos (5, 3) y tratamos de ejecutar relax(3, 4, 5), es
   decir, 5 + 5 = 10. Pero dist[4] = 8 (del camino $0 \to 1 \to 4$), por lo que dist[4] no se
   modifica. set<ii> pq ahora contiene $\{(6, 2), (8, 4)\}$. En este momento, la arista $3 \to 4$
   tampoco va a formar parte del árbol de expansión SSSP con origen $s = 0$.

5. Figura 4.18, izquierda: desencolamos (6, 2) y ejecutamos `relax(2, 4, 1)`, haciendo que `dist[4] = 7`. El camino más corto de 0 a 4 ahora es $0 \to 2 \to 4$, en vez de $0 \to 1 \to 4$. `set<ii>pq` ahora contiene {(7, 4)}. Nuevamente, la arista $1 \to 4$ tampoco formará parte del árbol de expansión SSSP con origen $s = 0$.

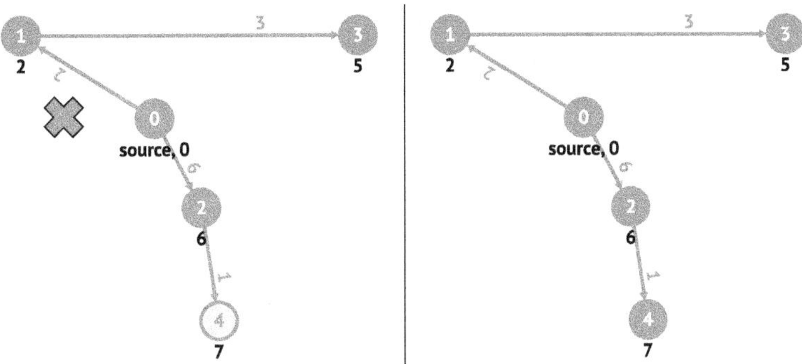

Figura 4.18: Animación de Dijkstra, pasos 5 y 6

6. Figura 4.18, derecha: por último se procesa (7, 4), aunque no produce cambios. `set<ii> pq` ahora está vacío y la ejecución del algoritmo de Dijkstra se detiene aquí. El árbol de expansión SSSP final describe los caminos más cortos desde s a otros vértices.

Nuestro breve código de C++ se incluye a continuación y podemos observar su similitud a los del algoritmo de Prim y la BFS de las respectivas secciones 4.3.3 y 4.4.2. Denominamos a esta implementación como algoritmo de Dijkstra *original*, ya que presentaremos también una versión modificada.

```cpp
 1  // dentro de int main()
 2    vi dist(V, INF); dist[s] = 0;              // aquí INF = 1e9
 3    set<ii> pq;                                // versión de BST equilibrado
 4    for (int u = 0; u < V; ++u)                // dist[u] = INF
 5      pq.emplace(dist[u], u);                  // pero dist[s] = 0
 6
 7    // ordenar los pares por distancia no decreciente desde s
 8    while (!pq.empty()) {                       // bucle principal
 9      auto [d, u] = *pq.begin();               // u no visita más corta
10      pq.erase(pq.begin());
11      for (auto &[v, w] : AL[u]) {             // todas las aristas desde u
12        if (dist[u]+w >= dist[v]) continue;    // no mejora, ignorar
13        pq.erase(pq.find({dist[v], v}));       // eliminar par antiguo
14        dist[v] = dist[u]+w;                   // operación de relajación
15        pq.emplace(dist[v], v);                // encolar el mejor par
16      }
17    }
18
19    for (int u = 0; u < V; ++u)
20      printf("SSSP(%d, %d) = %d\n", s, u, dist[u]);
```

En grafos con ciclos no negativos: Dijkstra modificado

Existe otra forma de implementar el algoritmo de Dijkstra, especialmente si queremos insistir en el uso de `priority_queue` de la STL de C++, `PriorityQueue` de Java o `heapq` de Python, aunque no cuenten con capacidades incorporadas para modificar los valores de las claves *después* de que hayan sido insertadas en la cola de prioridad. El algoritmo de Dijkstra solo *reduce* los valores de `dist[u]` y jamás los incrementa. Esta actualización en un solo sentido cuenta con una solución alternativa, basada en una cola de prioridad.

Para diferenciar esta implementación de Dijkstra de la anterior (denominada *original*), nos referiremos a esta versión como la del algoritmo de Dijkstra *modificado*.

El algoritmo de Dijkstra modificado es similar en un 99% al original, ya que también mantiene una cola de prioridad (pq) que almacena los mismos pares de datos de los vértices. Pero, en esta ocasión, pq solo contiene inicialmente un elemento: el caso base $(0, s)$, que es verdadero para el vértice de origen s. Después, la implementación del Dijkstra modificado repite el siguiente proceso, hasta que pq se vacía: toma vorazmente parejas de datos de vértices (d, u) del principio de pq. Si la distancia u del camino más corto desde el origen, registrada en d, es mayor que `dist[u]`, ignora u. En caso contrario, procesa u. Ahora veremos el motivo de esta comprobación.

Cuando este algoritmo procesa u, intenta relajar todos los vecinos v de u. Cada vez que relaja una arista $u \rightarrow v$, *insertará* una pareja (distancia nueva/más corta desde s hasta v, v) en pq y *dejará la pareja inferior* (distancia vieja/más larga desde s hasta v, v) dentro de pq. Esto se denomina 'eliminación perezosa' y provoca que haya *más de una copia* del mismo vértice en pq, con *diferentes distancias* desde el origen. Por eso tenemos que procesar solo la *primera* pareja de información de vértices extraida de la cola, que es la que tiene la distancia correcta/más corta (las otras copias tendrán distancias no actualizadas/más largas). Esta técnica de eliminación perezosa resulta correcta, ya que las operaciones de actualización de pq en el Dijkstra modificado solo reducen los valores de `dist[u]`.

En grafos ponderados no negativos, la complejidad de tiempo del Dijkstra modificado es idéntica a la del Dijkstra original. De igual forma, cada vértice es procesado una sola vez. Cada vez que se procesa un vértice, se intenta relajar a sus vecinos también una sola vez (con un total de E aristas). Debido a la técnica de eliminación perezosa, podríamos llegar a tener $O(E)$ elementos en pq al mismo tiempo pero esto sigue consumiendo $O(\log E) = O(\log V)$ por cada operación de inserción o eliminación en la cola. Con ello, la complejidad de tiempo global se mantiene en $O((V + E) \log V)$.

Para facilitar la comprensión de este algoritmo de Dijkstra modificado, incluimos a continuación un ejemplo paso a paso *similar* al ya visto, sobre el mismo grafo ponderado pequeño y con $s = 0$. Debes prestar especial atención al contenido de `priority_queue<ii>` pq en cada paso y observar sus diferencias con la versión original.

1. Figura 4.16, izquierda: al principio, solo sabemos que `dist[s]` = `dist[0]` = `0`. `priority_queue<ii>` pq contiene inicialmente {(0, 0)}.

2. Figura 4.16, derecha: extraemos el par de datos del vértice al principio de pq: (0, 0). Se relajan las aristas incidentes al vértice 0, para obtener `dist[1]` = `2`, `dist[2]` = `6` y `dist[3]` = `7`. Insertamos siempre en la cola un nuevo par de datos del vértice si la relajación tiene éxito. `priority_queue<ii>` pq contiene ahora {(2, 1), (6, 2), (7, 3)}.

3. Figura 4.17, izquierda: extraemos el par de datos del vértice al principio de pq: (2, 1). Se relajan las aristas incidentes al vértice 1, para obtener `dist[3]` = `mín(dist[3], dist[1]`

+ w(1,3)) = min(7, 2+3) = 5 y dist[4] = 8 e, inmediatamente, insertamos dos pares de datos más en pq, que ahora contiene {(5, 3), (6, 2), (7, 3), (8, 4)}. Podemos observar que tenemos 2 entradas del vértice 3 en pq, con distancia creciente desde s. No eliminamos inmediatamente el par inferior (7, 3) y delegamos en las iteraciones futuras del Dijkstra modificado la elección correcta de aquel que indica una distancia menor que es, en este caso, el par (5, 3). Esto es lo que denominamos 'eliminación perezosa'. En este momento, la arista $0 \rightarrow 3$ no formará parte del árbol de expansión SSSP con origen $s = 0$.

4. Figura 4.17, derecha: extraemos (5, 3) y tratamos de ejecutar relax(3, 4, 5), es decir, $5+5 = 10$. Pero dist[4] = 8 (del camino $0 \rightarrow 1 \rightarrow 4$), por lo que dist[4] permanece sin cambios. priority_queue<ii> pq contiene ahora {(6, 2), (7, 3), (8, 4)}. En este momento, la arista $3 \rightarrow 4$ tampoco formará parte del árbol de expansión SSSP con origen $s = 0$.

5. Figura 4.18, izquierda: extraemos (6, 2) y ejecutamos relax(2, 4, 1), haciendo que dist[4] = 7. El camino más corto de 0 a 4 es ahora $0 \rightarrow 2 \rightarrow 4$, en vez de $0 \rightarrow 1 \rightarrow 4$. priority_queue<ii> pq contiene {(7, 3), (7, 4), (8, 4)} (con 2 entradas para el vértice 4). En este momento, la arista $1 \rightarrow 4$ tampoco formará parte del árbol de expansión SSSP con origen en $s = 0$.

6. Figura 4.18, derecha: en este paso aprovechamos para realizar un poco de mantenimiento. Extraemos (7, 3), pero la ignoramos debido a que sabemos que su d > dist[3] (es decir, 7 > 5). Aquí es cuando se produce la verdadera eliminación del par de datos inferior (7, 3), en vez de en el paso 3. Al diferir la operación hasta este momento, el par de datos (7, 3) se ha colocado al principio de pq, lo que permite el funcionamiento de la operación de eliminación estándar, en $O(\log V)$, de la priority_queue de la STL de C++. priority_queue<ii> pq contiene ahora únicamente {(7, 4), (8, 4)}. Extraemos y procesamos (7, 4), pero no se produce ningún cambio. priority_queue<ii> pq contiene ahora {(8, 4)}. Finalmente, extraemos (8, 4), pero la ignoramos ya que su d > dist[4] (es decir, 8 > 7). priority_queue<ii> pq ha quedado vacía y, con ello, finaliza la ejecución del Dijkstra modificado. El árbol de expansión SSSP resultante describe los caminos más cortos desde s a otros vértices.

A continuación, incluimos nuestra breve implementación en C++, prácticamente idéntica a la del Dijkstra original. La principal diferencia radica en la forma en que ambas variantes hacen uso de la estructura de datos de cola de prioridad.

```cpp
// dentro de int main()
vi dist(V, INF); dist[s] = 0;                  // aquí INF = 1e9
priority_queue<ii, vector<ii>, greater<ii>> pq;
pq.emplace(0, s);

// ordenar los pares por distancia no decreciente desde s
while (!pq.empty()) {                           // bucle principal
  auto [d, u] = pq.top(); pq.pop();             // u no visitado más corto
  if (d > dist[u]) continue;                    // comprobación muy importante
  for (auto &[v, w] : AL[u]) {                  // todas las aristas desde u
    if (dist[u]+w >= dist[v]) continue;         // no mejora, ignorar
    dist[v] = dist[u]+w;                         // operación de relajación
    pq.emplace(dist[v], v);                      // insertar el mejor par
```

```
14        }
15      }
16
17      for (int u = 0; u < V; ++u)
18        printf("SSSP(%d, %d) = %d\n", s, u, dist[u]);
```


Variantes de SSSP en grafos ponderados

Todas las variantes de la SSSP en grafos no ponderados, que hemos visto en la sección 4.4.2, son aplicables también a grafos ponderados. Nos referimos a la SSSDSP (pero solo para grafos ponderados no negativos), la SDSP, la MSSP, la reconstrucción del camino más corto y la solución a la variante de un grafo ponderado 0/1 utilizando el algoritmo de Dijkstra (ligeramente más lento) en vez de mediante BFS y *deque*. A continuación, veremos un caso más, específico para grafos ponderados.

SSSP en grafos con ciclos no negativos

Si el grafo de entrada tiene, al menos, una arista con peso negativo, la implementación original de Dijkstra [5, 35, 6] puede resultar en una respuesta incorrecta, ya que esas aristas de peso negativo incumplen con el requisito asumido necesario para que funcione el algoritmo voraz (ver el **ejercicio 4.4.3.4***). En la parte izquierda de la figura 4.19, tenemos un grafo con un peso de arista negativo, pero sin ciclos de peso negativo. Presta atención al vértice 4 y a la arista $3 \rightarrow 4$.

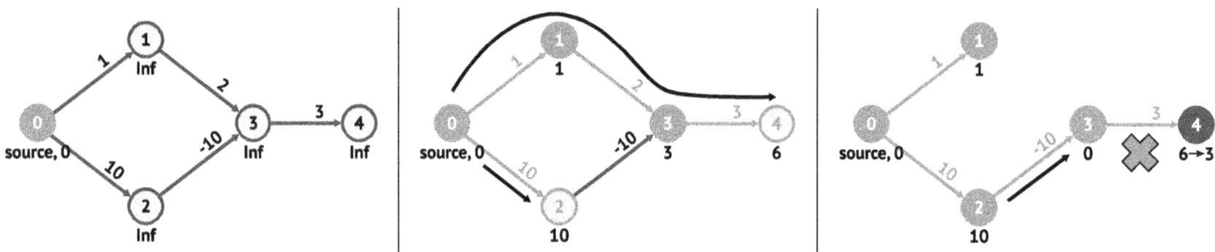

Figura 4.19: El Dijkstra original no funciona en un grafo de peso negativo, $s = 0$

En la parte central de la figura 4.19, observamos que el Dijkstra original propaga *incorrectamente* la distancia del camino más corto desde $0 \rightarrow 1 \rightarrow 3$ al vértice 4, provocando que el vértice 4 considere que el camino más corto desde el vértice de origen 0 es $0 \rightarrow 1 \rightarrow 3 \rightarrow 4$, con valor 6. En la parte derecha de la figura 4.19, vemos que la última operación relax(2, 3, -10) provoca que el camino más corto desde el vértice 0 hasta el vértice 3 cambie a $0 \rightarrow 2 \rightarrow 3$, con valor $10 + (-10) = 0$. El vértice 4 no tiene forma de saber que se trata de un error, ya que el Dijkstra original se detendrá tan pronto como se procese el último vértice 2.

Si se ejecuta nuestra implementación del Dijkstra original sobre un grafo como el de la figura 4.19, habrá un comportamiento no definido, ya que set de la STL de C++ se verá ante un problema al eliminar el par de datos antiguo. En el ejemplo anterior, pq.find({dist[3], 3}) o pq.find({10, 3}) devolverán pq.end(), ya que el par {10, 3} ya ha sido procesado y no se encuentra en la cola de prioridad (set). Intentar eliminar este par mediante la operación encadenada pq.erase(pq.find({dist[3], 3})) será la causa de ese comportamiento no definido.

Sin embargo, el algoritmo de Dijkstra modificado funcionará correctamente, aunque será más lento. Esto se debe a que el Dijkstra modificado seguirá insertando nuevos pares de datos de los vértices en pq cada vez que concluya con éxito una operación de relajación. La parte central de la figura 4.19 y la izquierda de la 4.20 describen la misma situación después de realizar pasos inciales idénticos en las versiones original y modificada de Dijkstra. Sin embargo, la acciones posteriores del Dijkstra modificado son diferentes. En la parte central de la figura 4.20, podemos ver cómo el vértice 3 se vuelve a insertar en pq. La parte derecha de la figura 4.20 muestra que el vértice 3 propaga, esta vez *correctamente*, la distancia del camino más corto $0 \rightarrow 2 \rightarrow 3$ al vértice 4, causando que, en esta ocasión, el vértice 4 cuente con el camino más corto correcto $0 \rightarrow 2 \rightarrow 3 \rightarrow 4$, de valor 3.

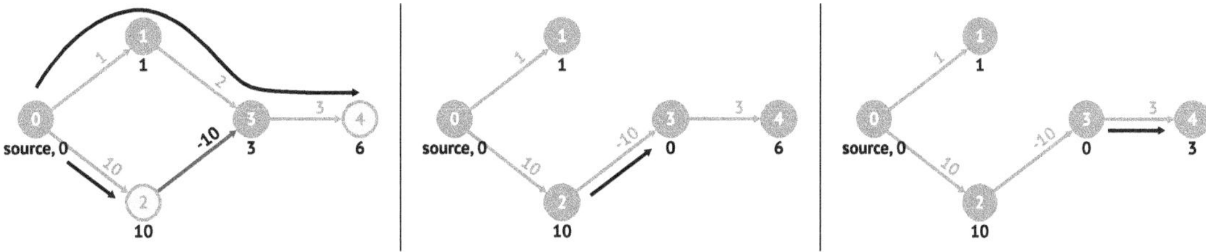

Figura 4.20: El Dijkstra modificado funciona en un grafo con ciclos no negativos, $s = 0$

Si el grafo ponderado tiene *ciclos* (de pesos) no negativos, el algoritmo de Dijkstra modificado continuará propagando la información de distancia del camino más corto hasta que ya no sea posible realizar más operaciones de relajación (lo que implica que ya se han encontrado todos los caminos más cortos desde el origen). Sin embargo, al encontrar un grafo con un *ciclo* de peso negativo, el Dijkstra modificado se verá atrapado en un bucle infinito. Veamos, por ejemplo, el grafo de figura 4.22. El ciclo $1 \rightarrow 2 \rightarrow 3 \rightarrow 1$ constituye un ciclo negativo de peso $15 + 0 + (-42) = -27$. El Dijkstra modificado seguirá ejecutándose en bucle, ya que siempre resultará posible seguir relajando las aristas a lo largo de un ciclo negativo.

En un grafo con (algunas) aristas de peso negativo pero sin ciclos negativos, el Dijkstra modificado se ejecuta a una velocidad inferior a $O((V + E) \log V)$, debido a la necesidad de volver a procesar vértices que ya lo habían sido, pero los valores de los caminos más cortos terminarán por ser correctos, a diferencia del Dijkstra original, que se detendrá después de un máximo de $O((V + E) \log V)$ operaciones, pero devolverá una respuesta incorrecta. En cualquier caso, la técnica de terminación temprana utilizada cuando el vértice de destino t es conocido, en la variante SSSDSP, no servirá para tal grafo.

Sin embargo, en un caso extremo, podríamos definir un grafo que, con pesos negativos pero sin ciclos negativos, ralentice de forma significativa el algoritmo de Dijkstra modificado, como se puede ver en la figura 4.21[17]. En un caso como el presentado en esa figura 4.21, el Dijkstra modificado comenzará tomando el camino inferior $0 \rightarrow 2 \rightarrow 4 \rightarrow 6 \rightarrow 8 \rightarrow 10$, con un

---

[17]Agradecemos a nuestro lector Francisco Criado la aportación de este caso de prueba.

coste de $0 + 0 + 0 + 0 + 0 = 0$, antes de hallar $0 \rightarrow 2 \rightarrow 4 \rightarrow 6 \rightarrow 8 \rightarrow 9 \rightarrow 10$, con un coste menor de $0 + 0 + 0 + 0 + 1 + (-2) = -1$, y seguirá buscando hasta haber recorrido los 2^5 caminos posibles desde el vértice 0 al 10. Finalizará con la respuesta correcta de $0 \rightarrow 1 \rightarrow 2 \rightarrow 3 \rightarrow 4 \rightarrow 5 \rightarrow 6 \rightarrow 7 \rightarrow 8 \rightarrow 9 \rightarrow 10$, con un coste de -31. Cada triángulo adicional (dos vértices y tres aristas más) de un grafo así, duplicará el tiempo de ejecución. Por lo tanto, es posible hacer que el Dijkstra modificado se ejecute en tiempo exponencial. La dificultad de este caso de prueba para el Dijkstra modificado se aprecia mejor utilizando una animación, por lo que recomendamos su visualización en VisuAlgo.

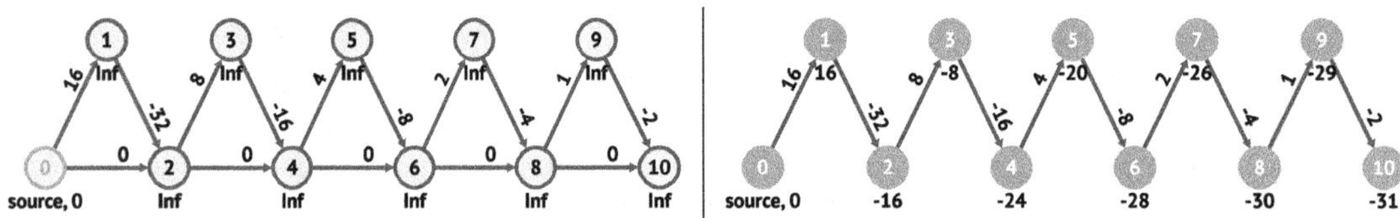

Figura 4.21: Se puede hacer que el Dijkstra modificado se ejecute en tiempo exponencial

Ejercicio 4.4.3.1

El código fuente del algoritmo de Dijkstra original, mostrado anteriormente, utiliza `set<ii>` en vez de `multiset<ii>`. ¿Qué ocurriría si hubiese dos (o más) vértices diferentes con valores de distancia de camino más corto similares desde el vértice de origen s?

Ejercicio 4.4.3.2

El código fuente del algoritmo de Dijkstra modificado, mostrado anteriormente, utiliza `priority_queue<ii, vector<ii>, greater<ii>> pq;` para ordenar pares de enteros por distancia creciente desde el vértice s. ¿Podríamos lograr el mismo efecto sin definir un operador de comparación para la `priority_queue`? Pista: hemos utilizado una técnica similar en la implementación del algoritmo de Kruskal, en la sección 4.3.2.

Ejercicio 4.4.3.3

El código fuente del algoritmo de Dijkstra modificado, mostrado anteriormente, realiza esta importante comprobación: `if (d > dist[u]) continue;`. ¿Qué ocurriría si eliminásemos esa línea? ¿Cómo se comportaría el algoritmo de Dijkstra modificado?

Ejercicio 4.4.3.4*

Demuestra la validez del algoritmo de Dijkstra (en sus dos variantes) en grafos ponderados *no negativos*.

Ejercicio 4.4.3.5*

Ambas variantes del algoritmo de Dijkstra se ejecutan en $O(V^2 \log V)$ si operan sobre un grafo ponderado no negativo *completo*, donde $E = O(V^2)$. Explica cómo modificar la implementación del algoritmo para que se ejecute en $O(V^2)$ sobre ese mismo grafo completo. Pista: evita la cola de prioridad.

Perfiles de los inventores de algoritmos

Edsger Wybe Dijkstra (1930-2002) fue un científico de la computación holandés. Una de sus famosas contribuciones a las ciencias de la computación es el algoritmo del camino más corto, o **algoritmo de Dijkstra** [8]. No le gustaba la expresión 'GOTO' y supuso una influencia fundamental en la desaparición generalizada de la misma y su sustitución por construcciones de control estructuradas. Una de sus frases más famosas: "si tienes dos o más, usa `for`".

4.4.4 En grafos pequeños (con ciclos negativos): Bellman–Ford

Para resolver el problema de los SSSP con la presencia potencial de *ciclos* de peso negativo, podemos utilizar el algoritmo de Bellman–Ford, más generalista, pero más lento. Fue inventado por Richard Ernest *Bellman* (pionero de las técnicas de DP) y Lester Randolph *Ford*, Jr. (la misma persona que inventó el método Ford–Fulkerson para el problema del flujo de red, que veremos en el Volumen II). La idea de este algoritmo es sencilla: relajar todas las E aristas (en orden arbitrario) $V - 1$ veces.

Inicialmente `dist[s] = 0`, que es el caso base. Si relajamos una arista (s, u), entonces `dist[u]` tendrá el valor correcto. Si, después, relajamos una arista (u, v), `dist[v]` también tendrá el valor correcto. Si hemos relajado las E aristas $V-1$ veces, el camino más corto desde el vértice de origen a su vértice más alejado (que será un camino sencillo con $V-1$ aristas), debería haberse calculado correctamente (ver el **ejercicio 4.4.4.1***). La implementación básica en C++ del algoritmo de Bellman–Ford es muy sencilla, más que las de BFS y Dijkstra:

```cpp
// dentro de int main()
vi dist(V, INF); dist[s] = 0;                  // aquí INF = 1e9
for (int i = 0; i < V-1; ++i)                  // O(V*E) en total
  for (int u = 0; u < V; ++u)                  // estos dos bucles = O(E)
    if (dist[u] != INF)                        // comprobación importante
      for (auto &[v, w] : AL[u])               // estilo C++17
        dist[v] = min(dist[v], dist[u]+w);
```

La complejidad del algoritmo de Bellman–Ford es $O(V^3)$, si el grafo se almacena como una matriz de adyacencia, o $O(VE)$, si se hace como una lista de adyacencia o de aristas. Esto se debe, sencillamente, a que si usamos una matriz de adyacencia, necesitamos $O(V^2)$ para enumerar todas las aristas del grafo, mientras que enumerar las aristas para los otros dos casos solo nos supone $O(E)$. Ambas complejidades de tiempo son (mucho) más lentas que Dijkstra, razón por la que raramente utilizaremos Bellman–Ford para resolver problemas de SSSP estándar en grafos ponderados.

Podemos lograr una cierta mejora si añadimos una etiqueta booleana `modified` = `false` en el bucle exterior (el que repite la relajación de las E aristas en $V - 1$ ocasiones). Si, en los bucles interiores (aquellos que exploran las E aristas), se realiza alguna operación de relajación, establecemos `modified` = `true`. Detendremos inmediatamene el bucle exterior si la variable `modified` sigue siendo `false` después de haber examinado todas las E aristas. Si esta falta de relajación ocurre en la iteración i del bucle exterior, significa que no habrá más relajaciones en las iteraciones $i + 1, i + 2, ..., i = V - 1$. De esta forma, la complejidad del algoritmo de Bellman–Ford pasa a ser de $O(kV)$, donde k es el número de la iteración del bucle exterior. A pesar de ello, k sigue siendo $O(V)$.

Bellman–Ford nunca se verá atrapado en un bucle infinito, aunque el grafo dado tenga un ciclo negativo. De hecho, se puede utilizar el algoritmo de Bellman–Ford para detectar *la presencia de ciclos negativos* (como en UVa 00558 - Wormholes, aunque ese problema está mal definido).

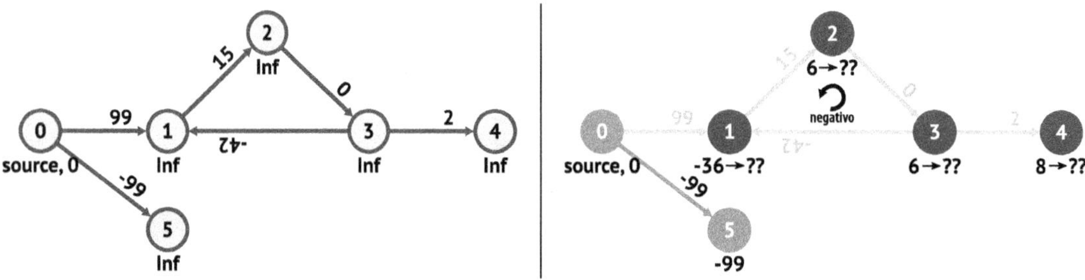

Figura 4.22: Bellman–Ford puede detectar la presencia de ciclos negativos (UVa 00558 [45])

En el **ejercicio 4.4.4.1*** demostramos que, después de relajar todas las E aristas $V - 1$ veces, el problema de los SSSP debería quedar resuelto, es decir, no podemos relajar ninguna arista más. Como corolario: si aún se puede relajar una arista, habrá un ciclo negativo en el grafo ponderado. Esta es una característica muy útil de este algoritmo.

Por ejemplo, en la parte izquierda de la figura 4.22, vemos un grafo simple con un ciclo negativo. Después de 1 pasada, `dist[1]` = `72` y `dist[2]` = `dist[3]` = `114`. Después de $V - 1 = 6 - 1 = 5$ pasadas, `dist[1]` = `-36` y `dist[2]` = `dist[3]` = `6`. Como hay un ciclo negativo, podemos hacer esto una y otra vez, es decir, todavía podemos relajar `dist[2]` = `-36+15` = `-21`. Este valor es menor que el actual de `dist[2]` = `6`. La presencia de un ciclo negativo (de peso $15 + 0 - 42 = -27$) provoca que los vértices alcanzables por el mismo tengan información errónea de los caminos más cortos. Se debe a que es posible recorrer ese ciclo negativo un número infinito de veces, para hacer que todos los vértices alcanzables desde el ciclo negativo tengan información de caminos más cortos negativa infinita. En la parte derecha de la figura 4.22, el vértice 4 está afectado por el ciclo negativo, mientras que el 5 no lo está. El código adicional para comprobar la existencia de un ciclo negativo *después* de ejecutar Bellman–Ford en $O(VE)$ se incluye a continuación.

Este es nuestro código completo en C++. Implementa Bellman–Ford con optimizaciones y comprobación de ciclos negativos[18].

```cpp
// dentro de int main()
  vi dist(V, INF); dist[s] = 0;                    // aquí INF = 1e9
  for (int i = 0; i < V-1; ++i) {                  // O(V*E) en total
    bool modified = false;                         // optimización
    for (int u = 0; u < V; ++u)                    // estos dos bucles = O(E)
      if (dist[u] != INF)                          // comprobación importante
        for (auto &[v, w] : AL[u]) {               // estilo C++17
          if (dist[u]+w >= dist[v]) continue;      // no mejora, ignorar
          dist[v] = dist[u]+w;                     // relajación
          modified = true;                         // optimización
        }
    if (!modified) break;                          // optimización
  }

  bool hasNegativeCycle = false;
  for (int u = 0; u < V; ++u)                       // pasada de comprobación
    if (dist[u] != INF)
      for (auto &[v, w] : AL[u])                    // estilo C++17
        if (dist[v] > dist[u]+w)                    // debería ser falso
          hasNegativeCycle = true;                  // si cierto => ciclo negativo

  if (hasNegativeCycle)
    printf("Negative Cycle Exist\n");
  else {
    for (int u = 0; u < V; ++u)
      printf("SSSP(%d, %d) = %d\n", s, u, dist[u]);
  }
```

C++	ch4/sssp/bellman_ford.cpp
Java	ch4/sssp/bellman_ford.java
Python	ch4/sssp/bellman_ford.py
OCaml	ch4/sssp/bellman_ford.ml

Algoritmo de Bellman–Ford–Moore (SPFA)

Una mejora conocida al algoritmo de Bellman–Ford es la aplicada por Moore (la denominaremos algoritmo de Bellman–Ford–Moore[19]). Bellman–Ford–Moore utiliza una cola para eliminar las operaciones redundantes de la versión original. Este algoritmo fue descubierto por Moore en

---

[18]Existe otro algoritmo que también puede realizar esta comprobación: el algoritmo de Floyd–Warshall en $O(V^3)$ que se trata en la sección 4.5.3.

[19]En la comunidad de ciencias de la computación china, este algoritmo es conocido como el de camino más corto 'rápido' (SPFA), tal y como lo publicó Duan Fanding en 1994 [13]. La palabra 'rápido' nos puede llevar a confusión, pues no es ni teórica ni empíricamente más rápido que el algoritmo de Dijkstra.

1957 [41] e, independientemente, por Bellman en 1958 [2]. El algoritmo Bellman–Ford–Moore necesita dos estructuras de datos adicionales a las que ya hemos visto:

1. Una `queue<int>` para almacenar el siguiente vértice que se procesará (gracias a una relajación exitosa).

2. `vi in_queue` de tamaño V para comprobar rápidamente si un vértice se encuentra, o no, en la cola.

Esta es nuestra breve implementación del algoritmo de Bellman–Ford–Moore:

```cpp
// dentro de int main()
  vi dist(V, INF); dist[s] = 0;                          // aquí INF = 1e9
  queue<int> q; q.push(s);                               // igual que la cola BFS
  vi in_queue(V, 0); in_queue[s] = 1;                    // específico para SPFA
  while (!q.empty()) {
    int u = q.front(); q.pop(); in_queue[u] = 0;         // extraer de la cola queue
    for (auto &[v, w] : AL[u]) {                         // estilo C++17
      if (dist[u]+w >= dist[v]) continue;                // no mejora, ignorar
      dist[v] = dist[u]+w;                               // relajación
      if (in_queue[v]) continue;                         // v está en q, ignorar
      q.push(v);
      in_queue[v] = 1;                                   // v está en q
    }
  }
  for (int u = 0; u < V; ++u)
    printf("SSSP(%d, %d) = %d\n", s, u, dist[u]);
```

C++	ch4/sssp/bellman_ford_moore.cpp
Java	ch4/sssp/bellman_ford_moore.java
Python	ch4/sssp/bellman_ford_moore.py
OCaml	ch4/sssp/bellman_ford_moore.ml

Resulta complicado analizar la verdadera complejidad de tiempo de este algoritmo. Se ejecuta en $O(kE)$, donde k es un número que depende del grafo de entrada. El k máximo podría llegar a ser V (lo que causaría que el peor caso de Bellman–Ford–Moore fuese el mismo $O(VE)$ de Bellman–Ford). Sin embargo, hemos comprobado que, en muchos de los problemas de SSSP de UVA/Kattis que aparecen en este libro, Bellman–Ford–Moore (que utiliza una cola) puede llegar a ser tan rápido como una buena implementación de Dijkstra (que utiliza una cola de prioridad).

Como Bellman–Ford–Moore es, en cierto sentido, similar al algoritmo de Dijkstra modificado, puede procesar grafos con aristas de peso negativo, siempre que no haya ciclos negativos[20]. Si el grafo tiene, al menos, un ciclo negativo alcanzable desde el vértice de origen s, la forma pura de Bellman–Ford–Moore no llegaría a finalizar su ejecución, ya que los vértices que se encuentren en el ciclo negativo reentrarían en la cola reiteradamente. Sin embargo, se puede modificar

---

[20]Utilizaremos Bellman–Ford–More como subrutina para el algoritmo de flujo mínimo y coste máximo (MCMF) en el Volumen II.

---

ligeramente (al igual que en la comprobación de Bellman–Ford) para detectar ciclos de peso negativo en $O(VE)$.

¿Por qué nos basta con relajar (en cualquier orden) todas las E aristas de un grafo ponderado, $V - 1$ veces, para obtener la información correcta de los SSSP mediante Bellman–Ford? Demuéstralo.

4.4.5 SSSP en concursos de programación

Resumen de variantes clásicas de SSSP

En la tabla 4.3, resumimos las formas básicas y todas las variantes de los problemas de SSSP que hemos visto en esta sección, junto a dos ejemplos de los jueces en línea UVa y Kattis. Puede ser una buena idea resolver, al menos, un problema de cada una de ellas.

Variante	UVa	Kattis
SSSP en grafo no ponderado, básico	00336	conquestcampaign
SSSP en grafo ponderado, básico	10986	shortestpath1
SSSP en grafo con ciclos negativos	00558	shortestpath3
SSSP en grafo implícito, no ponderado	10653	grid
SSSP en grafo implícito, ponderado	00929	blockcrusher
SSSP destino único	01148	flowerytrails
SP destino único	01112	detour
SP orígenes múltiples	13127	firestation
Con reconstrucción de camino más corto	11049	detour
En grafo ponderado 0/1	11573	showroom
Búsqueda estado–espacio básica (ver también el Volumen II)	10150	fulltank

Tabla 4.3: Variantes clásicas de SSSP y problemas de ejemplo

Según nuestra experiencia, la mayoría de los problemas sobre caminos más cortos no versan sobre grafos ponderados, que requerirían el uso de Dijkstra (u otros algoritmos más avanzado). Si consultas los ejercicios de programación de la sección 4.4 (y los que aparecen en el Volumen II), comprobarás que muchos de ellos (aproximadamente la mitad) tratan con grafos no ponderados y se pueden resolver mediante BFS (sección 4.4.2).

También detectamos una tendencia a que aquellos problemas que implican grafos ponderados no tratan sobre grafos con pesos negativos, que necesitarían emplear Bellman–Ford (u otros métodos igualmente lentos) o, lo que sería peor, grafos con ciclos negativos donde el problema de los SSSP no queda bien definido. Con un vistazo a los ejercicios de programación de la sección 4.4, queda claro que existen muy pocos que hagan uso de ciclos de peso negativo y que exijan la aplicación del algoritmo de Bellman–Ford (ver la sección 4.4.4).

Por lo tanto, como norma general, cuando encuentres un problema de SSSP, lo primero que debes determinar[21] es si el grafo en cuestión es ponderado. Si no lo es, utiliza directamente la BFS en $O(V + E)$, mucho más rápida. En caso contrario, cualquiera de las versiones, más lentas, de Dijkstra en $O((V + E) \log V)$ debería ser la elección apropiada.

VisuAlgo

Hemos incluido en VisuAlgo animaciones de la mayoría de los algoritmos para SSSP más habituales y que se han tratado en esta sección. Te recomendamos que utilices la herramienta para reforzar tu comprensión de los algoritmos para SSSP, proporcionando un grafo de entrada general o especial (dirigido y ponderado/no ponderado), además de un vértice de origen. Una vez hecho, podrás ver una animación sobre ese grafo en particular. Creemos que la versión animada resulta mucho más ilustrativa que la información estática proporcionada en el texto.

VISUALGO https://visualgo.net/en/sssp

Aplicación de ejemplo: Kattis - fulltank/UVa 11367 - Full Tank?

El factor más importante en la resolución de problemas de SSSP no se halla, en realidad, en el conocimiento de los diferentes algoritmos, sino en la habilidad para el modelado de grafos, esto es, la capacidad para identificar el grafo subyacente en el mismo enunciado del problema. Lo hemos repetido varias veces a lo largo del capítulo, porque su importancia es capital. Lo ilustraremos mediante un ejemplo.

Enunciado resumido del problema: dada la *longitud* de un grafo conexo ponderado, que almacena la longitud de las carreteras entre E pares de ciudades i y j ($1 \leq V \leq 1000, 0 \leq E \leq 10\,000$), el precio $p[i]$ del combustible en cada ciudad i y la capacidad del depósito c de un coche ($1 \leq c \leq 100$), determinar el coste del viaje más barato desde la ciudad de origen s a la de destino e, utilizando un coche con capacidad de combustible c. Todos los coches utilizan una unidad de combustible por cada unidad de distancia y comienzan con el depósito vacío.

Con este problema, pretendemos tratar la importancia del *modelado de grafos*. El grafo proporcionado explícitamente en este problema es un grafo ponderado de la red de carreteras. Sin embargo, no podemos resolver el problema solo con el grafo. Esto se debe a que el estado[22] de este problema requiere no solo la ubicación actual (ciudad), sino también el nivel de combustible en esa ubicación. De otro modo, no podremos determinar si el coche tiene suficiente combustible para realizar un viaje por determinada carretera (porque no podemos repostar en mitad del recorrido). Por lo tanto, usamos una pareja de datos para representar el estado (*ubicación, combustible*) y, al hacerlo, el número total de vértices del grafo modificado *explota*, al pasar de 1000 a $1000 \times 100 = 100\,000$ vértices. Llamamos al grafo modificado 'grafo estado–espacio'.

En el grafo estado–espacio, el vértice de origen es el estado $(s, 0)$, una ciudad de inicio s con el depósito vacío, y los vértices de destino son los estados $(e, cualquiera)$, una ciudad de destino e con un nivel de combustible entre $[0..c]$. Hay dos tipos de aristas en el grafo estado–espacio: las de peso 0, que van desde el vértice $(x, combustible_x)$ al $(y, combustible_x - longitud(x, y))$, si el coche tiene combustible suficiente para viajar del vértice x al y, y las de peso $p[x]$, que van desde

---

[21]Técnicamente, deberías poder resolver prácticamente todos los problemas de SSSP utilizando el algoritmo de Dijkstra en $O((V + E) \log V)$, ya que la diferencia $O(\log V)$ no supone un coste adicional excesivo. Consulta la tabla 4.4.

[22]Recordatorio: el estado es un subconjunto de parámetros del problema, que puede describir implícitamente al propio problema.

---

el vértice $(x, combustible_x)$ al $(x, combustible_x + 1)$, si el coche puede repostar en el vértice x una unidad de combustible (el nivel de combustible no puede exceder de la capacidad del depósito c). La ejecución del algoritmo de Dijkstra en este grafo estado–espacio, nos dará la solución del problema (ver también el Volumen II, para más información).

¿Qué viene ahora?

Insistimos en que los problemas de concursos de programación más recientes que implican SSSP, no están escritos como los problemas de SSSP directos que aparecen la tabla 4.3, sino de formas mucho más creativas como, por ejemplo, UVa 10067, 10801, 11367, 11492, 12160, Kattis - getshorty, emptyingbaltic, shoppingmalls, tide, etc. Por lo tanto, para obtener un buen resultado en un concurso, deberás asegurarte de dominar la técnica del modelado de grafos.

En la sección 4.5, trataremos el problema de los caminos más cortos entre todos los pares (APSP). En la sección 4.6.1, veremos el problema de caminos más cortos en grafos especiales. Y en el Volumen II se incluyen las versiones más complejas del problema SSSP, que necesitan de modelados de grafos y técnicas más complicadas, como encuentro en el medio o búsqueda bidireccional.

Ejercicio 4.4.5.1

El modelado del grafo del problema Kattis - fulltank/UVa 11367 Full Tank?, que acabamos de analizar, transforma el problema de SSSP sobre un grafo ponderado en el problema de SSSP sobre un grafo *estado–espacio* ponderado. ¿Es posible resolverlo mediante programación dinámica? Si la respuesta es afirmativa, ¿por qué? Si es negativa, ¿por qué no? Pista: lee la sección 4.6.1 y trata de resolver también el **ejercicio 4.6.1.1**.

Ejercicios de programación

Ejercicios de programación relativos a caminos más cortos de origen único:

En grafos no ponderados: BFS, fáciles

1. Nivel básico: **UVa 00336 - A Node Too Far** * SSSP sencillo, BFS
2. **UVa 00429 - Word Transformation** * cada palabra es un vértice, conectar 2 palabras con una arista si difieren en una letra
3. **UVa 10653 - Bombs; NO they ... ** * necesita una implementación eficiente de la BFS
4. **UVa 12160 - Unlock the Lock** * LA 4408 - KualaLumpur08, s: (número de 4 dígitos), aristas: pulsaciones de botones, BFS
5. *Kattis - buttonbashing* * muy similar a UVa 12160
6. *Kattis - grid* * BFS modificada con multiplicador del tamaño del paso
7. *Kattis - horror* * SSSP desde todos los orígenes = películas de terror, informar del ID más bajo con la distancia SSSP no ponderada más alta

Adicionales UVa: *00388, 00627, 00762, 00924, 01148, 10009, 10610, 10959.*

Adicionales Kattis: *conquestcampaign, elevatortrouble, erraticants, onaveragetheyrepurple, spiral, wettiles.*

En grafos no ponderados: BFS, difíciles

1. Nivel básico: *Kattis - lost* *   variante interesante del árbol de expansión BFS/SSSP
2. **UVa 11352 - Crazy King** *   comenzar filtrando el grafo, después se convierte en SSSP
3. **UVa 11792 - Krochanska is Here** *   cuidado con la 'estación importante'
4. **UVa 12826 - Incomplete Chessboard** *   SSSP desde (r1, c1) a (r2, c2) evitando (r3, c3), BFS
5. *Kattis - fire2* *   muy similar a UVa 11624
6. *Kattis - mallmania* *   BFS con orígenes múltiples desde m1, obtener el mínimo en el límite de m2, también disponible en UVa 11101 - Mall Mania
7. *Kattis - oceancurrents* *   SSSP ponderado 0/1, BFS+*deque*, también disponible en UVa 11573 - Ocean Currents

Adicionales UVa: *00314, 00383, 00859, 00949, 10044, 10067, 10977, 10993, 11049, 11377.*
Adicionales Kattis: *beehives2, dungeon, erdosnumbers, fire3, landlocked, lava, showroom, sixdegrees, slikar, zoning.*

Movimientos del caballo

1. Nivel básico: **UVa 00439 - Knight Moves** *   basta con una BFS por consulta
2. **UVa 00633 - Chess Knight** *   alternancia de movimientos del caballo y del alfil (con distancia limitada a 2), se resuelve con una sola BFS por consulta
3. **UVa 10426 - Knights' Nightmare** *   para cada caballo, hacer una BFS cuando el monstruo está dormido/despierto, intentos: uno despierta al monstruo y el resto lo rodean
4. **UVa 10477 - The Hybrid Knight** *   s: (fila, columna, estado_del_caballo), grafo no ponderado implícito, diferentes aristas para diferentes estado_del_caballo
5. *Kattis - grasshopper* *   BFS en grafo implícito de saltos del caballo
6. *Kattis - hidingplaces* *   SSSP desde (r, c), hallar las casillas con distancia máxima, escribir resultado
7. *Kattis - knightjump* *   SSSP no ponderado desde la casilla que contiene 'K' hasta (1, 1), utilizando movimientos de caballo, evitar las casillas '#'

En grafos ponderados: Dijkstra, fáciles

1. Nivel básico: *Kattis - shortestpath1* *   problema estándar de Dijkstra
2. **UVa 01112 - Mice and Maze** *   LA 2425 - SouthwesternEurope01, SDSP
3. **UVa 10986 - Sending email** *   aplicación directa de Dijkstra
4. **UVa 13127 - Bank Robbery** *   Dijkstra desde orígenes múltiples
5. *Kattis - flowerytrails* *   Dijkstra, almacenar el grafo precedente pues puede haber varios caminos más cortos, también disponible en UVa 12878 - Flowery Trails
6. *Kattis - shortestpath2* *   Dijkstra con modificación, las aristas solo están disponibles periódicamente, cuidado con el caso $P = 0$
7. *Kattis - texassummers* *   Dijkstra, grafo ponderado completo, escribir camino

Adicionales UVa: *00929.*
Adicionales Kattis: *george, getshorty, hopscotch50, subway2.*

En grafos ponderados: Dijkstra, difíciles

1. Nivel básico: **Kattis - visualgo** * Dijkstra genera un DAG de expansión SSSP si existen varios caminos más cortos de *s* a *t*, contar los caminos del DAG
2. **UVa 00589 - Pushing Boxes** * SSSP ponderado: mover la caja de *s* a *t* y SSSP no ponderado: mover al jugador a la posición correcta para empujar la caja
3. **UVa 12047 - Highest Paid Toll** * uso inteligente de Dijkstra, ejecutar Dijkstra desde el origen y desde el destino
4. **UVa 12950 - Even Obsession** * uso inteligente de Dijkstra, en vez de extender por una arista, podemos hacerlo por dos cada vez
5. *Kattis - blockcrusher* * Dijkstra desde la fila superior a la inferior, escribir camino
6. *Kattis - emptyingbaltic* * variante de Dijkstra, el árbol de expansión crece desde el desagüe
7. *Kattis - invasion* * SSSP con orígenes múltiples y sucesivos, varias llamadas a Dijkstra (se va haciendo más ligero si se poda adecuadamente)

Adicionales UVa: *00157, 00523, 00721, 01202, 10166, 10187, 10356, 10603, 10801, 10967, 11338, 11492, 11833, 12144.*

Adicionales Kattis: *backpackbuddies, detour, firestation, forestfruits, fulltank, gruesomecave, passingsecrets, shoppingmalls, tide, wine.*

Otros: IOI 2011 - Crocodile (se puede modelar como un problema de SSSP).

En grafos pequeños (con ciclos negativos): Bellman–Ford

1. Nivel básico: **UVa 00558 - Wormholes** * comprobar si existen ciclos negativos
2. **UVa 10449 - Traffic** * hallar el camino que tenga el peso mínimo, que puede ser negativo, cuidado: $\infty + peso\ negativo$ es menor que ∞
3. **UVa 11280 - Flying to Fredericton** * Bellman–Ford modificado
4. **UVa 12768 - Inspired Procrastination** * insertar $-F$ como peso de la arista, comprobar si hay ciclos negativos o hallar el valor mínimo de SSSP desde $s = 1$
5. *Kattis - hauntedgraveyard* * Bellman–Ford, es necesario comprobar ciclos negativos
6. *Kattis - shortestpath3* * Bellman–Ford, ejecutar DFS/BFS desde vértices que sean parte de cualquier ciclo negativo
7. *Kattis - xyzzy* * comprobar ciclos 'positivos', comprobar conectividad, también disponible en UVa 10557 - XYZZY

Adicionales UVa: *00423.*

Adicionales Kattis: *crosscountry.*

4.5 Caminos más cortos entre todos los pares

4.5.1 Introducción y motivación

Enunciado resumido del problema: dado un grafo conexo y ponderado G, con $V \leq 100$, y dos vértices s y d, encontrar el valor máximo posible de `dist[s][i]+dist[i][d]`, de entre todos los $i \in [0..V - 1]$. Esta es la idea clave para resolver UVa 11463 - Commandos. Sin embargo, ¿cuál es la mejor manera de implementar la solución a este problema?

El problema necesita la información de los caminos más cortos desde todos los orígenes (todos los vértices) posibles de G. Podemos hacer V llamadas al algoritmo de Dijkstra, que hemos visto antes, en la sección 4.4.3. Pero, ¿se puede resolver este problema con un código *más corto*? La respuesta es que sí. Si el grafo ponderado dado tiene $V \leq 450$, existe otro algoritmo que es *mucho más fácil de programar*.

Cargamos el pequeño grafo en una matriz de adyacencia AM y ejecutamos el siguiente código de cuatro líneas, con tres bucles anidados. Cuando termine, AM[i][j] contendrá la distancia del camino más corto entre el par de vértices i y j de G. Ahora, el problema original (UVa 11463), se ha convertido en fácil.

```
1   // dentro de int main()
2   // condición previa: AM[i][j] contiene el peso de la arista (i, j)
3   // o INF (1000M) si no existe esa arista, usar memset(AM, 63, sizeof AM)
4   // AM es un array de enteros con signo de 32 bits
5   for (int k = 0; k < V; k++)          // el orden de los bucles es k->i->j
6     for (int i = 0; i < V; i++)
7       for (int j = 0; j < V; j++)
8         AM[i][j] = min(AM[i][j], AM[i][k]+AM[k][j]);
```

C++	ch4/floyd_warshall.cpp
Java	ch4/floyd_warshall.java
Python	ch4/floyd_warshall.py
OCaml	ch4/floyd_warshall.ml

Este es el algoritmo de Floyd–Warshall, inventado por Robert W. *Floyd* [15] y Stephen *Warshall* [60]. El algoritmo de Floyd–Warshall es un algoritmo de programación dinámica que, evidentemente, se ejecuta en $O(V^3)$, debido a sus tres bucles anidados[23]. Por lo tanto, en concursos de programación, solo puede utilizarse con grafos donde $V \leq 450$. De forma generalista, Floyd–Warshall resuelve otro problema de grafos clásico: el de los caminos más cortos entre todos los pares (APSP). Es una alternativa (para grafos pequeños) a llamar al algoritmo SSSP varias veces (asumiendo pesos de aristas no negativos):

1. V llamadas a Dijkstra en $O((V + E) \log V) = O(V^3 \log V)$ si $E = O(V^2)$.

2. V llamadas a Bellman–Ford en $O(VE) = O(V^4)$ si $E = O(V^2)$.

El principal atractivo de Floyd–Warshall, en los concursos de programación, reside en la velocidad de su implementación, con solo cuatro líneas. Si el grafo dado es pequeño ($V \leq 450$), no dudes en utilizarlo, aunque solo necesites una solución para el problema del SSSP.

Ejercicio 4.5.1.1

¿Hay alguna razón por la que AM[i][j] se deba establecer a mil millones (10^9) para indicar que no hay ninguna arista entre i y j? ¿Por qué no utilizar $2^{31} - 1$ (MAX_INT)?

---

[23]Floyd–Warshall utilizará una matriz de adyacencia para que el peso de la arista (i, j) sea accesible en $O(1)$.

En la sección 4.4.4, diferenciamos los grafos con aristas de peso negativo, pero sin ciclos de peso negativo, y grafos con ciclos de peso negativo. ¿Funcionará este algoritmo de Floyd–Warshall en grafos de peso negativo y/o ciclos de peso negativo?

4.5.2 Algoritmo de Floyd–Warshall

Incluimos esta sección en beneficio de los lectores interesados en saber por qué funciona el algoritmo de Floyd–Warshall. Puedes no leerla, si te das por satisfecho con utilizar el algoritmo. Sin embargo, interesarte por esta sección puede fortalecer tus habilidades de programación dinámica. Ten en cuenta que hay problemas de grafos para los que todavía no existe un algoritmo clásico y deben ser resueltos mediante técnicas de DP (ver la sección 4.6.1).

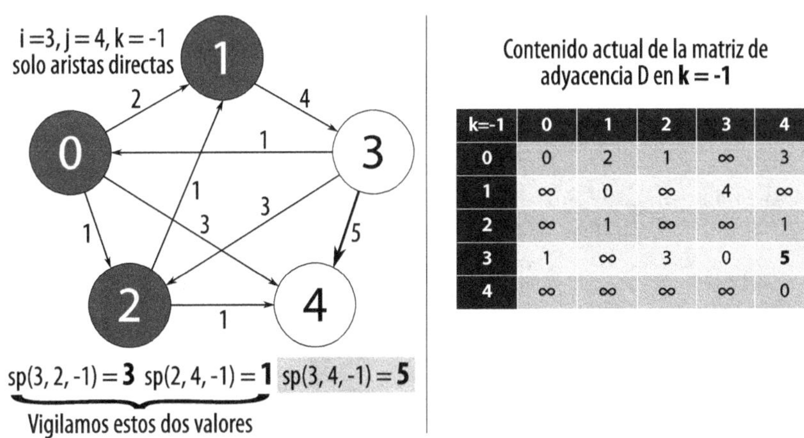

Figura 4.23: Explicación de Floyd–Warshall 1

La idea básica detrás del algoritmo de Floyd–Warshall está en permitir, de forma gradual, el uso de vértices intermedios (vértice [0..k]), para formar los caminos más cortos. Identificamos el camino más corto del vértice i al j utilizando solo vértices intermedios [0..k], como sp(i,j,k). Vamos a etiquetar los vértices desde 0 hasta $V-1$. Comenzamos solo con aristas directas cuando $k = -1$, es decir, sp(i,j,-1) = peso de la arista (i,j). Después, encontramos los caminos más cortos entre dos vértices cualesquiera, con la ayuda de vértices intermedios restringidos desde el vértice [0..k]. En la figura 4.23, queremos encontrar sp(3,4,4), el camino más corto desde el vértice 3 al 4, utilizando cualquier vértice intermedio del grafo (vértice [0..4]). El camino más corto resultará ser $3 \rightarrow 0 \rightarrow 2 \rightarrow 4$, con coste 3. Pero, ¿cómo llegamos a esta solución? Sabemos que, utilizando solo aristas directas, sp(3,4,-1) = 5, como se muestra en la figura 4.23. Llegaremos a la solución para sp(3,4,4), en algún momento, desde sp(3,2,2)+sp(2,4,2). Pero al usar solo aristas directas, sp(3,2,-1)+sp(2,4,-1) = 3+1 = 4 sigue siendo > 3.

Entonces, Floyd–Warshall va permitiendo gradualmente $k = 0$, seguido de $k = 1, k = 2, ...,$ hasta $k = V-1$. Cuando permitimos $k = 0$, es decir, cuando el vértice 0 se puede utilizar como intermedio, sp(3,4,0) queda reducido a sp(3,4,0) = sp(3,0,-1) + sp(0,4,-1) = 1+3 = 4, como se muestra en la figura 4.24. También, al utilizar $k = 0$, sp(3,2,0), que necesitaremos después,

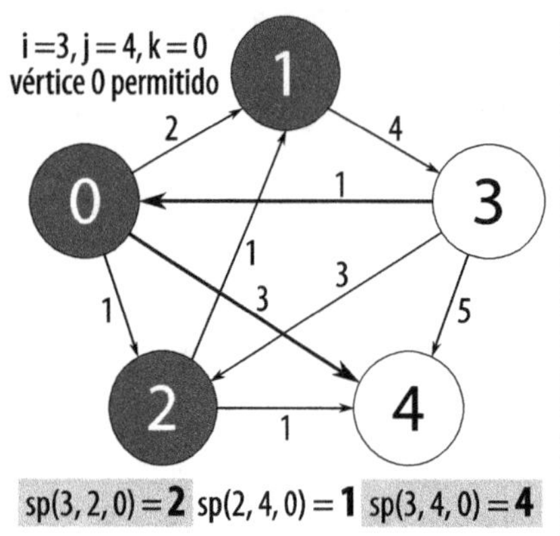

k=0	0	1	2	3	4
0	0	2	1	∞	3
1	∞	0	∞	4	∞
2	∞	1	0	∞	1
3	1	3	2	0	4
4	∞	∞	∞	∞	0

Figura 4.24: Explicación de Floyd–Warshall 2

se reduce de 3 a `sp(3,0,-1) + sp(0,2,-1)` = 1+1 = 2. Floyd–Warshall procesará `sp(i,j,0)` para el resto de pares, teniendo en consideración solo el vértice 0 como intermedio, pero hay un cambio más: `sp(3,1,0)` de ∞ a 3.

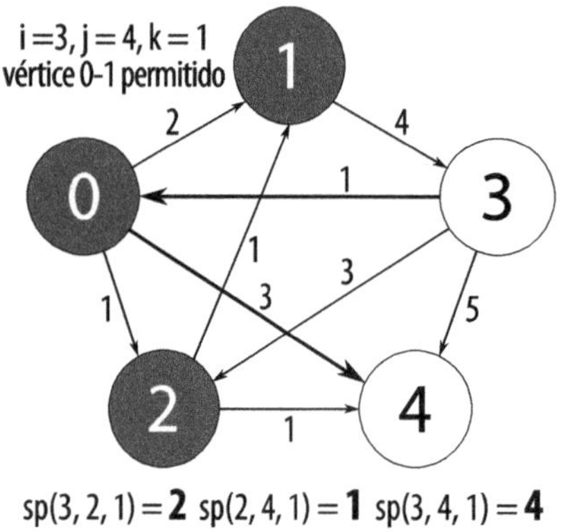

k=1	0	1	2	3	4
0	0	2	1	6	3
1	∞	0	∞	4	∞
2	∞	1	0	5	1
3	1	3	2	0	4
4	∞	∞	∞	∞	0

Figura 4.25: Explicación de Floyd–Warshall 3

Cuando permitimos $k = 1$, es decir, los vértices 0 y 1 se pueden utilizar ahora como vértices intermedios, ocurre que no hay cambios en `sp(3,2,1)`, `sp(2,4,1)` ni `sp(3,4,1)`. Sin embargo, cambian los valores de `sp(0,3,1)` y `sp(2,3,1)`, como se muestra en la figura 4.25, pero estos no afectarán al cálculo final del camino más corto entre los vértices 3 y 4.

Al permitir $k = 2$, es decir, se pueden utilizar los vértices 0, 1 y 2 como intermedios, `sp(3,4,2)` se vuelve a reducir a `sp(3,4,2)` = `sp(3,2,2)+sp(2,4,2)` = 2+1 = 3, como se muestra en la figura 4.26. Floyd–Warshall repite este proceso para $k = 3$ y, finalmente, $k = 4$, pero `sp(3,4,4)` se mantiene en 3, y esta es la respuesta final.

Formalmente, definimos las recurrencias de programación dinámica de Floyd–Warshall de la siguiente manera. Pongamos que $D_{i,j}^{k}$ es la distancia más corta entre i y j con solo $[0..k]$ como vértices intermedios. A partir de ahí, el caso base y las recurrencias de Floyd–Warshall son:

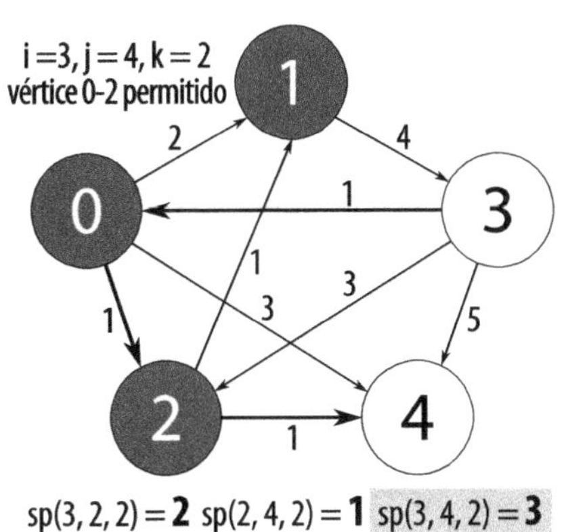

Figura 4.26: Explicación de Floyd–Warshall 4

- $D_{i,j}^{-1} = peso(i, j)$. Este es el caso base cuando no utilizamos ningún vértice intermedio.

- $D_{i,j}^{k} = \text{mín}(D_{i,j}^{k-1}, D_{i,k}^{k-1} + D_{k,j}^{k-1}) = \text{mín}(\text{sin vértice } k, \text{con vértice } k)$, para $k \geq 0$.

Esta formulación de DP se debe rellenar capa a capa (incrementando k). Para completar una entrada en la tabla k, debemos hacer uso de las entradas en la tabla $k - 1$. Por ejemplo, para calcular $D_{3,4}^{2}$, (fila 3, columna 4, $k = 2$ en la tabla, con el índice empezando en 0), consultamos el mínimo de $D_{3,4}^{1}$, o la suma de $D_{3,2}^{1} + D_{2,4}^{1}$ (ver figura 4.27). La implementación ingenua consiste en utilizar una matriz de tres dimensiones D[k][i][j], de tamaño $O(V^3)$. Sin embargo, como para calcular la capa k, solo necesitamos conocer los valores de la capa $k - 1$, podemos abandonar la dimensión k y calcular D[i][j] 'al vuelo' (ver el truco de ahorro de espacio de la sección 3.5.1). Por lo tanto, el algoritmo de Floyd–Warshall solo necesita un espacio de $O(V^2)$, aunque se sigue ejecutando en tiempo $O(V^3)$.

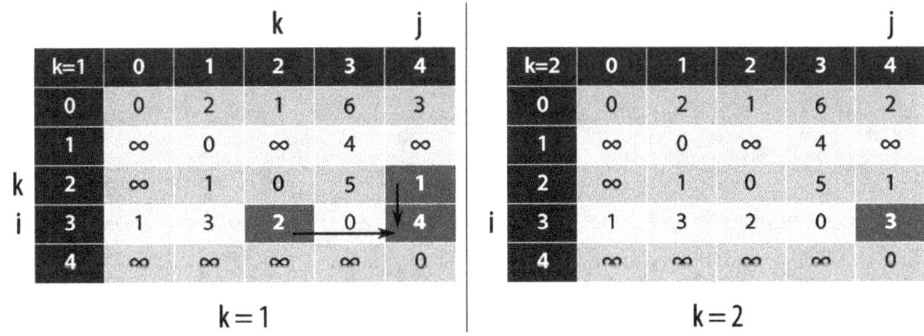

Figura 4.27: Tabla de DP de Floyd–Warshall

4.5.3 Otras aplicaciones

El uso más habitual de Floyd–Warshall es resolver el problema de los APSP. Sin embargo, se utiliza frecuentemente en otros problemas, siempre que el grafo de entrada sea pequeño. A continuación, enumeramos algunas variantes de problemas que también se pueden resolver mediante este algoritmo.

Solución al problema de los SSSP en un grafo (ponderado) pequeño

Si tenemos la información de los caminos más cortos entre todos los pares (APSP), también podemos obtener la información de los caminos más cortos de origen único (SSSP) de cualquier origen posible. Si el grafo (ponderado) dado es pequeño, $V \leq 450$, puede resultar beneficioso, en relación al tiempo de programación, utilizar el código de cuatro líneas de Floyd–Warshall frente a los más largos para BFS (en grafos no ponderados) o Dijkstra/Bellman–Ford (en grafos ponderados).

Mostrar los caminos más cortos

Un problema habitual, que encuentran los programadores que utilizan la implementación de cuatro líneas de Floyd–Warshall sin entender su funcionamiento, se pone de relevancia cuando se les pide que, además, indiquen cuáles son los caminos más cortos. En los algoritmos BFS, Dijkstra, Bellman–Ford o SPFA, nos basta con registrar el árbol de expansión de los caminos más cortos, utilizando un vi p unidimensional, para almacenar la información de los padres de cada vértice. En Floyd–Warshall, debemos utilizar una matriz bidimensional para ello. Reproducimos a continuación el código modificado:

```
1   // dentro de int main()
2   // p = matriz 2D de padres, donde p[i][j] es el último vértice antes de j
3   // en un camino más corto de u a v, es decir, i -> ... -> p[i][j] -> j
4   for (int i = 0; i < V; ++i)
5     for (int j = 0; j < V; ++j)
6       p[i][j] = i;                             // inicialización
7   for (int k = 0; k < V; ++k)
8     for (int i = 0; i < V; ++i)
9       for (int j = 0; j < V; ++j)
10        if (AM[i][k]+AM[k][j] < AM[i][j]) {    // usar sentencia if
11          AM[i][j] = AM[i][k]+AM[k][j];
12          p[i][j] = p[k][j];                   // actualizar matriz p
13        }
14  // si necesitamos escribir los caminos, podemos utilizar el siguiente método:
15  void printPath(int i, int j) {
16    if (i != j) printPath(i, p[i][j]);
17    printf(" %d", j);
18  }
```

Clausura transitiva (algoritmo de Warshall)

Stephen *Warshall* [60] desarrolló un algoritmo para el problema de la clausura transitiva: dado un grafo, determinar si el vértice *i* está conectado al *j*, directa *o indirectamente*. Esta variante utiliza operadores lógicos de bits, que son (mucho) más rápidos que los operadores aritméticos.

Inicialmente, `AM[i][j]` contiene 1 (`verdadero`), si el vértice i está conectado *directamente* al vértice j y 0 (`falso`) en caso contrario. Después de ejecutar el siguiente código del algoritmo de Warshall en $O(V^3)$, podemos comprobar si dos vértices i y j cualesquiera están conectados directa o indirectamente, consultando `AM[i][j]`.

```
1   for (int k = 0; k < V; k++)
2     for (int i = 0; i < V; i++)
3       for (int j = 0; j < V; j++)
4         AM[i][j] |= (AM[i][k] & AM[k][j]);
```

Minimax y maximin (revisitado)

Hemos visto el problema del camino *minimax* (y *maximin*) en la sección 4.3.4. La solución utilizando el algoritmo de Floyd–Warshall se incluye a continuación. En primer lugar, inicializamos `AM[i][j]` al peso de la arista (`i`, `j`). Este el es coste *minimax* predeterminado, para dos vértices que están conectados directamente. Para la pareja (`i`, `j`), sin ninguna arista directa, establecemos `AM[i][j] = INF`. Después, probamos todos los k vértices intermedios posibles. El coste *minimax* `AM[i][j]` es el mínimo entre sí mismo y el máximo entre `AM[i][k]` o `AM[k][j]`. Esta técnica solo se puede utilizar si $V \leq 450$.

```
1   for (int k = 0; k < V; k++)
2     for (int i = 0; i < V; i++)                  // invertir mín y máx
3       for (int j = 0; j < V; j++)                // para el caso maximin
4         AM[i][j] = min(AM[i][j], max(AM[i][k], AM[k][j]));
```

Búsqueda del ciclo más barato/negativo

En la sección 4.4.4, hemos visto cómo el algoritmo de Bellman–Ford finaliza después de $O(VE)$, independientemente del tipo del grafo de entrada (ya que relaja todas las E aristas un máximo de $V - 1$ veces), y cómo se puede se puede utilizar para comprobar si un grafo dado tiene ciclos negativos. Floyd–Warshall también finaliza después de $O(V^3)$ pasos, independientemente del tipo del grafo de entrada. Esta característica permite utilizar Floyd–Warshall para detectar si el grafo (pequeño) tiene ciclos, ciclos negativos e, incluso, encontrar el ciclo más barato (no negativo) de entre todos los posibles (la cintura del grafo).

Para hacerlo, fijamos inicialmente la *diagonal principal* de la matriz de adyacencia a un valor muy grande, como `AM[i][i] = INF` (`1000M`). Después, ejecutamos el algoritmo de Floyd–Warshall en $O(V^3)$. En este momento, comprobamos el valor de `AM[i][i]`, que ahora indica el peso del camino cíclico más corto desde el vértice i, que pasa por hasta $V - 1$ vértices intermedios y vuelve a i. Si `AM[i][i]` ya no es `INF` en ningún $i \in [0..V-1]$, tenemos un ciclo. El `AM[i][i]` no negativo menor, $\forall i \in [0..V-1]$ es el ciclo *más barato*. Si `AM[i][i] < 0` para cualquier $i \in [0..V-1]$, entonces tenemos un ciclo *negativo*, porque si tomamos este camino cíclico más de una vez, obtendremos un camino más corto que el 'más corto'.

Búsqueda del diámetro de un grafo

El diámetro de un grafo se define como la longitud máxima de los caminos más cortos entre cualquier par de vértices de ese grafo. Para encontrar el diámetro de un grafo, primero buscamos el camino más corto entre cada par de vértices (es decir, el problema de los APSP). La distancia máxima de las encontradas es el diámetro del grafo. UVa 01056 - Degrees of Separation, que apareció en la final mundial de 2006 del ICPC es, precisamente, este problema. Para resolverlo, podemos ejecutar inicialmente el algoritmo de Floyd–Warshall en $O(V^3)$, para calcular la información APSP necesaria. Después, podemos identificar el diámetro del grafo buscando el valor máximo en AM, procesada con APSP, en $O(V^2)$. Pero solo podremos hacerlo en un grafo pequeño con $V \leq 450$.

Búsqueda de los SCC de un grafo dirigido

En la sección 4.2.2, hemos visto cómo el algoritmo de Tarjan en $O(V + E)$ puede utilizarse para identificar los SCC de un grafo dirigido. Sin embargo, el código resulta un tanto largo. Si el grafo de entrada es pequeño (por ejemplo, UVa 00247 - Calling Circles, UVa 01229 - Sub-dictionary, UVa 10731 - Test), también podemos identificar los SCC del grafo en $O(V^3)$, utilizando el algoritmo de clausura transitiva de Warshall y, después, realizando la siguiente comprobación: para encontrar todos los miembros de un SCC que contengan un vértice i, comprobar el resto de vértices j ∈ [0..V-1]. Si AM[i][j] && AM[j][i] es verdadero, entonces los vértices i y j pertenecen al mismo SCC.

Ejercicio 4.5.3.1

¿Cómo se puede encontrar la clausura transitiva de un grafo con $V \leq 1000, E \leq 100\,000$? Supongamos que solo hay Q ($1 \leq Q \leq 100$) consultas de clausura transitiva en este problema, mediante esta pregunta: ¿está el vértice u conectado al vértice v, directa o indirectamente? ¿Qué ocurre si el grafo de entrada es *dirigido*? ¿Simplifica esta propiedad dirigida el problema?

Ejercicio 4.5.3.2

El arbitraje es el intercambio de una divisa por otra, con la esperanza de obtener ventaja de pequeñas diferencias en las tasas de conversión entre diferentes divisas, para obtener un beneficio. Por ejemplo (UVa 436 - Arbitrage (II)): si 1,0 dólares de Estados Unidos (USD) se pueden cambiar por 0,5 libras esterlinas (GBP), 1,0 GBP puede comprar 10,0 francos franceses (FRF), y 1,0 FRF se pueden cambiar por 0,21 USD, un negociador de arbitraje puede empezar con 1,0 USD y comprar $1,0 \times 0,5 \times 10,0 \times 0,21 = 1,05$ USD, obteniendo un beneficio del 5 %. Este problema es, en realidad, un problema de búsqueda de un *ciclo rentable*. Es muy similar al problema de búsqueda de ciclos con Floyd–Warshall, tratado en esta sección. Resuelve este problema utilizando Floyd–Warshall.

¿Cómo resolver el problema de caminos más cortos entre *algunos pares* más rápido que en $O(V^3)$, si el grafo tiene aristas de pesos no negativos y solo necesitamos la información de caminos más cortos desde K ($1 \leq K < V/(\log V)$) vértices de origen independiente hasta otros V vértices?

Muestra cómo resolver el problema APSP más rápido que en $O(V^3)$ si el grafo ponderado puede tener algunas aristas de pesos negativos, pero es *disperso*, es decir, $E = O(V)$.

4.5.4 APSP en concursos de programación

Para resolver el problema de los caminos más cortos de origen único (SSSP) de la sección 4.4, es posible utilizar varios de los algoritmos vistos en esa misma sección (las dos versiones de Dijkstra o Bellman–Ford y su mejora SPFA), junto a uno más, Floyd–Warshall, que acabamos de estudiar. Sin embargo, cada uno de ellos presenta sus propias particularidades.

Para ayudar al lector a dedicir qué algoritmo debe aplicar, en base a diferentes criterios del grafo, incluimos la tabla de decisión 4.4, para el contexto de un concurso de programación, sobre algoritmos de caminos más cortos. La terminología utilizada es la siguiente: 'mejor' → algoritmo más adecuado, 'válido' → algoritmo correcto pero no el mejor, 'malo' → algoritmo (muy lento), 'WA' → algoritmo incorrecto y 'excesivo' → algoritmo correcto pero innecesario. Asumimos un máximo de $100M$ de operaciones con ≈ 1 segundo de límite de tiempo y un único caso de prueba.

Criterio del grafo	BFS en $O(V + E)$	Dijkstra en $O((V + E) \log V)$	Bellman–Ford en $O(VE)$	Floyd–Warshall en $O(V^3)$
Tamaño máximo	$V + E \leq 100M$	$V + E \leq 1M$	$VE \leq 100M$	$V \leq 450$
No ponderado	Mejor	Válido	Malo	Malo en general
Ponderado	WA	Mejor	Válido	Malo en general
Peso negativo	WA	Modificado válido	Válido	Malo en general
Ciclo negativo	No lo detecta	No lo detecta	Lo detecta	Lo detecta
Grafo pequeño	WA si es ponderado	Excesivo	Excesivo	Mejor

Tabla 4.4: Tabla de decisión del algoritmo para caminos más cortos

A partir de la tabla 4.4, podemos observar que, cuando el grafo ponderado dado es pequeño ($V \leq 450$), algo que *antes* ocurría habitualmente (y, en la actualidad, con menor frecuencia), resulta evidente que la mejor elección es Floyd–Warshall en $O(V^3)$.

Se nos ocurren dos motivos por los que el algoritmo de Floyd–Warshall es una buena elección en un concurso de programación, a pesar de su elevada complejidad de tiempo. El más obvio es que el problema de caminos más cortos nos pida la información del camino más corto *de entre muchos (hasta todos) los pares*, y no solo desde un origen hacia el resto.

Otra razón, menos evidente, es que el problema de los caminos más cortos resulte ser un *subproblema* de otro más amplio, (mucho) más complejo. Para lograr que el problema (difícil) se pueda resolver durante el concurso, el autor del mismo establece, intencionadamente, un tamaño de entrada lo suficientemente pequeño como para que la parte de caminos más cortos se pueda abordar mediante la implementación en cuatro líneas de Floyd–Warshall (por ejemplo, UVa 10171, 10793, 11463, Kattis - transportationplanning). Un programador no competitivo tomaría la ruta más tortuosa para ocuparse del subproblema.

¿Qué viene ahora?

Volveremos a encontrarnos con problemas sobre caminos más cortos a lo largo del libro como, por ejemplo, en la sección 4.6.1 (caminos más cortos en un árbol, DAG) y en el Volumen II (búsqueda estado–espacio).

Perfiles de los inventores de algoritmos

Richard Ernest Bellman (1920-1984) fue un matemático aplicado estadounidense. Además de inventar el **algoritmo de Bellman Ford**, para la búsqueda de los caminos más cortos en grafos que tienen aristas ponderadas de peso negativo (y, posiblemente, ciclos de peso negativo), Richard Bellman es especialmente conocido por su invención de la técnica de la *programación dinámica* en 1953.

Lester Randolph Ford, Jr. (1927-2017) fue un matemático estadounidense especializado en problemas de flujo de red. El artículo de 1956 de Ford, junto a Fulkerson, sobre el problema del flujo máximo, y el **método Ford–Fulkerson** para resolverlo, estableció el teorema del flujo máximo corte mínimo.

Robert W. Floyd (1936-2001) fue un eminente científico de la computación estadounidense. Las aportaciones de Floyd incluyen el diseño del **algoritmo de Floyd** [15], que encuentra de forma eficiente todos los caminos más cortos en un grafo. Floyd trabajó mano a mano con Donald Ervin Knuth, siendo, concretamente, el principal revisor de la obra fundamental de Knuth, *'The Art of Computer Programming'*. También inventó la rápida rutina de montículo de construcción en $O(n)$ a partir de un *array* no ordenado.

Stephen Warshall (1935-2006) fue un científico de la computación, que inventó el **algoritmo de clausura transitiva**, conocido ahora como **algoritmo de Warshall** [60]. Este algoritmo fue bautizado, posteriormente, como Floyd–Warshall, pues Floyd inventó, en esencia y de forma independiente, el mismo algoritmo.

Ejercicios de programación

Ejercicios de programación para el algoritmo de Floyd–Warshall:

Aplicación estándar de Floyd–Warshall (para APSP o SSSP en grafos pequeños)

1. Nivel básico: **UVa 00821 - Page Hopping** *   LA 5221 - WorldFinals Orlando00, uno de los problemas más fáciles en una final mundial del ICPC

2. **UVa 01247 - Interstar Transport** *   LA 4524 - Hsinchu09, Floyd–Warshall con modificaciones: preferencia al camino más corto con menos vértices intermedios

3. **UVa 10354 - Avoiding Your Boss** *   buscar y eliminar las aristas implicadas en los caminos más cortos del jefe, volver a ejecutar los caminos más cortos desde casa al mercado

4. **UVa 11463 - Commandos** *   la solución es sencilla con información de APSP

5. *Kattis - allpairspath* *   Floyd–Warshall básico, comprobación complicada de ciclos negativos

6. *Kattis - importspaghetti* *   ciclo más pequeño, escribir el camino rompiendo el bucle en i - otro vértice j - i

7. *Kattis - transportationplanning* *   APSP, Floyd–Warshall, utilizar cada arista no utilizada y comprobar la reducción de distancia, obtener el mínimo, $O(n^4)$

Adicionales UVa: *00341, 00567, 01233, 10171, 10525, 10724, 10793, 10803, 10947, 11015, 12319, 13249.*
Adicionales Kattis: *hotels, slowleak.*

Variantes

1. Nivel básico: **UVa 01056 - Degrees of ...** *   LA 3569 - WorldFinals SanAntonio06, búsqueda del diámetro de un grafo pequeño mediante Floyd–Warshall

2. **UVa 00869 - Airline Comparison** *   ejecutar Warshall dos veces en diferentes grafos, comparar las dos matrices de adyacencia

3. **UVa 10342 - Always Late** *   Floyd–Warshall para obtener los valores APSP, intentar cometer un único error para determinar el segundo mejor camino más corto

4. **UVa 10987 - Antifloyd** *   uso creativo del algoritmo de Floyd–Warshall, eliminar la arista directa si podemos desviarnos sin aumentar el coste

5. *Kattis - arbitrage* *   problema de arbitraje, similar a UVa 00104 y 00436

6. *Kattis - kastenlauf* * $n \leq 100$, problema de clausura transitiva de Warshall

7. *Kattis - secretchamber* *   LA 8047 - WorldFinals RapidCity17, clausura transitiva de Warshall, también disponible en UVa 01757 - Secret Chamber ...

Adicionales UVa: *00104, 00125, 00186, 00274, 00334, 00436, 00925, 01198, 10246, 10331, 10436, 11047.*
Adicionales Kattis: *assembly, isahasa.*
Otros: ver también el uso de Floyd–Warshall como subrutina de un problema más complejo en el Volumen II (en la sección sobre descomposición de problemas).

4.6 Grafos especiales

Existen algoritmos polinómicos más sencillos y rápidos para algunos problemas de grafos básicos, si el grafo dado es *especial*. Con nuestra experiencia, hemos identificados los siguientes cuatro[24] grafos especiales, que suelen aparecer en concursos de programación (según su frecuencia de aparición decreciente): **grafo acíclico dirigido (DAG)**, **árbol**, **grafo bipartito** y **grafo euleriano**. Los autores de los problemas pueden obligar a los concursantes a utilizar algoritmos específicos para estos grafos especiales, al proporcionar tamaños de entrada grandes, en los que un algoritmo generalista, aunque correcto, obtendría un veredicto de tiempo límite superado (TLE) (ver

---

[24]Existen algunos grafos especiales más, muy poco habituales (ver la sección 4.6.5).

la información sobre esto contenida en [17]). En esta sección, trataremos algunos problemas de grafos populares que utilizan estos grafos especiales (ver la figura 4.28), muchos de los cuales ya han sido tratados como grafos generalistas. Los cuatro tipos de grafos están incluidos en el temario de la IOI [16].

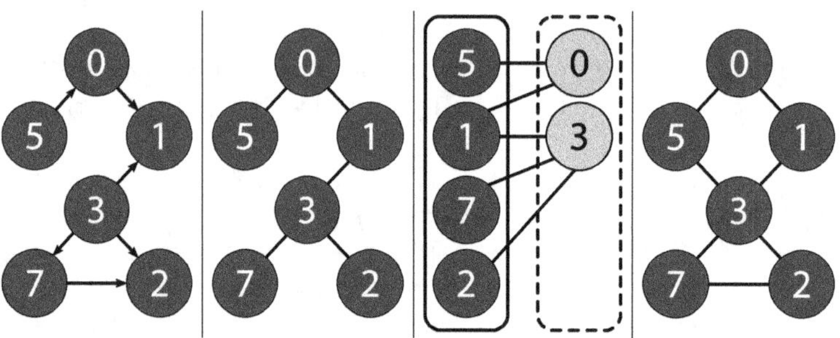

Figura 4.28: Grafos especiales (izquierda a derecha): DAG, árbol, bipartito, euleriano

4.6.1 Grafo acíclico dirigido

Un grafo acíclico dirigido (DAG) es un grafo especial, que cuenta con las características de que es dirigido y no tiene ciclos. Un DAG garantiza la ausencia de ciclos *por definición*. Esto hace que los problemas que se pueden modelar como un DAG sean muy apropiados para una solución con técnicas de programación dinámica (ver la sección 3.5). Después de todo, la recurrencia en la DP debe ser *acíclica*. Podemos ver los estados de la DP como vértices de un DAG implícito, y las transiciones acíclicas entre los estados de DP como aristas dirigidas del mismo. La ordenación topológica de ese DAG (ver la sección 4.2.6), permite que cada problema superpuesto (subgrafo del DAG) sea procesado una sola vez.

Caminos más cortos/largos (de origen único) en un DAG

El problema de los caminos más cortos de origen único (SSSP) se vuelve mucho más sencillo si el grafo dado es un DAG. Esto se debe a que, para un DAG, existe, al menos, un orden topológico. Podemos utilizar un algoritmo de ordenación topológica en $O(V + E)$, como el de la sección 4.2.6, para encontrar ese orden y, después, relajar las aristas salientes de los vértices, de acuerdo a su orden. El orden topológico nos asegura que, si tenemos un vértice Y que tiene una arista entrante desde el vértice X, el vértice Y será relajado *después* de que el X haya obtenido el valor de distancia más corta correcto. De esta forma, la propagación de los valores de distancia más corta será correcta con una sola pasada lineal en $O(V + E)$. Esta es, también, la esencia del principio de la programación dinámica, de evitar volver a calcular los problemas superpuestos, como ya hemos visto en la sección 3.5. Cuando calculamos la DP de abajo a arriba, lo que hacemos, en esencia, es rellenar la tabla de DP utilizando el orden topológico del DAG implícito subyacente de recurrencias de DP.

El problema de los *caminos más largos* (de origen único[25]), es un problema de búsqueda de los

---

[25]En realidad, podrían ser orígenes múltiples, ya que podemos empezar desde cualquier vértice con un grado de entrada 0.

---

caminos más largos (sencillos[26]) desde un vértice de inicio s hasta otros vértices. La versión de decisión de este problema es NP-completa en un grafo general[27]. Sin embargo, el problema vuelve a ser fácil si el grafo no tiene ciclos, lo que es cierto en un DAG. La solución para los caminos más largos en un DAG[28], consiste en un pequeño cambio sobre la solución de programación dinámica para los SSSP en un DAG, que hemos visto antes. Un truco aplicable consiste en multiplicar todos los pesos de las aristas por -1 y ejecutar la solución SSSP anterior. Por último, debemos volver a multiplicar por -1 los valores resultantes, para obtener la respuesta correcta.

Los caminos más largos en un DAG tienen aplicaciones en la organización de proyectos, como por ejemplo en UVa 00452 - Project Scheduling, sobre técnicas de evaluación y revisión de proyectos (PERT). Podemos modelar la dependencia entre subproyectos como un DAG y el tiempo necesario para completar un subproyecto como el *peso de un vértice*. El tiempo mínimo imprescindible para completar el proyecto completo, viene determinado por el camino más largo de este DAG (también llamado el camino *crítico*), que comienza desde cualquier vértice (subproyecto) con grado de entrada 0. En la figura 4.29 hay un ejemplo con 6 subproyectos, sus unidades de tiempo de finalización estimado y sus dependencias. El camino más largo $0 \rightarrow 1 \rightarrow 2 \rightarrow 4 \rightarrow 5$, con 16 unidades de tiempo, determina el tiempo más corto posible para finalizar el proyecto completo. Para lograrlo, todos los subproyectos a lo largo del camino más largo (crítico) deben finalizar a tiempo.

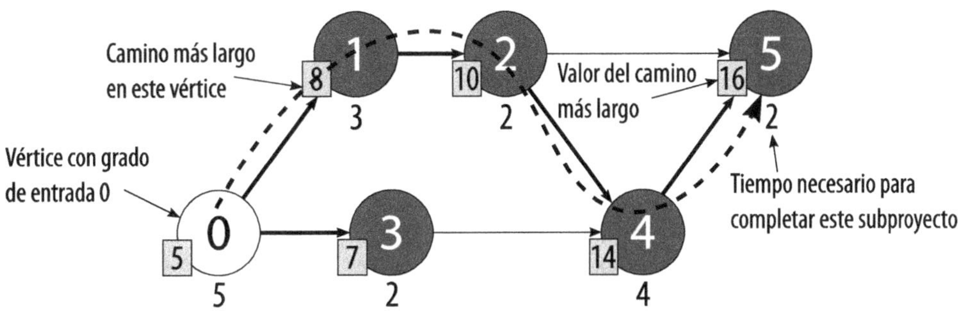

Figura 4.29: El camino más largo en este DAG

Conteo de caminos en un DAG

Enunciado resumido del problema UVa 00988 - Many paths, one destination: en la vida uno tiene que elegir entre muchos caminos y cada uno nos dirige a muchas vidas diferentes. Enumera cuántas vidas diferentes se pueden vivir, dado un conjunto específico de elecciones en cada momento. Recibimos una lista de eventos y el número de elecciones que se pueden hacer para cada uno de ellos. El objetivo es contar cuántas formas hay de ir desde el evento que lo comenzó todo (el nacimiento, índice 0) hasta el que ya no deje más posibilidades (es decir, la muerte, índice n).

---

[26]En un grafo general, con aristas de peso positivo, el problema del camino más largo está mal definido, pues se puede tomar un ciclo positivo y utilizarlo para crear un camino más largo de distancia infinita. Ocurre lo mismo en el caso de ciclos negativos en el problema del camino más corto. Esa es la razón por la que, en un grafo general, utilizamos el término 'problema del camino más largo *sencillo*'. Todos los caminos de un DAG son sencillos por definición, por lo que podemos abreviar con el término 'problema del camino más largo'.

[27]La versión de decisión de este problema pide si el grafo general tiene un camino sencillo de peso total $\geq k$.

[28]El problema LIS de la sección 3.5.2 también se puede modelar como la búsqueda de caminos más largos en un DAG implícito.

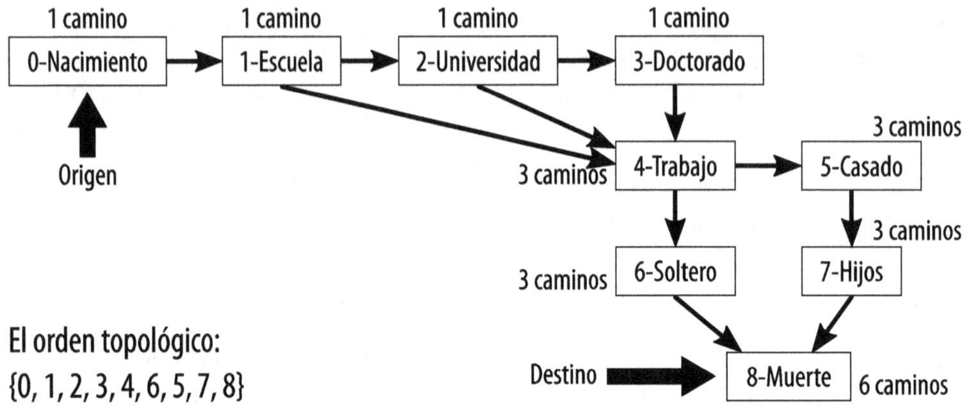

Figura 4.30: Ejemplo de conteo de caminos en un DAG, de abajo a arriba

Es evidente que el grafo subyacente del problema anterior es un DAG, ya que podemos movernos hacia adelante en el tiempo, pero no hacia atrás. El número de caminos se encuentra fácilmente al calcular un (cualquier) orden topológico en $O(V + E)$ (en este problema, el vértice 0/nacimiento, siempre será el primero en el orden topológico, y el vértice n/muerte, siempre será el último). Comenzamos estableciendo `num_caminos[0] = 1`. Después, procesamos el resto de vértices, de uno en uno, de acuerdo al orden topológico. Cuando procesamos un vértice u, actualizamos cada vecino v de u, estableciendo `num_caminos[v] += num_caminos[u]`. Después de esos $O(V + E)$ pasos, sabremos el número de caminos que hay en `num_caminos[n]`. La figura 4.30 muestra un ejemplo con 9 eventos y 6 recorridos vitales posibles.

Implementaciones de abajo a arriba frente a de arriba a abajo

Antes de continuar, nos gustaría incidir en que las tres soluciones a caminos más cortos/más largos/contados en el DAG anterior, son soluciones de DP de abajo a arriba. Comenzamos en casos base conocidos (los vértices de origen) y utilizamos el orden topológico del DAG para propagar la información correcta a los vértices vecinos, sin necesidad de volver hacia atrás.

En la sección 3.5, vimos que la DP también se puede escribir de arriba a abajo. Usando el problema UVa 00988 como ilustración, también podemos escribir la solución de DP de la siguiente manera: digamos que `numCaminos(i)` es el número de caminos que comienzan en el vértice i hasta el destino n. Escribimos la solución utilizando las siguientes relaciones de recurrencia de búsqueda completa:

1. `numCaminos(n) = 1` // *en el destino n, solo hay un camino posible*

2. `numCaminos(i) =` $\sum_j$ `numCaminos(j)`, `∀j adyacente a i`

Para evitar reiterar cálculos, *memoizamos* el número de caminos de cada vértice i. Hay $O(V)$ vértices (estados) distintos, y cada vértice solo se procesa una vez. También hay $O(E)$ aristas que, igualmente, se visitan una única vez. Por lo tanto, la complejidad de tiempo de esta técnica de arriba a abajo es también de $O(V + E)$, idéntica a la de abajo a arriba vista antes. La figura 4.31 muestra el DAG similar, pero los valores están calculados de destino a origen (siguiendo las flechas punteadas). Compara esta figura 4.31 con la anterior 4.30, donde los valores estaban calculados de origen a destino.

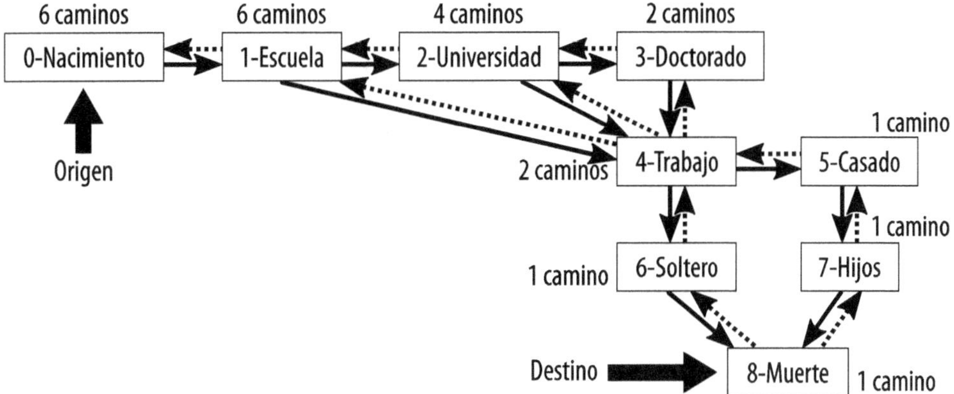

Figura 4.31: Ejemplo de conteo de caminos en un DAG, de arriba a abajo

Conversión de un grafo general en un DAG

En los problemas más desafiantes de los concursos, el grafo dado en el enunciado del problema no es un *DAG explícito*. Sin embargo, tras un análisis más profundo, dicho grafo se puede modelar como un DAG, si *añadimos* uno o más parámetros. Una vez que tengamos el DAG, el siguiente paso será aplicar la técnica de programación dinámica (de arriba a abajo o de abajo a arriba). Podemos ilustrar este concepto mediante dos ejemplos.

SPOJ FISHER – Fishmonger

Enunciado resumido del problema: dado el número de ciudades $3 \leq n \leq 50$, el tiempo disponible $1 \leq t \leq 1000$ y dos matrices $n \times n$ (una indica los tiempos de viaje y la otra los peajes entre dos ciudades), elegir una ruta desde la ciudad portuaria (vértice 0), de forma que el pescadero tenga que pagar el menor peaje posible para llegar a la ciudad del mercado (vértice $n - 1$), dentro de un cierto tiempo t. El pescadero *no tiene* que visitar todas las ciudades. Devolver dos datos: el número total de peajes utilizados y el tiempo de viaje consumido. En la parte izquierda de la figura 4.32, está el grafo de entrada original de este problema.

Hay *dos* requisitos potencialmente conflictivos en este problema. El primero es *minimizar* los peajes de la ruta. El segundo es *asegurar* que el pescadero llega a la ciudad del mercado dentro del tiempo establecido, lo que puede provocar que tenga que pagar peajes más caros en algún punto del recorrido. Este segundo requisito es un límite *inalterable* de este problema. Es decir, debemos satisfacerlo o no tendremos una solución.

Un algoritmo voraz de SSSP, como el de Dijkstra (ver la sección 4.4.3), en su forma canónica, no sirve para este problema. Elegir un camino con el tiempo de viaje más corto para ayudar al pescadero a llegar a la ciudad del mercado $n - 1$, utilizando un tiempo $\leq t$, no implica el peaje más barato posible. Y elegir el peaje más barato posible, no garantiza que el pescadero llegue a la ciudad del mercado $n - 1$ en un tiempo $\leq t$. Los dos requisitos no son independientes.

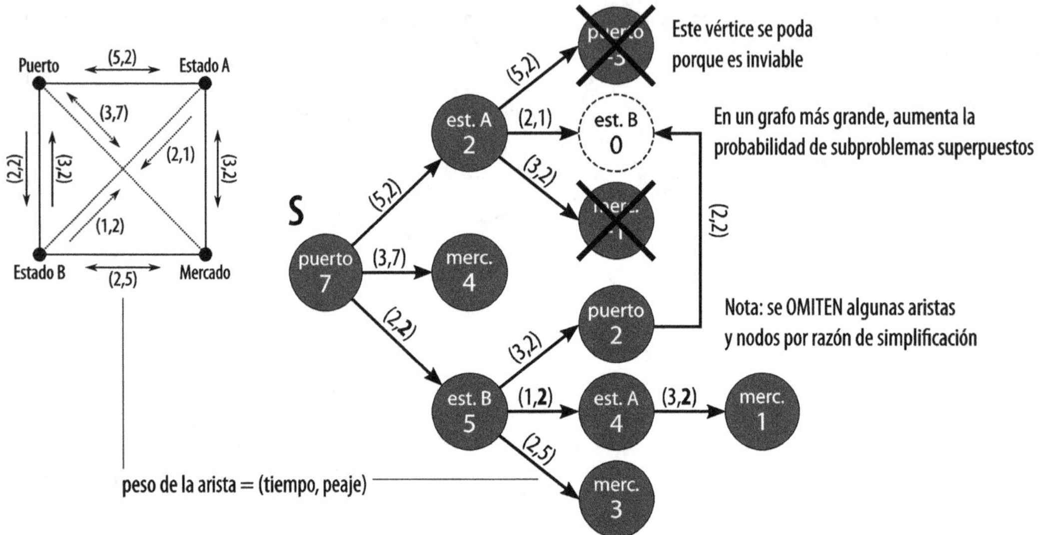

Figura 4.32: El grafo general dado (a la izquierda) se convierte en un DAG

Sin embargo, si añadimos un parámetro `t_left` (tiempo restante) a cada vértice, entonces el grafo se convierte en un DAG, como se muestra en la parte derecha de la figura 4.32. Comenzamos con un vértice (`puerto, t`) en el DAG. Cada vez que el pescadero se desplace de la ciudad actual `cur` a otra ciudad `X`, nos movemos a un vértice modificado (`X, t_left-travelTime[cur][X]`) del DAG, a través de la arista con peso `toll[cur][X]`. Como el tiempo se va reduciendo, nunca nos encontraremos en una situación cíclica. Después, podemos utilizar la recurrencia de DP (de arriba a abajo) `dp(cur, t_left)`, para encontrar el camino más corto (en términos de peajes totales) del DAG. La respuesta se encuentra llamando a `dp(0, t)`. A continuación, incluimos el código en C++ de `dp(cur, t_left)`.

Al utilizar DP de arriba a abajo, no necesitamos construir el DAG y calcular el orden topológico necesario de forma explícita. La recursión realizará esos pasos por nosotros. Solo hay $O(nt)$ estados distintos (la tabla `memo` es un objeto de pares de datos). Se puede calcular cada estado en $O(n)$. La complejidad total de tiempo es, en consecuencia, $O(n^2 t)$, lo que resulta factible.

```cpp
ii dp(int cur, int t_left) {                         // devuelve un par de datos
  if (t_left < 0) return {INF, INF};                 // estado no válido, podar
  if (cur == n-1) return {0, 0};                     // en el mercado
  if (memo[cur][t_left] != {-1, -1}) return memo[cur][t_left];
  ii ans = {INF, INF};
  for (int X = 0; X < n; ++X)
    if (cur != X) {                                  // ir a otra ciudad
      auto &[tollpaid, timeneeded] = dp(X, t_left-travelTime[cur][X]);
      if (tollpaid+toll[cur][X] < ans.first) {       // tomar coste mínimo
        ans.first  = tollpaid+toll[cur][X];
        ans.second = timeneeded+travelTime[cur][X];
      }
    }
```

```
14    return memo[cur][t_left] = ans;          // almacenar la respuesta
15 }
```

Sección 3.5 — revisitada

Queremos seguir destacando al lector la fuerte vinculación existente entre las técnicas de programación dinámica vistas en la sección 3.5 y los algoritmos sobre los DAG. Todos los ejercicios de programación sobre caminos más cortos/más largos/contados en un DAG (o en un grafo general convertido a un DAG, mediante modelado/transformación de grafos) se pueden clasificar también dentro de la categoría de DP. Es habitual, cuando tenemos un problema con solución de DP que 'minimiza esto', 'maximiza aquello' o 'cuenta algo', que dicha solución, en realidad, calcule los caminos más cortos, más largos o su número en la recurrencia de DP del DAG (normalmente implícito) de ese problema.

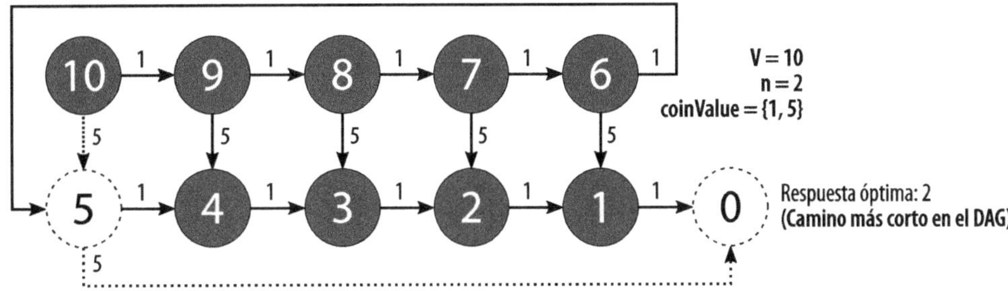

Figura 4.33: Cambio de monedas como caminos más cortos en un DAG

En este momento, invitamos al lector a que vuelva a leer, desde este nuevo punto de vista, algunos de los problemas de DP que hemos visto en la sección 3.5 (el tratar la DP como algoritmos sobre DAG no es un concepto habitual en otros libros de texto sobre ciencias de la computación). Para empezar, podemos revisitar el problema clásico del cambio de monedas. La figura 4.33 muestra el mismo caso de prueba utilizado en el primer ejemplo de la subsección del cambio de monedas de la sección 3.5.2. Tenemos $n = 2$ denominaciones de monedas: $\{1, 5\}$. La cantidad objetivo es $V = 10$. Podemos modelar cada vértice como el valor actual. Cada vértice v tiene $n = 2$ aristas no ponderadas, que van a los vértices $v - 1$ y $v - 5$, salvo que eso provoque que el índice sea negativo. Podemos ver que el grafo es un DAG y que algunos estados (marcados con círculos punteados) están superpuestos (tienen más de una arista entrante). En este punto, podemos resolver el problema encontrando el *camino más corto* en este DAG, desde el origen $V = 10$ al destino $V = 0$. El ordenamiento topológico más sencillo consiste en procesar los vértices en orden inverso, es decir, $\{10, 9, 8, ..., 1, 0\}$, que es un orden topológico válido. Sin ninguna duda, podemos utilizar los caminos más cortos en $O(V + E)$ en una solución DAG. Sin embargo, como el grafo no es ponderado, también podemos utilizar BFS en $O(V + E)$ para resolverlo (incluso podríamos utilizar Dijkstra, pero resultaría excesivo). El camino $10 \rightarrow 5 \rightarrow 0$ es el más corto, con un peso total $= 2$ (son necesarias dos monedas). En este caso de prueba concreto, una solución voraz para el cambio de monedas también elegiría la misma ruta $10 \rightarrow 5 \rightarrow 0$.

A continuación, volvamos sobre el problema clásico de la mochila 0-1. Esta vez utilizaremos el siguiente caso de prueba: $n = 5, V = \{4, 2, 10, 1, 2\}, W = \{12, 1, 4, 1, 2\}, S = 15$. Podemos modelar cada vértice como un par de valores (`id`, `remW`). Todo vértice tiene, al menos, una

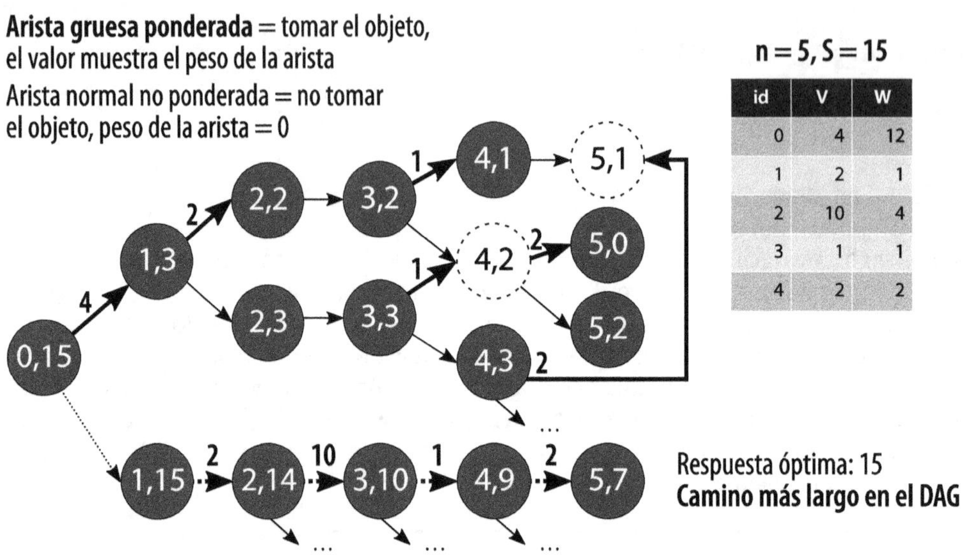

id	V	W
0	4	12
1	2	1
2	10	4
3	1	1
4	2	2

Figura 4.34: Mochila 0-1 como caminos más largos en un DAG

arista de (id, remW) a (id+1, remW), que corresponde a no tomar un objeto determinado id. Algunos vértices tienen otra arista (id, remW) a (id+1, remW-W[id]), si W[id] $\leq$ remW, que corresponde a tomar determinado objeto id. La figura 4.34 muestra algunas secciones del DAG de cálculo del problema de la mochila 0-1 estándar, utilizando el caso de prueba mencionado. Se puede visitar alguno de los estados con más de un camino (un subproblema superpuesto se indica con un círculo punteado). A partir de aquí, podemos resolver el problema encontrando el *camino más largo* de este DAG desde el origen (0, 15) al destino (5, *cualquiera*). La respuesta es el camino (0, 15) $\to$ (1, 15) $\to$ (2, 14) $\to$ (3, 10) $\to$ (4, 9) $\to$ (5, 7), con valor 0 + 2 + 10 + 1 + 2 = 15.

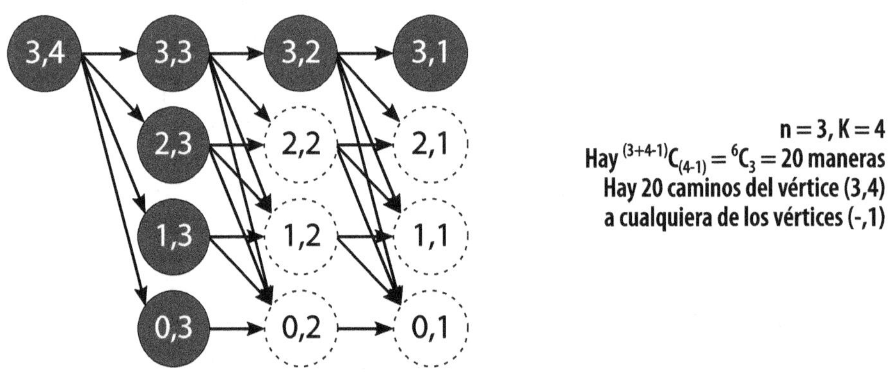

Figura 4.35: UVa 10943 como conteo de caminos en un DAG

Veamos un ejemplo más: la solución para UVa 10943 - How do you add?, tratada en la sección 3.5.3. Si dibujamos el DAG del caso de prueba $n = 3, K = 4$, tendremos el resultado que se muestra en la figura 4.35. Hay subproblemas superpuestos, que se indican con círculos punteados. Si contamos el número de caminos de este DAG, tendremos la respuesta = 20 caminos.

Antes, en la sección 3.5.2, hemos definido el problema básico del cambio de monedas. Vamos a ampliarlo a lo siguiente: dada una cantidad objetivo de V céntimos y una lista de denominaciones de n monedas, es decir, tenemos `valorMoneda[i]` (en céntimos) y peso[i] (en gramos) para los tipos de monedas i ∈ [0..n-1], ¿cuál es el peso mínimo total de monedas que debemos utilizar para representar V? Asumimos que $1 \leq n \leq 1000$, $1 \leq V \leq 10\,000$, no podemos tener un valor total parcial inferior a 0 o mayor que V y disponemos de una cantidad ilimitada de monedas de cualquier tipo. La versión básica del cambio de monedas de la sección 3.5.2 tiene enteros positivos para `valorMoneda[i]` y todos los `peso[i]` tienen valor 1, es decir, solo nos interesa hallar el número mínimo de monedas, pues todos sus pesos son idénticos. Denominaremos CC1 a esta versión básica. Ahora, ¿cómo resolvemos las siguientes variantes[29] del problema básico?

1. CC2: tanto `valorMoneda[i]` como `peso[i]` contienen enteros *positivos*.

2. CC3: `valorMoneda[i]` contiene enteros *positivos* y `peso[i]` *cualquier* entero.

3. CC4: `valorMoneda[i]` contiene *cualquier* entero, incluyendo negativos o, incluso, cero. `peso[i]` solo contiene unos.

4. CC5: `valorMoneda[i]` contiene *cualquier* entero y `peso[i]` contiene enteros *positivos*. Pista: ver los comentarios del **ejercicio 4.4.5**.

5. CC6: tanto `valorMoneda[i]` como `peso[i]` contienen *cualquier* entero.

Dibuja el DAG de algunos casos de prueba de otros problemas clásicos de DP de la sección 3.5, como el problema del viajante (TSP) $\approx$ caminos más cortos en el DAG implícito o la subsecuencia creciente máxima (LIS) $\approx$ caminos más largos en el DAG implícito.

4.6.2 Árbol

Un árbol es un grafo especial con las siguientes características: tiene $E = V - 1$ (cualquier algoritmo $O(V+E)$ es $O(V)$ en un árbol), no tiene ciclos, es conexo y existe un camino único para cualquier par de vértices. Añadir una arista a un árbol forma un ciclo (llamado pseudoárbol). Eliminar cualquier arista desconecta el árbol.

Recorrido de un árbol

En las secciones 4.2.2 y 4.2.3, hemos visto algoritmos de DFS y BFS en $O(V+E)$, para recorrer un grafo generalista. Si el grafo dado es un *árbol binario con raíz*, existen algoritmos de recorrido

---

[29]Esta idea ha sido aportada por Amit Agarwal, uno de nuestros lectores.

más sencillos, como preorden, inorden y postorden (nota: los recorridos nivel–orden son, esencialmente, BFS). No hay una mejora de velocidad significativa, ya que estos tres algoritmos de recorrido se ejecutan en $O(V)$, pero el código es más sencillo. El pseudocódigo a continuación:

```
preorden(v)                  inorden(v)                   postorden(v)
  visita(v);                   inorden(izquierda(v));       postorden(izquierda(v));
  preorden(izquierda(v));      visita(v);                   postorden(derecha(v));
  preorden(derecha(v));        inorden(derecha(v));         visita(v);
```

Búsqueda de puntos de articulación y puentes en un árbol

En la sección 4.2.10, hemos visto el algoritmo de DFS de Tarjan en $O(V + E)$, para encontrar puntos de articulación y puentes en un grafo. Sin embargo, si el grafo dado es un árbol, el problema se vuelve más sencillo, pues todas las aristas de un árbol son puentes, y todos los vértices internos (grado > 1), son puntos de articulación (ver la figura 4.5). Sigue necesitando $O(V)$, pues tenemos que realizar un barrido del árbol para contar el número de vértices internos, pero el código es *más sencillo*.

Caminos más cortos de origen único en un árbol ponderado

En las secciones 4.4.3 y 4.4.4, hemos visto dos algoritmos que tienen un uso general (Dijkstra en $O((V + E) \log V)$ y Bellman–Ford en $O(VE)$), para resolver el problema de los SSSP en un grafo ponderado. Pero si el grafo dado es un árbol ponderado, el problema de los SSSP se vuelve *más sencillo*, pues cualquier algoritmo de recorrido de grafos en $O(V)$, es decir, BFS o DFS, se puede utilizar para resolverlo. Hay un único camino entre dos vértices cualesquiera de un árbol, así que, simplemente, lo recorremos para encontrar el camino único que los conecta. El peso del camino más corto entre estos dos vértices es, básicamente, la suma de los pesos de las aristas de ese camino único (por ejemplo, para ir del vértice 5 al 3 en la figura 4.36.A, el camino único es $5 \to 0 \to 1 \to 3$, con peso $4 + 2 + 9 = 15$).

Caminos más cortos entre todos los pares en un árbol ponderado

En la sección 4.5, hemos visto un algoritmo de uso general (Floyd–Warshall en $O(V^3)$), para resolver el problema de los APSP sobre un grafo ponderado. Sin embargo, si el grafo dado es un árbol ponderado, el problema de los APSP se hace *más sencillo*, al repetir el SSSP V veces en el árbol ponderado, estableciendo cada vértice como el origen, de uno en uno. La complejidad de tiempo total es $O(V \times V) = O(V^2)$.

Diámetro de un árbol ponderado

El diámetro de un grafo es la mayor 'longitud de camino más corta' entre cualquier par de vértices del mismo. En un grafo general, necesitamos el algoritmo de Floyd–Warshall en $O(V^3)$, tratado en la sección 4.5, junto a otra comprobación de todos los pares en $O(V^2)$, para calcular el diámetro. Sin embargo, si el grafo dado es un árbol ponderado, el problema se vuelve *más sencillo*. Solo necesitamos dos recorridos en $O(V)$. Realizamos DFS/BFS desde *cualquier* vértice

s, para encontrar el vértice más alejado x (por ejemplo, desde el vértice $s = 1$ hasta el $x = 2$, en la figura 4.36.B1), entonces hacemos otra DFS/BFS desde el vértice x, para obtener el vértice realmente más alejado y desde x. La longitud del único camino entre el vértice x y el vértice y es el diámetro de ese árbol (por ejemplo, el camino $x = 2 \rightarrow 3 \rightarrow 1 \rightarrow 0 \rightarrow y = 5$, con longitud 20, en la figura 4.36.B2).

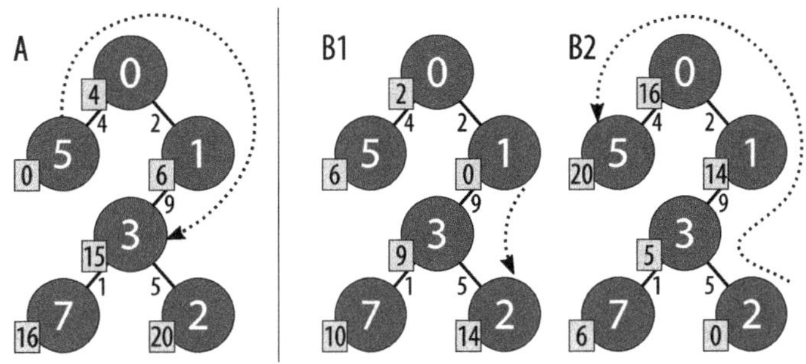

Figura 4.36: A: SSSP (parte de APSP) – B1-B2: diámetro del árbol

Ejercicio 4.6.2.1*

Dados los recorridos inorden y preorden de un árbol de búsqueda binaria con raíz (BST) T, que contenga n vértices, escribe un pseudocódigo recursivo que muestre el recorrido postorden de ese BST. ¿Cuál es la complejidad de tiempo de tu mejor algoritmo?

Ejercicio 4.6.2.2*

En un árbol no existe un ciclo no trivial que implique a 3 o más vértices. Sin embargo, sí pueden existir ciclos triviales formados por aristas bidireccionales que conecten un vértice con sus hijos. ¿Hay una forma más sencilla de implementar el recorrido DFS/BFS de un árbol, sin utilizar una etiqueta booleana de tamaño n vértices que identifique a los ya visitados?

Ejercicio 4.6.2.3*

Hay una solución más rápida que $O(V^2)$ para el problema de caminos más cortos entre todos los pares en un árbol ponderado. Utiliza LCA. ¿Cómo?

Demuestra la validez de los dos algoritmos DFS/BFS, que acabamos de ver, para la búsqueda del diámetro de un árbol ponderado.

4.6.3 Grafo bipartito

Recordemos que un grafo bipartito es un grafo especial con las siguientes características: el conjunto de vértices V se puede dividir en dos conjuntos disjuntos V_1 y V_2, y todas las aristas no dirigidas $(u, v) \in E$ tienen la propiedad de que $u \in V_1$ y $v \in V_2$. Esto hace que un grafo bipartito no tenga ciclos de longitud impar. Piensa que un árbol también es un grafo bipartito.

Emparejamiento bipartito de cardinalidad máxima (MCBM)

Enunciado resumido del problema (de la ronda de calificación 1 de *TopCoder Open 2009* [28]): dada una lista de números N, devolver una lista de todos los elementos de N que puedan ser emparejados con éxito con $N[0]$, como parte de un *emparejamiento primo completo*, en orden ascendente. El emparejamiento primo completo significa que cada elemento a en N se empareja a otro elemento único b en N, de forma que $a + b$ sea primo.

Por ejemplo, dada la lista de números $N = \{1, 4, 7, 10, 11, 12\}$, la respuesta es $\{4, 10\}$. Esto se debe al emparejamiento de $N[0] = 1$, con 4 resultados en emparejamientos primos, y los otros cuatro elementos también pueden formar dos emparejamientos primos ($7 + 10 = 17$ y $11 + 12 = 23$). Encontramos una situación similar al emparejar $N[0] = 1$ con 10, es decir, $1 + 10 = 11$ es un emparejamiento primo y tenemos otros dos ($4 + 7 = 11$ y $11 + 12 = 23$). No podemos emparejar $N[0] = 1$ con ningún otro elemento de N. Por ejemplo, si emparejamos $N[0] = 1$ con 12, tenemos un emparejamiento primo, pero no hay forma de combinar los 4 números restantes para formar otros dos.

Restricciones: la lista N contiene un número par de elementos ($[2..50]$). Cada elemento de N estará en el rango $[1..1000]$ y será diferente.

Aunque este problema implica números primos, no es un problema puro de matemáticas, ya que los elementos de N no son más de 1000 (solo debemos manejar 168 números primos). El problema es que no podemos hacer emparejamientos por búsqueda completa, ya que hay 49 posibilidades para la primera pareja (que debe incluir a $N[0]$), $_{48}C_2$ para la segunda, ..., hasta $_2C_2$ para la última. Tampoco es viable la técnica de DP con máscara de bits (que veremos en el Volumen II), porque 2^{50} es demasiado grande.

La clave para resolver este problema se encuentra en identificar que este emparejamiento se realiza en un *grafo bipartito*. Para obtener un número primo (donde todos los elementos de N son distintos), debemos sumar un número impar más un número par, porque dos números impares (o dos pares) dan como resultado un número par (que es mayor de 2 y no es primo). Por lo tanto, podemos dividir los números impares y pares en dos conjuntos `set1`/`set2` y añadir una arista `i → j` si `set1[i] + set2[j]` es primo. Ver la parte izquierda de la figura 4.37.

Una vez construido este grafo bipartito, la solución es trivial pues, si los tamaños de `set1` y `set2` son diferentes, no es posible realizar un emparejamiento completo. Por otro lado, si el tamaño de ambos conjuntos es $n/2$, intentaremos conectar `set1[0]` con `set2[k]` para $k = [0..n/2 -$

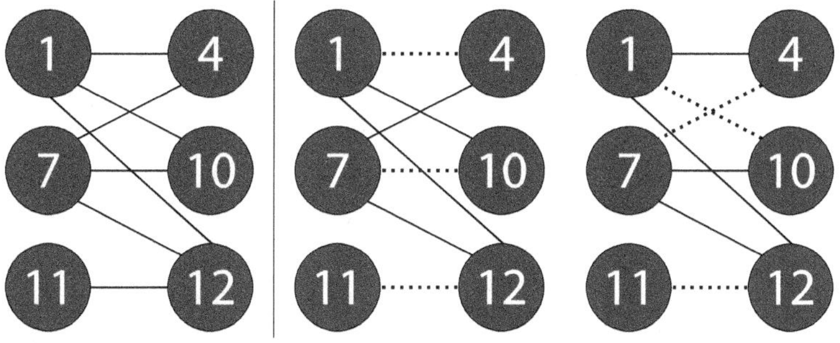

Figura 4.37: Problema de emparejamiento bipartito

1], y realizar emparejamientos bipartitos de cardinalidad máxima (MCBM) para el resto (la MCBM es una de las aplicaciones más comunes con grafos bipartitos). Si obtenemos $n/2 - 1$ emparejamientos más, añadimos set2[k] a la respuesta. En este caso de prueba, la respuesta es {4, 10} (ver las partes central y derecha de la figura 4.37).

Algoritmo de aumento de camino para MCBM

Para resolver el problema MCBM, podemos utilizar el algoritmo del *aumento de camino* en $O(VE)$, que es específico y fácil de implementar. Con esta implementación a mano, es posible resolver fácilmente todos los problemas de MCBM, incluyendo otros problemas de grafos que lo necesitan, como el conjunto independiente máximo en un grafo bipartito, la cobertura de vértices mínima en un grafo bipartito y la cobertura de caminos mínima en un DAG (que veremos en el Volumen II).

El aumento de camino forma un camino que se inicia en un vértice *libre (no emparejado)* en el conjunto izquierdo del grafo bipartito, alterna entre una arista libre (ahora en el conjunto derecho), una arista emparejada (otra vez en el conjunto izquierdo), una arista libre (ahora en el conjunto derecho), ..., hasta que el camino llega, finalmente, a un *vértice libre* en el conjunto derecho del grafo bipartito. Un lema de Claude *Berge* de 1957, afirma que un emparejamiento M en un grafo G es máximo (tiene el mayor número posible de aristas) si, y solo si, no se puede seguir realizando un aumento de camino en G. Este algoritmo del aumento de camino es la implementación directa del lema de Berge: buscar y eliminar los *aumentos de camino*.

Ahora vamos a echar un vistazo a un grafo bipartito simple en la figura 4.38, con n y m vértices en los conjuntos izquierdo y derecho, respectivamente. Los vértices de la izquierda están numerados desde $[1..n]$, y los de la derecha lo están desde $[n + 1..n + m]$. Este algoritmo trata de encontrar y, posteriormente, eliminar los aumentos de camino comenzando desde los vértices libres del conjunto izquierdo.

Comenzamos con un vértice libre 1. En la figura 4.38.A, podemos ver que este algoritmo emparejará 'erróneamente[30]' los vértices 1 y 3 (en vez de 1 y 4), ya que el camino $1 \rightarrow 3$ es un aumento de camino sencillo. Ambos vértices, 1 y 3, son vértices libres. Al emparejar los vértices 1 y 3, tendremos nuestro primer emparejamiento. Después de emparejar los vértices 1 y 3, no podremos encontrar más emparejamientos.

---

[30]Asumimos que los vecinos de un vértice están ordenados por su número de vértice creciente, es decir, desde el vértice 1 visitamos el vértice 3 *antes* que el 4.

En la siguiente iteración (cuando nos encontramos en el vértice libre 2), este algoritmo mostrará toda su potencia, al encontrar el siguiente aumento de camino, que comienza desde el vértice libre 2 a la izquierda, va al vértice 3 utilizando una arista libre (2 → 3), va al vértice 1 mediante una arista ya utilizada (3 → 1) y, finalmente, vuelve al vértice 4 a través de una arista libre (1 → 4). Ambos vértices, 2 y 4, están libres. Por lo tanto, el aumento de camino es 2 → 3 → 1 → 4, como se ve en las figuras 4.38.B y 4.38.C.

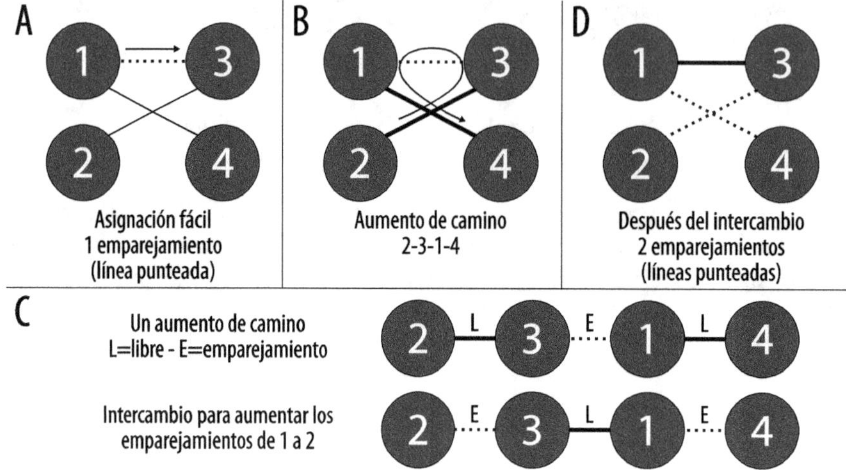

Figura 4.38: Algoritmo de aumento de camino

Si intercambiamos el estado de las aristas en este aumento de camino, es decir, de 'libres a emparejadas' y de 'emparejadas a libres', obtendremos *un emparejamiento más* (y, simultáneamente, 'eliminamos' este aumento de camino). En la figura 4.38.C se puede ver dónde se intercambia el estado de las aristas en el aumento de camino 2 → 3 → 1 → 4. Los emparejamientos actualizados se reflejan en la figura 4.38.D.

Este algoritmo seguirá realizando el proceso de encontrar aumentos de camino y eliminarlos, hasta que ya no queden más. Como el algoritmo repite un código $O(E)$ similar a DFS[31] V veces, se ejecuta en $O(VE)$. El código está incluido a continuación.

```cpp
vi match, vis;                              // variables globales
vector<vi> AL;

int Aug(int L) {
  if (vis[L]) return 0;                     // L visitado, devolver 0
  vis[L] = 1;
  for (auto &R : AL[L])
    if ((match[R] == -1) || Aug(match[R])) {
      match[R] = L;                         // intercambiar estado
      return 1;                             // 1 emparejamiento
    }
  return 0;                                 // ningún emparejamiento
}
```

---

[31]Para simplificar el análisis, asumimos que $E > V$ en estos grafos bipartitos.

```cpp
// dentro de int main()
// construir un grafo bipartito no ponderado con aristas dirigidas de
// izquierda a derecha, con V vértices totales y Vleft a la izquierda
match.assign(V, -1);
int MCBM = 0;
for (int L = 0; L < Vleft; ++L) {        // para cada vértice libre
  vis.assign(Vleft, 0);                   // primero reiniciar
  MCBM += Aug(L);                         // intentar emparejar L
}
cout << "Found " << MCBM << " matchings\n";
```

Ejercicio 4.6.3.1*

Haz una lista con las palabras clave más comunes que pueden servir para ayudar a los concursantes a detectar un grafo bipartito en el enunciado de un problema. Por ejemplo, impar–par, masculino–femenino, etc. Toma también nota de qué problemas de concursos de programación incluyen esas palabras clave.

Ejercicio 4.6.3.2*

¿Sería bueno para el algoritmo MCBM tratado en esta sección el aleatorizar el orden de los vértices de la lista de adyacencia, en vez de mantenerlos ordenados de forma normal por su número de vértice creciente?

Hemos incluido en VisuAlgo la animación de varios algoritmos para MCBM no ponderados, incluyendo algunas variantes que son mejores que el algoritmo de aumento de camino sencillo presentado en esta sección[32]. Puedes utilizar la herramienta para fortalecer tu comprensión del algoritmo, proporcionando tu propio grafo de entrada (bipartito no ponderado y no dirigido) y observando cómo se comporta el algoritmo MCBM en directo.

VISUALGO https://visualgo.net/en/matching

C++	ch4/mcbm.cpp
Java	ch4/mcbm.java
Python	ch4/mcbm.py
OCaml	ch4/mcbm.ml

---

[32]Trataremos estos algoritmos en el Volumen II.

4.6.4 Grafo euleriano

Un *camino euleriano*[33] se define como el recorrido[34] de un grafo que visita *cada arista* del grafo exactamente una vez. Si dicho recorrido forma un camino cerrado (es decir, el vértice de origen y destino es el mismo), también se le llama *ruta euleriana*. Un grafo se considera *euleriano* si cuenta con una ruta euleriana.

Un concepto similar al de la ruta euleriana es el de la ruta hamiltoniana, un camino en un grafo que visita cada **vértice** exactamente una vez. Aunque parecen similares, la búsqueda de rutas eulerianas es mucho más sencilla que la de rutas hamiltonianas, problema que se ha demostrado como NP-complejo (más detalles en el Volumen II). Por otro lado, la búsqueda de una ruta euleriana es P.

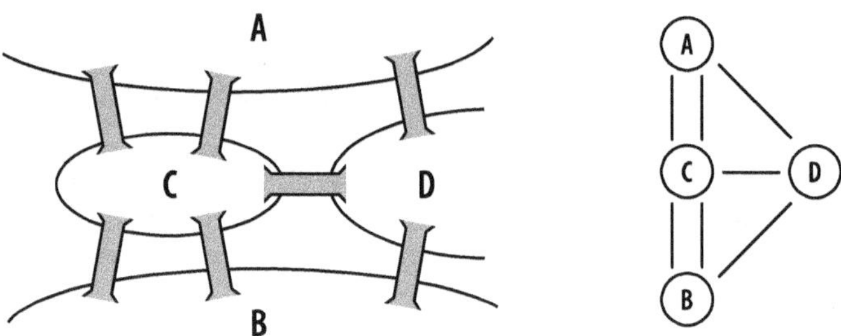

Figura 4.39: Problema de los puentes de Königsberg y su representación en un grafo.

El grafo euleriano fue uno de los primeros resultados obtenidos por Leonhard Euler, sobre teoría de grafos, en 1736, mientras resolvía el problema de los puentes de Königsberg (ver la figura 4.39). El problema pregunta si es posible recorrer los siete puentes de la ciudad de Königsberg (ahora Kaliningrado, en Rusia) en un solo viaje, sin pasar más de una vez por ninguno de los mismos. Euler demostró que no es posible realizar tal recorrido.

Comprobación de un grafo euleriano

Un grafo no dirigido es euleriano si, y solo si: (1) es conexo y (2) todos los vértices tienen un grado par. El primer requisito resulta evidente, ya que no podrá existir un recorrido que incluya a todas las aristas si el grafo no es conexo. Existen varios métodos para demostrar el segundo requisito. La idea es que un recorrido cerrado desde un vértice u requiere un número par de aristas adyacentes a ese vértice u, es decir, por cada arista utilizada para llegar del vértice u a otros vértices, es necesaria otra para regresar al mismo. Si todos los vértices, excepto exactamente dos, tienen un grado par, existirá un camino euleriano que comience en uno de los dos vértice de grado impar y termine en el otro.

En un grafo dirigido, cada vértice debe tener el mismo número de aristas entrantes y salientes (grado de entrada = grado de salida) para que sea euleriano. Debido al requisito de conectividad, un grafo euleriano dirigido debe encontrarse en un componente fuertemente conexo (SCC). Sin embargo, no es necesario calcular el SCC (ver la sección 4.2.10) del grafo dado. En su lugar,

---

[33]Aunque se le llama **camino** euleriano, en realidad se trata de un recorrido, en el contexto de la teoría de grafos.

[34]Un recorrido en un grafo es similar a un camino, pero puede tener vértices repetidos, aunque no aristas repetidas. Por ejemplo, $1 \to 2 \to 5 \to 3 \to 2 \to 4$, donde el vértice 2 se visita dos veces en este recorrido de 5 aristas diferentes. Por otro lado, la definición habitual de camino no permite que haya vértices repetidos.

---

basta con verificar la conectividad asumiendo que todas las aristas son no dirigidas, es decir, los vértices u y v están conectados si existe una arista $u \to v$ o $v \to u$. Si el grafo es "conexo" y se satisface el requisito del grafo de los vértices, entonces el grafo será conexo en un SCC. Por lo tanto, un grafo dirigido será un grafo euleriano si, y solo si, es "conexo" (asumiendo que todas las aristas sean no dirigidas) y todos los vértices tienen el mismo número de aristas entrantes y salientes. Si hay, exactamente, un vértice u que tenga una arista saliente adicional y, exactamente, un vértice v que tenga una arista entrante adicional, el grafo contará con un camino euleriano de u a v.

Búsqueda de un camino euleriano

Aunque verificar si un grafo es euleriano resulta sencillo, hallar la ruta euleriana requiere de más trabajo que limitarse a comprobar la conectividad del grafo y los grados de los vértices. Existen dos conocidos algoritmos para hallar caminos eulerianos, el algoritmo de Fleury y el más eficiente algoritmo de Hierholzer.

El algoritmo de Fleury comienza en un vértice arbitrario. En cada paso, elige cuál será la siguiente arista a recorrer bajo la condición de que su eliminación no desconecte el grafo. Si tal arista no existe, elige la última arista que queda en ese vértice. Este algoritmo requiere que conozcamos los puentes (ver la sección 4.2.9) cada vez que se recorre una arista (eliminada del grafo restante). Por lo tanto, su complejidad de tiempo global es de $O(|E|^2)$.

El algoritmo de Hierholzer es más eficiente que el de Fleury. Comienza en cualquier vértice arbitrario u y busca cualquier recorrido del grafo hasta que vuelve al mismo vértice u. Si el grafo es euleriano, entonces cualquier ruta (aleatoria) debe ser capaz de finalizar en el vértice inicial, ya que todos los vértices tendrán un grado par (es decir, por cada arista saliente habrá una entrante, por lo que solo nos podremos quedar 'atascados' en el vértice inicial). Así, hemos encontrado un recorrido cerrado, pero este podría no contener a todas las aristas. Siempre que haya un vértice v en el recorrido existente que tenga aristas que todavía no forman parte de ese recorrido, se buscará otro recorrido cerrado desde v en el grafo restante (en otras palabras, se expande el vértice) y, después, se combina el nuevo recorrido con el que ya existía. Este método agotará todas las aristas del grafo si este es conexo, y el recorrido resultante será una ruta euleriana. La complejidad de tiempo global es, en este caso, de $O(|E|)$.

La figura 4.40 muestra la ejecución de un ejemplo del algoritmo de Hierholzer sobre un grafo dirigido. El primer recorrido cerrado que se detecta es ABCDA. En este recorrido cerrado, los vértices A y C siguen teniendo aristas incidentes que no forman parte del recorrido cerrado, como FA, AG, CE y FC. El algoritmo de Hierholzer no decide qué vértice (A o C) expandirá a continuación (sirve cualquiera de ellos), opción que depende de la implementación realizada. Una implementación común del algoritmo consiste en expandir el último vértice del recorrido cerrado que todavía tenga aristas incidentes (en este ejemplo será el vértice A). Expande el vértice A para encontrar otro recorrido cerrado, AGFA. Combina este recorrido con el ya existente, para formar ABCDAGFA, es decir, sustituye una A de ABCDA, que se expande con AGFA. Después de esto, los vértices C y F siguen teniendo aristas incidentes que no forman parte del recorrido cerrado. Se expande el vértice F para encontrar otro recorrido cerrado, FCEF, que se combina en ABCDAGFCEFA. Una vez hecho esto, no queda ningún vértice con aristas incidentes que no sean parte del recorrido cerrado, por lo que el algoritmo finaliza su ejecución y el recorrido cerrado es una ruta euleriana.

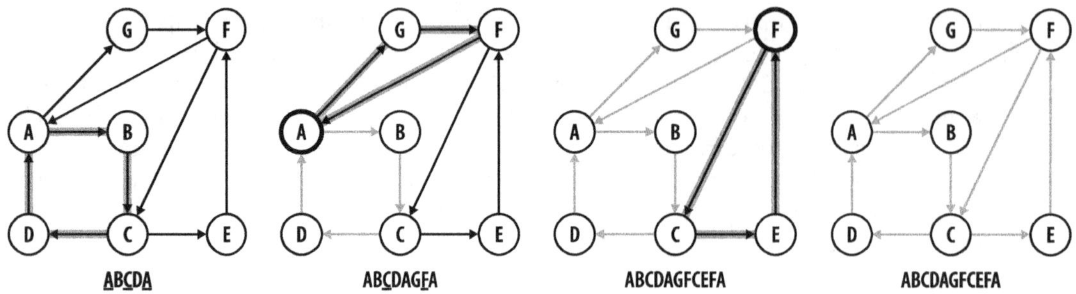

Figura 4.40: Ejemplo del algoritmo de Hierholzer. Los caracteres subrayados representan aquellos vértices que todavía tienen aristas incidentes que no forman parte del recorrido.

A continuación, presentamos una implementación iterativa del algoritmo de Hierholzer para la búsqueda de un camino euleriano en un grafo dirigido, utilizando dos pilas. Una pila se utiliza para almacenar el recorrido actual (`st`), mientras que en la otra almacenamos el recorrido de salida (`res`). El vértice superior de `st` se inserta en `res` si ese vértice ya está agotado. El recorrido resultante de este método aparecerá en orden inverso, por lo que podría ser necesario reordenarlos[35].

```cpp
int N;
vector<vi> AL;                                  // grafo dirigido

vi hierholzer(int s) {
  vi ans, idx(N, 0), st;
  st.push_back(s);
  while (!st.empty()) {
    int u = st.back();
    if (idx[u] < (int)AL[u].size()) {           // todavía tiene vecinos
      st.push_back(AL[u][idx[u]]);
      ++idx[u];
    }
    else {
      ans.push_back(u);
      st.pop_back();
    }
  }
  reverse(ans.begin(), ans.end());
  return ans;
}
```

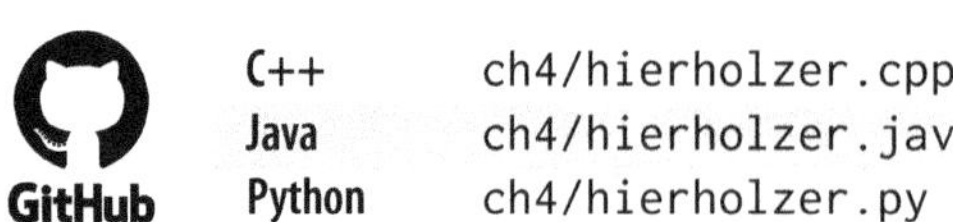

GitHub	C++	ch4/hierholzer.cpp
	Java	ch4/hierholzer.java
	Python	ch4/hierholzer.py

---

[35]La inversión solo tiene importancia si lo que buscamos es un camino euleriano que comience en el vértice establecido como inicial.

Esta implementación está pensada para grafos dirigidos. En el caso de grafos no dirigidos, necesitaremos etiquetar las aristas que ya han sido utilizadas durante el recorrido, para evitar utilizarlas dos veces. Para ello podemos utilizar, por ejemplo, `map` o `set`. Alternativamente, podemos representar el grafo utilizar una `list` con referencias a cada una de las aristas, para poderlas eliminar en $O(1)$ cuando ya no son necesarias. Un detalle interesante de esta implementación es que tanto `ans` como `st` contienen, en todo momento, recorridos válidos, por lo que, por ejemplo, se podría modificar para hallar un recorrido de longitud específica.

4.6.5 Grafos especiales en concursos de programación

De los cuatro tipos de grafos especiales mencionados en esta sección 4.6, los DAG y los árboles son los más populares, especialmente entre los concursantes de la IOI. *No es* extraño que una tarea de la IOI contenga programación dinámica sobre un DAG o un árbol. Como estas variantes de la DP tienen, habitualmente, soluciones eficientes, el tamaño de la entrada suele ser grande.

El siguiente grafo especial más popular es el bipartito. Este grafo especial es adecuado para problemas de flujo de red y de emparejamiento bipartito que veremos en el Volumen II. Insistimos en que los concursantes deben dominar el uso del algoritmo de aumento de camino, más sencillo, para resolver el problema del emparejamiento bipartito de cardinalidad máxima (MCBM). En esta sección (y también en el Volumen II), vemos que muchos problemas de grafos se pueden reducir, de alguna forma, a un problema MCBM. Los concursantes del ICPC deben familiarizarse con el grafo bipartito, además del DAG y el árbol. Los concursantes de la IOI también deben estudiar el grafo bipartito, pues está incluido en el temario de la IOI [16].

El otro grafo especial que hemos tratado en este capítulo, el euleriano, no ha tenido mucha presencia en los problemas de concursos de las dos últimas décadas. Sin embargo, cuando aparece, puede tratarse de un problema decisivo de cara a la clasificación.

Existen otros tipos de grafos especiales (ver la figura 4.41), pero son extremadamente raros. Algunos ejemplos son el grafo planar (teorema de Kuratowski: no contiene un subgrafo que sea una subdivisión de K_5 o $K_{3,3}$, utiliza cuatro colores, $E = O(V)$), el grafo completo K_n (el grafo más denso, conexo y tiene un *clique* de diámetro 1), bosque de caminos, grafo en estrella, grafo acíclico con una arista adicional (pseudobosque/pseudoárbol), etc. Cuando te veas ante ellos, trata de utilizar sus propiedades especiales para acelerar tus algoritmos.

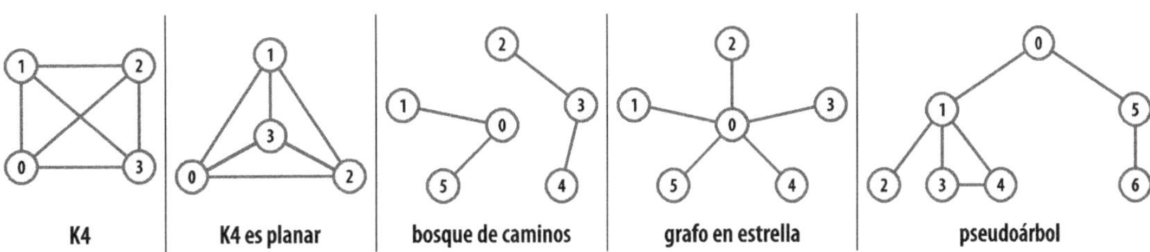

Figura 4.41: Algunos grafos especiales más

Perfiles de los inventores de algoritmos

Claude Berge (1926-2002) fue un matemático francés, reconocido como uno de los fundadores de la combinatoria y la teoría de grafos modernas. Su mayor aportación incluida en este libro es el lema de Berge, que afirma que una M emparejada en un grafo G es máxima si, y solo si, no hay más aumentos de camino en G con respecto a M.

Carl Hierholzer (1840-1871) fue un matemático alemán. Demostró y proporcionó un algoritmo para la búsqueda del recorrido euleriano en un grafo euleriano.

M. Fleury fue un científico francés que escribió un algoritmo alternativo para la búsqueda del recorrido euleriano (aunque no es tan eficiente como el de Hierholzer).

Ejercicios de programación

Ejercicios de programación relativos a grafos especiales:

Caminos más cortos[36]/largos de origen único en un DAG

1. Nivel básico: **Kattis - mravi** * — invertir las direcciones de las aristas para convertir el árbol de entrada en un DAG, hallar el camino más largo desde la hoja que contiene la hormiga hasta la raíz
2. **UVa 00452 - Project Scheduling** * — caminos más largos en un DAG
3. **UVa 10259 - Hippity Hopscotch** * — caminos más largos en un DAG implícito, programación dinámica
4. **UVa 10350 - Liftless Eme** * — caminos más cortos, DAG implícito, programación dinámica
5. *Kattis - 246greaaat* * — variante del problema de cambio de monedas, Dijkstra en un DAG, evitar utilizar una cola de prioridad
6. *Kattis - fibtour* * — solo hay ~ 90 números de Fibonacci no mayores que 10^{18}, problema de camino más largo en un DAG, caso especial para los dos primeros términos de Fibonacci $1 \rightarrow 1$
7. *Kattis - safepassage* * — SSSP, DAG implícito, s: (cloak_pos, bitmask), intentar todas las formas de ir atrás y adelante entre la puerta y la residencia, informar del mínimo

Adicionales UVa: *00103, 10000, 10051, 10285.*

Adicionales Kattis: *baas, bowserpipes, excavatorexpedition, monopoly, savinguniverse.*

Otros: ver también subsecuencia creciente máxima (sección 3.5.2) y el problema genérico del camino más largo (en el Volumen II).

Programación dinámica, conteo de caminos en un DAG, fáciles

1. Nivel básico: **UVa 00825 - Walking on the Safe Side** * — conteo de caminos en una rejilla (DAG implícito), programación dinámica, similar a UVa 00926 y 11067
2. **UVa 10544 - Numbering the Paths** * — conteo de caminos en un DAG implícito
3. **UVa 11569 - Lovely Hint** * — determinar la longitud de uno de los caminos más largos y contar el número de caminos más largos en un DAG
4. **UVa 11957 - Checkers** * — conteo de caminos en un DAG implícito, programación dinámica
5. *Kattis - robotsonagrid* * — conteo de caminos en una rejilla (DAG implícito), programación dinámica

6. *Kattis - runningsteps* *

LA 7360 - Greater NY15, s: (pierna, l2, r2, l1, r1), t: pierna izquierda/derecha 1/2 pasos, usar `unordered_map` como tabla recordatoria, usar poda

7. *Kattis - scenes* *

s: (pos, ribbon_left), t: todas las alturas posibles, ignorar primero las escenas planas y restar esos casos al final

Adicionales UVa: *00926, 00986, 00988, 10401, 10564, 10926, 11067, 11655.*
Adicionales Kattis: *compositions, helpfulcurrents, marypartitions.*
Otros: ver también 'Programación dinámica, conteo de caminos en un DAG, difíciles' en el Volumen II.

Conversión de grafo general en DAG[37]

1. Nivel básico: **UVa 00590 - Always on the Run** * — s: (pos, **day_left**)
2. **UVa 00907 - Winterim Backpack... *** — s: (pos, **night_left**)
3. **UVa 10913 - Walking ... *** — s: (r, c, **neg_left**, **stat**); t: down/(left/right)
4. **UVa 12875 - Concert Tour *** — LA 6853 - Bangkok14, similar a UVa 10702, s: (cur_store, **cur_concert**), t: tomar cualquier tienda siguiente para el siguiente concierto
5. *Kattis - cardmagic* * — s: (deck, **tgt_left**); t: val 1 a K $\leq$ tgt_left
6. *Kattis - drinkresponsibly* * — s: (cur_drink, money_left, u_left), cuidado con los errores de precisión, escribir solución
7. *Kattis - maximizingwinnings* * — separar los problemas de maximización y minimización, s: (cur_room, **turns_left**), t: ir a otra habitación o quedarse

Adicionales UVa: *00607, 00757, 00910, 01025, 10201, 10271, 10543, 10681, 10702, 10874, 11307, 11487, 11545, 11782, 13122.*
Adicionales Kattis: *quantumsuperposition, shortestpath4.*
Otros: SPOJ FISHER - Fishmonger (s: (cur, **t_left**)).

Árbol

1. Nivel básico: **UVa 00536 - Tree Recovery** * — reconstrucción del árbol binario a partir de los recorridos preorden e inorden del mismo
2. **UVa 10805 - Cockroach Escape ... *** — implica al diámetro del árbol
3. **UVa 12347 - Binary Search Tree *** — dado el recorrido preorden de un BST, utilizar la propiedad del BST para obtener este, escribir el recorrido postorden de ese BST
4. **UVa 12379 - Central Post Office *** — hallar primero el diámetro del árbol, solo recorremos el diámetro una vez y las otras aristas dos veces
5. *Kattis - adjoin* * — la partes criticas están en hallar el diámetro del árbol y su centro (en ese diámetro), ver también UVa 11695
6. *Kattis - flight* * — cortar la peor arista a lo largo del diámetro del árbol, conectar dos centros, también disponible en UVa 11695 - Flight Planning
7. *Kattis - tourists* * — APSP sobre un árbol (requisitos especiales), LCA

Adicionales UVa: *00112, 00115, 00122, 00548, 00615, 00699, 00712, 00839, 10308, 10459, 10701, 11131, 11234, 11615, 12186.*
Adicionales Kattis: *decisions, frozenrose, fulldepthmorningshow, kitten, mazemakers, whostheboss.*

Grafos bipartitos

1. Nivel básico: **UVa 11138 - Nuts and Bolts** * — problema de MCBM puro
2. musttryUVa 00670 - The Dog Task — un buen problema de modelado MCBM
3. **UVa 12644 - Vocabulary** * — problema clásico de MCBM envuelto en un enunciado creativo
4. **UVa 12668 - Attacking rooks** * — LA 6525 - LatinAmerica13, dividir filas y columnas según la presencia de peones, después ejecutar MCBM
5. *Kattis - bookclub* * — comprobar si es posible un MCBM perfecto
6. *Kattis - escapeplan* * — conjunto izquierdo: robots, conjunto derecho: hoyos, 3 versiones de grafos bipartitos similares, MCBM
7. *Kattis - flippingcards* * — conjunto izquierdo: n números de cartas, conjunto derecho: $2*n$ números de imágenes, posible si MCBM $= n$, necesita un algoritmo rápido

Adicionales UVa: *00663, 00753.*
Adicionales Kattis: *absurdistan3, elementarymath, gopher2, paintball, pianolessons, superdoku.*
Otros: Topcoder Open 2009 – Prime Pairs (MCBM).
Ver también: comprobación de grafo bipartito (en la sección 4.2.7), algunos grafos de flujo bipartitos (en el Volumen II), algunos casos especiales de problemas NP-complejos/completos que implican grafos bipartitos (en el Volumen II).

Grafos eulerianos

1. Nivel básico: **UVa 00291 - The House of Santa ...** * — ruta euleriana en un grafo pequeño, basta con *backtracking*
2. **UVa 10054 - The Necklace** * — escribir la ruta euleriana
3. **UVa 10203 - Snow Clearing** * — el grafo subyacente es euleriano
4. **UVa 10596 - Morning Walk** * — comprobación de propiedad de grafo euleriano
5. *Kattis - catenyms* * — comprobación de propiedad de grafo euleriano, 26 vértices, grafo no sencillo dirigido, escribir la ruta euleriana en orden lexicográfico
6. *Kattis - eulerianpath* * — comprobación de propiedad de grafo euleriano, grafo dirigido, escribir la ruta euleriana
7. *Kattis - railroad2* * — los cruces a nivel con forma x tienen grados pares, ignorar X, los conmutadores con forma y tienen grado 3, Y debe ser par

Adicionales UVa: *00117, 00302, 10129.*
Adicionales Kattis: *grandopening.*
Otros: ver también el problema del cartero chino en el Volumen II.

---

[36]Los problemas de SSSP en un DAG también se pueden resolver con el algoritmo de Dijkstra, más general, aunque con peor complejidad de tiempo (por un factor $O(\log V)$).

[37]Esta categoría también se puede clasificar como programación dinámica.

4.7 Soluciones a los ejercicios no resaltados

Ejercicio 4.2.4.1: el número mínimo de CC es 1, cuando G es un grafo conexo. En este caso, el número mínimo de aristas E debe ser de, al menos, $V - 1$ (un árbol es el grafo conexo más pequeño que tiene $E = V - 1$). El número máximo de CC es V, cuando G contiene V vértices pero ninguna arista ($E = 0$).

Ejercicio 4.2.4.2: la solución UFDS es trivial, comenzando con V vértices disjuntos. Por cada arista no dirigida (u, v) del grafo, llamamos a unionSet(u, v). El estado de los conjuntos disjuntos después de procesar todas las aristas representa a los componentes conexos. La solución BFS también es trivial, basta cambiar dfs(u) a bfs(u) desde el vértice de origen u. Ambas se ejecutan en $O(V + E)$, ya que asumimos que las operaciones UFDS son constantes en el entorno de la programación competitiva.

Ejercicio 4.2.6.1: una forma posible consiste en modificar la recursión toposort(u) a una variante de *backtracking recursivo* (ver la sección 3.2.2). Reiniciamos la etiqueta VISITADO del vértice u, para que pase a ser NOVISITADO, al salir de la recursión. Se trata de un algoritmo exponencial (lento).

Ejercicio 4.2.7.1: demostración por contradicción. Asumimos que un grafo no dirigido es un grafo bipartito que tiene un ciclo (de longitud) impar. Digamos que el ciclo impar contiene $2k + 1$ vértices, para un cierto entero k, que forma este camino: $v_0 \rightarrow v_1 \rightarrow v_2 \rightarrow \cdots \rightarrow v_{2k-1} \rightarrow v_{2k} \rightarrow v_0$. Ahora, podemos poner v_0 en el conjunto izquierdo, v_1 en el derecho, ..., v_{2k} de nuevo en el izquierdo, pero entonces tendremos una arista (v_{2k}, v_0) que dará problemas, ya que antes hemos puesto v_0 en el izquierdo $\rightarrow$ contradicción. Por lo tanto, un grafo bipartito no tiene ciclos impares. Esta propiedad puede resultar importante para resolver algunos problemas que implican grafos bipartitos.

Ejercicio 4.2.7.2: el número de aristas de un grafo bipartito de tamaño V (asumamos que V es par) se maximiza si somos capaces de particionar en igualdad los conjuntos izquierdo y derecho. De esta forma, tendremos un grafo bipartito completo $K_{V/2,V/2}$, con hasta $\frac{V}{2} \times \frac{V}{2} = O(V^2)$ aristas, es decir, un grafo bipartito puede ser también un grafo *denso*.

Ejercicio 4.2.7.3: utilizamos la demostración del **ejercicio 4.2.7.1**. Para empezar, un árbol no tiene ciclos, por lo que será un grafo bipartito. Una partición sencilla (constructiva) puede ser la siguiente: la raíz, los nietos (profundidad 2), los tataranietos (profundidad 4) y, así, hasta tener formado el conjunto izquierdo. Los hijos, los bisnietos (profundidad 3) y, así, hasta formar el conjunto derecho.

Ejercicio 4.2.8.1: como solo modificamos la DFS en $O(V + E)$ con unas comprobaciones de factor constante, cycleCheck también se ejecuta en $O(V + E)$. Sin embargo, si nuestra intención es únicamente decidir si el grafo (no dirigido) dado es cíclico o no, podemos acelerar cycleCheck hasta $O(V)$, declarando como cíclico cualquier grafo (no dirigido) de entrada con $E > V - 1$ aristas, y solo ejecutaremos cycleCheck en grafos (no dirigidos) pequeños con $E \leq V - 1$ aristas.

Ejercicio 4.2.8.2: probar este DAG G con $V = 3$ vértices y $E = 3$ aristas $= \{0 \rightarrow 1, 1 \rightarrow 2, 0 \rightarrow 2\}$. Si no utilizamos el tercer estado DFS EXPLORADO, clasificaremos accidentalmente a la arista $0 \rightarrow 2$ como atrás, cuando, en realidad, es una arista adelante/cruzada.

Ejercicio 4.2.10.1: demostración por contradicción. Asumimos que existe un camino del vértice u al w y del w al v, donde w está fuera del SCC. A partir de aquí, podemos concluir que es posible viajar desde el vértice w a cualquier vértice del SCC y desde cualquier vértice del SCC a w. Por lo tanto, el vértice *w* debe estar en el SCC, lo que es una contradicción. Así pues, no hay ningún camino entre dos vértices en un SCC que abandone el SCC.

Ejercicio 4.3.2.1: la razón de que esta finalización temprana sea correcta es que el algoritmo de Kruskal solo toma las aristas que serán parte del MST final. Si Kruskal ha tomado $V - 1$ aristas, podemos estar seguros de que esas $V - 1$ aristas no formarán un ciclo y, por definición, deben formar un árbol que ya recubra el grafo G. Otra implementación posible, utilizando la estructura de conjuntos disjuntos para unión–buscar, es detener el bucle del algoritmo de Kruskal cuando el número de conjuntos disjuntos sea uno. Recuerda que iniciamos el bucle del algoritmo de Kruskal con V conjuntos disjuntos iniciales y que cada arista tomada por el algoritmo reduce en uno el número de conjuntos disjuntos. Podemos hacerlo $V - 1$ veces antes de que solo quede un conjunto.

Ejercicio 4.4.3.1: correcto, ya que el par de datos correspondiente al vértice *u* es (`dist[u]`, *u*). El número de vértice es único, por lo que los pares de datos siempre son identificados como diferentes por `set<ii>` de la STL de C++, aunque los valores de distancias del camino más corto podrían no ser únicos.

Ejercicio 4.4.3.2: en la sección 2.3.1, hemos mostrado cómo invertir el montículo máximo predeterminado de la `priority_queue` de la STL de C++, para convertirlo en un montículo mínimo, multiplicando las claves de ordenación por −1.

Ejercicio 4.4.3.3: el rendimiento del algoritmo de Dijkstra modificado se irá deteriorando, ya que procesa todos los pares de datos de los vértices inferiores (que deberían haber sido eliminados antes), en vez de ignorarlos inmediatamente. Pero dicho algoritmo debería ser correcto igualmente, ya que esa información de los vértices inferiores no causará ninguna relajación de aristas exitosa.

Ejercicio 4.4.5.1: no, no podemos utilizar programación dinámica. El modelado de los estados y las transiciones descrito en la sección 4.4.3 genera un grafo estado–espacio que *no es* un DAG. Por ejemplo, podemos comenzar con el estado $(s, 0)$, añadir una unidad de combustible en el vértice *s*, para llegar al estado $(s, 1)$, ir al vértice vecino *y* (supongamos que está a una unidad de distancia), para alcanzar el estado $(y, 0)$, volvemos a añadir una unidad de combustible, lo que nos lleva al estado $(y, 1)$ y, por último, volver al estado $(s, 0)$ (lo que supone un ciclo). Estamos ante un problema de caminos más cortos en un grafo ponderado general. Debemos utilizar el algoritmo de Dijkstra.

Ejercicio 4.5.1.1: esto es debido a que sumaremos `AM[i][k]+AM[k][j]`, lo que provocará un *desbordamiento* si tanto `AM[i][k]` como `AM[k][j]` están cerca del rango `MAX_INT`, lo que nos dará una respuesta incorrecta que es bastante difícil de depurar. Hay que tener en cuenta que `memset(AM, 63, sizeof AM);` inicializará los valores de la matriz `AM` a $1\,061\,109\,567$, lo que resulta estar ligeramente por encima de 1e9 pero es menor que la mitad de $2^{31} - 1$.

Ejercicio 4.5.1.2: el algoritmo de Floyd–Warshall funciona en un grafo con aristas de peso negativo. Para el caso de grafos con ciclos negativos, consultar la sección 4.5.3.

Ejercicio 4.5.3.1: ejecutar el algoritmo de Warshall directamente sobre un grafo con $V \leq 1000$, dará como resultado TLE. Como el número de consultas es bajo, podemos permitirnos ejecutar una DFS en $O(V+E)$ por consulta, para comprobar si los vértices *u* y *v* están conectados por un camino. Si el grafo de entrada es dirigido, podemos encontrar primero los SCC en $O(V+E)$. Si *u* y *v* pertenecen al mismo SCC, entonces es seguro que *u* podrá llegar a *v*. Esto se puede comprobar sin incurrir en un coste adicional. Si el SCC que contiene *u* tiene una arista dirigida hacia el SCC que contiene *v*, entonces *u* también podrá llegar a *v*. Pero la comprobación de conectividad entre diferentes SCC es mucho más difícil de verificar y podríamos, simplemente, utilizar la DFS normal para obtener la respuesta.

Ejercicio 4.5.3.2: en Floyd–Warshall, sustituir la suma por multiplicacion y establecer la diagonal principal a 1,0. Ejecutar Floyd–Warshall y comprobar si la diagonal principal > 1,0.

Ejercicio 4.6.1.1: las implicaciones y las soluciones son las siguientes:

1. CC2: el grafo estado–espacio subyacente es un DAG ponderado no negativo. Podemos utilizar DP (ya que es un DAG) o el algoritmo de Dijkstra, ligeramente más lento (por un factor $O(\log V)$), sobre el grafo estado–espacio implícito.

2. CC3: el grafo estado–espacio subyacente es un DAG ponderado (potencialmente negativo). Pero como es un DAG, no tendremos que preocuparnos de ciclos de peso negativo. Podemos utilizar DP o Dijkstra modificado sobre el grafo estado–espacio implícito.

3. CC4: el grafo estado–espacio subyacente contiene ciclos (no es un DAG). Por lo tanto, no podemos utilizar DP. Como `peso[i]` está formado por unos, el grafo estado–espacio (potencialmente cíclico) subyacente es no ponderado. Por lo tanto, podemos utilizar BFS sobre el grafo estado–espacio implícito para resolver este problema de SSSP no ponderados.

4. CC5: el grafo estado–espacio subyacente es un grafo ponderado no negativo y potencialmente cíclico. No podemos utilizar DP (no es un DAG). Tampoco podemos utilizar BFS (no es un grafo no ponderado). Tendremos que utilizar cualquiera de las versiones de Dijkstra sobre el grafo estado–espacio ponderado implícito. Esta variante la hemos tratado ya en el **ejercicio 4.4.5.1**.

5. CC6: el grafo estado–espacio subyacente es ponderado, potencialmente cíclico y potencialmente negativo. No podemos utilizar DP. Lo más probable es que solo podamos aplicar el algoritmo de Bellman–Ford si el grafo subyacente es lo suficientemente pequeño ($E = n{\times}V$ con $1 \leq n \leq 1000$ y $1 \leq V \leq 10\,000$ no se puede considerar pequeño) y no contiene ciclos de peso negativo. Además, el problema estará mal definido si Bellman–Ford detecta que existe, al menos, un ciclo de peso negativo en el grafo subyacente.

Ejercicio 4.6.1.2: los DAG son los siguientes:

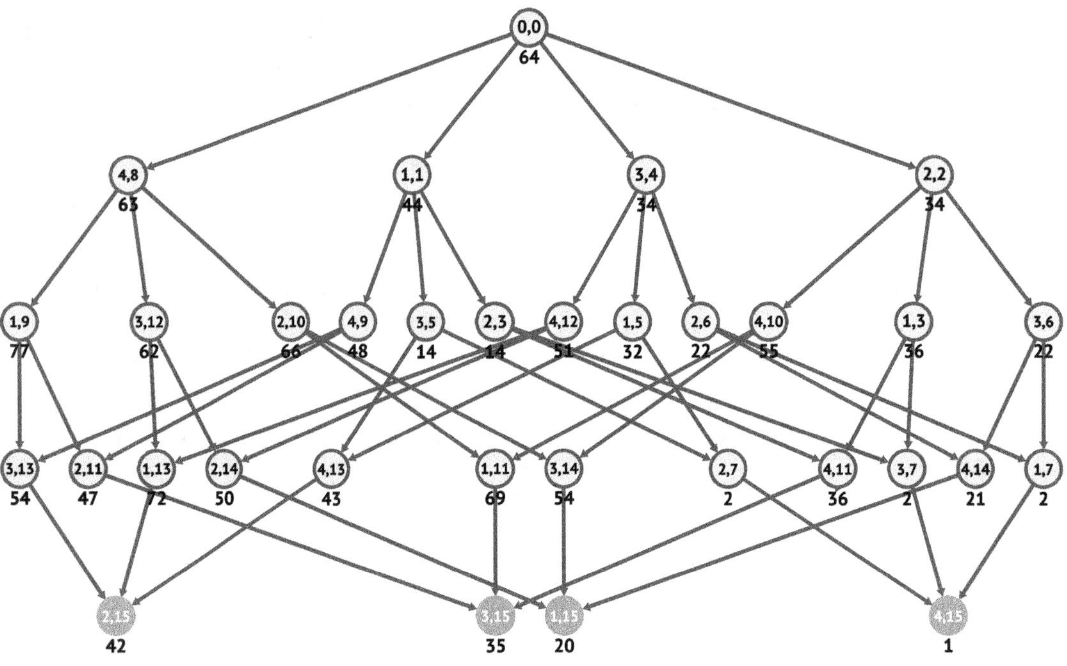

Figura 4.42: DAG de recursión del TSP con $n = 5$, ver también la figura 3.2

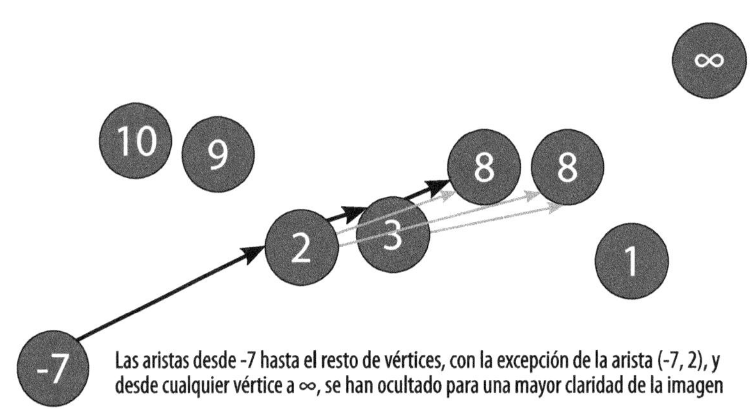

Figura 4.43: LIS como camino más largo de un DAG implícito, ver también la figura 3.13

4.8 Notas del capítulo

Finalizamos este capítulo, relativamente largo, incidiendo en que en él hemos presentado infinidad de algoritmos y a sus inventores, la mayor cantidad de todo el libro. Esta tendencia, con toda seguridad, crecerá en el futuro, es decir, habrá *más* algoritmos de grafos utilizados en concursos de programación. Sin embargo, debemos advertir a los concursantes de que en los ICPC y las IOI recientes, no solo se pide, normalmente, la resolución de problemas que implican las formas canónicas de estos algoritmos de grafos. Los nuevos problemas suelen exigir a los concursantes la utilización de modelado de grafos creativo, el uso de las propiedades especiales del grafo de entrada, la combinación de dos o más algoritmos o la combinación de un algoritmo con estructuras de datos avanzadas (por ejemplo, la mezcla del camino más largo en un DAG con una estructura de datos de árbol de segmentos), el uso de contracción SCC de un grafo dirigido, para transformarlo en un DAG, antes de resolver el problema propiamente dicho, etc. Veremos algunas de estas modalidades más difíciles de problemas de grafos en el Volumen II. Hemos tenido oportunidad de ver algunos ejemplos de la habilidad en el modelado de grafos que, esperamos, puedas apreciar y terminar por hacer tuya.

Este capítulo, aunque bastante extenso, omite muchos algoritmos y problemas de grafos conocidos, que se pueden presentar en el ICPC. Algunos los trataremos más adelante, como: flujo de red[38], emparejamiento de grafos, el problema del viajante bitónico, el algoritmo MCBM de Hopcroft–Karp, el algoritmo MCBM ponderado de Kuhn–Munkres (húngaro), el algoritmo de emparejamiento de Edmonds para grafos generales, problemas de grafos NP-complejos/completos, problemas/algoritmos específicos para árboles/grafos eulerianos, etc. Invitamos a los lectores seguir su estudio de estos problemas de grafos en la segunda parte del libro.

Si quieres mejoras tus posibilidades de ganar en el ICPC, dedica algo de tiempo a estudiar más algoritmos/problemas de grafos[39] que los tratados en este libro. Estos problemas más difíciles no suelen aparecer en los concursos *regionales* y, si lo hacen, serán los problemas *decisivos*. La final mundial del ICPC es donde será más probable encontrar algunos de los problemas de grafos más complejos.

Pero hay buenas noticias para los concursantes de la IOI. Creemos que la mayoría de la materia de grafos incluida en el temario de la IOI ha quedado cubierta en este capítulo, y debería servir para obtener una buena puntuación en las tareas de la IOI que impliquen grafos. Aun así, es necesario dominar los algoritmos básicos tratados aquí y, después, mejorar tus habilidades en la resolución de problemas, mediante la aplicación de estos algoritmos básicos en problemas de grafos *creativos*, que suelen aparecer en la IOI, para resolver completamente la tarea.

---

[38]En esta edición hemos desplazado la sección sobre flujo de red desde este capítulo al Volumen II.

[39]Invitamos al lector interesado a leer el artículo de Felix [19] sobre el algoritmo de flujo máximo para grafos *grandes*, de 411 millones de vértices y 31 mil millones de aristas.

Bibliografía

[1] Ahmed Shamsul Arefin. *Art of Programming Contest (de la antigua web de Steven)*. Gyan-kosh Prokashoni (disponible en línea), 2006.

[2] Richard Ernest Bellman. On a routing problem. *Quarterly of Applied Mathematics*, 16 (1):87-90, 1958.

[3] Frank Carrano. *Data Abstraction and Problem Solving with C++: Walls and Mirrors*. Addison Wesley, quinta edición, 2006.

[4] Codeforces. Contests.
http://codeforces.com/contests.

[5] Thomas H. Cormen, Charles E. Leiserson, Ronald L. Rivest y Cliff Stein. *Introduction to Algorithm*. MIT Press, tercera edición, 2009.

[6] Sanjoy Dasgupta, Christos Papadimitriou y Umesh Vazirani. *Algorithms*. McGraw Hill, 2008.

[7] Mark de Berg, Marc van Kreveld, Mark Overmars y Otfried Cheong Schwarzkopf. *Computational Geometry: Algorithms and Applications*. Springer, segunda edición, 2000.

[8] Edsger Wybe Dijkstra. A note on two problems in connexion with graphs. *Numerische Mathematik*, 1:269-271, 1959.

[9] Adam Drozdek. *Data structures and algorithms in Java*. Cengage Learning, tercera edición, 2008.

[10] Jack Edmonds. Paths, trees, and flowers. *Canadian Journal on Maths*, 17:449-467, 1965.

[11] Susanna S. Epp. *Discrete Mathematics with Applications*. Brooks-Cole, cuarta edición, 2010.

[12] Fabian Ernst, Jeroen Moelands y Seppo Pieterse. Teamwork in Prog Contests: 3 * 1 = 4.
http://xrds.acm.org/article.cfm?aid=332139.

[13] Duan Fanding. SPFA, fast algorithm for shortest path (in Chinese). *Journal of Southwest Jiaotong University*, 29 (2):207-212, 1994.

[14] Peter M. Fenwick. A new data structure for cumulative frequency tables. *Software: Practice and Experience*, 24 (3):327-336, 1994.

[15] Robert W. Floyd. Algorithm 97: Shortest Path. *Communications of the ACM*, 5 (6):345, 1962.

[16] Michal Forišek. IOI Syllabus.
https://people.ksp.sk/~misof/ioi-syllabus/ioi-syllabus.pdf.

[17] Michal Forišek. The difficulty of programming contests increases. En *International Conference on Informatics in Secondary Schools*, 2010.

[18] David S. Garey Michael R. y Johnson. *Computers and Intractability: A Guide to the Theory of NP-Completeness*. W. H. Freeman & Co. New York, NY, USA, 1979.

[19] Felix Halim, Roland Hock Chuan Yap y Yongzheng Wu. A MapReduce-Based Maximum-Flow Algorithm for Large Small-World Network Graphs. En *ICDCS*, 2011.

[20] Steven Halim. Expecting the Unexpected. *Olympiads in Informatics*, 7:36-41, 2013.

[21] Steven Halim y Felix Halim. Competitive Programming in National University of Singapore. En *A new learning paradigm: competition supported by technology*. Ediciones Sello Editorial S.L., 2010.

[22] Steven Halim, Roland Hock Chuan Yap y Felix Halim. Engineering SLS for the Low Autocorrelation Binary Sequence Problem. En *Constraint Programming*, páginas 640-645, 2008.

[23] Steven Halim, Roland Hock Chuan Yap y Hoong Chuin Lau. An Integrated White+Black Box Approach for Designing & Tuning SLS. En *Constraint Programming*, páginas 332-347, 2007.

[24] Steven Halim, Koh Zi Chun, Loh Victor Bo Huai y Felix Halim. Learning Algorithms with Unified and Interactive Visualization. *Olympiads in Informatics*, 6:53-68, 2012.

[25] Michael Held y Richard Manning Karp. A dynamic programming approach to sequencing problems. *Journal for the Society for Industrial and Applied Mathematics*, 10 (1):196-210, 1962.

[26] John Edward Hopcroft y Richard Manning Karp. An $n^{5/2}$ algorithm for maximum matchings in bipartite graphs. *SIAM Journal on Computing*, 2 (4):225-231, 1973.

[27] Topcoder Inc. Algorithm Tutorials.
https://www.topcoder.com/community/data-science/data-science-tutorials/.

[28] Topcoder Inc. PrimePairs. Copyright 2009 Topcoder, Inc. All rights reserved.
https://community.topcoder.com/stat?c=problem_statement&pm=10187&rd=13742.

[29] Topcoder Inc. Single Round Match (SRM).
https://www.topcoder.com/community/competitive-programming/.

[30] Competitive Learning Institute. ICPC Live Archive.
https://icpcarchive.ecs.baylor.edu/.

[31] IOI. International Olympiad in Informatics.
https://ioinformatics.org.

[32] Giuseppe F. Italiano, Luigi Laura y Federico Santaroni. Finding Strong Bridges and Strong Articulation Points in Linear Time. *Combinatorial Optimization and Applications*, 6508:157-169, 2010.

[33] Arthur B. Kahn. Topological sorting of large networks. *Communications of the ACM*, 5 (11):558-562, 1962.

[34] Kattis. Online Judge.
https://open.kattis.com.

[35] Jon Kleinberg y Eva Tardos. *Algorithm Design*. Addison Wesley, 2006.

[36] Alexander Kulikov y Pavel Pevzner. *Learning Algorithms through Programming and Puzzle Solving*. Active Learning Technologies, 2018.

[37] Antti Laaksonen. *Guide to Competitive Programming*. Springer, 2017.

[38] Anany Levitin. *Introduction to The Design & Analysis of Algorithms*. Addison Wesley, 2002.

[39] Rujia Liu. *Algorithm Contests for Beginners (en chino)*. Tsinghua University Press, 2009.

[40] Rujia Liu y Liang Huang. *The Art of Algorithms and Programming Contests (en chino)*. Tsinghua University Press, 2003.

[41] Edward Forrest Moore. The shortest path through a maze. *Proceedings of the International Symposium on the Theory of Switching*, 1959.

[42] Joseph O'Rourke. *Computational Geometry in C*. Cambridge University Press, segunda edición, 1998.

[43] Institute of Mathematics y Lithuania Informatics. Olympiads in Informatics. http://www.mii.lt/olympiads_in_informatics/.

[44] USA Computing Olympiad. USACO Training Program Gateway. https://train.usaco.org/usacogate.

[45] Anteriormente University of Valladolid (UVa) Online Judge. Online Judge. https://onlinejudge.org.

[46] David Pearson. A polynomial-time algorithm for the change-making problem. *Operations Research Letters*, 33 (3):231-234, 2004.

[47] George Pólya. *How to Solve It*. Princeton University Press, segunda edición, 1957.

[48] Janet Prichard y Frank Carrano. *Data Abstraction and Problem Solving with Java: Walls and Mirrors*. Addison Wesley, tercera edición, 2010.

[49] Kenneth H. Rosen. *Discrete Mathematics and its Applications*. McGraw-Hill, séptima edición, 2012.

[50] Kenneth H. Rosen. *Elementary Number Theory and its Applications*. Addison Wesley Longman, cuarta edición, 2000.

[51] Robert Sedgewick. *Algorithms in C++, Part 1-5*. Addison Wesley, tercera edición, 2002.

[52] Steven Sol Skiena. *The Algorithm Design Manual*. Springer, 2008.

[53] Steven Sol Skiena y Miguel Ángel Revilla. *Programming Challenges*. Springer, 2003.

[54] Wing-Kin Sung. *Algorithms in Bioinformatics: A Practical Introduction*. CRC Press (Taylor & Francis Group), primera edición, 2010.

[55] Robert Endre Tarjan. Depth-first search and linear graph algorithms. *SIAM Journal on Computing*, 1 (2):146-160, 1972.

[56] Jeffrey Trevers y Stanley Milgram. An Experimental Study of the Small World Problem. *Sociometry*, 32 (4):425-443, 1969.

[57] Baylor University. International Collegiate Programming Contest. https://icpc.baylor.edu/.

[58] Tom Verhoeff. 20 Years of IOI Competition Tasks. *Olympiads in Informatics*, 3:149-166, 2009.

[59] Henry S. Warren. *Hacker's Delight*. Pearson, primera edición, 2003.

[60] Stephen Warshall. A theorem on Boolean matrices. *Journal of the ACM*, 9 (1):11-12, 1962.

Índice alfabético